企业人力资源管理实论

Analysis of Enterprise Human
Resource Management

鲁贵卿 著
Lu Guiqing

中国建筑工业出版社

图书在版编目（CIP）数据

企业人力资源管理实论 = Analysis of Enterprise
Human Resource Management / 鲁贵卿著. —北京：中
国建筑工业出版社，2023.4
ISBN 978-7-112-28650-8

Ⅰ.①企…　Ⅱ.①鲁…　Ⅲ.①企业管理—人力资源管
理—研究　Ⅳ.①F272.92

中国国家版本馆CIP数据核字（2023）第069247号

这本《企业人力资源管理实论》不同于传统的人力资源管理的理论著作，本书的立论基础是实践，是作者多年从事企业管理工作的具体实践；也不同于当今流行的翻译借用西方管理理论形成的管理书籍，本书的理论逻辑来源于当代中国企业的管理实践；同时，本书还源于学习借鉴中国传统管理哲学和西方管理理论及其实践成果，并将理论研究成果应用于当代企业管理的实践中去，更进一步地得到验证。也就是说，本书发芽于当今中国企业运营管理实践的沃土，吸取了中国传统文化和西方管理思想的营养而长成，是中西方文化、中西方管理融合的产物，是中国传统文化与现代企业管理实践相结合所产生的结果，是洋为中用、古为今用的有益尝试和探索。相信本书会给看到它的人们以启发和帮助。

责任编辑：朱晓瑜
文字编辑：李闻智
责任校对：李辰馨

企业人力资源管理实论
Analysis of Enterprise Human Resource Management
鲁贵卿　著

*

中国建筑工业出版社出版、发行（北京海淀三里河路9号）
各地新华书店、建筑书店经销
北京点击世代文化传媒有限公司制版
北京市密东印刷有限公司印刷

*

开本：787毫米×960毫米　1/16　印张：27½　字数：419千字
2023年5月第一版　2023年5月第一次印刷
定价：**89.00**元
ISBN 978-7-112-28650-8
（40978）

版权所有　翻印必究
如有印装质量问题，可寄本社图书出版中心退换
（邮政编码　100037）

序言一

人的因素第一

兔年春节期间，贵卿先把他的《企业人力资源管理实论》书稿部分内容送给我，请我提出建议。春节过后，他又把完整的书稿交给我，希望我为他的新著写个序。

古人有"立德、立功、立言"之说，贵卿是个难得一见的"上马能立功，下马可立言"的同事。他曾经在中建八局一公司、中建五局、中南控股集团、中国平安建投公司担任过主要负责人，在他任上，公司都有不俗的业绩表现，受到业界称赞。之前，贵卿在工作之余就出版过几部著作，如《建筑工程企业科学管理实论》《建设工程人文实论》《工程项目成本管理实论》《工程建设企业管理数字化实论》《多数人能走的路》等，在业界很受欢迎。现在，他的《企业人力资源管理实论》就要出版发行了，我很高兴为他的这本新著作序。

光阴似箭。转眼，我离开工作岗位已十年有余了，但我时常关注市场风云变幻，与一些老同事、老朋友依然保持着密切联系。在为"中国建筑"服务40余年的职业生涯中，最辛苦但最有成就感的，是在2001~2010年，我和员工们一起奋斗，把中国建筑工程总公司这家传统的国有企业，改革发展成一家现代企业，不仅跨入了世界500强，而且在中国内地的A股市场整体上市。其中，中建五局的变迁尤其令人难忘。

2001年，我离开工作打拼了20年的中国海外集团，从中国香港回到北京，就任中国建筑工程总公司总经理。上任之后，即深入基层展开调研工作，其中去的最多的是四、五、六、七这四个工程局，因为他们是中建总公司的困难单位，连年亏损，问题丛生。

我第一次到中建五局调研，住在长沙井湾子局办公楼旁边的招待所里，阴冷潮湿的房间使人难以入睡。而更令人心酸的是，看到局大院里的办公楼和职工宿舍，以及旁边高耸的水塔，都那么陈旧残破。我即时打电话给滕书温同志（时任中国海外集团人力资源部副总经理，来自中建五局），请他发动所有在中国海外集团工作的五局同志捐款，我也作为其中一分子，一共筹得了 38 万元人民币。临行时，因资金有限，我请中建五局的同事把办公楼的门厅和水塔修缮一下，并在水塔顶端画上"中国建筑"的醒目标志。

以后几次来到中建五局，我都住在招待所里，晚间就喜欢在局大院里走一走，而不远处，总是有一个小伙子跟随着我。有一次，我就和这小伙子唠唠家常，问他为什么总是跟着我。小伙子说，他姓潘，是从部队复员的，局领导交给他的任务，就是要保护好孙总的人身安全。我真纳闷，为什么要这样做？就询问了当时的局党委书记，他说，五局太穷了，问题太多了，上访员工络绎不绝，因为担心到局办公楼上访的同志们把您围住了，特别是怕个别员工在感情冲动时对您有所不敬，所以就请小潘照看您一下。听罢，我心里更不是滋味，并要求自己加快解决五局问题的步伐。

在我就任中国海外集团总经理之后的几十年来，在治理企业的进程中，始终听从并忠诚实践毛主席他老人家的教导："政治路线确定之后，干部就是决定的因素。"如今要使中建五局这样的困难企业扭亏为盈，脱贫致富，首先就要组建好该单位的领导班子。

困难企业，从企业经营到职工生活，都存在着许多问题，这样也就加重了领导班子，特别是企业主要领导人的工作压力。中建五局的领导班子，从我认识的马明全局长于 1999 年交班，一直到 2002 年初第一次调整班子，期间已经历了五位主要领导（包括临时主持经营生产工作的副局长韩汉民同志），调动十分频繁，每届领导班子的持续性，以及班子换届之后的连续性，实在太差。企业的问题也就越积越多，工作的难度也越来越大。

其时，不仅社会上的理论界和传媒界，对国有企业的改革发展不看好，甚至我们的一些领导，也将国企一卖了之。但我偏偏不信这个邪！经十余年奋斗，在中国香港这个完全竞争的资本主义市场环境中，我们把一家国有企业发展壮大成当地名列前茅的上市建筑地产公司。我坚信，在内地这个社会主义市场经济环境中，我们也能闯出一条成功的路子来。关键是我们如何建设一支能征善战的团队，特别是选好用好这支团队的指挥员，率领大家去攻坚克难，把国企做强做大。

人的因素第一。面对中建五局的现实情况，在第一次调整领导班子时，我和青林书记商定，从总公司下属的先进工程局中挑选人才到中建五局工作，具体意见是从中建八局物色人选到中建五局充实领导班子。中建八局的前身是中国人民解放军基建工程兵第22支队，虽然在20世纪80年代，支队全体官兵脱下军装成为"中国建筑"的一员，但是铁军精神代代传承，至今，中建八局一直是"中国建筑"最好的工程局之一。

令人十分欣慰的是，中建八局不仅为"中国建筑"创造了不可磨灭的经营业绩，而且亦为总公司输送了大量有用人才。据不完全统计，在我主政期间，从中建八局调往总部和兄弟单位工作的同事，仅局级领导就有20余名。其中，有的已成为总公司领导班子成员，有的是中国工程院院士，有的是总公司系统内拔尖工程局的董事长等，但我最欣赏的，还是敢于去困难企业打攻坚战的这些同事。

应该说，从先进企业到困难单位任职，一方面，很难开展工作，很难做出业绩；另一方面，对于个人而言，无论是精神上还是物质上，都会造成很大损失。当时，我作了一个不太恰当但十分形象的比喻，即你要飞身跳到火坑中去，而且要在火坑中演绎一出十分精彩的大戏。有好几位同事面对这样的任务，就不敢或不愿挑起这一重担。

经过调查研究和分析比较，我们把目光集中到鲁贵卿同志身上。贵卿同志当时是中建八局一公司经理，在他担任公司经理六年期间，不仅创新意识很强，而且工作作风扎实，所以一公司的业绩，在中建八局名列前茅。贵卿同志在治理企业过程中嫉恶如仇，不惜承受精神上的折磨乃至肉体上的痛苦，也要和歪风邪气斗争到底。中建五局太需要这样的人才了！由此，我们先让贵卿同志到中建五局班子中工作，在他工作近一年，对中建五局的情况有所了解之后，总公司党组于 2002 年底对中建五局进行第二次班子调整时，就让他挑起了改变中建五局落后面貌的重担。

2019 年春节，我携夫人路过济南，在中建八局一公司办公楼的食堂，时任公司董事长董文祥（2023 年 3 月已升任中建七局总经理）等热情款待我们，我很有兴致地观看了公司的业绩宣传片。到 2023 年中国建筑集团工作会之后，我高兴地得知中建八局一公司已连续多年排名全系统号码公司第一位。在中建八局一公司的发展进程中，以贵卿同志为首的那一届领导班子功不可没。

中建五局这些年的变化，证明中建总公司当初的这一决策是正确的。事情都是由人干出来的，只要人才选对选好了，企业改革发展的各项工作就一定能得到充分的落实。现列举中建五局以下有关数据，就可见一斑。

中建五局营业数据

主要经济指标	2002 年	2013 年
合同额	22.30 亿元	1335.00 亿元
营业额	26.90 亿元	628.00 亿元
利润总额	−0.16 亿元	25.13 亿元
利税总额	0.46 亿元	40.84 亿元
资产总额	20.80 亿元	467.00 亿元
净资产总额	−2.15 亿元	72.28 亿元
员工年均收入	1.41 万元	12.49 万元

在我眼中，贵卿同志是一位有思想的实干家，他不仅娴于创造性的劳动，而且对日常工作不辞辛苦、不知疲倦，在国企改革发展的漫长征程中，他是一位不可多得的"苦行僧"。在他任职中建五局的 13 年间，一家三口人分住长沙、济南和上海，真是舍小家为大家，以企业为家，在工作中牺牲享受、享受牺牲！

2014 年 7 月，贵卿同志升任中建总公司总经济师，后来，他被请到中南控股集团担任董事局副主席兼总裁，工作了三年，被马明哲先生邀请到中国平安集团担任平安建设投资公司董事长兼CEO。每一次工作变动，无论是国有企业、民营企业，还是股份制企业，也不管是建筑类企业、投资类企业，还是金融类企业，贵卿同志都能很快进入状态，并且做出了不凡的业绩。

这些年来，每年我都要去湖南几次，或奔赴毛主席故乡，在他老人家铜像脚下洗涤心灵；或拜会新老朋友，探索强身健体之道。如今，中建五局的作品林林总总，连韶山路上耸立着的局新办公大楼，亦都不是令人注目的项目了，至于局大院内那座水塔陈旧残破的形象，早已成为不可忘却的记忆。中建五局投资建设的长沙大王山项目，在一个深度达100m的矿坑里建造起一座具有现代气息的冰雪世界，成为当今风靡全国的长沙旅游网红打卡地。当小潘驾车领着我们登上湘江边上的"江山一号"楼盘，远眺橘子洲头毛主席年轻时代风华正茂的雕像时，一种十分自豪的满足感油然而生。

当初连员工工资都发不出，一些困难职工需要到菜市场捡菜叶为生的企业，如今已能投下巨资，设计建造出如此美轮美奂、可遇而不可求的地标性公共建筑了！特别是听着同志们细细诉说，谁谁家的儿女上了大学，谁谁家的儿女出国留学，内心十分高兴。中建五局不仅旧貌变新颜，而且发展后劲十足！

今天，中建五局不仅已成为行业内的先进企业，而且培育了陈超英同志这样的全国性的英雄模范人物，鲁贵卿同志被评为全国优秀企业家、国务院政府特殊津贴专家，还获得了全国五一劳动奖章，曾当选为十二届全国人大代表。

我常和同事、朋友、家人笑言，我是幸福指数最高的央企退休老头之一，其中最幸福的是，包括中建五局在内的一家家困难企业，都已脱胎换骨、浴火重生，迈上了改革发展的快车道，职工的物质生活和精神生活，亦都有了显著的改善和提高。

特别令我欣喜的是，贵卿同志不仅是企业经营管理的行家里手，还能够将自己经营管理企业的实践经验总结提炼为管理理论，形成多部源于实践、能够指导实践的理论专著，这是非常值得称道的。本书中的一些观点、理念、方法，比如：关注人性、管理需求；企业转型升级、组织结构优化与管理；以

"团队永恒、疏导是根本、人人皆可成才"为基本理念的"都江堰三角法则"；以"人员能进能出、干部能上能下、薪酬能增能减"为基本内涵的活力机制；以"四大职业通道、三大晋升梯子、五大工资单元"为主要内容的"四三五"薪酬体系；还有"金条＋老虎"的激励机制，人才管理的"七成定律"，人生结果方程式、职业人生的"黄金十二法则"，领导班子建设，"青苗工程"，员工素质能力提升的"七二一"规律，员工素质教育的"信和学堂"；以及职业人生50年、"大树哲学""信和文化""超英精神"等等，都是在具体而深厚的实践基础上的理论升华，并又经过了实践验证，具有浓厚的中国管理之特征。相信会给广大的企业管理者带来启发和借鉴，从而对企业和行业的持续健康发展产生积极意义。

在贵卿同志的《企业人力资源管理实论》出版发行之际，欣然写以上这些话，并预祝新书出版发行成功！

衷心祝愿中国企业能闯出长盛不衰、持续健康发展的中国特色之路！

中国建筑集团原董事长 孙文杰

二〇二三年三月

序言二

驭人者育人

企业经营的本质是经营客户、经营人才，但经营客户最终还是经营人。经营人的本质在于经营人性、经营人心，在于经营人的价值与人的发展。俗话说，人性难测，人心难猜。能洞悉人性、人心，除需要具备一定的天赋及一定的知识理论外，更为重要且难以逾越的是必须在长期的工作实践、生活体验中修身律己/格物致知，才有可能。从这个角度讲，人力资源第一责任人是 CEO，企业一把手才是企业的首席人才官。只有企业家具备对未来趋势的洞见力，对客户需求的洞察力，对人才需求的洞悉力，并能将"人"与"事"完美有机融合，才能实现既定战略目标。

管理就是实践，实践是我们最伟大的老师。从理论上谈人力资源管理重要、人才要优先发展，也许谁都能侃上几句，但在实践中能践行人力资源优先发展的理念，并身体力行承担带队伍、培养人才的责任的企业高层领导者就已经是比例很少的成功企业领导者了；如果能将成功实践背后的原理规律，进一步总结提炼、升华、创新，并使之理论化、系统化、通俗化，进而使之具有一定的普适性和传播力，产生更大的"外溢效应"，那就是真正的"企业家"，是凤毛麟角的"人才管理大师"了，至少在所在行业领域内是这样的。鲁贵卿先生就是这样一位践行者。

鲁贵卿先生曾经任职中建八局、中建五局、中国建筑集团、中南控股集团、中国平安建设投资公司等世界 500 强企业，都取得了不凡的业绩。尤其是在中建八局一公司、中建五局任主要负责人期间，这两家企业从小到大、从弱到强、从平庸走向辉煌，鲁贵卿先生倾注了常人难以想象的精力和心血。多年前，鲁总在中建五局工作的时候，我就与他有过交流，对中建五局的发展传奇有一定了解，那时候就能感受到他身上的一些"企业家"特质，对新事物敏感、好学、善琢磨；做事求真务实，不知疲倦，追求卓越；洞悉人性，扎根实践，总能结合要解决的问题，创新思路，原创出各种管理理念、管理工具和管理办法，应用于实践，并取得了很好效果，令人钦佩，令人赞叹。这次鲁先生全面系统地梳理总结了这些经过了实践检验的有巨大价值的人力资源管理的感悟、思考、理念、方法等，比如书中总结的"都江堰三角法则"、"四三五"薪酬体系、"金条＋老虎"激励机制、"人生结果方程式"、职业人生的"黄金十二法则"、关键的少数是关键、"青苗工程"、职业人生 50 年、"大树哲学"、企业文化、四组关系、"超英精神"等等。这些理论和方法"接地气""通俗好记""实用管用"，几乎成为大家学习后的共识评价。读罢此书，更加感受到做好一家企业、做好一名企业家有多么不易，更加感受到做好组织里人的工作是组织一把手的第一位的工作，尤其是领导干部和领导班子的工作。读罢此书，欣然愿为此书作序，向大家推荐学习。

西方管理学对人性的研究，把人划分为工具人、经济人、社会人、自我实现人、复杂人等并进行针对性的管理，取得了巨大的成功。东方管理学从农耕文明衍生出的是"为人民服务""礼之用，和为贵""普天之下莫非王土，率土之滨莫非王臣""天下兴亡匹夫有责"的个人服从组织的集体人格，同样取得了巨大的成功。在当下经济发展的大背景下，借助市场竞争机制，发挥各市场主体的主观能动性和个人的积极性，东方集体人格的管理效率得到了极大的提高，在鲁贵卿先生这本书中得到了充分的诠释。中国企业家应该说是在一个特殊的环境下经营企业并成长起来的。对众多企业家而言，如果他们想追求企业可持续的生存与发展，所需要具备的素质应该是复合式的，即既要有情怀，又要懂"江湖"，更要"通人性"。所谓有情怀，就是要洞见未来，顺应国家的社会经济发展大势，就是要有理想、有信念、有远大的追求和宏大的格局；所谓懂"江湖"，就是要懂"人的江湖"和"商海江湖"的规则，要懂中国文化背景下的人情世故，处理好各种关系；所谓通"人性"，就是能洞悉人的需求，了解人际关系的复杂性，调动人的积极性，激发团队正能量。在错综复杂的人际关系中驾驭和平衡各相关利益群体的能力，人力资源管理就是这个能力的枢纽，因为这个枢纽掌握了组织的两个核心资源：任用干部和分配薪酬。这两个资源运用得好，则员工劲头足、队伍凝聚力强、企业欣欣向荣。反之，运用得不好，人心涣散、队伍疲疲塌塌、企业江河日下。

鲁贵卿先生根据建设行业的特点，以项目经理部为基层组织，按照区域化和专业化建立组织管理层级，把组织的人员按照职能性质划分为综合管理序列、项目经理序列、专业技术序列和工勤技师序列，然后再建立各自序列人员的成长机制、序列人才横向发展机制和领导干部选拔任用机制，疏通了人才的成长通道，达到人才自我实现的目的，使进入组织的人员从一开始就可以进行职业生涯的自我规划和自我奋斗。在薪酬体系的设计上又根据序列特征不同，灵活运用了基本工资、绩效工资、效益工资、福利补贴和专项奖励等的结构化激励方式，既鼓励个人拼搏，更提倡集体奋斗。鲁贵卿先生在"都江堰三角法则"理论指引下，根据行业和企业的特点成功搞出这一套方法，证明了"人力资源管理不在于知，而在于行"，而且还要认真地、坚持不懈地执行。

每一位读者都可以在这本书中挖掘出很多实用且具有操作性的人力资源管理的理念和方法，在这里就不多说了。行业不同、岗位不同、经历不同都可能导致关注的重点或获取的能量不一样，但有一点是我从这本书中特别感受到的，也是希望能引起大家关注的：驭人者育人。人力资源管理的终极目标是育人，组织的主要领导是人力资源管理的第一责任人和全体员工（包括主要领导本人）的第一管理者，所以叫作"驭人者育人"，因此，我也把这篇序的标题叫作"驭人者育人"。书中"领导班子能力建设""正确处理正职、副职的关系""青年员工的成长与培养""七成定律""企业培训体系的构建与运行""七二一规律""企业文化建设""员工素质修养"等内容，讲了一些道理、讲了一些故事、讲了一些做法，我相信这些文字不知被鲁贵卿先生在他任职的企业讲过多少次，实践优化过多少遍，也不知有多少人在他的讲述与启迪中潜移默化地成长了，并因此为他们所在的组织创造了更多的价值，为他们自己赢得了更多的成就感和幸福感。这些文字，将不再属于原来听过的那些人，今天在这本书中呈现，它们将属于更多有需要的人们。

中国企业进入到了人力资源效能致胜与效能管理的时代，所谓人力资源效能，简单来讲，一是人力资源使用效率，二是人力资源发展与价值创造能效。前者是要致力于提高人均劳动生产率，提高人力资本投入产出量；后者是要提升人力资源价值创造能量与人力资本增加值，即人力资本回报与贡献率。具体到人力资源管理的专业职能上，就是要通过人力资源效能的提升为客户创造价值，为企业创造价值，为人才发展创造价值，从而提升企业内在的核心竞争力，而提升人力资源效能的关键路径就是育人。

是序共勉。

中国人民大学教授、博士生导师
北京华夏基石管理咨询集团创始人、董事长   彭剑锋

二〇二三年三月

前　言

　　凡是有人类生产活动的地方，就有人力资源管理问题。企业是由人组成的，高素质人才是企业发展的支撑，也是企业核心竞争力的重要组成部分。得人才者得天下，得人才者昌企业。企业的好坏，在人不在物。人力资源管理不仅是一个理论问题，更是一个实践问题。"人"的问题，是企业管理的战略问题，任何一家企业或组织都必须高度重视、认真对待，切实有效地解决"人"的问题。

　　毫无疑问，人力资源管理是企业管理的核心内容。20世纪的美国钢铁大王安德鲁·卡内基是一位世界知名的企业家、教育家，他曾说过这样一句意味深长的话："带走我的员工，把我的工厂留下，不久后工厂就会长满杂草；拿走我的工厂，把我的员工留下，不久后我们还会有个更好的工厂。"卡内基是公司的最大股东，但他并不担任董事长、总经理之类的职务。他的成功在很大程度上取决于他任用了一批懂技术、懂管理的人才。

　　企业即人，企业靠人，企业为人，人的问题是企业一切问题的总根源。毛泽东在1949年新中国诞生前夕写下的《唯心历史观的破产》一文中说："世间一切事物中，人是第一个可宝贵的。在共产党领导下，只要有了人，什么人间奇迹也可以创造出来。"人力资源是最具活力的生产要素，更是企业的第一资源。如何把人有效地组织起来是人力资源管理工作的永恒课题，更是每一个企业管理者必须考虑的头等大事。

　　"人力资源"作为一个现代管理学概念，于1954年由被誉为"现代管理学之父"的彼德·德鲁克（Peter F. Drucker）教授在其著作《管理的实践》中提出并释义。20世纪80年代以来，人力资源管理理论渐趋成熟。在实践过程中，人力资源管理体制机制不断完善，人力资源管理体系得以形成并进一步发展，人力资源这一概念为企业界所广泛接受。人们探讨较多的是人力资源管理如何为企业的战略服务，人力资源已成为企业管理中具有关键性、战略性的核心内容之一。

人性，顾名思义，指人的基本属性，或者人最基本的特征。自从人类文明发祥以来，古今中外，各流各派，关于人性的论断林林总总，洞见繁多，各有所长。

在中国哲学史上，以孔子、孟子为代表人物的儒家思想提倡"性本善"论，以管仲、商鞅、韩非子为代表人物的法家思想提倡"性本恶"论，其他的观点还有"性有善有恶论""性无善无恶论""性三品说"等，这些大都是中国的圣哲先贤们从社会伦理的角度对人性进行的探究、阐发。同样的争论也存在于西方先哲之中。

哲学角度的人性探究注重于本源的揭示，而管理学角度的人性探究则注重于不同侧面的剖析。其实，纵观各派见解，"人性"的特点可以概括为多重属性的组合。首先，人性是自然属性和社会心理属性的混合体。从自然属性看，人本能的欲望、冲动、渴望、追求，往往支配着人，常常成为人行为的内在驱动力；人的社会心理属性则更为复杂，包括了人的感觉、知觉、思维、情绪、意志、气质、性格、需要、动机、态度以及价值观等一切心理现象的总和。这两种属性相互影响、相互作用、相互渗透，构成一个有机的结构整体，共同对人的行为导向产生作用。

人力资源管理必须坚持以人为本，以人为本就是以人性为本，要尊重人性与管理需求。一方面，要满足人追求美好事物的需求，激励个体人按照组织的设计，行有方向，干有目标，有序流动；另一方面，要尊重人性，遵守规律，因势利导，使个体的人在组织中能够各就各位，各尽所能，各得其所。英国哲学家培根也说过："人性中的确有向善的倾向：友谊、同情、善良、正义；但也有为恶的倾向：嫉妒、憎恨、自私……这样，人性的善恶便取决于发展哪一种倾向。"

需求产生动机，动机激发人的行为，行为使目标得以实现，目标完成带来的满足，经组织强化后，又会激发新的需求。在这样一个循环的过程中，公平则是需求管理的核心，或者说公平是激励的动力。美国行为学家斯塔西·亚当斯指出："人的工作积极性不仅与个人实际报酬多少有关，而且与人们对报酬的分配是否感到公平更为密切。公平感直接影响职工的工作动机和行为。"中国古代先哲孔子认为："不患寡而患不均"。也就是说，人能否受到刺激，不但与他们自己得到什么有关，而且还与他们所得与别人所得是否公平有关。一个人不仅关心自己所得所失本身，而且还关心与别人所得所失的关系。他们是以相对付出和相对报酬全面衡量自己的得失的。

关注人性、管理需求，是一个优秀管理者的基本功。如何实现公平的激励，如何有效地将组织的目标与个人的需求相关联，如何有效地将行为导向组织的目标，是一个管理者必须认真考虑的问题。如果一个管理者不提高自己的修炼，不注重对人性的理解，不注意把握对人的心理与行为产生巨大影响的政治、经济、社会、文化等诸多影响因素，不善于管理人的需求，不着力营造公开、公平、公正的制度环境和积极、健康、向上的人际环境，则很难实施有效的管理。

总而言之，人性是复杂的，不能简单地以"性善""性恶"来假设。人力资源管理者的任务就是要通过各种管理手段和措施，实现"抑恶扬善"。

企业人力资源是指一定时期内在企业组织中的人所拥有的能够为企业所用，且对企业价值创造起贡献作用的教育、能力、技能、经验、体力等的总称。现代化的企业人力资源管理，需要创新性地运用科学管理机制与方法，对人力进行合理的培训、组织和调配，使人力、物力经常保持最佳比例，同时对人的思想、心理和行为进行恰当的引导和协调，充分发挥人的潜能与主观能动性，使事得其人、人尽其才，以实现企业目标。人力资源管理的对象是人，涵括了企业中的所有岗位、所有知识、所有个性。人力资源管理不是一个简单的自上而下的管理过程，还包括自下而上的反馈。人力资源管理的目标是使人与物有机结合，充分发挥出最佳效应。

社会组织和企业组织对人的管理如同治水，必须深刻了解水的基本特性。不仅要"治水"，更要"利水"；"治水"是表，"利水"是本；"治水"是果，

"利水"是因。大家熟知的"大禹治水"的故事，就是大禹吸取了他的父亲鲧治水时采用"堵"的办法的教训，改用"疏"的办法，从而达到治水的目的。

2000多年前修建的都江堰水利工程至今仍能发挥作用，其奥妙就在于因势利导，用"疏"而不是用"堵"的方式。独步千古的都江堰水利工程给人力资源管理带来三点重要启示：一是团队永恒，二是疏导是根本，三是人人皆可成才。这三条启示正是我们在人力资源管理中应当遵循的基本法则。组织是由人组成的，组织能力取决于组织的目标、机制、素质三个要素。一个企业、一个组织的能力建设必须坚持以人为本，清晰组织目标，完善组织机制，不断提升组织成员素质。在确定组织目标时必须坚持"团队永恒"的原则，个人服从组织，团队利益和团队目标优先；在制定组织规则、运行机制时应当遵守"疏导是根本"的原则，尊重人性，科学合理地管理好人的需求，激发组织活力；在提升成员素质时要强调"人人皆可成才"的原则，把合适的人放到合适的位置，充分调动每一个成员的主观能动性。坚持以人为本，将团队永恒、疏导是根本、人人皆可成才这三条人力资源管理的基本法则融入组织能力建设的过程中，促使组织的目标、机制、素质不断得到优化，从而整体上提升组织能力，这就是人力资源管理"都江堰三角法则"（或称为"都江堰三角法则理论"）的本质内涵。

基于对人、人性、人力资源、人力资本、人力资源管理等基本问题的认识，更基于本人30多年来先后担任过的大型国有企业、民营企业、股权多元化企业主要负责人的实践经历，还基于在长期管理实践中的学习、思考、总结、体会、感悟，成就了这本《企业人力资源管理实论》。所谓"实论"，就是结合实际而论，理论来源于实践，应用于实践，指导并接受实践的检验。本书中的实践经验与体会，主要来自本人曾经工作过的中国建筑集团及中建五局、中建八局、中建八局一公司、中南控股集团、中国平安建投公司及其他本人曾学习考察交流过的优秀企业和优秀企业家，一些观点理念还来自本人的许多朋友和老师。

本书共分为九章：

第一、二章，概述人力资源管理和企业组织建设管理。主要探讨企业人力资源管理的基本理论问题，依次从人力资源管理基本原理、企业人力资源管理、工程建设企业人力资源管理三个层次论述其基本原理、规律与特点；研究企业组织建设与管理问题，组织体系构架与组织形态，以组织的定位、职能、运行与管控为重点，论述组织建设管理在企业管理体系中的地位与作用。

第三、四章，阐述"都江堰三角法则"和"四三五"薪酬体系及实践，这是企业人力资源管理的核心内容。通过阐述"都江堰三角法则"模型的理论特征、本质内涵及其实践应用，探讨企业战略与运营、人力资源管理体系构建、活力机制形成和员工队伍建设、企业凝聚力增强等重要问题；系统研究员工薪酬这一所有企业面临的共性问题，以及如何针对企业实际，破解企业分配难题，建立科学合理的薪酬体系，充分发挥管理人员的主观能动性，调动全体员工的工作积极性。

第五~七章，着重研究人力资源管理的"七成定律"、领导班子能力建设、青年员工的成长与培养等重要理念与实践问题。通过解析"七成定律"的深刻内涵，阐述人力资源管理"七成定律"应用的过程与实际效果；企业的成功与失败，决定因素是内因，而非外因，是"人"，而不是"物"。在"人"的因素中最为重要的便是领导班子，领导班子中最为关键的是领军人物，也就是常说的"一把手"。领导班子的团结共事，关键的少数是关键。这些理念观点在实际工作中是如何体现、如何落实的呢？这是第六章所回答的问题。第七章重点论述"青苗工程"的重要意义，并从"青苗工程"的提出与实施案例入手，在实践的基础上，讨论企业青年员工的成长与培养问题。

第八、九章，着力研究企业培训体系构建运行、企业文化建设与员工素质提高问题。主要讨论员工培训的机制体系，员工培训工作的常态化、持续性问题，在长期企业管理实践的基础上，从理论探讨到实践运用，再通过实践上升至理论，理论再去指导实践，并在实践中完善；重点论述企业文化与企业健康发展、员工个人思想品德、品质修养及工作能力之间的相互关系；以中建五局"信和"主流文化为典型案例，探讨文化强企与文化修身的逻辑因果关系。

　　显然，这本《企业人力资源管理实论》不同于传统的人力资源管理的理论著作，本书的立论基础是实践，是本人多年从事企业管理工作的具体实践；这本"实论"也不同于当今流行的翻译借用西方管理理论形成的管理书籍，本书的理论逻辑来源于当代中国企业的管理实践；同时，这本"实论"还来源于学习中国传统管理哲学和西方管理理论及其实践的体会与感悟。也就是说，这本《企业人力资源管理实论》萌芽于当今中国企业尤其是中国的工程建设类企业运营管理实践的沃土，汲取了中国传统文化和西方管理思想的营养，是中西方文化、中西方管理融合的产物，是中国传统文化与现代企业管理实践相结合产生的结果。

　　本书希望在洋为中用、古为今用上进行有益的尝试和探索。书中的一些观点、理念、方法，比如：人性的思考、需求管理、组织能力建设、"都江堰三角法则"、"六能"活力机制、"四三五"薪酬体系、尊重贡献、注重公平、"金条＋老虎"激励机制、"七成定律"、人生结果方程式、职业人生的"黄金十二法则"、关键的少数是关键、领导班子建设、正职"五要五不要"与副职"八不五忌"、民主管理与民主监督、"青苗工程""七二一"规律、职业人生 50 年、"大树哲学""人生大厦"、文化引领、四组关系、"超英精神"等等，都是在长期而具体的实践基础上的理论升华，并在实践中得到应用和验证。相信会给有心的读者带来些许启发、思考，会给广大的企业管理者带来一点益处，甚至会在一定程度上助力企业或组织的持续健康发展。

　　人力资源管理是一篇大文章，也是一个永恒的管理课题，有人将其称之为"世界级难题"，可见其难度之大。囿于自己的能力、见识、学识，本书肯定存在不少缺陷和错误，诚恳希望读者朋友批评指正。

　　　　　　　　　　　　　　　　　　　　　　　　　　　　鲁贵卿

　　　　　　　　　　　　　　　　　　　　　　　　　　　二○二三年一月

目　录

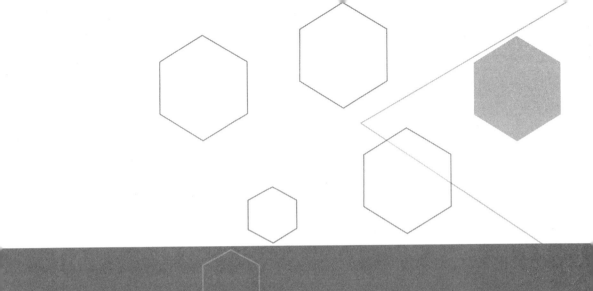

第一章

人力资源管理概述

　　人力资源（Human Resource, HR）是指在一个国家或地区中，处于劳动年龄、未到劳动年龄和超过劳动年龄但具有劳动能力的人口之和。总体来看，人力资源具有一定的时效性（其开发和利用受时间限制）、能动性（具有自我开发的能力）、两重性（是生产者也是消费者）、智力性（智力具有继承性，能得到积累、延续和增强）、再生性（基于人口的再生产和社会再生产过程）、连续性（使用后还能继续开发）、时代性（经济发展水平不同的人力资源的质量也会不同）、社会性（文化特征是通过人这个载体表现出来的）和消耗性。

　　马克思主义认为，劳动力的价值由生产该商品的社会必要劳动时间决定，由一系列生产资料和生活资料决定。劳动力价值包括自身的使用价值、剩余价值、市场供求关系及历史与道德等因素。而人力资源价值的范围则要宽泛得多，人力资源的核心内容还包括知识、技能、信息等要素，这些将成为人力资源价值的构成主体。表现为：维持人力资源再生产的生活资料价值、维持人力资源家庭成员再生产的生活资料价值、提高人力资源价值的活动费用（教育、培训、医疗、保健、卫生、迁移等）。

第一节　人力资源管理基本原理

人力资源是一种社会性资源。社会组织无论大小，都是由人组成的，如何把人有效地组织起来是每一个组织管理者必须考虑的头等大事。认真研究"人"这个生产力第一要素的特性与本质，以人为本，因势利导，遵循规律，建立一种既能够发挥每个人的主观能动性，又能够提高团队协同效率的机制，无疑具有十分重要的意义。

一、人类本原性问题

在探讨人力资源管理问题时，首先面临着对人性问题的思考。关注人类本原性问题，是社会管理的一种需求，企业更是如此。

（一）关于人性的思考

人性，顾名思义，指人的基本属性，或者人最基本的特征。自从人类文明发祥以来，古今中外，各流各派，关于人性的论断各有高见。

在中国哲学史上，以孔子、孟子为代表人物的儒家思想提倡"性本善"论，以管仲、商鞅、韩非子为代表人物的法家思想提倡"性本恶"论，其他的观点还有"性有善有恶论""性无善无恶论""性三品说"等，这些大都是中国的圣哲先贤们从社会伦理的角度对人性进行的探究、阐发。同样的争论也存在于西方先哲之中。

而在现代管理学中，相继出现过多种关于人性的假设，如"经济人""社会人""自我实现人""复杂人"及"文化人"假设等。综合来看，大致可以将其分为三类：第一类是伴随着传统工业革命而起，以泰勒理论为代表的"机械人"假设；第二类可以称之为"动机人"，即从人的经济、社会、自我实现等属性出发，核心问题是研究人的工作行为的动力来源、结构及其与工作的关系；第三类可以称之为"文化人"，即研究人与文化、符号等之间的互动关系和人格构建过程。

哲学角度的人性探究注重于本源的揭示，而管理学角度的人性探究则注重于不同侧面的剖析。其实，纵观各派见解，"人性"的特点可以概括为多重属性的组合。首先，人性是自然属性和社会心理属性的混合体。从自然属性看，人本能的欲望、冲动、渴望、追求，往往支配着人，常常成为人行为的内在驱动力；人的社会心理属性则更为复杂，包括了人的感觉、知觉、思维、情绪、意志、气质、性格、需要、动机、态度以及价值观等一切心理现象的总和。这两种属性相互影响、相互作用、相互渗透，构成一个有机的结构整体，共同对人的行为导向产生作用。此外，人性还是善与恶的混合体，积极与消极的混合体，理性、本能和情感的混合体；经济人、社会人、自我实现人等的混合体。美国著名管理学家道格拉斯·麦克里戈提出的 XY 理论从正反两个方面对人性进行了归纳描述。X 理论是指：人的本性是懒惰的，人尽可能地逃避工作；缺乏进取心，不愿承担责任；天生以自我为中心，对组织需要不关心；如果管理当局不积极地干预，人们对组织的需要可能采取消极的，甚至是对抗的态度。Y 理论是指：人们并非天生就对组织的要求采取消极或抵抗的态度，他们之所以会如此，是由他们在组织内的经历和遭遇所造成的；在适当条件下，人们不但能够接受，而且能够主动承担责任；不是少数人，而是多数人，都具有相当高的用以解决各种问题的想象力和创造力。

人性假设理论是研究组织行为学的基础理论，它对企业人力资源管理有着很大的引导和启示作用。现代企业的成败很大程度上取决于管理者是否对人性假设有着深刻的认识，如果企业想要获得长久的成功，就要打造以人为本的组织文化，贯彻以人为本的管理理念，贯穿整个行为中的，便是对人性假设理论的认识。

人性如同水性，有两个基本特征：一是不管人性假设如何，人都有一个共同的需求，就是向往美好、追求幸福、趋利避害，如同水最终都是奔向大海；二是人性是复杂的，不能简单地以性本善或性本恶来假设人性，如同

"水能载舟，亦能覆舟"，水既有被驯服利用的一面，也有冲决堤防的可能。

社会组织对人的管理如同治水。在我国成都，为何 2000 多年前修建的都江堰水利工程至今仍能发挥作用？其奥妙在于因势利导，用"疏"而不是用"堵"的方式治水。对人的管理也要汲取都江堰智慧，坚持"疏导是根本"：一方面要满足人追求美好事物的需求，激励个体人按照组织的设计行有方向，干有目标，有序流动；另一方面要尊重人性，把握规律，管理需求，因势利导，使个体人在组织中能够各就各位，各尽所能，各得其所。

（二）人的需求是社会进步的动力

任何的个体人都是有需求的。需求是人对某种事物的渴望或欲望，是一切行为的源动力，也是人生活的重要意义所在。

马克思说："任何人如果不同时为了自己的某种需要和为了这种需要的器官做事，他就什么也不能做。"个体千差万别，需求也各有不同，但其基本特性是公认的：多样性，即包含基本物质生活需要、社会和精神需要等多方面的需要；复杂性，即多种需要之间相互关联、相互制约，构成复杂的结构体系；社会制约性，即受到所处环境条件的制约；发展性，即人的需要会随着社会的发展、个体的发展而产生变化。

关于需求的内容和类别，现代管理学中的公平理论、三种需求理论以及需求层次理论等都做了深刻的分析研究。20 世纪 40 年代，美国心理学家亚伯拉罕·马斯洛在《人类激励理论》中提出的"需求层次理论"，成为人本主义科学的基本理论之一，影响最为广泛。马斯洛将人类需求像阶梯一样从低到高按层次分为五种，分别是：生理需求、安全需求、社交需求、尊重需求和自我实现需求（图 1-1）。

马斯洛的五种需求像阶梯一样从低到高，按层次逐级递升。马斯洛认为，一般来说，某一层次的需求相对满足了，就会向高一层次发展，追求更高一层次的需求就成为驱使行为的动力，但已经得到满足的需求不再具有激励行为的能力。与其不同的是，克莱顿·奥尔德弗的"ERG 需要理论"（生存需要、相互关系需要和成长发展需要）认为多种层次的需要可以同时存在，

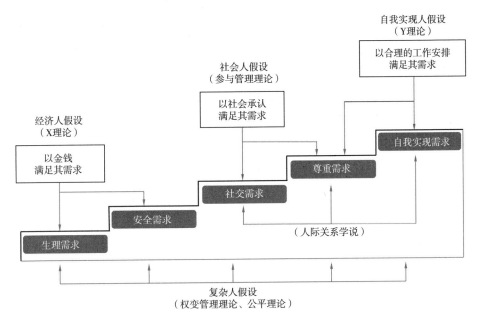

图 1-1　关注人性管理需求

还可以越级出现。而在实践中，超越层级的需要也的确是存在的。

从企业的角度来看，建立满足人的需求的激励机制才能推动企业发展，当然，这种需求只能是合理需求，有利于企业发展或者说大部分人发展的需求。例如，让付出劳动的人得到合理的薪酬，让为企业发展作出贡献的人得到应有的晋升。事实也证明，如果这些合理的、正当的需求得不到满足，则会对企业的发展起反作用。应该注意的是，人往往也会高估自己，常常也会有不合理的需求，对于这样的需求，企业应该有效识别和努力遏制。

总之，"需要"是人的本性，是客观的存在，人的一切活动都是为了满足自己的需要，人类的历史就是人为了满足自己的需要而进行活动的历史。

（三）公平是有效激励的核心

人的需求既是推动社会进步的原始动力，也是推动组织目标实现和组织发展的动力。而满足、激发这种动力的重要保障就是组织的公平环境，即古人所言的"不患寡而患不均"。

人性有一定的稳定特质，反映着时代的政治、经济、社会特征，关注人性就要立足于国情、社会发展阶段和企业的实际情况，因为这些社会发展形势反映在人的心理，影响并形成了这个时代或阶段的人的心智模式和人生观、价值观。例如，新中国成立初期，广大人民群众主人翁精神高昂，社会责任感和集体荣誉感强，精神荣誉方面的激励作用就强一些。改革开放以后，一切以经济建设为中心，允许一部分人先富起来，这一阶段经济利益的刺激作用就大一些。当前我国正处于深度的转型阶段，在这个时期，更多地营造公平的机制和氛围，提供给人们公平的发展机会，对于国家、企业、组织而言，是十分重要的。

当前是个性张扬的时代，人的需求千差万别，即使对同一个层次的需求，又有不同的角度，不同的表现方式。有的人偏重于物质方面的需求，有的可能会更重视其自我价值的实现，有的则偏重于爱、归属感和集体的关怀。在这种情况下，最有效的管理模式就是满足人的合理需求，遏制人的不合理需求，这对组织的管理架构、制度设计和执行能力提出了很高的要求。

需求产生动机，动机激发人的行为，行为使目标得以实现，目标完成带来的满足，经组织强化后，又会激发新的需求。在这样一个循环的过程中，公平则是需求管理的核心，或者说公平是激励的动力。也就是说，人能否受到刺激，不但与他们自己得到什么有关，而且还与他们所得与别人所得是否公平有关。一个人不仅关心自己所得所失本身，而且还关心与别人所得所失的关系。他们是以相对付出和相对报酬全面衡量自己的得失的。

关注人性、管理需求，是一个优秀管理者的基本功。如何实现公平的激励，如何有效地将组织的目标与个人的需求相关联，如何有效地将行为导向组织的目标，是一个管理者必须认真考虑的问题。如果一个管理者不提高自己的修养，不注重对人性的理解，不注意把握对人的心理与行为产生巨大影响的政治、经济、社会、文化等诸多因素，不善于管理人的需求，不着力营造公开、公平、公正的制度环境和积极、健康、向上的人文环境，则很难实施有效的管理。

对企业而言，人是价值与财富的创造者，是企业的灵魂，优秀的人才队伍是企业的资本。离开员工，企业将一事无成。古语云："得人心者得天下！"把握需求，即可收获人心。在人力资源管理中，如果能够充分了解员工的需求，科学管理需求，匹配相应的科学合理的对策，那必然可以调动员工的积极性，进而帮助企业管理者实现事半功倍的效果。所以，一个合格的管理者，只有牢牢把握"人性"和"需求"这两个人力资源管理的基本点，才能最大限度地调动员工的积极性，激发人性的光辉，最终达成最佳的管理成效。

二、人力资源性问题

人力资源是在经济社会发展中一定范围内的具有智力劳动与体力劳动能力的人口的总和。伴随着新时代的到来，人力资源的开发和利用起着举足轻重的作用，人力资本已超过物质资本和自然资本，成为最主要的生产要素和社会财富，成为经济、财富增长的源泉。21世纪初，人类社会继工业文明之后，进入知识经济时代。高新技术迅猛发展，信息技术广泛应用，互联网络日益普及，全球经济趋向一体化，对人力资源的争夺已成为每个国家、各类企业及社会组织时刻关注的重心。因此，认识人力的资源性问题十分重要。

（一）人力资源是最具潜力、活力的生产要素

马克思主义认为，构成社会生产力的三个基本要素是：以生产工具为主的劳动资料，引入生产过程的劳动对象，具有一定生产经验与劳动技能的劳动者。

在这三个基本要素中，劳动者是决定性的要素。一是因为劳动者是生产活动的主体；二是因为生产工具是劳动者创造出来的，生产资料只有在劳动者的掌握和作用下，才能发挥其应有的作用；三是因为劳动对象仅仅是劳动者在劳动过程中使用劳动工具所加工的一切对象。由此可见，生产资料、劳动对象在生产力中虽然也是十分重要的要素，但这是一种固化的、被动的要素，包括生产工具，都是人类改造自然能力的物质标志，是劳动过程中用以

改变和影响劳动对象的物质资料和物质手段。具有一定生产经验与劳动技能的劳动者才是生产中最核心的要素。

企业的创立、生存与发展壮大，需要多种资源的有机、高效组合，这些资源构成了企业的生产力发展要素。其中，人力是第一资源。这是因为人的要素特点主要表现为主动的、可激活的、动态变化的。如何把人有效地组织起来，挖掘人的潜力，激发人的活力，充分发挥人力资源应有的效果，这是每个企业，尤其是做得好的企业面临的很重要的一个课题。对于任何一个立足生存或蓬勃发展的企业而言，人力资源这个生产力的第一要素如果不配置好，如果不能充分发挥人力资源效应，那么企业就不能进一步发展。这是企业管理者必须充分认识到的。

对企业而言，品牌虽然值钱，资本虽然很重要，但最有价值、最重要的是训练有素、热爱企业的员工队伍。如中国建筑集团是世界 500 强企业，位列全世界建筑类企业榜首，靠的是什么？不是靠资产，也不是靠招牌，而是靠品牌。品牌由谁创造？品牌靠什么支撑？靠的就是人。所以人力资源是第一资源，如果没有一支竭诚尽力、活力四射的高素质人才队伍，企业就很难生存、发展。

（二）人力资源具有多样性、多层性与多重性

人力资源是一种有潜力、活力的动态性资源，具有同其他生产要素不同的多样性、多层性、多重性特点。

1.人力资源的多样性

人力资源的多样性指的是不同年龄、不同专业、不同性别、不同地域，甚至是不同国籍的人组成了一个企业，不能将统一的标准模式套用在每一个人身上。每个人的生活环境是不一样的，语言也是不同的，沟通与交流自然会出现一些偏差；另外，每个人说话的风格不一样，有些人轻言细语，有些人粗声粗气，人们如果认识到这一点，就会多一些包容。

2.人力资源的多层性

人力资源的多层性是指人的层次不同。人分为核心人才、一般人才，这是客观存在的，不能对每个人的要求都一样。认识到人的多层性是很重要的，对不同层次的人才，应该有不同的要求、不同的考核机制。对于企业高管、核心人才，必须有相应的高标准、严要求。有些高层管理者没有认识到这一点，言行举止没有好的表率，与自己所处位置的应有标准是存在偏差的。

3.人力资源的多重性

人力资源的多重性是指人在不同的环境、不同的外部条件、不同的外力作用下，会发生不同的变化，人的个体有多重性，这是人们应有的基本认识。比如，同一个人，可能做好事，也可能做坏事；这次犯错误了，但下次可能会取得好成绩。因此，不能用"绝对化"的观点去评价，不能简单地用好人或坏人的标准去判断，因为人在不同的条件下和不同的环境中是会发生变化的。只有明白了这一点，用辩证的、发展的观点和思维看待问题，才能客观地认识人的本质特征，正确地看待人的成绩和不足。

（三）人力资源的优化与素质升级

在现代社会，经济的快速发展与社会文明的进步是以人的智慧与创新能力为基础而实现的。人是核心的生产力，人才是发展的第一要素，人力资源管理是社会机构活动中最敏感、最重要的组织行为。

人力资源是社会各项资源中最关键的资源，是对企业产生重大影响的资源，历来为国内外的许多专家学者以及成功人士、知名企业所重视。许多企业非常重视人力资源的优化管理。人力资源的优化配置是指在具体的组织或企业中，为了提高工作效率、实现人力资源的最优化而对组织或企业的人力资源进行科学、合理的配置。

实践证明，高素质人才队伍已经成为企业核心竞争力的关键要素，推动着企业跨越式发展。不断提高人才队伍素质和优化人才队伍结构已经成为能否做好人才管理工作中的关键。

三、人才普遍性问题

人才是智力资源的载体，人才资源是第一资源，是科学人才观最基本的观念。树立和坚持"人人都可成才"的观念，是科学人才观的重要内容。

（一）组织发展需要人才

人才是一个很宽泛的概念，人才具有多样性、层次性、相对性和发展性等特征。组织对人才的需求也是多方面的。能胜任所在岗位的职责要求，能在岗位上创造性地劳动，能面对新的任务挑战不断学习、不断增强应对能力、不断作出新的贡献，这就是组织所需要的人才。

实际上，人才就存在于组织的成员之中。因此，组织应拓展育才、识才、用才的范围。只要勤奋学习、勇于实践，就能成为对国家对人民有用之才，就能行行出状元。要以品德、知识、才能、业绩为标准，同时也要以社会承认、业内认可衡量人才，不拘一格地选拔、任用人才。随着经济社会各项事业的繁荣发展，人才对象的覆盖范围更广，接纳人才的社会包容度更大，为人人成才、争作贡献，提供了广阔的天地和更多的机会、条件。为此，要克服"唯本主义"，改变单纯按资历、学历、职称、职务等论人才的片面观。

（二）"人人都可成才"体现的是成才多元化

当今时代，成才多元化是一个不争的事实。发现人才，人尽其才，这是科学人才观的主题之一。国以才立，政以才治，业以才兴。建设社会主义现代化强国，最重要、最根本、最核心的是人才问题，必须培养规模宏大、结构合理、素质较高的人才大军和领军人才。要采取切实措施，为各类人才脱颖而出、大显身手创造条件，使人才创业有机会、做事有舞台、发展有空间；鼓励人才干事业，支持人才干成事业，帮助人才干好事业；让一切劳动、知识、技术、管理和资本的活力充分发挥出来，为企业发展提供人才保证和智力支持。为此，要克服忽视人才重要性的旧观念，改变员工培养计划不落实、员工成才条件不具备的现象。

"人人都可成才"体现的是成才多元化。组织的人力资源管理部门必须用"人才价值本位"替代"官本位""管本位"，做到慧眼识才、因才适用。在实行岗位分类分层管理过程中，注重人才配置的科学合理性，促进成长通道多元化。

（三）员工培训是实现"人人都可成才"的必要保障

人才是组织发展的第一资源。对于工程建设企业来讲，时刻面临着工程项目的新标准、新要求，加上工程施工过程中新技术、新材料、新装备的出现，迫使企业员工的岗职能力不断提升。企业创造条件开展员工技术培训是企业给工的最大红利，是实现"人人都可成才"的必要保障。组织应当把员工培训作为企业打造学习型组织的重要环节，作为提高企业全员素质、提升员工技能底线的重要举措，促进人才成长的重要基石。

组织在建立与完善人才成长的制度机制的同时，应大力推荐、宣传"人人都可成才"的典型案例和人物，提升员工成才的信心，引导员工朝着正确的方向、合理的目标奋力前行。可以说，组织员工有了正确的发展方向与努力目标，其内生动力与创造活力就能得到充分释放，从而激发劳动积极性与工作创造性，为组织的健康发展提供基础性的人力资源保障。

四、人力资源管理的一般原则

人力资源管理在经济学与人本思想的指导下，通过招聘、甄选、培训、报酬等管理形式对人力资源进行有效运用，满足组织当前及未来发展的需要，保证组织目标实现与成员发展的最大化。

人力资源管理的任务就是要预测并制定组织的人力资源需求计划，招聘选择人员并进行有效组织，考核绩效和支付报酬进行有效激励，结合组织与个人需要进行有效开发以实现最优组织绩效的全过程。因此，人力资源管理的一般规律主要体现在以下几个方面。

（一）人力资源管理目标服从于组织的战略目标

人力资源管理是一系列管理环节的综合体，是围绕组织的战略目标进行的重要运营内容。随着组织总体战略目标的实施、变化，人力资源管理必须进行跟进式、动态性调整，人力资源管理体制机制也将不断调整、优化，以适应、满足组织总体战略目标的新要求。因此，人力资源管理服从于企业的总体战略目标是必然的。

（二）人力资源管理业务服从于组织管理的实际需求

学术界常常把人力资源管理实务分为若干模块，主要包括：人力资源规划；招聘与配置；培训与开发；绩效管理；薪酬福利管理；核心员工管理；劳动关系管理等。人力资源管理若干模块的核心思想体现了为组织掌握人力资源管理的本质。对一个组织来说，人力资源管理的基础业务主要包括以下几方面。

1.人力资源计划、规划与战略的制定

一般来说，组织机构的工作分为近期计划（5 年以内的工作目标、任务、方向、原则和措施办法，注重指导性）、中期规划（5 ~ 10 年中比较全面的发展计划，对未来整体性、长期性、基本性问题的思考和考量，设计未来整套行动方案）、长期战略（10 年以上，以自外而内的逆向思维方式，组织战略的关注点是竞争，而不是满足潜在顾客的需求和需要）。

组织架构中的人力资源管理部门应依据组织发展战略，考虑内外环境的变化，制定企业人力资源开发与管理的工作计划、纲领性规划与长远战略。在人力资源管理工作中，为保证组织发展战略能够有效实施而制定的人力资源规划与战略，是组织人力资源开发与管理活动的重要指南，也是组织发展规划与战略的重要组成部分。古人云："不谋万世者，不足谋一时；不谋全局者，不足谋一域。"人力资源管理近期计划不清、中期规划不明、长远战略缺

乏是组织发展之大忌。因此，人力资源管理制定的人力资源计划、规划与战略，必须立足全局，着眼未来。

2. 岗位分析与岗位评价

岗位分析与岗位评价是人力资源管理的基础工作。岗位分析就是对组织所有工作岗位的特征和任职要求进行界定和说明，岗位分析的结果形成每一个工作岗位的职位描述、任职资格要求、岗位业务规范；岗位评价是对组织中各工作岗位的相对价值进行评估和判断，岗位评价的结果形成组织中不同工作岗位的工资体系。岗位分析和岗位评价就如一个产品的说明书和产品标价，使员工"明明白白工作""清清楚楚拿钱"。

3. 人力资源管理的基础业务

人力资源管理的基础业务包括招聘、培训、绩效考核、薪酬管理。招聘是人力资源管理核心业务的首要环节，它是组织不断从组织外部吸纳人力资源的过程，它能保证组织源源不断的人力资源需求；培训是人力资源开发的重要手段，它包括对员工的知识、技能、心理素质等各方面的培训，它是提升员工素质的重要保障；绩效考核是指运用科学的方法和标准对员工完成工作数量、质量、效率及员工行为模式等方面的综合评价，从而进行相应的薪酬激励、人事晋升激励或者岗位调整，绩效考核是实施员工激励的重要基础；薪酬管理是人力资源管理中极为重要的方面，它主要包括薪酬制度与结构的设计、员工薪酬的计算与水平的调整、薪酬支付等内容，它是企业对员工实施物质激励的重要手段。

（三）组织的快速发展与人才的"暂时性匮乏"

进入 21 世纪，现代企业和组织的人才队伍呈现出年轻化、专业化、职业化和国际化四大特点。但当企业或组织进入快速发展阶段，就会面临着人才队伍的四大"暂时性匮乏"问题，即总量性匮乏、结构性匮乏、素质性匮乏、机制性匮乏。

1. 总量性匮乏

指的是随着企业生产规模扩大，生产设备增加，以及产品市场拓展，企业的员工队伍人数却没有相应增加，员工队伍没有跟上企业合同额规模的发展的情况。这种矛盾在短时间内难以完全解决，对一个快速发展的企业而言，是一件正常的事。解决这一问题的主要途径，一是靠有序招聘院校毕业生，二是通过社会招聘，招揽贤才。

2. 结构性匮乏

作者在进行人力资源调研时，发现很多组织、项目或生产环节实际上并不缺乏人才，而是人员队伍结构配备不合理，呈现出队伍结构性的问题，特别是不同专业人员队伍结构不合理、生产和非生产人员配备不合理。因此，企业和组织需要下功夫去调整解决人才的结构性匮乏问题。

3. 素质性匮乏

对工程建设领域等劳动力密集型行业，素质性匮乏是企业面临的普遍性问题。有的员工素质能力达不到要求，只能再增加人员配备。这种素质性匮乏问题属于企业成长期的问题。解决这一问题的根本措施就是提高进入门槛，招聘优秀员工，加强人才培养、培训。

4. 机制性匮乏

部分企业和组织一方面急需使用高素质人才，另一方面却缺乏科学、公平、合理的选拔、使用人才机制，用人非制度化。进一步完善选人、用人机制将成为这类企业的当务之急。

第二节 企业人力资源管理

在市场经济体制中，无论是国有企业还是非公有制企业，作为一种生产经营组织形式，企业同时具有营利法人和公益法人的特点。其营利性体现为追求资产的保值和增值。其公益性体现为在国家法规确定的范围内，为经济社会发展和人们生产生活需要提供优质的产品。国有企业还必须同时服从国家的重大战略需求和国家调节经济的目标，在调节国民经济各个方面发挥主导性作用。

一、企业生产要素的组合

生产要素是企业生产力的细胞形态，企业则是生产要素的集合体。企业生产要素可分为有形要素和无形要素两类，有形要素主要是指人员、资金、土地、固定资产、设备、原材料等；无形要素主要是指知识、技术、信息和管理等。企业的生产要素并不能等同于企业的生产力。生产力是一种生产能力，只有当生产要素能够被科学组合、优化渗透、合理使用时，才能产生更好、更高的生产力。

（一）企业生产要素的优化组合

企业生产要素的合理流动与优化组合是按照社会需求、产业政策和企业发展的内在要求，使生产要素在企业组织内部的重新组合或在企业不同业务板块间的转移，并实现其合理配置，从而使一定量的生产要素通过加工、处理所产生出来的对生产实践需求的效用达到最大化，即最大限度地发挥人力、物力、财力的作用，以尽可能少的投入换取尽可能多的产出。

（二）渗透性的企业生产要素

企业生产要素的渗透性是提升企业生产力的重要因素，主要是指在生产实践中推广科学技术知识和专业化的员工素质教育与技术培训。在知识经济时代，新技术、新方法、新装备不断涌现，科学技术只有渗透或附着于劳动者、劳动手段和劳动对象这些实体性要素身上，才能对企业生产力产生实际的促进作用。企业对员工的素质教育与技术培训，是一种向劳动者传播知识与技能的桥梁，更是提升人力资源质量的必要途径与重要保障。科学技术是第一生产力，新科学知识的普及、新技术能力的提升，使企业的人成为最重要、最具活力的生产要素。

（三）员工是企业生产的核心要素

人是组织的核心资源，是企业发展的根本动力。知识经济时代是一个全面创新的时代，而作为生产、传播、交换和利用知识的人力资本将演化成生产要素中最具创造力、最有价值的要素。在我国，不少国有企业常常面临队伍老化、人员分流压力大的困扰。在人力资源管理的实际工作中，要因势利导，顺势而为，扬长避短，用其所能，"让专业的人做专业的事，让能干的人做需要做的事"。发挥员工这一企业生产核心要素的作用，是人力资源体系建设的根本出发点。

（四）科学管理的作用日趋重要

现代社会生产发展的趋势是分工越来越明确、精细，科学技术门类越来越多，生产行业越来越多，管理体系也相应地越来越多。与此同时，社会生产所需的管理标准越来越高。现代社会生产之所以重视科学管理，是因为科学管理的基本功能表现为：个人与组织的基础管理水平；职业精神；思维方法；实践精神。科学管理包括标准、流程、规范、数量、过程控制、总结、交流与积累的若干节点。因此，企业人力资源的科学管理以及由此形成的管理机制、体系成为企业生产要素的重要组成。

二、人力资源在企业管理中的地位

人力资源是企业的第一资源，也是最具活力的生产要素，人力资本是企业资本中最具活力的资本，人力资源的数量、质量以及协同效率决定了一个企业的生死存亡。

（一）人是决定企业生存与发展的特殊资源

现代企业人力资源管理以企业人力资源为中心，实现企业资源的合理配置，其必须摒弃传统的劳动人事管理的约束，不仅仅把人看作是一种生产要素，而是具有内在建设性的潜力因素，是一种决定企业生存与发展、始终充满生机与活力的特殊资源。在全球竞争时代，一个企业想要在竞争中生存下来，就需要运用员工的智慧、创造力、知识。尊重员工，使其拥有主人翁意识。尊重员工更深层次的含义是信任、关爱、鼓励、发展，在尊重的基础上实现企业与员工的共赢。现代化的企业不是把人置于严格的监督和控制之下，而是为他们提供、创造各种条件，使其主观能动性和自身劳动潜力得以充分发挥。不再容忍人才的浪费和滥用权力造成的人文环境破坏，要从以物为中心的管理转向以人为中心的管理，更加重视人力资源的开发，更加重视人力资源的投入，以提高人力资源的利用程度，实现企业核心竞争力与可持续发展的长远目标。

（二）人力资源是决定企业生产发展的效益资本

人是科学技术的发明创造者，也是先进科学技术的运用者和传播者。因此，人才就是生产力诸多要素中的特殊要素。人才不仅是再生型资源、可持续资源，而且是资本性资源。在现代企业和经济发展中，人才是一种无法估量的资本，一种能给企业带来巨大效益的资本。企业只有立足于依靠人才智力因素的管理创新与不断变革，依靠科技进步，进行有计划的人才资源开发，把人的智慧能力作为一种巨大的资源进行挖掘和利用，才能实现科技进步和经济腾飞。建立科学的人才资源开发机制，吸引人才，留住人才，满足企业经济发展和竞争对人才的需要，从而实现企业经济快速发展。要按市场经济体制的要求，深化企业人事制度改革，加快建立起适应各类人才成长特点的新型人才管理体制。要围绕高素质领导人才、经营管理人才、专业技术人才和技术工人四支队伍建设，建立各具特色的分类管理制度，重视抓好创新型人才、复合型人才的培养和选拔使用，树立重能力、重实绩、重贡献，鼓励创业、鼓励创新、鼓励竞争的用人新理念。

（三）人是决定企业生产与发展的主体

美国著名管理学家麦克里戈曾说："企业这一组织系统，是因鼓励人的行为才存在的。这一系统的输入、输出和由输入转化为输出的过程，都靠人与人的关系和人的行为来决定。"因此，企业的核心是人，人才是企业的主体和根本。

人是决定企业生产的主体，主要表现在企业员工作为企业的主体和能动力量，在企业经营和管理等方面表现出来的积极性、主动性和创造性。具体表现在：①个人目标与企业目标的趋同性，个人利益与企业利益的一致性，员工对企业存有强烈的责任心、使命感，员工与企业同荣辱、共始终的价值追求；②企业员工以企业主人的角度审视企业事物，以对企业高度负责的思维模式和行为方式，维护企业的利益、声誉、品牌形象，竭诚尽力做好岗位工作，而不是用依赖思想、雇佣观念以及对企业事务漠然置之的态度。

尽管培养员工的主人翁意识如此重要，但不少员工的主人翁意识并不强烈。有些员工雇佣思想严重，对企业管理工作参与意识淡漠，有时甚至采取不合作态度。还有部分员工曲解主人翁地位，坚持"主人就要主事"，混淆拥有管理权与直接行使管理权的不同内涵。有些人强调主人翁地位，管理上要权力，经济上要利益，却不愿意或不能承担主人翁的责任。因此，培养员工的主人翁意识，是理顺企业内部生产关系，实现统一意志、集体奋斗的思想基础，也是充分调动员工能动性、挖掘人才潜力、增强企业凝聚力、提高企业战斗力，以及不断适应市场经济需要的重要措施。

三、企业人力资源管理目标

人力资源管理目标是指企业人力资源管理需要完成的职责和需要达到的绩效。人力资源不仅关注组织目标的实现，而且关心员工个人的发展，强调在实现组织目标的同时实现个人的全面发展。企业人力资源管理的目标是吸引人、培养人、用好人，挖掘潜力，激发活力。企业应紧紧围绕经济发展目标，以人才资源开发为根本任务，从根本上解决人才的开发和利用。

人力资源管理目标包括全体管理人员在人力资源管理方面的目标任务和专门的人力资源部门的目标与任务。显然两者有所不同，属于专业的人力资源部门的目标任务不一定是全体管理人员的人力资源管理目标与任务，而属于全体管理人员承担的人力资源管理目标任务，一般都是专业的人力资源部门应该完成的目标任务。无论是专门的人力资源管理部门还是其他非人力资源管理部门，进行人力资源管理的目标与任务主要包括：保证企业对人力资源的需求得到最大限度的满足；最大限度地开发与管理企业内外的人力资源，促进企业的持续发展；维护与激励企业内部人力资源，使其潜能得到最大限度的发挥，使其人力资本得到应有的提升与扩充。在生产实践中，企业人力资源管理目标具体表现为以下四个方面。

（一）服务企业发展战略

人力资源战略作为一种最重要的职能战略受公司战略支配，并反作用于公司战略。企业构建战略性人力资源管理体系的首要目标，就是要使选人、用人、育人、留人等人力资源管理实践活动服务于企业的整体战略，并通过人力资源管理的各项活动，促使企业战略目标的最终达成。

（二）提高企业组织能力

企业间的竞争直接体现的是组织能力的竞争，要提高组织能力，关键在于在战略性人力资源管理实践过程中，通过循环发挥目标、机制、素质三要素功能，并且与招聘、考核、培训等人力资源管理环节协调一致，不断将拥有共同目标且素质能力符合岗位要求的员工整合起来，转化为促进企业持续发展的动力。

（三）促进员工个人发展

坚持"企业即人、企业为人、企业靠人"，员工是企业最宝贵的财富，企业将人当作企业发展最重要的资本加以投资，并不断整合员工，特别是核心员工所拥有的知识、经验、技能、个性、内驱力、团队意识、学习力与创造力等，使企业的成长与核心员工的职业成长紧紧相连，实现企业与员工双赢。

（四）建立人力资源管理体系

从历史与当前的实际情况来看，企业人力资源工作的困境主要包括：人力资源管理的战略性思考不足；科学健全的体制机制不足；用文化力量塑造团队共同价值观的意识、能力不强。

人力资源管理体系的构建是现实需求。20世纪七八十年代，众多国企被改革开放的大潮推向了市场经济的竞争环境。由于体制与机制的"风云突变"，对来自市场和企业内部的各种风险管控乏力，不少企业陷入了难以摆脱的困境。困扰企业最大的问题不在于市场、资金和技术，而在于人心涣散、斗志丧失。因此，企业应从解决人的问题入手，建立适应现代企业要求的人力资源管理体系，这主要是基于以下两个方面的考虑。

1. 摆脱困境的必然要求

有资料记载，从2002年到2009年底，全国每年倒闭的国有企业将近5000家，其中包括一些中央企业，这是我国产业界从计划经济向社会主义市场经济转型与深化改革过程中无法避免的"阵痛"。要摆脱当时面临的困境，首先要解决"人往哪里去"的问题，这个问题是劳动人事改革的核心，也是国企改革最难的问题，解决好会使企业改革发展迈上一个新台阶，解决不好则会导致企业人心不稳，甚至破产倒闭。

2. 强化管理的必然要求

从 20 世纪 90 年代中期至 21 世纪初，不少企业，特别是大型国有企业陷入困境，除了市场环境因素变化等客观原因外，更主要的是自身管理原因特别是人力资源管理的落后。主要表现在三个方面：一是团队凝聚力不强。一个大型的国有企业子公司众多，风格和文化各不相同，个人主义、诸侯经济思想严重，文化价值观多元，内部单位之间差异大，总部调控能力不强，导致企业上下不同心，没有形成合力。二是人事分配机制僵化。主要的表现有职工身份固化，干部使用与工资分配僵化，员工能进不能出、干部能上不能下、收入能增不能减，导致企业缺乏活力，"平均主义"和"等、靠、要"的思想盛行，企业干好干坏一个样，工作不饱满、人浮于事现象普遍，甚至"吃空饷"现象突出。三是员工思想观念陈旧，能力素质不满足市场要求。有些企业的新进员工部分是职工亲属子弟，导致裙带关系、内部攀比现象严重，员工缺乏进取精神和创新意识，市场意识薄弱。

从传统的以职能为导向的人事管理转向以战略为导向的人力资源管理，是企业人力资源管理的一大发展趋势。在日趋激烈的竞争环境中，能否实现企业人力资源的战略性管理，并使其与企业战略充分整合，关乎企业能否获得并维系竞争优势。战略性人力资源管理不仅使人力资源管理的优势得以充分发挥，更给企业的整个管理注入生机和活力，确保实现企业发展战略目标。

四、企业人力资源管理体系的构建原则

构建企业战略性人力资源管理体系要处理好战略目标、素质能力与保障机制的相互关系。战略目标要通过人来实现，只有具备一定素质能力的人才有实现目标的能力，同时要有科学合理的选人用人机制，才能保证有能力的人实施正确的战略目标。

（一）明晰战略和组织能力的关系

为了保障企业战略目标实现，并将员工个人的素质能力整合到组织层面，打造企业特有的战略实施能力，进行企业组织能力建设（构建与战略相匹配的组织能力）是十分必要的，这也是企业战略管理的核心。企业对战略和组织能力关系的思考是：企业战略取决于组织能力，并反作用于组织能力；战略与组织能力匹配则促进组织发展，反之则阻碍企业发展；战略形成时间相对短且易被模仿，但组织能力形成时间长且很难被模仿；战略与组织能力之间始终存在着从不匹配到匹配的矛盾运动，如此循环往复，推动企业不断发展。

（二）明晰组织能力建设与人力资本的关系

企业将人力资本看作企业发展的根本动力，在推进组织能力建设时，始终将人的因素作为核心要素来考虑。为清晰表达这两者的关系，绘制组织能力三角（图1-2），其表达的意思是：组织能力建设以人、人力资本为核心，由目标、机制和素质三个要素构成，三者构成组织能力三角；组织能力决定对人力资本投入产出的质量和效率；反过来，对人力资本投入产出的结果决定企业组织能力的高低。

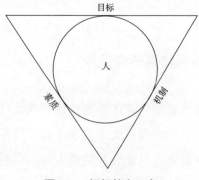

图1-2　组织能力三角

（三）明晰人力资源管理与组织能力建设的关系

组织能力指的是一个团队所发挥的整体战斗力，是企业竞争力的核心所在。构建战略性人力资源管理体系时，应着力将人力资源管理与组织能力建设进行整合，以协调发挥两者的功能，使两者互为融合、互为补充。两者共同点是都以人、人力资本为核心，围绕企业战略目标的实现，最大限度发挥员工的作用。不同点是：组织能力建设注重宏观层面、组织整体功能发挥，着重解决如何处理好企业内部的分工协作关系、将分散的个体整合成有机整体，具体表现在确立目标、构建机制、提升素质等方面；人力资源管理重视的是微观层面、员工个人绩效发挥，主要解决如何调动员工积极性、提高员工适应性和能力，具体表现在对员工的选拔、培养、使用、去留等方面。这既是人力资源管理的目标任务，也是企业组织能力的保障。

企业振兴，关键在人。不管是刚刚创业的商业新秀，还是久经沙场的企业老将，都要掌握"经营人心""管理人心"的好方法。在计划经济条件下和改革开放初期，面对巨大的无序的市场需求，这些企业可以依靠简单的生产经营管理而存活；随着市场秩序的日渐完善，面对价格要求越来越低、质量要求越来越高、产品生产周期要求越来越短的竞争，要想在激烈的市场竞争中脱颖而出，就必须在人力资源方面下大功夫，清晰人力资源管理与组织能力建设的关系，加大对人力资源管理与组织能力建设的多方面、多层次投入，以保证企业持续高质量发展。

第三节　工程建设企业人力资源管理

我国改革开放 40 多年来，坚持以经济建设为中心，社会各项事业蓬勃发展。一方面，随着基础设施建设步伐的不断加快，建设行业已成为我国经济社会发展的支柱性产业。另一方面，在社会主义市场经济环境中，建筑市场竞争十分激烈。从本质上看，工程建设企业之间的竞争是综合实力以及人才之间的竞争。建筑企业是劳动密集型企业，人力资源是企业所有资源中最为重要的资源。从建筑企业的专业生产技术特征上看，传统技术、普通技术的运用占有很大比重。也就是说，一般性工程项目多数企业都有能力承担，但是谁能做到精细化管理，低成本、高品质竞争，谁就能占有市场、实现效益的最大化。因此，在工程建设企业管理体系中，人力资源管理是一个关键环节。所有关于人力资源的管理制度、管理模式、管理方法都是工程建设企业管理科学体系的重要组成部分。

一、建筑产业工人队伍特点

建筑业是劳动力密集型行业，人力是"第一资源"的特点尤为突出。如果没有相对稳定的产业工人队伍，建筑产业发展就会停滞，建筑企业就难以持续发展。从工程建设企业员工队伍的实际情况来看，建筑产业工人队伍的组成有以下特点。

（一）建筑工人随工程项目而聚合，人员的流动性大

工程建设企业的特点是随工程项目而变化的、分散的，其产品生产场地一项目一变，队伍随项目走，人员流动频繁，其主要原因有：

一是施工企业以工程项目建设者的身份，依据每个工程项目的具体情况，灵活地变化其组织管理机构来适应地域情况、规模大小等的变化。其生命周期仅限在某个项目，当开始下一个项目的时候，机构又需进行新的调整。这就决定了施工企业具有分散性、流动性的特点。施工企业以个性化的工程项目为重心，生产场地不固定，生产人员自然就要流动，常常使员工缺乏归属感。

二是企业作为工程项目的实施者，组织机构一般随着工程项目规模的大小、质量要求的具体情况来组建、调整。因此，不同工程项目的机构设置、管理人员配备与施工一线员工需求量大不一样，也使得人力资源的构成有差别，人员数量也将根据实际需求进行调整，易使员工没有稳定感。

三是在一个相当长的时期内，工程建设行业的人才需求旺盛，一些施工经验丰富、技术和管理水平较高的人才纷纷流向待遇更好、发展前景更广阔、社会地位更高的设计单位、建设单位、监理单位和大型企业，"跳槽"现象时有发生。

四是一些院校毕业生不愿意到一线工地工作，有些到了施工现场一段时间后也难以长期坚守而离场。因此，建筑施工企业员工队伍不稳定、一线人员流动性大成为一种常态。

（二）建筑产业队伍专业素质参差不齐

在大部分建筑施工企业中，有实践操作能力高但学历低的老工人，有高学历但缺乏工作经验的高校毕业生，有从不同建筑施工企业引进的专家型的管理和技术人员，还有大量从不同地区招募来的一线操作工人。

一般来说，产业工人的共同特点是有固定的工作场所和岗位，有严明的组织纪律，有较高的职业素质，是工人阶级的中坚力量；建筑业在计划经济体制下，建筑公司以国有和城镇集体性质为主，当时的职工基本上都是固定工，享受国家统一的工资福利和劳动保障待遇。近40年来，建筑行业的用工形式也变得灵活多样。老的国有建筑企业自有队伍逐渐减少，除了离退休人员之外，部分老职工也因年龄、身体原因转到非一线岗位。城市职工的80后、90后独生子女，没有多少人愿意从事建筑一线"苦、脏、累"工作。而相当多的进城务工人员没有一定的技术基础，几乎是"丢了镰刀拿瓦刀"，与传统的产业工人、正规建筑企业职工有一定差距，需要经过一定时间的职业与技术培训，才能适应企业正规化管理，融入已有的企业文化环境。正是这些不同层次的人才拥有的不同特点和价值目标，构成了建筑施工企业人力资源系统的复杂性。

（三）管理与生产一线人员需合理配置

我国在基础设施建设领域的投资规模大，工程建设企业的经营规模、产值规模也在不断增长，在工程建设项目管理中，人力资源优化配置是企业增效的重要保障。人力资源结构不合理是很多工程建设企业常见的主要问题之一。主要表现为：员工知识技能结构比例失调，技能单一型的人员富余，而一专多能型人才不足，一般性管理岗位和辅助管理岗位的人员较多，从事经营管理、技能操作的拔尖人才不足；管理层级多且人员占比大，一线技术人员、工人不足。管理与施工一线人员之数量比合适度是一个值得认真探讨的实际问题。

生产型企业的管理与生产一线人员占比，因其产品的技术含量不同而有所不同。以研发产品和营销为主的知识密集型科技企业的管理人员占员工总数可达 30%~60%，而以生产和营销为主的传统企业或劳动密集型企业的管理人员占员工总数的比例常在 20%~30%，甚至更低。由于不同企业的规模不同，具体产品存在差异，企业内岗位职能专业性的范围划分不同，企业管理人员素质构成情况不同，以及各个企业内部管理水平的不同，必然要求企业根据当前的实际需要与发展规划，科学配置管理与施工现场一线人员。

工程建设企业属于劳动密集型企业，但由于不同的工程产品属性、技术质量标准，其管理人员、技术人员占员工总数的比例也不尽相同。如一般房地产、市政、民用工程等项目，技术要求不高，管理层级少、技术人员比例小，施工现场一线员工所占比例大；而一些大型桥梁、复杂隧道、机场、军用设施等重大工程项目，质量要求高，工程难度大，施工装备技术复杂，加上工程项目所在地的地质结构复杂，管理人员、技术人员、后勤保障人员的比例就会大大增加。因此，工程建设企业合理的组织结构是管理与施工一线人员合理配置的基础。科学合理地配置工程项目各类岗位人员，需要科学分析工程项目不同岗位的技术难度、工作量与工作强度，岗位人员必须具备的工作能力，施工装备的工作效率等，岗位人员合理配置的目标是做到岗职清晰，责任明确，各尽其职，人尽其用。

二、人力资源的成本特征

人力资源成本是企业为了实现企业目标，创造最佳经济和社会效益，在获得、开发、使用、保障人力资源及员工离职时所支出的各项费用的总和。工程建设企业人力资源成本是企业构建和实施人力资源管理体系过程中的所有资源投入，主要包括：

（1）人力资源的获得成本，即企业在招募和录取员工的过程中产生的成本，包括招募成本、选择成本、录用成本、安置成本等。

（2）人力资源的开发成本，指的是为提高员工的技能而产生的费用。企业为了提高工作效率，对已获得的人力资源进行培训，使得他们具有预期的、符合具体工作岗位要求的业务水平。企业通过提高员工的生产技术能力，以提升组织人力资源的价值，包括上岗前教育成本、岗位培训成本、脱产培训成本等。

（3）人力资源的使用成本，即企业在使用员工过程中产生的成本，包括维持成本、奖励成本、调剂成本、用人偏差成本等。

（4）人力资源的保障成本，是指企业在人力资源暂时或长期丧失使用价值时，为保障其生存权而必须支付的费用，包括劳动事故保障、健康保障、退休养老保障、失业保障等。

（5）人力资源的离职成本，这是由于员工离开企业而产生的补偿成本、离职前低效成本、空职成本等。

在上述企业五大类人力资源成本中，工程建设企业人力资源的获得成本、离职成本与一般生产型企业没有太大差别，而人力资源的开发成本、使用成本与保障成本具有显著的行业特征。

（一）人力资源的开发成本

工程建设企业人力资源的开发成本主要包括上岗前教育、岗位培训、脱产培训、继续教育等费用支出。这些提高员工的技能培训、教育活动，对劳动力密集、进城务工人员体量大的工程建设企业来说尤为重要。

上岗前教育是企业按不同岗位职责基本要求对尚未上岗的职工进行的教育活动。按照国家有关规定，所有从业者，首先是技术业务要求较高的行业、部门的人员，在上岗前都应经过初级的职业技术基础训练，并达到一定程度的文化水平。在关键设备、关键岗位上工作和从事危险性作业的工人，必须经过培训并考核合格后方能上岗；转换工作岗位和重新就业的工人，也必须经过培训。各类从业人员走上岗位以前，都必须按照岗位规范的要求进行培训。培训内容包括必备的专业知识、操作技能、工作规程、安全生产知识、职工守则和职业道德规范等。由企业采取脱产、半脱产方式进行。

岗位培训是企业对从业人员进行以提高所在岗位需要的工作能力或生产技能为重点的教育活动。脱产培训可分为层级脱产培训（包括对各类管理阶层人员、新职工等的岗位培训，骨干职工的脱产轮训等等）、专业脱产培训（按不同专业对各类职工进行的脱产教育培训，对不同职工进行全面质量教育、安全生产教育培训，以及专业教育培训和技术教育培训等等）。

继续教育是面向学校教育之后的成人教育活动，是终身学习体系的重要组成部分。主要是对专业技术人员的知识和技能进行更新、补充、拓展和提高，进一步完善知识结构，提高创造力和专业技术水平。

上岗前教育、岗位培训、脱产培训、继续教育等活动是工程建设企业人力资源开发不可或缺的常规动作，其成本付出是必要的、值得的，与人力资源提质增效、保证工程质量与进度、保障生产与财产安全所获得的社会效益与经济效益相比是微不足道的。

（二）人力资源的使用成本

人力资源的使用成本主要体现为维持成本、奖励成本、调剂成本三个方面。

人力维持成本，常称为人力成本，是企业在一定的时期内使用劳动者而支付的所有直接费用与间接费用的总和。人力成本并不完全等同于工资。如果企业给员工支付 1000 元的工资，那么人力成本绝不会是这直接的 1000 元，还有其他的非工资性费用，如"五险一金"、福利费用、教育经费、住房费用等。

奖励，本质上是企业对员工的一种报酬激励活动，是企业所有者为了引导生产者、经营者更好地为其服务而事先制定的标准化的成本付出。奖励成本除薪金之外，还有奖金、股权等形式，这是现代企业制度的产物。现代企业的显著特征是所有权与经营权分离，但经营者与所有者的经济利益并不总是一致的，减少这种冲突的方法一般是靠制度合约的约束和报酬奖励。二者相比，报酬激励更具积极意义，能促使生产者和经营者把企业目标作为自己的内在追求而努力工作。一个有效的报酬奖励计划，能够激励企业经营者、生产者努力使企业价值最大化，同时使经营者、生产者获得最大的收益。

企业的调剂成本主要包括工会活动、职工疗养、职工文体娱乐活动、业余社团开支、职工带薪休假、节假日开支等费用。

在企业人力资源的使用成本中，维持成本付出是固化性的基本保障，而奖励成本与调剂成本的付出却有着积极的、主动的、活化的意义。建立科学合理的奖励、调剂机制是充分挖掘人力资源潜力、激发经营者智慧活力、调动生产者劳动积极性的重要基础，更是许多企业与企业家获取成功的秘诀。人力资源的使用成本运用得当，如同"好钢用在刀刃上"。

（三）人力资源的保障成本

对劳动力密集的工程建设企业而言，用于劳动事故保障、健康保障、退休养老保障、失业保障的经济付出必不可少，员工在岗工作时生产安全、身体健康有保障，退休无后顾之忧，失业也不愁温饱，必然会增强员工对企业的心理认同感与经济利益的获得感，因此，人力资源保障成本的重要性不言而喻。

三、构建企业人力资源管理体系的目标要求

随着我国建设行业的发展，企业经营的内外环境发生着一系列的深刻变化。科学有效的人力资源管理是企业管理的"轴心"，决定着企业的精细管理水平和长远发展。现代工程建设企业的人力资源管理，就是要在社会主义市场经济学原理的基础上，以人本思想为指导，通过招聘、甄选、培训、报酬等管理形式对企业内外相关人力资源进行有效运用，用以满足工程建设行业当前及未来发展的需要，保证企业目标实现的最大化与企业生产者、经营者个人发展的最优化。具体要求是要科学地预测并制定组织的人力需求计划，

择优招聘人员，进行有效组织、考核绩效、支付报酬，进行有效激励、结合组织与个人需要进行有效开发，以便实现最优组织绩效的全过程。

（一）人力资源管理的"三化"目标

工程建设企业人力资源具有鲜明的时代特征，呈现出队伍年轻化、人才专业化、岗位职业化的目标要求。

1. 队伍年轻化

年轻人最具朝气和创造力，是企业的"新鲜血液"，为企业注入新的活力和动力。多年来，许多大中型建设企业，尤其是大型建设国企每年都接收大量的高校毕业生，企业人才队伍结构大大优化，总承包企业管理人员的平均年龄一般在 30 岁左右。

2. 人才专业化

拥有高素质人才，就拥有了未来。企业拥有了高素质的人才，就会在激烈竞争的建筑市场上攻坚克难、行走自如。企业招聘的毕业生，不仅考查学历、专业，还要求个人的技能基础。企业的中高级人才的引进和培养也向着专业化发展。根据企业转型升级的战略目标，对房地产、投资融资、规划设计、监理、法律等领域专业人才的需求加大，人才引进和培养工作也应及时跟进。

3. 岗位职业化

职业化是指一种工作状态的标准化、规范化、制度化。企业通过标准化管理，在各条业务线上建立较为规范的制度流程。按照一定的流程，将员工的职业岗位导入预定的轨道，以制度因素为主导，有效减少人为因素，这就是一种职业化。同时，通过职业通道建设，对从事各专业工作的员工提供同样广阔的发展空间，使从事项目经理、技术科研、合约等不同专业工作的员工，能在其所在的职业岗位上继续发展。例如一个商务管理专业的人才，可根据企业"职业通道"平台，发挥个人的专业特长，把商务领域做透做精，做成

"专家"级别，这就是一种职业化。

（二）企业人力资源管理体系的构建

在知识经济时代，人力资源的价值只有通过科学的管理与开发，才能最大限度地展现出来。企业发展、管理创新与市场竞争，同样需要现代人力资源管理体系培育出更具创造性和能动性的人才资源。因此，加快建立科学高效、简约规范的工程建设企业人力资源管理体系，既是满足企业人才需求的战略先导，也是顺应时代发展与企业发展的必然要求。

众所周知，事业要发展，企业要壮大，人才是关键。拥有优质的人力资源，培养出高素质人才，发挥好人才的智慧能力，建立起强有力的人才保障体系，应成为工程建设企业人力资源管理矢志不渝的目标，并通过人力资源管理的计划、组织和调控予以实现。简言之，"选好人、育好人、用好人、留住人"就是人力资源管理工作的"四步曲"，如图1-3所示。可见，构建科学的人力资源管理体系是实现人力资源管理目标、建设好人力资源队伍的工作基础和有力保障。

图1-3　人力资源管理职责分区模型图

1. 构建人力资源管理体系的出发点

人才作为企业的核心竞争优势，必须制定长远的战略规划。"十年树木，百年树人"，企业人力资源管理部门应从短期、中期、长期三个时段来合理规划人才的获取。短期的人才获取可以通过招聘、引进等方式实现；中期的人才获取则要注重对人才的培养和从基层选拔；长期的人才获取则要依靠一套完备的人才选拔与培养机制，以保证企业人才的供应。从我国工程建设企业人才获取现状来看，获取人才的方式多属短期，缺乏在人才开发方面的前瞻性、预见性与长远规划，因此，引进的人才稳定性较差，会影响企业的持续发展。

2. 构建人力资源管理体系的落脚点

工程建设企业新进人员和转岗人员要立足工程项目，扎根施工现场，这是他们了解企业、融入团队、亲近工程、熟悉规则、明白职责的最好课堂，也是人力资源管理部门发现与挖掘人才资源，考核与检验人才能力，激励优秀与帮扶后进的重要过程。提升企业人力资源管理水平，就要建立科学高效的人才考核激励机制。通过外在考核压力，采取多种激励方式，促进员工的内在发展动力；通过树立"以人为本"的理念，寓考核于关爱与服务之中，促进人才资源的可持续利用与发展；通过进行学习型组织的建设，鼓励员工为实现企业、团队目标与个人发展自主学习、主动学习、自主成才；通过进行多维立体的职业开发，促进员工多方面能力的提升；通过开展企业品牌文化建设活动，提高员工的组织凝聚力，提升企业认同感、荣誉感与归属感，继而坚定服务项目、扎根现场的信心。

3. 构建人力资源管理体系的着力点

一般情况下，企业每年都有相当多的大学毕业生、研究生加入，还有因企业发展急需引进的各类经营管理、技术专业人才，他们是企业发展的重要人才资源。加强大学生、研究生的人力资源开发，主要通过学习、教育、培训、管理、文化建设等方式，从品德修养、能力素质等方面进行培育、促进发展、鼓励先进。组织开展具有战略性、前瞻性的培训与学习活动，要避免这部分人力资源在企业专业不对口、学无可用的资源"荒废"，支持他们将理论紧密联系实际、学有所用、在实践中成长。对于引进的中高级管理与技术人才，要使其尽快熟悉企业，明确职责，为实现企业生产目标，发挥专业所长，开拓发展。

工程建设企业新增的现场务工人员是工程项目一线的主力军，也是宝贵的人力资源。需要通过关心爱护、岗位技能培训等来逐步提升他们的专业技能。通过公平合理的薪酬机制，营造和谐的企业文化环境，增强他们对企业、对岗位的认同感。只有充分调动他们的积极性，发挥他们的聪明才智，才能保证工程项目高质量按时完成。

4. 人力资源管理体系重在简约规范

构建人力资源管理体系必须遵循管理成本的简约化与管理制度的规范化，制度的建立与机制的形成，重在应用实效。建立简约规范的人力资源管理体系，有利于推动人才培养机制的长效化。在国家各项事业改革力度加大、持续深化的大环境下，面对复杂多变的世界经济形势，我国现代化的企业制度也在不断发展。工业企业，特别是国有大中型企业的管理体制、机制也必将不断调整和优化，化繁为简、严规亲和，既是管理原则，也是管理技巧。构建简约规范的人力资源管理体系是满足改革深化的需要，也是提高人力资源管理效率、增强可操作性的要求。通过人力资源管理体系建设，带动人才队伍建设，促进人才的健康发展。

四、现代企业的人性化管理

从本质上看，企业实现人性化管理是对企业发展要素和人力资源价值的双层认知。忽视人的能动性、创造性的价值，忽视人在企业中第一资源的作用，企业的可持续发展是不可能的。在重视人的价值作用的同时，关注人的合理需求是企业人性化管理的重要议题。

人、钱、文化，这是建筑企业日常管理的三个重要议题与工作任务。一个企业发展得好不好，首先取决于人的管理工作做得好不好，人的效率和潜力是否充分发挥，人力资源是否得到充分开发；其次是钱管理得好不好，有没有钱，与企业的资金需求是否相匹配；最后是企业的文化好不好，即企业是否有良好的文化环境，是否有凝聚力，是否有战斗力。因此可以说，企业的"人、钱、文化"，既是企业管理的核心内容，也是企业是否有活力的标志。

现代企业的人性化管理就是企业的管理要体现人性化，即在整个企业管理过程中充分注意人性要素，采用以充分开发、挖掘人的潜能为己任的管理模式。其具体内容，可以包括很多方面，如对员工的尊重、充分的物质激励和精神激励，为员工提供各种成长与发展机会，注重企业持续发展与个人成就理想的双赢战略，通过制定和实施有利于员工职业生涯、人生规划的制度与机制等。

如果按照人面对工作的心态情况对人进行划分，大致可以分为四种员工工作状态：负态（消极型）、零态（不求进取型）、普态（一般工作状态）、激发态（奋进型）。现代企业的人性化管理就是要尽可能地消除员工的消极型"负态"与不求进取型"零态"，激励、改变一般员工的"普态"，使奋进型员工不断保持"激发态"。

（一）需求是人性的一种本质特征

企业是由人组成的，而人是有需求、有欲望的，并且这种需求和欲望是不断变化、日益增长、永无止境的。也正是由于人们这种不断变化的、日益增长的、永无止境的追求和欲望，才促进了企业的持续发展，推动了人类社会的进步。一个高明的管理者面对人们的需求和欲望要冷静地思考，科学合理地激发和管理人们的欲望和需求，并且将这种欲望和需求融入企业的持续发展中，调动大家为了自身利益和企业发展的目标而努力工作，营造出一个"上下同欲"的工作氛围。只有这样，企业才能发展，个人才能成功。

在现代企业的管理中，同样离不开对"人"的管理，特别是对人的需求和欲望的管理。现代社会条件下，人的需求与欲望是多种多样、不断变化的，并且每个人对"需求与欲望"的满足感都不尽相同，这不仅取决于自己所得所失的多寡，还取决于自己所得所失与周围人所得所失的比较。例如，一个人，你每天给他10块钱的奖励，他是满意的。如果你告诉他，他的同事每天只有8块钱的奖励，他会很高兴。但如果你告诉他，他的同事每天得到了12块钱的奖励，他就会不高兴。如果你再告诉他，他的同事每天得到 20 块钱的奖励，他可能就会跟你大闹一场，甚至不干、走人了。这时，"公平、公正"才是解决问题的关键。由此可见，需求是人性的一种本质特征。

（二）人性化管理是企业协同发展的辩证统一

"问渠哪得清如许，为有源头活水来"，激发企业活力就要不断地有创新思想、先进的体制机制与优秀人才的加入。谋求企业的更大发展，就要在不断改革创新过程中更加关注员工的需求，解决员工创造性劳动的"动力""活力"问题。

实现可持续发展是企业长远的、根本性目标，也是员工的实际利益所在。而企业关注、重视员工的利益，也是企业可持续发展的保证。因此，企业管理者在时刻关注企业发展目标的同时，要花更多的精力关心员工利益与员工成长。

在当代企业中，无论是人才密集型、知识密集型企业，还是劳动力密集型企业，都需要员工有较高的综合素质，而高素质的员工必定有深层次的心理需求。因此，企业管理者要把员工放在心里，使其真正从内心感受到被尊重；要创造一个能够促进员工奋发向上的心理环境，激发员工的高层次需要；要建立科学的制度机制，设立多种交流渠道，方便广大员工同各级领导人员的互动沟通，推倒企业内部"无形的墙"。企业各级领导与管理层应率先垂范，维护员工权益，增加企业的亲和力和凝聚力。

在管理方式上，要主动变管理为服务，大力开发人力资源。如通过组织并持续开展多种形式的劳动竞赛、合理化建议和技术创新活动；加强民主管理，进行一系列卓有成效的创新活动，营造积极向上的用人机制和人才成长环境，把人力资源优势变成智力优势，有效地集合全体员工的智慧和才华，充分发挥员工的创造性和积极性，使员工在为企业和社会创造财富的同时，实现自己的人生价值，从而实现企业的良性循环；通过树立、培育企业典型人物等方式，使企业使命、企业价值观、企业精神等逐渐深入人心，大家心往一处想，劲往一处使，企业的凝聚力将不断增强。

（三）形成人本管理机制，以正确的目标引导人

人本管理是以人为本的管理制度和方式。把员工作为组织最重要的资源，以组织、员工及利益相关者的需求最大满足与调和为切入点，通过激励、培训、领导等管理手段，充分挖掘人的潜能，调动人的积极性，创造出和谐、宽容、公平的文化氛围，使大多数人从内心深处感受到激励，从而达到组织和个人共同发展的最终目标。

企业要形成人本管理机制，就必须以正确的目标引导人。人都是有目标、有追求的，人生必须要有正确的目标和追求。辛勤劳动和忘我工作，为人民服务，为社会创造财富，不断地引导人们前进和推动社会进步，这样的目标和追求就是正确的；好逸恶劳，贪图享受，甚至胡作非为，违法乱纪，这样的目标和追求就是不正确的。不正确的目标和追求，会引导人走向邪路、堕落甚至犯罪的深渊，最终把人的一生都毁了；只有正确的目标和追求，才能不断引导人们走向理想的彼岸，实现人生的价值，从而使人走完美好的生命历程。所以人生在世，必须要有一个正确的目标和追求。

一个健康正常的人，都会有自己的人生目标，为什么到头来有的人能够实现，有的人却无法实现呢？归根到底，不是目标选择不正确、客观条件不许可，就是所选择的方向、目标不适合，或是方式方法不对、主观努力不够。

人要取得事业上的成功，选对自己发展的方向与目标是最重要的事情。中国古代有一个"南辕北辙"的寓言故事，讲的是一个赶着车向北走的人，声称要去楚国。旁人问他："你要去楚国，为什么要向北呢？"赶路的人说："我的马好。"旁人告诉说："你的马虽然好，但这不是去楚国的路啊！"赶路的人却说："我的路费很充足，给我驾车的人本领很高。"实际上，他不知道方向错了，赶路的条件越好，离楚国的距离就会越远。这个故事告诉我们，无论做什么事，都要首先看准方向，才能正确发挥自己的有利条件；如果方向错了，那么有利条件只会起到相反的作用。

企业的人本管理机制，以正确的目标引导人十分重要。要支持、鼓励员工朝着正确的发展方向、瞄准合理的奋斗目标，脚踏实地，奋力前行。

第一，要看这个目标是否对社会、人民、企业有利。凡是对社会、人民、企业有利的，这个目标就是正确的，就是可选择的；凡是对社会、人民、企业不利的，这个目标就是不正确的，就是不可选择的。

第二，要看这个目标是否切合实际或适合自己。如果这个目标不切合实际或不适合自己，即使这个目标再宏伟，也应该及时明智地主动放弃。

第三，要讲究方式方法。这个道理好比旅行，可以选择汽车、火车、飞机等不同的交通工具，选择适合自身条件、旅行时间限制的交通工具就是正确的选择。一个人要实现正确的目标，就要选择正确的方式方法。否则，将会事倍功半，甚至永远也到不了理想的彼岸。

第四，要有坚定的意志、坚定的决心和孜孜不倦的拼搏精神。古人所言："合抱之木，生于毫末；九层之台，起于累土；千里之行，始于足下。"一个人若想实现美好的理想，就要从现在做起，从小事做起，一步一个脚印，须知"在科学的道路上是没有平坦的大路可走的，只有在崎岖小路上攀登且不畏劳苦的人，才有希望到达光辉的顶点"。

（四）以战略的眼光培养人，提升潜在竞争力

随着现代化进程的加快，新知识、新技术不断涌现，使现代企业必然成为一个"学习型组织"。知识的更新，既是企业生产经营发展的需要，也是提升企业员工创造力与活力的基本要求。

人的动力与活力都属于一种源动力，归根到底是人的问题。解决这些问题，要从战略的眼光培养人，提升潜在竞争力。通过建立学习型组织，提高员工队伍素质，包括：提高高级经营管理人员驾驭全局的能力及其经营水平、创新能力和管理艺术；提高全体员工的终身学习能力和知识管理能力。对企业来说，员工的综合素质提高了，企业就有了核心竞争力。管理的理想境界是员工的自我学习、自我管理、自觉奉献。

企业应根据员工的工作实际，以满足员工增强业务能力、提高综合素质水平为需求，建立完善的教育培训管理体系，坚持培训与考核相结合、培训与使用相结合，提高员工参与培训的积极性、主动性与实效性，加强员工岗

位适应性培训。在认真开展员工职业生涯设计工作的基础上，掌握员工在不同岗位、不同发展阶段的教育培训需求，突出个性化培训，并据此制定公司的教育培训计划，有针对性、系统性、战略性地开展公司员工教育培训工作。同时，通过讲座、研讨会、网上教育、拓展训练等多种培训形式，激发员工的学习热情，鼓励员工通过各种学习途径，提高自身综合素质，真正实现员工队伍素质和个人价值与企业运营绩效的同步提高。这种人文关怀的人本管理模式、敬业乐业的职业精神和求真务实的企业价值导向，促使企业建立一个自我控制、自我发展、自我完善的人本管理体系，激发员工创造力，增强企业凝聚力，不仅实现了企业资源的合理配置，还完善了可自主控制的网络、造就了特别能战斗的人才队伍、形成了特色鲜明的企业文化，更是可以推动企业做优、做细、做精、做强。这一切，已经随着企业发展历程与每个员工融为一体，从而形成了企业的文化基因，构成了企业的源动力。

在一个国有企业中，仅有主人翁精神还不够，还需要实现企业目标所必需的、由职业素养和职业技能等衍生而来的职业精神；每一个员工，都应该是一个职业化的行家里手和职业经理人；每一个工程项目团队，都应该是一个自省的、高绩效的学习型组织和创新型团队；作为企业内在成长动力之一，职业精神就像一个引擎带动员工拼搏创新，不断提高"职商（CQ）"，在与企业共同成长的职业生涯中实现个人价值。

五、人力资源科学管理范式的探讨

范式（Paradigm）的概念是由美国著名科学哲学家托马斯·库恩（Thomas Kuhn）提出并于 1962 年在《科学革命的结构》（*The Structure of Scientific Revolutions*）中系统阐述的，指的是一个共同体成员所共享的信仰、价值、技术等的集合，包括运作的理论基础、实践规范，共同遵从的世界观与行为方式。从本质上看，范式是一种理论体系。"按既定的用法，范式就是一种公认的模型或模式。"可以认为，范式是宏观与微观、专业与人文的统一体。

就现阶段而言，人力资源管理范式的建立，在实践中必须把两个原则作为基础：一是强调个体利益与社会责任的平衡，二是力行制度规范与人文精神的统一。

（一）强调个体利益与社会责任的平衡

任何人、任何企业都是在一定的社会环境中生存、发展的。人追求个体利益是一种本能。企业追求个体利益也是本身存在、发展的需要。在社会现实生活中，如何在个人利益、企业利益与社会利益的冲突中找到和谐、平衡的节点，是人力资源科学管理范式的要义之一。

在工程项目实施过程中，也常常会遇到如下一些难题。如：工程项目的选址会不会与自然生态保护有冲突，建筑物的设计会不会影响周边的总体环境，施工过程中产生对环境有害的噪声、粉尘、废水、渣土怎么处理，施工时遇到公共设施如地下煤气管道、输水排污管道、电缆、光缆等将会影响工程进度等等。此时如果工程选址要变、项目设计要改、"三废"要处理、施工要暂停，势必会影响预定工期，还会大大增加施工成本，不但企业的利益受损，个人经济收入也会受到影响。反过来，如果生态环境遭到破坏、公共设施受到损坏、施工污染了生活环境，相比施工企业和企业员工，社会公共利益的损失就更大。与此同时，企业的品牌声誉、信誉也将因不承担社会责任而严重降低。

在工程质量方面，如果通过投机取巧降低成本，获取非法的经济利益，如原材料降质减量、以次充好、施工工序不到位，情节严重时，不但会给甲方，甚至会给社会带来巨大损失，还可能触犯法律，企业和当事人将承担法律责任。

由此可见，工程建设企业的人力资源科学管理范式的建立就是要求企业的管理者和施工一线员工树立正确的价值观，共同遵从、践行符合法规伦理的世界观与行为方式，只有强化个体利益、企业利益与社会责任的趋同性，才能保证企业和人的发展不走偏路、歪路。

（二）力行制度规范与人文精神的统一

企业制度是在一定时期内企业要求员工共同遵守的办事规程或行动准

则，规范是指企业或群体所确立的一种行为标准。企业制定各项制度与行为规范，是为了保证企业发展目标与生产安全的实现，企业所有成员必须遵守。在生产实践中形成的各种制度、规则组成了一个完整的制度体系。这是企业赖以生存的体制基础，也是企业生产、经营活动的体制保障。一个成功的企业一定有着健全的管理制度在规范地执行，以此调整企业内部的生产要素，调动职工的积极性和创造性，提高企业的经济效益。当企业发展到一定规模后，能否科学地进行管理，对企业的发展至关重要。在当前市场深化改革的形势下，管理制度体系建设已经被越来越多的企业重视，加强管理制度体系建设将成为提高企业竞争力的有效途径。

人们常说，制度是"死的"，人是活的。正面来看，其意一是制度的制定与执行应符合人文精神，二是制度规范的准确实施要依靠人的自觉实现。

人文精神是一种普遍意义的人类自我关怀，表现为对人的尊严、价值、命运的维护、追求和关切，对一种全面发展的理想人格的肯定和塑造；而人文学科关注的是人类价值和精神表现。人文精神的深刻内涵，一是人文精神提倡人文关怀与科学性的相容性，关怀的中心是现实生活中人的身心全面价值的体现；二是人文精神是贯穿于人们信仰、理想、价值取向的思维与言行中的；三是人文精神是人类不断完善自己、拓展自己、提升自己，从"自在"过渡到"自觉"。

如何使带有强制性约束力的企业制度规则成为员工的"行为自觉"：一是制度规范的确立要"以人为本"，体现人文关怀；二是制度执行应与员工价值的全面体现保持统一。如：严格的安全生产制度，既能维护企业生产的正常运行，又能对员工的生命安全负责；公平合理的薪酬激励制度，以绩效优先、勤惰有别的原则，坚持奖勤罚懒、论功行赏，既是对优秀员工的劳动贡献、无私奉献的尊重，又是对不求进取、不合格行为的鞭策。也就是说，制度规则是刚性的，必须使"制度面前人人平等"；但在制度执行过程中，要充分体现人文关怀，尊重人性，成就员工。

第二章
组织建设与管理

在市场经济条件下，企业的一切生产经营活动是以"经济效益为中心"而展开的，企业组织建设与管理需要以建立科学的生产关系为基础，实现生产要素优化配置。

企业的组织管理是建立健全管理机构，清晰职能分配，明确责权与流程，合理配备人员，制定各项规章制度等工作的总称。其目的是实现企业发展战略目标，有效地配置各种资源，按照规则和程序构成责权结构安排和人事安排。

工程建设企业与"流水线式"作业的工业企业相比，其市场特点与产品特点迥然不同：市场是分散的、不固定的；产品是唯一的、个性化的；员工队伍是多层次的、流动的。因此，其组织形式与管理模式必须构建适应工程建设业务需要的组织管理体系，使企业在动态的、可控的合理区间内有效运行，才能以"不变"应"万变"，实现企业战略目标与效益最大化。

第一节　工程建设企业的组织体系

实现企业效益的最大化是企业发展的本质要求，需要以现代企业科学管理的理念作引导，使组织力量、团队智慧与个人能力有机结合。构建工程建设企业科学管理体系，全面解决工程建设企业经营管理的全局性、系统性问题，已成为企业决策者和管理者的共识。

一、企业组织体系设计的基本要求

（一）企业组织管理的基本原理

19 世纪初，劳动生产率低下，在组织管理方面，通过把计划职能与执行职能分开，用科学的工作方法取代传统的凭经验工作的方法；实行职能工长制，使其有效地履行自己的职责，提高生产效率，实现管理职能的分工和专业化。这种应用知识代替承担复杂的工作，应用智慧寻求好的管理方法，是一个巨大的进步。这种被称为古典的组织管理理论，解决了局部的或具体的作业效率问题，在提高生产力和保护劳动者等方面是一次飞跃，但是并未完全解决企业的经营管理问题。

进入 20 世纪，一批西方管理学者开始重视和探讨企业组织内部的管理问题。他们认为人要工作是为了追求最大的经济利益以满足自己的基本需求。为了满足人们工作的经济利益，提出了科学管理方法以追求组织的生产效率和合理化，需要建立一套标准化的原则来指导和控制组织及成员的活动。

产生于 20 世纪 20 年代初的"行为科学管理"理论，认为人是有多种需要的"社会人"，满足人的多种需要，在组织内建立良好的人际关系是提高组织效率的根本手段。这一阶段的理论重点研究了组织中的非正式组织，人际关系、人的个性和需要等等。20 世纪中叶，"现代组织管理"理论诞生，现代组织管理吸收了古典组织管理理论和行为科学管理理论的精华，并且在现代系统论的影响下有了新的发展。研究者把组织看成一个系统，认为要实现组织目标和提高组织效率，取决于组织系统内各子系统及各部门之间的有机联系。

进入 21 世纪，现代企业的组织管理更注重结合企业发展的实际，规范和调整企业组织结构，强化计划和控制，重视领导行为和员工培育、激励等环节，通过组织学习和组织变革，构建学习型组织，适应外部环境的及时变化，推动现代企业高速高效运转，实现组织的发展目标。

最近的 40 多年，在经济社会快速发展的大背景下，我国建筑业空前发展，工程建设队伍庞大，企业规模不一。工程建设企业管理是在一定的环境下，对企业所有的资源进行有效的计划、组织、领导和控制，实现企业发展目标的全过程。

企业的综合管理是一个大的系统，合理的组织体系构架与组织建设就成为企业实现管理目标的必要条件与基础支撑。

（二）企业组织系统的构成

企业组织系统解决的是人的问题，这也是企业内部的管理问题。如人力资源管理、薪酬管理、绩效考核管理等。企业组织管理系统是企业的制度管理系统、人力资源管理系统、财务管理系统的总和。主要是通过有效的组织系统去管理人，能够激发人的巨大潜力的规则系统，旨在解放企业的最高管理者，让整个企业通过组织系统的有效运行以获取经济效益和综合效益。因此，构建持续发展的组织系统，目的就是实现企业的收益目标，以及高质量、可持续发展。

企业管理的组织系统由不同功能的子系统构成，按其功能可分为八大子系统：

（1）产权系统：股权结构、公司治理、运行机制、收益分配等；

（2）组织系统：发展规划、战略目标、组织架构、职能分配等；

（3）生产系统：项目落实、资源组织、技术质量、生产安全等；

（4）经营系统：市场营销、商务成本、合约法律、财务资金等；

（5）人事系统：人才规划、招引培训、考核评价、进退奖惩等；

（6）薪酬系统：薪酬结构、薪酬标准、绩效考核、奖罚兑现等；

（7）监督系统：检查督导、经济审计、纪检监察、民主评议等；

（8）文化系统：文化建设、企业品牌、行为规范、团队和谐等。

（三）组织管理工作的要求

企业组织管理工作要求主要包括四个方面：一是确定企业组织目标，并根据生产经营目标需要，按专业化分工的原则进行分类，设立相应的工作部门，设计组织架构；二是根据企业组织的特点、外部环境和部门职能分配，设立相应的工作岗位；三是规定企业组织结构中的各种岗位职务，明确各岗位责任，并授予相应的权力；四是制定规章制度，建立和健全组织结构中纵横各方面的相互关系。依据制度经济学原理，"道"是理想，"器"是体制；企业管理规范化、制度化，才能实施可操作性管理。

企业组织管理的目标是使员工明确岗位职责和工作任务，使员工的素质能力符合岗位要求，明确每个员工的权力与责任，以及其在组织结构中的相互关系，避免由于职责不清造成执行障碍，保障组织目标得以实现。

企业组织管理必须围绕企业组织目标来进行。组织目标是组织存在和发展的基础，组织管理就是为了有效地协调组织内的各种信息和资源，提高组织的工作效率，以期顺利地达到组织目标。同时，企业组织管理是一个动态的协调过程，因此，必须既协调组织内部人与人的关系，又协调组织内部人与物的关系；组织管理是企业的一种有意识、有计划的自觉活动。

二、企业组织架构的设置

在工程建设企业管理组织体系中，主要包括企业总部决策层、总部管理层、区域机构管理层、工程项目管理层，不同层级组织具有不同的功能与组织形态。

（一）典型建筑企业的组织架构

建筑企业的主要业务方向、管控方式、战略目标、运行机制以及组织架构不尽相同，不同的组织架构设计可以简单地体现建筑行业组织之间的协作关系。典型建筑企业的组织架构如图 2-1 所示。

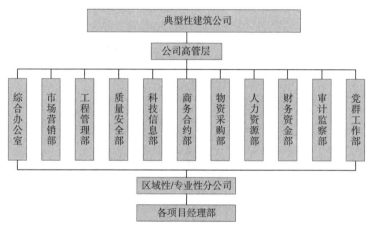

图 2-1　典型建筑企业的组织架构

建筑企业的组织架构中所有职能部门包含人力、财务、工程等都是项目管理部门的基础支撑部门，围绕着项目管理部进行业务运转。工程项目是建筑企业的核心业务，每一个项目中各个环节的管理都离不开各个职能部门的支撑。

而工程建设企业的组织架构根据规模大小、企业特点一般采取三到四级管理模式，每一级组织的职能权责，不同的企业会有所差异，但大体相同，是有规律可循的。

以一个典型的三级管理模式为例，组织架构由公司总部、子/分公司及项目部三个层级构成。公司总部的职能主要是以制定战略与运营控制为核心的管控，对子/分公司指标实施监控、负责对各子/分公司进行审计监察与业绩考核，重点实现人、财、物及信息的管理。子/分公司是连接总部与项目的纽带，在总部的战略指引下，形成各自的战略与经营计划，对项目进行有效的管理。其主要职能是业务管理和运营协调，行使业务决策、业务管理及本单位信息管理，直接参与对项目的管理，在总部统一标准管控条件下充分发挥个性管理。项目是基本单元，是利润的主要来源，是成本中心，主要以业务运作为主要职能，重点对项目业务过程进行管理。企业的层级组织形态不但要在纵向上结构清晰，还要综合考虑横向平级各专业子公司的组织管理的不同功能需求的平衡问题。

（二）大型建设企业的组织架构

在研究探讨企业各层级组织功能的同时，不可忽视不同层级管理者的行为功能。人能塑造环境，环境能影响人。企业领导层和管理层在日常工作中的行为举止，会对员工产生直接的影响。企业领导者、管理者在工作管理中给员工作表率当模范，关心过问员工的工作、生活情况，协助员工解决困难，平日点滴关怀的积累，都会变成管理者的影响力资产，这些工作有利于增进员工的向心力与工作能力，有利于管理工作的顺利开展。

关于总部管理机构的设置与职能分配，不同企业的管理层规模、功能分类可能有所差别，但总体上的组织框架与管理功能要求是一致的，即围绕企业的战略目标，正确执行决策，认真抓好管理，提升劳动效率，为企业拓展产品市场、创造好的经济效益提供高质量服务与有力保障。大型建设企业的组织架构如图 2-2 所示。

（三）特大型建设集团的组织架构

在特大型建设集团总部管理组织体系中，有党务行政管理（办公室、人力资源、财务、党建、纪检监察、工会）、技术管理（工程管理、安全监督、科技质量、设计管理、商务管理、企划信息、法律事务）、业务管理（市场与客服、工程总承包管理中心、金融业务管理、投资部、基础设施事业、海外事业）三大板块，如图 2-3 所示。

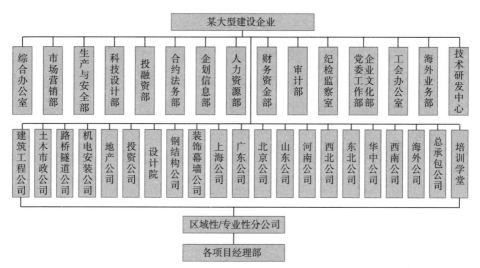

图 2-2　大型建设企业的组织架构

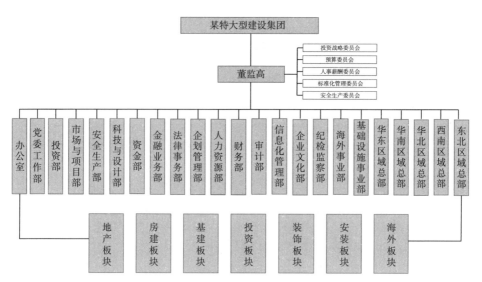

图 2-3　特大型建设集团的组织架构

　　总部管理层级组织是实现企业领导层决策、工作中承上启下的重要职能部门，也是体现一个企业执行能力强弱的关键层级组织。总部管理层的各个部门，面对的是企业集团与下属基层单位等日常繁杂的管理任务。在市场环境复杂多变的条件下，管理组织成员的思想观念、政策水平、职业素养、责任心、勤勉度、应变开拓与创新能力等是企业管理组织发挥其功能的要素。一个优秀的总部管理组织，是企业充满活力、创造优质品牌的有力保障。

三、企业组织体系的动态调整

企业组织的分层结构是一种有利于生产经营活动的有序展开、提高协调分工效率的组织形式。然而，由于企业组织成员个人决策的差异性和相互制约性，再加上多层级的组织或机构在信息传递过程中的信息损耗和误差，一定程度上会导致决策的低效率。在知识经济与信息化时代，组织赖以生存的外部环境和组织的竞争方式正发生着深刻的变革。企业应充分利用信息数字技术，提高信息化应用水平，精简原有的组织层次结构，通过标准化与信息化促进科学管理，使企业的经营管理和组织结构向柔性化程度高的方向演进，不断提升组织的运行效率。

（一）强化战略管理

一般而言，企业战略可分为企业发展战略、生产经营战略、组织职能战略等。企业发展战略需要企业根据环境变化，依据本身资源和实力选择适合的经营领域和产品，形成自己的核心竞争力，并通过差异化在竞争中取胜；生产经营战略关系到企业当前的生产经营活动与长远利益，以及企业的成功和失败，是企业为实现其经营目标，谋求长期发展而制定的全局性的生产经营管理计划；组织职能战略是根据企业总体战略或业务战略对企业内各方面职能活动进行的组织结构设计与确立。组织职能战略应充分考虑生产运营型职能组织、资源保障型职能组织和战略支持型职能组织的差别。

好的战略管理对企业高层决策者的综合素质、理论指导水平、能力有比较高的要求。主要体现在：一是需要创造良好的企业文化，企业文化对部属的感染力是长期的、深远的，良好的企业文化是杰出领导者应重点关注的内容之一。二是制定正确的战略规划，以及有效可行的战略，这样可以使员工产生高度的信赖，进而激发努力跟进的决心与信心。三是设计职责清晰、合理高效的组织结构。因为不合理的组织结构与制度会产生极大的负面作用，将导致企业政令不通、降低劳动者士气、阻碍管理工作顺利有序进行。所以企业决策者要从战略管理的高度，深化组织结构与制度的改革，坚定按照生产经营的实际需要，建立科学合理、功能清晰、执行高效的组织管理体系。

组织管理工具主要是对整个组织内成员的权责关系进行管理。它既可对人员的任务进行分派，又可进行组织内的业务管理，还可进行部门间的协作管理，保证整个组织的顺利运行。

（二）企业组织结构调整的影响因素

企业组织结构系统是一个发展的、动态的组织体系，企业必须根据自身的发展战略目标与生产经营需要有所侧重，合理调整子系统结构，以利于企业生产经营的有序开展。

改革开放 40 多年来，我国基本实现了从计划经济到社会主义市场经济的历史性转折。在这一过程中，企业在经营理念、管理体制、运行机制、发展模式乃至企业文化上都发生了一系列革命性变化，企业组织结构系统不断调整、不断完善。影响组织结构调整的主要因素有七个方面：

一是从"生产导向"到"市场导向"。中国工程建设行业是较早进入市场化的行业，并且市场竞争的激烈程度越来越高，有时甚至达到了白热化、过度化、恶性化竞争的地步。企业作为市场竞争的主体，要想生存和发展，必然也必须参与到激烈的市场竞争中，这就要求工程建设企业从"生产导向"转向"市场导向"，企业组织机构设置也必须适应市场竞争的需要。

二是从"坐商"到"行商"。建筑业是我国最早实施改革开放的行业之一，许多企业走出省门和国门，坚持市场和投资导向，开拓外埠市场，进行市场布局。显然，市场开拓就需要设立相应的经营管理组织，实行区域化经营，深耕细作，持续发展。

三是从"为我所有"到"为我所用"。顺应工程建设企业的特点，变自我配置和固化生产要素为组装和整合社会要素，极大地释放了生产力。此时，人力资源管理、经营管理机构的观念、制度、举措发生了根本变化。

四是从"办社会"到"办企业"。20世纪80年代以来，项目法施工的推行，颠覆了传统的拖家带口式的项目组织模式，有效地降低了成本，提高了项目管理水平，也使企业由"办社会"回归到"办企业"的角色本位。工程建设企业先后完成了主辅分离、辅业改制等工作，突出了主业的地位，培植了核心竞争力，这就必然要相应地调整和完善相关组织机构。

五是从"广种薄收"到"精耕细作"。建设企业要着力改变粗放的经济增长方式，积极推行"三集中"（资金管理、材料采购、劳务分包），实施"两消灭"（消灭亏损企业和亏损项目），锤炼低成本竞争、高品质管理的能力，提升精细化管理水平，推动企业相关机构的调整与管理升级。

六是从"承包商"到"投资商"。近年来，一些大中型工程建设企业积极推进经营结构、产业结构调整，研究创新商业模式，在投融资带动总承包、"投、建、运"一体化等领域进行了有益尝试，推动企业的战略转型，延伸了产业链条，提升了盈利能力。

七是从"企业人"到"社会人"。一个企业存在的目的，不仅是追求利润最大化，更重要的是追求企业价值最大化。一些优秀的工程建设企业以构建和谐企业为目标，自觉承担社会责任，逐步由"企业人"向"社会人"过渡，由"经济人"向"文化人"升华。此时，企业就需要有相应的部门机构开展相关工作。

（三）企业管理组织的变革与动态优化

企业组织不是一劳永逸、一成不变的，企业必须根据内外部情况的变化，对组织架构和职能分配及时地进行调整优化。调整优化的基本原则：一是要及时匹配公司战略。公司战略必须因地制宜，因时而变、顺势而为。公司战略变化后，就需要及时调整公司的管理组织、运行架构。也就是说，企业的管理组织必须及时匹配公司的发展战略。二是营造良好的企业文化氛围。企业文化对员工的感染力是长期的、深远的，建设良好的企业文化是优秀领导者的必修课，是企业长治久安、持续发展的发动机。三是适时优化组织结构和职能分配。企业领导决策者要从战略管理的高度，深化组织结构与制度的改革，坚定按照生产经营的实际需要，建立科学合理、功能清晰、执行高效的组织管理体系。

企业组织变革与优化应当注意以下六个方面：

一是清晰企业战略。建筑行业的高速发展造成了建设企业的战略趋同。但是由于缺少有效的资源支撑，造成了战略定位虚置且难以落地。趋同和虚化的战略，又直接导致组织变革迷失了方向。解决这一问题的关键在于对企业自身的业务进行明确分类，分清战略发展性业务、可培养成为战略性的业务、需要退出的业务。根据分析结果，再进行业务调整，使组织变革的思路清晰有序。

二是优化管理者的经营理念与素质。现代管理者必须善思善言，又有勇有谋。一方面，自身素质要合格，需要具有良好的道德、丰富的知识、顽强进取的创新精神；另一方面，管理能力要合格，建筑企业应该重视提升管理者的理念和素质，保障组织变革的顺利进行。

三是建立适当的授权机制。不论是财务型管控、战略型管控还是运营型管控，作为职能管理实际载体的业务流程控制都分布在总部、子/分公司和项目部三个层面。不同层级的管理者在流程关键控制点上的权力和责任，体现出了企业的分权与授权。自上而下的权力释放，可以极大地激发个人的潜能。能否科学地设计分权、有效的管控机制，更好地为组织赋能，是组织优化变革成功的关键。目前流行的扁平化管理的实质，就是一种以分权为主、集权为辅的管理形式。分权为主，是通过最大化的授权，让每个管理层次都能获得与责任对等的独立决策权，形成责、权、利的有效统一。集权为辅，是因为在流程运行过程中，需要适当的集权对已经获得授权的部门和岗位进行有效的实时监控，以便对执行过程中出现的偏差进行纠正。

四是优化人力资源。人力资源作为企业的核心战略资源，通过合理优化可以有效激发人力资源潜能，成为企业最有价值的资源。建筑企业组织结构相对传统，在开展组织变革的过程中，要始终以人为本，把员工当作企业最宝贵的资源，更加侧重提供平台和资源支持，激发员工自身潜能以及团结协作的能力，成为企业实现战略目标和健康可持续发展的不竭动力。

五是完善绩效管理机制。企业进行绩效管理的目的是提高组织的竞争力，促进企业与员工的共同发展。企业组织变革后，应依据调整后的组织结构进行绩效的重新核准，由企业人力资源部门制定整体绩效管理方案，下发各级组织统一执行。各个组织依据集团的相关规定，再调整各自的工作目标及绩效计划。

六是加强企业文化建设。企业文化是植根于组织内部特定的价值观和基本信念，这种价值观和信念为组织提供行为准则，并指导组织的活动和行为，对组织管理起着引领作用。优秀的企业文化，能够为企业组织管理提供有力的支撑，能够让员工实现组织承诺，提升组织绩效，推动组织创新，使企业更好地应对市场的考验，在增强企业竞争优势的同时，实现企业可持续发展。与组织管理相匹配的企业文化有利于组织内部知识的转移和共享，从而对组织变革起到重要作用。

企业组织的分层结构是一种有利于生产经营活动的有序展开、提高协调分工效率的组织形式。然而，由于企业组织成员的个人决策之间存在差异性和相互制约性，所以一定程度上会使企业已存在的层级组织或机构由于信息传递方式的不同而出现低效率决策的现象。在知识经济与信息化时代，组织赖以生存的外部环境和组织的竞争方式正发生着深刻的变革。企业和企业集团的组织结构应充分利用信息化、网络化的竞争优势，加快网络建设并进行信息化管理，精简原有的组织层次结构，通过标准化与信息化促进科学管理，使企业的经营管理和组织结构向柔性化程度高的方向演进，以满足市场对企业的反应速度和信息传递准确性的要求。

第二节 企业组织的职能体系

企业是我国经济社会建设与发展的中坚力量，处理好企业的历史问题、当前发展与长远利益的关系，国家利益、企业利益与员工利益的关系，思想建设、作风建设与文化建设的关系，至关重要。对企业管理者来讲，经常要思考好、回答好六个问题：我们是干什么的；我们能干什么；目标是什么；选择什么样的路径；选什么人去做；如何让员工努力地去做。因此，清晰"三大关系"，认清"六大问题"，就需要强化组织建设与管理，使企业不同层级组织机构的设置、定位与职能更加明确。

一、高管层的配置与主要职能

企业高管层通常是指企业的领导班子，处于企业层级组织体系的顶层。他们是企业发展的领军团队，人数不多却是企业的核心组成，围绕企业发展的战略目标，企业决策层集中智慧、集思广益、集体决策。在重大决策过程中，企业主要领导（党委书记、董事长、总经理、企业法人代表）处于决策层核心位置，领导班子其他成员根据企业业务发展和经营管理的实际需要设置，进行职责分工，各司其职，各负其责。一般来讲，要有"接活"（市场营销）、"干活"（施工生产、技术质量）、"算账收钱"（商务合约、财务资金）以及人事、党群、行政等业务的分管领导。具体职务可以称之为：副总经理 2～3人（分别分管市场营销、施工生产安全等）、"三总师"（总工程师负责技术质量、总经济师负责商务合约、总会计师负责财务资金）、党群行政副职（副书记或副总）。企业决策层的配置要匹配实际需要、精干高效、合理分工。

（一）高管层要优先考虑战略问题

战略是件重要的事，是关乎全局性的事。一个企业的发展离不开发展战略的指引。一方面，不同时期的战略是不同的，但企业发展战略必须相对成熟稳定，战略常变就不能称之为战略；另一方面，企业的外部环境变了，战略不变也不行，这就涉及战略制定、战略执行与战略修正的关系问题。

例如：中建五局在企业成长期的战略目标确定为房建、基础设施、房地产三大业务板块。房建业务是企业的传统产业和主要支撑；发展基础设施业务则是国家投资导向和同行企业竞争所要求的；涉足房地产可以达到投融资带动总承包的目的，也可以从根本上优化公司的经营结构。2005年8月土木公司整合成立，作为一个专业公司，其将基础设施业务作为主业，创造条件承担基础设施工程项目，较少承接房建业务，而是向市政、环保、路桥、轻轨、地铁等方向发展，确保企业的战略目标和发展定位不偏离。在区域经营上，土木公司强化了广西、武汉、福建、湖南和海外的业务发展，从当时土木公司的人力资源来看，把已有的区域市场及海外市场做好，已经很不容易。一个区域要做稳定，需要300名左右的管理人员，进行基础设施建设需要的管理人员更多，如哈大铁路一个项目就有150名管理人员。如果同时再到其他的区域，人力资源显然不够。如果有一个非常大的项目，那就个案处理，而不是作一个区域业务来做。因此，土木公司当时没有开拓新区域，而是把精力放在做强做大现有的五大区域上。

对于局属各单位的大项目施工，如刚果（布）项目和福建长乐机场高速公路项目，集团总部给予投资或倾斜政策，总部可以按一定比例投入资金，并按市场化运作，采取有偿使用机制，这是一种有效的投资策略。

（二）战略管理的核心是实施

企业战略是对企业全局问题、长期问题、基本问题的思考与决策。企业战略是为确立企业的长远目标并为实现目标而采取的资源配置和行动部署。企业战略具有全局性、长远性、指导性、竞争性、风险性的特点。它包括了发展战略、产品战略、品牌战略、营销战略、人力资源管理战略等等。

企业战略管理是企业为实现战略目标，制定战略决策，实施战略方案，控制战略绩效的一个动态管理过程，包括战略分析、战略制定、战略实施、战略修正等。企业的战略目标不仅体现在经济、效益刚性指标的快速增长，还要体现在员工队伍素质结构、企业文化等软实力因素的重大变化上，这才是确保企业持续快速发展的基础。

制定战略并不需要特别深奥，最好的战略要符合企业的实际与发展要求。例如，中建五局在 2003 年根据"扭亏脱困进而做强做大"的企业总体发展目标，确定了"四步走"的发展战略：第一步是扭亏脱困阶段，目标是"有活干、吃上饭、不添乱"；第二步是创新发展阶段，目标是"吃好饭、谋发展、作贡献"；第三步是差异化竞争阶段，目标是"精细管理、弯道超车"；第四步是再次创业，目标是"社会尊敬、员工自豪"。为落实企业发展战略，制定了"一三五七"基本工作思路，即：围绕"一个主题"——发展是第一要务；建设"三项工程"——信心、信用、人和；把握"五项重点"——业务拓展、总部商业化、班子建设、企业稳定、工作落实；抓住"七个关键词"——区域经营、重点突围、走出去、精品名牌、集约增效、主辅分离、人才强企。然后，连续 10 多年开展了一年一度的主题活动，以解决企业在不同阶段的战略实施落地问题。三年一个"小循环"，每一个阶段均以强化管理开始，循序渐进、螺旋式发展。在业务、市场、员工等方面同步启动转型升级。

在制定战略上，有四个关键点：一是正确认识发展战略的重要地位，二是要抓住企业的主要矛盾，三是发展思路不能多变，四是统筹兼顾、协调发展。

陷入困境的企业面临的关键问题往往不是市场、资金和技术，而是对国内外形势把握不准、发展战略模糊、发展思路不清晰，缺乏应对挑战的勇气与能力，导致人心涣散，斗志丧失，企业陷在泥潭中难以自拔。

（三）把"头疼"的事管控好

"管控"是一个简化的时尚用词，意思是管理和控制。企业管控能力的强弱，很大程度上取决于总部机关的管控水平，总部不强是没有牵引力的。总部的管控能力不强，对分公司或项目的指导作用就不大。项目部、分公司、公司总部职能定位要清楚，不能含糊。总部是决策、指挥、利润与监控的中心，力量必须强，要发挥后勤保障作用。区域公司是派出机构，主要有两大职能，一是对接市场，二是管好现场。在开拓区域市场的同时，更应重视机关总部对于全公司宏观管控能力的增强，应该向总部充实各类优秀人才，提高总部的管控水平。

一个人从小到大，会经历成长期。同样，一个企业从小到大，也会经历成长期。一个时期以来，在建筑市场发展迅速、企业员工队伍不断壮大的过程中，不少企业产生了"成长期的烦恼"。这样的"烦恼"主要涉及战略、管控、执行力、人才、文化与细节等多个方面。处于快速成长期的企业，企业决策层要思考的是持续健康发展问题，如果问题找不准，就有可能无法度过成长期，或者会影响企业健康成长、影响企业的发展。从整体来讲，企业成长期的"烦恼"问题中，发展战略是必须优先考虑的事，企业管控是件头疼的事，提高执行力是件困难的事，人才选用是件闹心的事，工作细节是件烦心的事，企业文化是件非抓不可的事。这些"烦恼"问题的解决，首先取决于决策层的定位是否准确与职能是否履行。

管控过程中一个常见的问题，是业主投诉问题。这是企业规模扩大、项目增多带来的必然结果。没有投诉是不可能的，即使像沃尔玛、丰田公司这样的世界知名企业都在所难免，这就需要有完善的处理措施来应对这种情况。一旦发生投诉事件，不能被动逃避，要快速反应，积极处理，体现大企业的风范，这也是现代企业应该具备的品质。企业法人单位要有处理投诉的应对机制，要有处理投诉的人，通过处理投诉，与对方高层对接。不要认为一有投诉就是件坏事，要把它当作一个掌握市场动态、了解客户需求、监督企业自身的契机。总之，对于项目投诉，该由企业担责的就要认真理赔，要有心理承受能力。认真理赔也是一种企业信誉，但要通过这种案例，认真反思，汲取教训，解决问题。

一般情况下，大多数投诉是由于企业自身管理的失误造成的，很大程度上取决于项目负责人的责任心。因此，要找出原因，对于责任心不到位的要严肃处理。处理这种问题要对事不对人，使当事人口服心服。有一位受过处罚的项目骨干曾经说："那次处罚让我记忆深刻，也正是那次处罚让我感悟了许多道理，得以不断成长。"企业领导和决策者对待责任人应该怀着长者对待孩子，兄长对待弟妹一般的感情，不能"一棍子打死"。目的是强调凡事要有责任心，要奖罚分明，只有这样才能在企业内外树立起讲诚信、负责任的形象。企业员工的责任心加强了，就没有什么解决不了的问题。

二、区域性组织机构的职能定位

由于建筑工程项目具有流动性、跨区域特点，同一企业集团的区域组织定位与职能应十分清晰。工程建设企业在市场战略性发展方向上，必须坚持区域化经营的基本方针。

（一）区域性分支机构的设置

建设企业的区域组织和子 / 分公司直接服务于企业的生产经营活动，对员工队伍的工作效益、岗职表现、后勤保障、薪酬分配、培养教育等方面负有具体而重要的管理责任。企业应当按照区域化经营、专业化发展的要求，根据"接活""干活""算账收钱"商业模式的需要，设置区域性分支机构，配置相应的人力资源。与总部管理层相比，企业中层管理组织的功能具有相似性，但管理事务更明确、更具体，针对性与服务性更强。其中，区域性分支机构的管理层结构、功能、职责与总部管理机构有一定差异。区域性分支机构作为一种独立的竞争单元，更要注重所在地区的经济社会发展水平、具体生产经营情况与市场环境。而专业性公司比区域性公司的管理层结构相对简单一些，但服务性、专业性更强。

企业员工工作表现的好坏、劳动效益的优劣、素质提升的高低、薪酬收入的多少都与公司管理层是否有效发挥其管理与服务功能密切相关。因此，对中层管理组织的成员来说，其政策制度执行能力、思想政治工作能力、专业技术能力、指导具体生产实践能力等，都直接影响着企业的生存与发展。

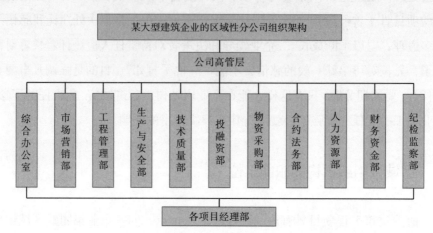

图 2-4　某大型建筑企业的区域性分公司组织架构

从图 2-4 中可以看出某大型建筑企业的区域性分公司组织架构的基本特点。区域性分支机构应当重点发展以下五种能力：①以大项目、好项目为重点，提高市场拓展能力；②以规范化、标准化为重点，提升公司的运营管控能力；③以工期质量为重点，提高项目的履约能力；④以成本管控资金运作为重点，提高项目的盈利能力；⑤以践行企业文化理念、先进典型引路为重点，提高团队的综合素质能力。

（二）区域经营的"四个坚持"

1. 坚持变"游击战"为"阵地战"

总部要求各区域公司摒弃"流寇"意识，建立"革命的根据地"，扎根当地市场，融入当地市场，努力成为本土化企业。特别是在人员结构上，应按照"不求所有，但求所用"的原则，实行人才的柔性流动，营销人员要逐步实现属地化、本土化。

2. 坚持变"盲目作战"为"打有准备之仗"

这是要求各区域公司一定要下功夫研究市场，钻研市场，做到胸有成竹，力求事半功倍。坚持有所为有所不为，特别是要学会放弃，要将工作重点放在提高营销质量和效益上，集中力量开拓大市场，对接大业主，承揽大项目。切不可饥不择食，饮鸩止渴。要强化攻坚意识，做好在中心城市打硬仗、打恶仗的心理准备，对上海、北京等大市场，在开拓周边地区的同时，一定要坚守主战场，千方百计打入中心市场，不能舍本求末、本末倒置。

3. 坚持变"刮金式经营"为"贴金式经营"

这是针对有些区域公司存在的索取多于贡献，甚至只索取不贡献的现象提出来的。就是要求各区域公司立足长远发展，通过大力实施品牌战略，多做为企业品牌"贴金"的事。要始终坚持以追求经济效益为主旋律，抓好一次经营、二次经营和三次经营，提高企业盈利能力和水平，逐步增加企业积累，壮大企业实力，实现区域的可持续发展。处于亏损的区域公司，要尽快止住"流血"，由靠总部"输血"转向增强"造血"能力，并逐步实现为总部"供血"。

4. 坚持变"单兵作战"为"团队作战"

这是要在体制上实行统一管理，实行区域经营集团化。用好一块牌子，做到经营统一协调，项目统一管理，资金统一监管。市场营销分头公关，项目分别核算，资金实行"分资制"管理，分包商分别进行考核。

四面出击不如重点突围，广种薄收不如精耕细作。按照"四个坚持"的要求实现本土化经营、理性化经营、集团化经营和品牌化经营，解决在区域布局上点多面广、人员分布散乱、机构重叠、资源浪费、规模不大、集约不高，以及管理不强的问题。

三、项目管理层的设置及基本职责

在工程建设企业，承担生产一线任务的项目部是最基础的管理单元。项目经理部直接指挥、管理着工程施工，包括人员调配、工程质量、工程进度、设备与后勤保障、施工环境等等具体生产流程。项目经理部还必须与甲方单位和施工现场有关地方单位，如街道、乡镇的公安、交通、通信、环保、卫生、水电煤气等管理部门保持密切沟通，以确保项目施工的正常进行。

一般来讲，一个建设企业集团的管理架构应当遵循缩短管理链条、扁平化管理的原则，实行集团、子/分公司、项目经理部三级管理。各层级的管理部门与岗位人员设置，由企划部门与人力资源管理部门依据管理授权、公司规模、项目大小与重要程度、公司专业特点以及发展需要等不同条件，制定一套运行效率良好的部门与岗位设置标准。

工程项目本身的管理组织架构设置，基于现代企业制度的管理理论与中国建筑市场发展的阶段，通常是以项目的一次性、涉及面广、工作较为复杂的特性，采用"一次性授权式"或"矩阵式"的组织架构模式。

对于具体负责实施工程项目的项目经理部的组织架构设置，可以称之为"优化型矩阵式"。这种组织架构模式整体基于两个方面的考量：一是落实法人管项目要求，二是落实管理标准化、信息化、精细化要求。

所谓"优化型矩阵式"，是基于建筑工程项目特定的一次性、复杂性以及随项目进展，其机构、岗位设置必须具有一定的灵活性的特点，形成公司对项目岗位设置的组织架构标准。"矩阵式"——项目经理部对各岗位进行直线管理，同时项目岗位也接受子/分公司不同业务部门的专业指导和管控。特别是项目总工程师、项目商务经理、项目物资设备主管与财务会计等岗位，其工作规则与工作成果必须为子/分公司的业务部门和分管业务领导所管控和认可。这既是"矩阵式"管理组织架构的基本特点，也是工程建设企业落实法人管项目要求在组织形式上的体现。但同时，为有效解决"矩阵式"组织架构中岗位人员因为岗位不稳定造成责任感不强的问题，企业基于项目"三个效益"划分的前提,通过项目管理"两个责任制"的落实,有效地将项目岗位人员的考核与激励主动权有序、有度地放到项目经理部层面。这样既充分体现了法人管项目的要求,又比较成功地解决了传统"矩阵式"组织架构的缺陷。

企业可按项目建筑面积、合同额及预计施工月均产值三个指标,将所有项目划分为5类(表2-1)。

项目经理部人员编制数量标准参考表　　　　　　　　　　　　表 2-1

序号	工程类别	建筑面积(万 m²)	合同额(亿元)	预计施工月均产值(万元)	人员编制参考范围(人)
1	一类	≥ 60	≥ 20	≥ 8400	40 ~ 60
2	二类	≥ 25 且 < 60	≥ 8 且 < 20	≥ 3300 且 < 8400	20 ~ 40
3	三类	≥ 15 且 < 25	≥ 5 且 < 8	≥ 2000 且 < 3300	15 ~ 25
4	四类	≥ 10 且 < 15	≥ 3 且 < 5	≥ 1200 且 < 2000	12 ~ 20
5	五类	< 10	< 3	< 1200	8 ~ 15

说明:①如三项指标不一致,则以"预计自营施工月均产值"为主要参照指标定员;
②新员工见习期间不占定员编制,但每个项目配备的见习新员工原则上不得超过项目定员数的30%。

对相应项目的项目经理部人员总数、项目班子人员数、项目岗位任职条件、项目岗位职责和项目岗位工作检查考核标准进行全面梳理和统一,包括对项目岗位的名称进行标准化规定。同时还对项目不同阶段基本岗位与机动岗位的设置、过程中的岗位调整、岗位兼职、岗位不相容分立等也作出具体要求。项目经理部组织架构如图2-5所示。

按照法人管项目的要求进行项目组织架构设置,包括两个方面:一是作为法人层面的工程建设企业必须从项目策划、主要分供方选择、大宗物资与设备采购管理上,体现法人管项目的要求;二是在项目经理部的人员配置管理上,如果是以联合体方式运营项目,建筑企业应该考虑如何进行项目经理部组织架构设置才能高效履约、实现项目生产力最大化。许多优秀施工企业,坚决杜绝"挂靠贴牌"的项目联营合作方式,在业主有特殊专业建造要求而进行联合体招标投标的项目上，则以总承包实施单位身份进行项目运营管控，对工程项目的组织架构设置完全拥有总承包管理实施权，除专业合作单位必要的管理岗位设置外，必须按企业的项目组织架构设置要求，由本企业自有管理人员实施相应管理岗位职责，确保工程项目管理受控、高效履约。

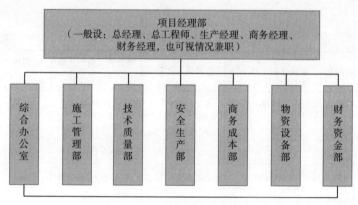

图 2-5　项目经理部组织架构

四、党群组织建设

中国特色的社会主义市场经济条件下，必须坚持党对国有企业的领导不动摇，发挥企业党组织的领导核心和政治核心作用。因此，国有企业党的建设作为重要政治任务，必须严格落实党建责任制，确保国有企业在正确的改革发展"主航道"上前行。

党群组织建设是国有企业组织体系建设的主要组成部分。企业党群组织建设包含两个方面：一是企业党组织建设；二是工会、共青团组织建设。在工程项目建立党支部、工会小组、共青团组织，负责党群工作建设。大的项目部设置专职党支部书记岗位，一般项目部设兼职党支部书记岗位。根据党章规定和上级党组织的要求开展各项组织活动，加强企业党的建设，发挥共产党员的先锋模范作用和基层党支部的战斗堡垒作用，保障和推动工程项目的顺利实施。

企业党群工作的一个突出特点是具体且量化。比如，有的企业把党委的主要工作归纳为"一二三四"项，即：突出一个中心——发展；把握两个抓手——后备干部队伍建设和效能监察工作；加强三项建设——领导班子建设、基层党组织建设和企业文化建设；做好四项基础工作——群团工作、调研宣传工作、品牌工作和党建基础管理工作。党群工作若抓不好，就会"虚"。党群工作应具体化、数字化。加强党群工作及工会组织、共青团组织建设，是为了发挥党组织的政治核心作用和战斗堡垒作用，发挥党员的先锋模范作用，动员全体党员以及全体员工为实现企业各项目标而努力工作。

在企业层面，定期召开企业党代会或党员大会，企业主要领导都要在党代会上报告企业的重大事务，听取代表的意见和建议。企业内部各级单位建立相应的党组织、工团组织，健全常态化工作机制，将党团和工会组织活动常态化开展起来，并纳入规范的考核考评体系。党群工作要紧贴企业的中心工作，抓住企业管理中的实际问题，关心职工群众生活，创新工作方法，增强员工队伍的向心力、凝聚力和战斗力。

企业应不断选拔优秀青年干部进入党群组织队伍，把党群组织建设与干部学习培训结合起来，通过培训来提高党群组织的干部素质与工作能力。

同时，要根据上级党群组织的要求与企业长远发展的需求，认真解决好工作与学习的矛盾，使学有提高，学能解决问题，学有实际意义。

此外，近年来大部分民营企业在企业党群工作方面也进行了许多有益的探索，并且取得了很好的效果。

第三节　企业人力资源管理的数字化

组织运行是使静态的组织结构动态化。组织运行包括组织制度的建立、组织冲突的协调、运行机制的健全、运行过程的调控等。组织运行的目标要看是否实现了效率，促进了发展。每个企业都有不同的发展历史和资源，各具自身特点与优势，其组织与运营形态、模式也不尽相同。

现代企业组织运行与管控离不开信息数字技术的应用。信息互联技术被称为自人类进入工业文明以来的第四次重大技术革命，它在生产与服务领域中的实际应用必将带来社会生产力的巨大提升。可以说，提高工作效率，降低生产成本，提升社会生产力是衡量信息互联技术应用效果的最终标准。或者说，检验信息互联技术应用效果的唯一标准是生产力的提升与否。信息互联技术的实际应用，是将人们大量的、繁琐的日常事务性工作任务交给计算机、移动端和互联网完成，从而大量地节约人工成本，提高工作品质和产品品质。

一、企业管理数字化

所谓企业管理信息化，就是将企业的运营管理逻辑，通过管理与信息互联技术的深度融合，实现企业管理精细化，从而提高企业运营管理效率，进而提升社会生产力。这里，理清工程建设企业的运营管理逻辑是前提，管理与技术的深度融合是关键，数字化和精细化是方法和途径，提高企业管理效率和提升社会生产力是目标和目的。

（一）建设行业信息化发展历程

自 20 世纪 80 年代初，工程建设企业开始尝试使用计算机辅助办公；到 20 世纪 90 年代，局域网与专业系统开始应用；再到 21 世纪初，互联网与管理信息协同化、集成化的应用，建设行业的信息化应用走过了 30 多年的发展历程。建筑企业信息化大体经历了以下四个阶段（图 2-6）：

"岗位级"应用阶段，通常称为"信息化 1.0"。这一阶段主要是岗位服务的通用信息技术、计算机辅助办公、专业工具软件产品的应用。包括计算机辅助设计；文字、图表处理电子化（办公软件）；计算机辅助结构计算、工程预算、钢筋下料、工程算量、模拟施工、3D 建模、测量定位、图像处理等。

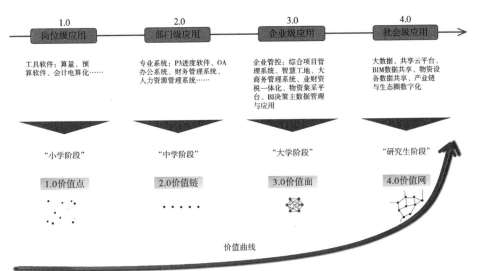

图2-6　建设行业信息化发展历程

这是企业信息化的初级阶段，也可以称之为信息化的"小学阶段"。

"部门级"应用阶段，通常称为"信息化2.0"。此阶段信息技术与管理模块融合，部分专业部门业务管理子系统的产品较为成熟，应用比较广泛，显著提高了管理水平。企业应用的主要业务系统有：办公自动化系统、财务管理系统、企业门户系统、人力资源管理系统、视频会议系统、档案管理系统、项目管理系统、决策支持系统等。这个阶段，已经在零散的软硬件应用基础上实现了特定模块的集成，可以称之为信息化的"中学阶段"。目前，大部分大中型企业或者说大部分总承包特级、一级资质企业和部分发展比较好的专业承包资质企业都处在这个阶段。这一阶段又有"初中"和"高中"之分，"初中"阶段是初步实现了主要业务系统的数据管理；而"高中"阶段则是经过一段时间应用之后，逐步实现了对系统进行"定制化"的优化，同时，子系统之间的矛盾不断显现，对其进行变革升级的需要也越来越强烈。

"企业级"应用阶段，通常称为"信息化3.0"。这是企业管理信息集成应用阶段，此阶段信息互联技术与企业管理体系整体融合，总体性企业数据贯通的集成应用基本实现，应用效果明显。行业内仅有少数优秀企业达到了企业级管理信息集成应用水平。这一阶段，可以称之为建筑企业信息化的"大学阶段"。这一阶段又有"大专"与"本科"之分，"大专"即浅层的集成应用；而"本科"的应用深度可以贯穿企业总部到项目基层，实现明显的集成效果。企业管理信息集成应用的难度和效果又视企业规模、管理跨度而有所不同，按规模可分为"十亿级""百亿级""千亿级"和"万亿级"企业。"千亿级"和"万亿级"企业在信息集成上的难度要大一些。

"社会级"应用阶段，通常称为"信息化 4.0"。这是信息化发展的方向，也是企业数字化转型的本质要求。这个阶段可以称之为"研究生阶段"，它是建筑企业乃至整个建筑行业信息化的发展方向和目标。如果再进一步细分，也可以把"研究生阶段"分为"硕士"和"博士"，"硕士"为"研究生（社会级应用）"的初级阶段，它以建筑产品生产建造全过程产业链数字化为主要特征；"博士"则为"研究生（社会级应用）"的高级阶段，它以建筑产品"投、融、建、运"全生命周期的生态圈数字化应用为基本特征。目前，少数优秀的企业集团，已经开始未雨绸缪，组织专门力量与 IT 产业的专业公司联合研究，在建筑产业全要素生态圈数字化和建筑产品全过程产业链数字化方面积极探索，寻求突破，这是值得推崇的。

信息化 1.0 的"岗位级应用"，对于企业来说，它所带来的是分散的"价值点"；信息化 2.0 的"部门级应用"，对于企业来说，它所带来的是将各个价值点连通起来的"价值链"；信息化 3.0 的"企业级应用"，对于企业来说，它所带来的是将各个价值链连通起来的"价值面"，会达到"1+1>2"的效果；信息化 4.0 的"社会级应用"，对于企业、行业来说，它所带来的是将各个价值面连通起来的"价值网"。从价值点、价值链、价值面再到价值网，为企业带来的生产力提升是大不相同的。

（二）管理数字化的方法

实现企业管理与信息技术深度融合的有效途径是"三化融合"。"三化"是指标准化、数字化和精细化，标准化是基础、前提，数字化是手段、工具，精细化是目的、结果。一定要把精细化作为最终的目的，以提高企业的管理水平。而"四化方法"，即管理标准化、标准表单化、表单数字化、数字集约化则是实现"三化融合"的必由之路。

第一步是管理标准化。标准化是企业管理水平发展到一定阶段的产物。在进行管理标准化的过程中，必须十分注意把西方的东西"中国化"，把普遍的原理"企业化"，把过去的东西"时代化"，把高深的理论和专业的定律"通俗化"。企业管理的标准一定不能晦涩难懂、佶屈聱牙。需要特别指出的是，这里所说的管理标准化，不是要求管理行为的整齐划一，而是管理语言的标准规范，只有实现了管理语言的统一，才能实现管理的有效沟通。统一管理语言不能仅仅在统一管理行为上打转转，更要在统一管理语言上下功夫。

管理信息因子是最小的管理元素，管理标准化就是要对管理信息因子进行标准化数据编码，形成管理信息因子标准化数据库，并编制统一的《管理信息因子标准化数据编码应用操作规范》，来为企业各层级管理人员服务。由于建设行业存在特殊性和多样性，所以要在管理语言的标准化上下功夫。具体来说，就是要把管理语言细化到管理信息因子，通过统一的数据编码，形成统一的且计算机能懂的管理语言，为实现管理与技术的深度融合创造条件。要制定科学、合理、适用的管理信息因子标准化数据编码及其应用操作规范，从而达到统一语言、统一信息交互规则的目的，进而以管理语言的统一性满足管理行为的多样性，真正实现管理行为的融合协同和管理信息的互通共享。

第二步是标准表单化。如何把众多的管理标准变成计算机能懂的管理语言，是必须解决的问题。主要体现在两方面：一是要把标准"化"成工作表单，二是要实现人机"零"距离。不能信息化搞一套，日常管理却是另一套，甚至出现信息化输入、输出的表单与平时管理者工作中要用的各种报表之间互相矛盾的情况。同样一件事，工作人员要重复录入两三遍，这样就增加了工作负担，降低了工作效率，加大了企业成本。

第三步是表单数字化。数字"化"标准，就是把管理标准"融化"到计算机软件的运行程序中。把表单分成基础表单、工作表单、流程表单、台账表单,通过信息化巩固了标准化管理的成果。信息化将输入和输出"链"起来,实现互联互通、无缝连接。

第四步是数字集约化。数字"化"集成,就是企业内部纵向各职能线条、横向各业务单元信息化的总集成,实现集团企业的纵向、横向互联互通,业务、财务互联互通,线上、线下互联互通,通过"互联互通"实现了数据"实"利用,大大提升了企业的精细化管理水平。

比如,中建五局管理信息化集成平台,是一套基于局层面的物理与逻辑集成、数据与业务集成的管理系统,全局只有一个平台,一个数据中心,共享一套55项主数据,一个人只有一个用户名与密码。系统有业务过程管理,并且人力资源、市场、商务、资金等不同业务与财务高度集成。通过报表决策分析系统,建立公司与局管控指标体系,规范数据分类与编码标准。利用信息集约化实现数据一次录入、分级汇总分析,确保数据从源头来、从报表业务来、从决策系统来,服务于局管控,服务于公司及项目不同层面、不同业务的运营管理。在公司及局层面实现了人力资源、市场营销商务成本台账及项目过程运营实时管控台账,规范项目管理指标178个。实现自动取数项目级报表48张,公司级报表29张,局级报表46张,实现了员工队伍结构、关键人才、人员异动情况分析,确定了项目15个预警指标,并且利用"红、黄、蓝、绿"灯自动预警,提高了项目风险管控能力。这是一套集标准化、信息化、实际业务三者于一体的管理工具。

二、企业管理标准化

企业管理的标准化是企业信息化的基础,信息化反过来可以促进管理的标准化。没有一定的管理标准化为基础,信息化就很难进行,强行进行信息化,也必然会造成无谓的浪费,甚至返工重做。

我国建设企业的管理标准化大体经历了四个阶段:第一个阶段是以规范化管理为主要特征的管理标准化,如工作文件汇编、管理手册等(也可以称之为管理标准化 1.0 ）；第二阶段是 ISO 9000 质量和安全职业健康认证为主要特征的管理标准化，如程序文件、标准手册等（也可以称之为管理标准化 2.0 ）；第三阶段是以卓越绩效模式为主要特征的管理标准化（也可以称之为管理标准化 3.0 ）；第四阶段是在以前管理标准化成果的基础上，将管理标准进行可数字化升级，形成可数字化的管理标准手册（也可以称之为管理标准化 4.0 ）。企业管理标准化，只有达到管理标准化 4.0 的水平，才有可能真正实现与信息化的深度融合，从而实现企业管理的精细化。可数字化的管理标准化是对企业以前众多的管理流程、工作与工序标准、运营管控报表等进行梳理，统一管理语言，统一度量衡，以满足信息技术应用的基本条件，形成一套企业统一的、完整的、可数字化的、操作性强的企业运营管控标准手册，为信息化提供一个良好的基础。

上述关于企业管理标准化发展历程的划分方法可以说明两点：一是管理标准化是一个不断发展变化的、逐步由低层级到高层级提升的过程；二是管理标准化只有到了可数字化的 4.0 水平，才能够满足信息化的要求，才能实现标准化与信息化的"深度融合"。也就是说，如果企业管理标准化达到了可数字化的 4.0 水平，就能够比较容易实现管理信息化了，而管理的信息化反过来会固化、优化企业管理标准，促进管理标准化水平的提高。

企业既然要使用数字化技术，就必须适应技术规则的要求。要想在火车道上跑，就必须把轮距做得跟火车轨道一样的宽度才能快速行驶。

关于管理标准化，由于工程建设行业存在特殊性和多样性，所以管理语言标准化就显得非常重要，不能仅仅在管理行为的标准化上花气力。具体来说，就是要把管理语言细化到管理信息因子级别，通过统一的数据编码，形成统一的计算机能懂的管理语言，为实现管理与技术的深度融合创造条件（图 2-7）。管理信息因子标准化数据编码及其应用操作规范，可以归纳为两点：一是统一语言，二是统一信息交互规则。以管理语言的统一性满足管理行为的多样性。

要实现管理语言的统一，就必须首先实现管理的标准化，建立企业管理信息因子标准化数据库。需要指出的是，本书提出的管理标准化并不等同于

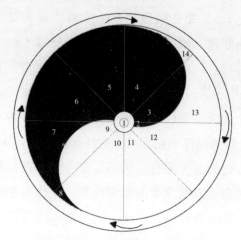

图 2-7　管理信息因子融合原理

管理的整齐划一。目前，对于建设企业管理信息化的几个基本概念，在平常使用时比较混乱，需要作一些厘清。一般地，从管理元素的分解上讲，概念从大到小应当是：社会大数据→企业私有云→企业运营平台→业务系统（系统之下可以有若干个子系统）→管理模块→工作单元→场景→节点→管理信息因子。社会大数据是个大概念，而管理信息因子则是最小的管理元素，管理标准化就是对管理信息因子进行标准化数据编码，形成管理信息因子标准化数据库，来为企业各层级管理人员服务。通过对管理信息因子标准化数据进行不同的管理元素组合，为不同的管理人员服务，服务的对象从最低层级到最高层级依次为：岗位→小组→业务部门→项目部→分公司→法人公司→集团公司→产业集群。每一级别都可以从下一级别管理者和管理信息因子标准化数据库中提取管理信息因子，以满足管理需求。建设企业管理数字化技术路线框架如图 2-8 所示。

　　企业管理数字化，就是通过这种管理元素的分解和组合完成企业管理与信息数字技术的深度融合。在融合过程中，最为关键的是建设管理信息因子标准化数据库，并且要制定与之相配套的管理信息因子标准化数据应用操作规范及数据维护管理办法，以指导数字化的具体实施。

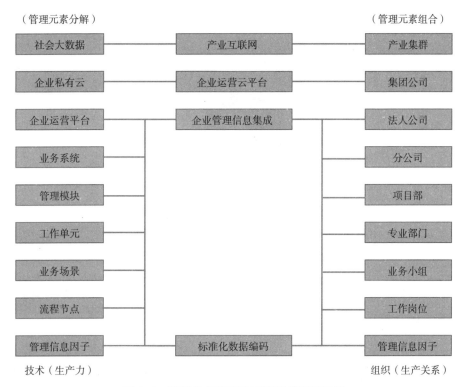

（管理元素分解）

（管理元素组合）

图 2-8 建设企业管理数字化技术路线框架

三、"两化融合"与数字技术应用

企业数字化需要以投入产出为考量，以切实帮助企业经营为目标，而不能为了数字化而数字化。在信息化与工业化"两化融合"的趋势下，技术赋能管理，管理需要技术，主要体现在提高工作效率、控制企业经营风险、提高管理能力、降低企业运营成本等方面。

（一）管理标准化与数字化的融合

如何实现信息互联技术与企业管理的深度融合呢？中华传统文化的哲学智慧给我们提供了良好的思维工具。关于企业管理与信息技术的融合原理，可以用一张形象的太极图来表达（图 2-9）。太极图左侧相当于信息技术，右侧相当于企业管理，大道至简，最终的目的是实现技术和管理两者的深度融合，同时产生巨大的力量。

图2-9　企业管理与信息技术融合原理太极图

现代信息互联技术与企业管理就像自然界中的阴阳二气，相伴相生，只有相互融合才能产生巨大的动能。

当前数字化发展的阶段，技术语言与业务语言，存在着巨大的鸿沟，是制约数字化转型的巨大阻碍。传统企业的业务管理者关注的是业务模式、业务流程和业务痛点，而技术供应商、传统企业技术部门关注的是技术趋势、技术特点、技术能力。这两者交流，缺少一个转换的映射。比如，对于业务管理者而言，其希望了解的是使用一个数字化产品，能否解决业务痛点，能否改善业务流程，能否带来新的收入，以及希望确认使用这个技术能够实现其目的；但更多的技术供应商，介绍的是自己的产品是否符合技术趋势，介绍产品特点和技术能力。

随着技术不断地与管理融合，也会对未来的技术和管理产生影响，会出现管理工作的技术化，如：ERP取代管理的计划和资源组织职能；管理就是决策，决策可以由算法替代，管理的控制也可以自动化等。反之，随着管理手段的多样化，技术的研发与应用也会随之衍化，比如BIM技术、大数据技术、AI技术、VR技术（虚拟现实）、AR技术（增强现实）、5G技术、物联网技术等。

加快工程建设行业的信息化进程，就必须大力推动管理与技术的深度融合，实现信息数据互通。

企业管理与信息数字技术的融合，不是将管理制度和工作流程在信息系统中简单直接地反映出来，而是两者创新与变革的结果，是"1+1＞2"。

一是思维观念的变革。管理信息化过程就是实现信息技术与管理工作结合的过程。将管理工作用信息化的语言表达出来，就要求软件提供商了解企业的管理思路和模式，而企业也要了解信息技术，从提高效率、效益、效果的角度构建管理信息系统，这就要求我们要从管理和信息技术两个角度理解信息化工作。信息化实施的过程是一个"边施工边设计"的过程，是一个以制度为"图纸"从而进行深化设计、优化流程与管理的过程。从这个层面上说，信息化过程是一个对信息化思想重新认识的过程。

二是管理方法的创新。管理信息化是实现企业管理目标的工具，工具的使用要以提高办事效率、加强管理、解放生产力为目标，不是简单地将线下的工作搬到线上处理，要实现这个目标需要对方法进行创新。企业如果基于传统的管理模式建立信息系统，所能得到的好处非常有限，而只有通过充分利用信息技术建立新型管理模式，才能够得到最佳解决方案。例如：在施工项目管理中，有相当一部分单位已使用了各种软件，把原来用手工填写的表格，现在用计算机来输出；原来需要计算器计算的现在由计算机计算。在这种情况下，"只不过是简单地从纸上搬到计算机上"，为项目的运营管理带来的价值微乎其微。信息系统中也存在同样的问题，部分业务线把传统管理模式的流程整理出来，再硬搬到信息系统中实现，这样致使流程达到十几甚至几十个节点，在这种情况下，虽实现了信息的存储、信息的查询、信息的自动化处理，但增加了过程处理的周期，反而增大了工作量，降低了企业管理的效率。传统的管理方法为了控制过程中的各种风险，增加了对过程环节的管理，如果利用现代信息技术实现工作流程的可视化、实时记录、跟踪和控制，过程中传递的节点可以让计算机来完成，完全可以优化过程流程进而达到管理与效率的提高。信息化实施的过程也是企业管理流程再造的过程。

三是工作习惯的改变。传统的工作方式用笔手写，而今天所有的工作用电脑输入指令完成，传统方式的资料分类整理、查找都由人工完成；现在有了数字化只需要输入关键字，查找的工作就可以由计算机完成；领导需要的分析报表，传统的方式由人工统计完成提交给领导，而有了数字化，各类数据都在系统中，领导要分析统计数据，只需输入查询条件由计算机自动查找完成即可。只有对相应的工作习惯作出改变，才能真正发挥数字化的作用。例如：开机先上平台，要事、急事优先处理；本机不需保存很多文件，数据中心查询即可；收发文件实现上下互动；传递内部资料在平台上直接创建群组即可等等。部门之间、上下级之间的工作部署更透明。数字化为各项工作办理过程实现了"有据可查"，工作皆可追溯。集团内部资源共享更加高效，如各种文档，可以通过借阅、传阅等方式共享。

只有实现管理和技术的深度融合，变为一体，才能产生巨大的生产力，技术只有用于生产实践，才可能是生产力，如果技术只是停留在理论阶段，不能用于生产实践，就不是生产力。这也是技术应用好坏的检验标准，是信息技术应用成败的试金石。

（二）信息数字技术应用

企业在推动数字化的过程中必须坚持"以用为主"，主要体现在两个方面：一是管理适用，二是技术实用。

管理适用包括：岗位作业数据化、业务管控在线化、经营决策智能化、企业协作生态化。数字化的基础是数据，借助管理系统，把企业员工和合作伙伴在日常经营中产生的数据收集起来，并融入数据中台，为数字化、智能化提供基础性支撑。业务管控在线化，一是保证业务管控通过在线化的手段，解决在现实世界中跨时间、跨空间的管理问题；二是所有的管控数据对未来的决策提供数据基础，用数字化的手段评估各种管控措施对业务发展的影响。结合各类执行数据、经营数据、外部数据，通过强大的算力和匹配的算法模型，得到本企业的各类经营分析成果；对于经营决策也不再仅仅是各类经营报表，还需要数字化的各种经营建议，从而实现经营决策智能化的效果；企业数字化过程可以内外兼修，对内精细运营，对外生态协作，结合企业自身发展需要，对生态伙伴做好分类管理，满足合作双方的利益诉求和安全需求，构建稳固的合作关系。

技术实用包括：业务流程配置化、交互体验智能化、经营决策智慧化、生态合作一体化。这些技术是和管理相匹配的，建设企业面临的环境是非常复杂的，在数字化过程中，如何权衡业务、管理和技术，不仅仅是对技术能力的考验，更要把握管理需要什么样的技术匹配。首先要有一个好的管理平台，在这种平台上，业务骨干、技术人员可以把有限的精力放在如何赋能业务，而不是把时间都耗在加班加点的埋头实现上。不能让技术限制住企业的管理，但是很多企业却实实在在地没有用好技术，一方面想利用数字化手段帮助经营，一方面太过于聚焦眼前，没有一个好的规划，导致在实施时往往头痛医头、脚痛医脚，并没有从根本上解决企业的管理问题。要想做好这些，一个强大的业务骨干团队、一个落地能力很强的技术团队、一个强大有力耐得住寂寞的决心都是非常重要的。业务的变化在所难免，运用数字化手段，降低各种变化所带来的企业阵痛，用好技术平台并不仅是针对当前模式能用好，更要在未来多变的商业环境中，企业姿态发生调整时，依然能够快速响应，这样的技术平台才是企业应提前规划好的事情。业务流程配置化、交互体验智能化、经营决策智慧化、生态合作一体化也是这种技术平台能够支持和解决的，这些点也是企业在选择技术平台前必须考量的具体内容。

这里讲的技术融合（图 2-10）特指科学技术发展给企业带来的红利。例如：在移动互联网之前，很多便利化的场景没有好的解决方案，随着移动互联技术的逐渐成熟，企业就可以借助各类传感器代替人工来获取各类数据，比如智慧工地中的摄像头，随着图像处理技术、人脸识别技术突飞猛进的发展，解决了很多工地上的管理问题。简单地说，就是在新技术到来之前"无法用技术解决的业务问题"，已经开始在各个场景下被新技术应用解决。在数字化转型中，我们需要多思考、多创新，融合各类新技术，给企业带来实实在在的好处。

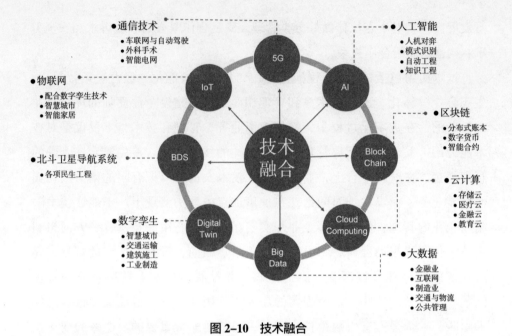

图 2-10　技术融合

四、人力资源管理数字化

　　自从进入工业文明以来，因为蒸汽机的发明、电气技术的应用、电子技术的推广以及信息互联网技术的普及，人类社会历经了机械化、电气化、自动化、信息智能化四次技术进步。每一次技术进步，对人们生活及生产方式都带来了巨大的变化。信息互联技术作为改变当今社会生活及生产方式的革命性技术，是每一个中国企业都应该高度关注的，企业人力资源管理的方式方法和机制手段都必须大大加快运用现代信息数字技术的步伐。

（一）企业数字化建设必须进行顶层设计

　　必须加快推进信息互联技术在企业管理实践中的应用，尽快实现现代信息互联技术与传统建筑产业的深度融合，降低建筑业的能源消耗，增强建筑企业的素质，提升建筑产品的品质，提高建筑产业的生产力。而要实现上述目标，企业就必须进行数字化顶层设计，制定出符合企业实际和长远发展需要的数字化建设规划。

对建设企业而言，企业一体化系统建设既错综复杂，又缺乏信息技术与专业人才。因此，绝大多数企业会选择专业的软件服务商提供服务，采用"平台＋产品＋二次开发"的信息化建设模式。软件服务商为适应不同类型的企业，其产品独立灵活、针对性强，在实施的过程中要结合不同类型的企业进行系统设计与重组架构。建筑行业内除了 CAD 制图、预算等工具类软件外的管理软件可划分为业务系统类（人力资源、财务管理、资金管理、综合项目管理系统）、数据统计分析类（报表、决策系统）及办公软件类。其中，业务系统主要是解决业务办理、过程管理等事项，业务逻辑关联较强，但数据统计功能相对较弱；数据统计分析系统具有较强的数据抽取计算功能，以及灵活的统计分析功能，没有业务过程管理流程；办公软件具有较强的流程引擎功能，有业务管理过程但关联性较弱、统计功能较弱。因此，建设企业数字化在系统架构时要充分了解各产品与组织管理职能的需求，进行系统性设计与架构。

（二）人力资源信息系统必须满足企业数字化建设的总要求

所有的业务系统都要在统一标准的主数据平台上进行信息互通、数据共享，才能实现各项业务横向与纵向的高效协同集成（图 2–11）。人力资源（HR）信息系统是企业管理数字化平台的最基本系统，HR 信息系统的建设和运行，必须符合企业数字化共享平台建设和运行的总要求，遵从企业数字化管理的规则，与企业其他各子系统互联互通、信息共享。

这里的关键要素是主数据标准必须统一，各业务系统数据必须与主数据系统互通。底座平台一定要采用 IT 企业的成熟产品，主数据系统要由 IT 企业和建设企业联合建设，集团门户、OA 协同等业务系统可直接采用 IT 企业的成熟产品，或在其基础上进行一定的二次开发。人力资源、财务资金等业务系统在采用 IT 企业的产品时，二次开发的工作量会大一些，商务成本、集采与供应链、综合项目管理等系统必须以建筑企业为主、IT 企业为辅的原则进行开发建设，BI 决策系统等则需要待建筑企业提出明确的管理需求之后才

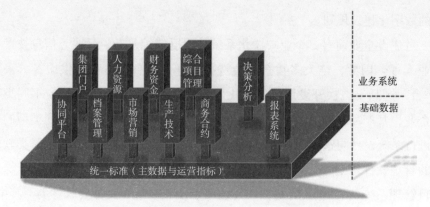

图2-11 各项业务横向与纵向的高效协同集成

能进行，IT企业提供服务支持。

企业级信息化集成应用的关键在于"联"和"通"。企业通过管理标准化、信息化、精细化这"三化融合"，达到五个"互联互通"，从而实现全企业多层级高效运营、有效管控的基本目标。一般来说，建设工程企业的组织架构包括企业总部、区域分公司、项目经理部这三级组织机构。对于集团性企业来讲，则一般设有集团总部、子公司总部、区域分公司和项目经理部四个管理层级，每一级组织机构的战略定位、职能职责、管理权限以及对信息的需求和管理目标、方式等都有所不同。企业级信息化集成应用平台必须根据整个企业各层级组织的不同特点和不同的管理需求，实现信息资源互通共享、管理协同高效、管控到位有效，这就要求必须实现五个"互联互通"：一是集团企业上下的互联互通，二是商务财务资金的互联互通，三是线上线下的互联互通，四是各个业务系统的互联互通，五是上下产业链条的互联互通。

为了实现五个"互联互通"，需要从企业总部层面分层、分类统一建立报表决策分析模型，充分应用信息化技术，确保所有数据从源头来、从报表业务来、从决策系统来，实现数据一次录入、分级分类及时汇总分析的整体要求。这其中有三层架构：第一层为业务系统，服务项目管理者，实现业务过程管理，完成基础数据的采集，反映项目运营状况；第二层为台账报表系统，服务于子/分公司及企业层级业务管理者，实现从各业务系统自动抽取数据，及时反映分公司及全公司项目运营情况；第三层为决策分析系统，服务于分支机构和企业总部决策者，利用图形可视化界面，基于各层面的经营成果系统进行自动数据分析与预警，实现资源共享、敏捷管控，以及公司各层级分级汇总的管理与管控要求。

（三）HR 信息系统必须理顺企业组织职能权责关系

建设集团企业的组织架构根据规模大小、企业特点采取三级或四级管理模式，每一级组织的职能权责，不同的企业会有所差异，但基本上是相同的，是有规律可循的。在进行信息化顶层设计时，应当充分考虑建筑企业的运营管理特点、组织特征和信息传递方式，实事求是地灵活运用信息互联技术，使组织运营效率得到提升。集团企业管理信息一体化系统组织架构如图 2-12 所示。

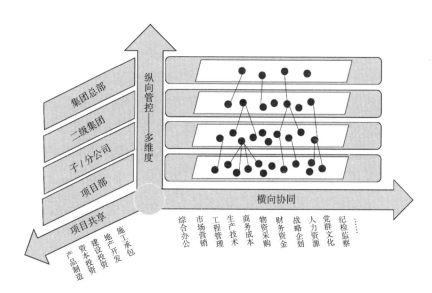

图 2-12 集团企业管理信息一体化系统组织架构

工程建设企业通常由公司总部、子公司或分公司及项目三个层级构成。集团总部的职级主要是以制定战略与运营控制为核心的管控，对子 / 分公司指标实施监控、负责对各子/分公司进行审计监察与业绩考核，重点实现人、财、物及信息的管理。子/分公司是连接总部与项目的纽带，在总部的战略指引下，形成各自的战略与经营计划，对项目进行有效的管理。其主要职能是业务管理和运营协调，进行业务决策、业务管理及本单位信息管理，直接参与项目的管理，在总部统一标准管控条件下充分发挥个性管理。项目是基本单元，是利润的主要来源，是成本中心，以业务运作为主要职能，重点对项目业务过程进行管理。

理顺各层级组织之间的责权利关系。建设行业通常使用项目责任制，项目责任制里项目部到底有多大的责任，其对应的权力有哪些、享有的利益如何，现在还不够清晰；建设公司有一些授权的区域分公司、专业分公司、地区经理部等等，其授权的范围、大小，责权利有些模糊，使用信息化平台就要把责任权限界定到位，原有管理制度如果不明确，就需要理顺并重新进行界定。这些涉及权限的事是特别难办的，都是需要高层领导推动才办得了的，比如分包采购合同的签订、项目有关费用的支付，权限界定就很重要，否则会影响信息化的运行效率。

理顺同一个层级组织内部各部门线条之间的责权利关系。企业组织关系错综复杂，有线条管理、有事业部管理；有综合管理部门、有业务管理部门；有监督部门、有支持部门，要推广信息化就要把各自之间的责权利关系说清楚，把各自职责权限的界限划出来，这样才能设计出信息化模型与流程。这样一来，如果原来这些事分得不是很清晰，要协调的麻烦事就来了，如管理流程的设计经过哪些管理节点，就意味着谁有什么样的权利或者谁的权利大一点，谁的权利小一点，如果涉及保留哪个节点、删除哪个节点就更不好办了，这些也需要高层领导的参与与推进。

理顺一个组织内部各岗位之间的责权利关系。主要是基层组织内部岗位之间的责权利关系。各项工作到底是由谁来发起、传给谁、谁复核、谁审核等等都是非常具体的，而且职权还要与其上级组织层级进行交叉组合。为什么说管理信息化给一部分人无端地"创造"了很多工作，主要是管理流程设计时无端地把这部分人拉进流程，想摆脱都不行，实际上这些所谓的工作都是无效的工作，是应该简化、优化的。在信息化环境下理顺这些关系，实际上有些岗位是要被优化掉的，信息化如果不能做到高效，就是在这个环节出了问题。

要实现人力资源管理的数字化，就必须打破企业内部传统的组织边界，实现数据共享与管理高效协同，提高工作效率，为企业运营管控服务。在实施时，要厘清不同组织的管理职能、分级分类系统架构以及信息交互规则和流向。

（四）HR 信息系统建设必须坚持需求导向

数字化转型需要以投入产出为考量，以切实帮助企业经营为目标，不能为了数字化而数字化。进行信息化建设时，需要分解企业的基层需求与高层管理需求（图 2-13）。

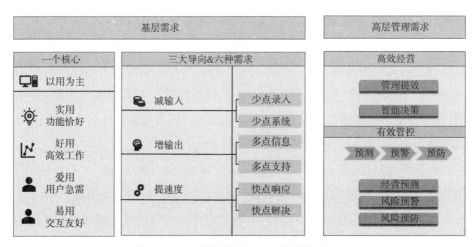

图 2-13　企业的基层需求与高层管理需求

基层需求的核心是以用为主，做到实用、好用、爱用、易用。"实用"就是功能实用，能满足员工需求但不过度建设。"好用"是系统能够快速响应、高效工作。"爱用"是能满足用户的需求痛点。"易用"是指系统界面的交互友好，用户体验愉悦度高。

具体到系统设计层面，应遵循"三个导向"，围绕"六点需求"展开。"三个导向"分别是减输入、增输出、提速度，每一种导向则围绕两点需求推进，解决好这"六点需求"是企业数字化转型的关键。

第一个导向是"减输入"，对应的"两点需求"是"少点录入""少点系统"。建设系统时要充分考虑表单的复用和数据的流通来减少线上表单录入、线下表单填报和数据重复收集的情况。"少点系统"是指减少重复功能和系统入口。某些公司因为系统建设的历史原因，没有统一规划导致各业务系统"各自为战"，完成一个业务流程往往要横跨多个系统，用户体验差。系统建设要避免用户反复登录、重复录入，最好通过一体化的协同门户工作台，方便快捷地进入各系统模块，节省时间，提高工作效率。

第二个导向是"增输出"，对应的"两点需求"是"多点信息""多点支持"。建设好用、实用的系统，为一线员工提供更多的分析信息并消除部门的信息壁垒，做到信息真正的互融互通。系统建设要攻克信息化建设的"三座大山"中的"部门墙"和"数据篱"。"多点支持"指的是有完善可迭代的系统操作指引，可帮助员工快速掌握系统，并且能在问题发生时得到更多支持和帮助。建设系统的人和使用系统的人往往不是同一工种，导致系统建设者所特有的 IT 角度和实际工作的业务角度往往有偏差，所以系统建设者需要多一些努力与付出，所设计的信息系统尽量贴合员工实际需求，并保证友好的体验与感受。"多点支持"便是以用户为核心提供支持。

第三个导向是"提速度"，对应的"两点需求"是"快点响应""快点解决"。也就是系统响应速度的提升以及对突发问题、紧急问题的快速处理。

以上说的是企业的基层需求，系统建设的另一维度是要满足高层管理需求，包括聪明经营和防范风险两个方面。

"聪明经营"即管理提效和智能决策。管理提效要运用数字化技术，实现以"业财资税"一体化为主要特征的企业运营管理目标，持续提升企业的运营质量和管理水平。智能决策是指利用系统中所有的管控数据给未来的决策提供支撑，用数字化的手段评估各种管控措施对业务发展的影响，让数据"说话"，让数据向知识转化。对于经营决策也不再仅仅是各类经营报表，还需要提供经营建议，从而实现经营决策智能化的效果。

"防范风险"，包括经营预测、风险预警和风险预防。经营预测是指结合企业各类执行数据、经营数据、外部数据，通过强大的算力和匹配的算法模型，得到本企业的各类经营分析成果；风险的预警和防范则通过项目生产经营数据在线共享，实现公司总部、分公司及项目部三级远程在线成本分析，风险自动预警，为管理层决策提供及时有效的支撑，强化过程管控，降低管理风险，同时更方便、快捷地为项目提供服务，提高管理效率，提升企业的精细化管理水平。

（五）HR 信息系统建设必须坚持"人＋机→机＋人"

2016 年 3 月，AlphaGo 初问世就以 4：1 的成绩战胜了拥有 14 个世界围棋冠军头衔的李世石，2017 年又以 3：0 的成绩战胜世界最年轻五冠王柯洁。围棋组合数高达 10^{170}，近乎无穷的决策空间，人是无法做到的，但是信息技术可以做到。5G 一直是当今时代的热点话题。5G 技术以高速率、低时延、大链接为主要特征，5G 技术的实际应用必将给世界带来革命性变化，万物互联在不久的将来就会变为现实。

以上例子不是说明机器或者信息技术会完全替代人类，而是人和机器要有基本的分工，哪些是人类要做的，哪些是计算机要做的，这是人们需要思考的问题。要制定好规则，把大量重复的、繁琐的计算工作都交给计算机，人机合理分工，人机科学合作，就是要让信息技术和管理深度融合，实现管理的需求，大幅度地提升社会生产力。在管理的数字化过程中，基础数据的采集与编码，必须由人工完成。而大量的数据处理工作则要由计算机按照一定的数据模型和计算规则完成。数字化应用的结果必须要满足企业管理者的管理需求（图 2-14）。

在数据来源端，各类业务系统存储了大量的业务数据，以人输入为主，机器输入为辅，即"人＋机"。中间数据处理过程以机器为主。而到了数据应用端，则是以机器为主，人为辅，即"机＋人"。通过数字化过程模型抽象地描述了人机结合的过程，数据来源"人＋机"，数字应用"机＋人"。

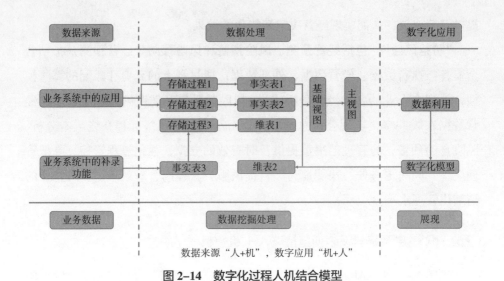

数据来源"人+机"，数字应用"机+人"

图 2-14　数字化过程人机结合模型

　　"人"的管理经验与管理实践通过人机结合的方式，固化到数字化系统中，让"机"可以辅助"人"，形成正向效果，实现数字化的主要价值。

　　实践证明，想要做好人机结合，就要实现线上与线下操作的互联互通。信息化、标准化的表单，与平时工作的表单必须统一，减少额外的工作负担。

　　此外，信息化系统的开发要注重用户体验。系统所用的语言、所涉及的流程，都必须与实际相符，软件设计需要站在企业实际管理工作的角度而不是技术人员的角度来进行。

　　数字化过程模型也体现了"人与机"的分工，数据来源需要手工录入的，其前提是实现标准化、可数据化。当前，之所以行业信息化水平普遍不高，原因之一就在于人机分工不合理，本来该由机器完成的工作却由人工去做，而应该由人工来做的却交给了机器。要实现人与机的科学分工，就必须首先提升管理标准化的程度。

　　企业的 HR 信息系统建设要实事求是、量身定制。因为每家企业都有各自的特点和需求，比如企业战略不同、管理策略不同、人员结构不同、企业规模与管理成熟度不同、企业文化不同，甚至每位管理者的管理风格也不同，所以数字化的需求必然有所不同，数字化建设很难完全照搬。数字化给企业带来的好处，有的时候是可以快速见效的，而有些时候却需要管理层更大的决心与耐心，持续性地投入资金、人员和时间后才能见效。因此，寻求数字化赋能的捷径，最好的实践是从企业本身的管理需求和战略目标出发，主动拥抱数字技术，明确数字化目标，统一规划，分步实施。数字化转型与升级是一个"绵绵用力，久久为功"的过程。

数字化赋能是建设行业高质量发展的必由之路。"数字化赋能"明确了企业数字化转型的方向，更强调了建设企业数字化的目的。所以说，谁掌握了信息数字技术，并在企业实践中持之以恒地应用，谁就拥有更好的未来。

第三章

"都江堰三角法则"及实践

　　"都江堰三角法则"模型的本质特征是企业坚持"以人为本",把人力资源管理提升到战略高度,系统地将员工和企业整合起来,构建统一性和适应性相结合的人力资源管理体系,通过人力资源核心理念、政策和具体措施等要素的协调运行,实现人与岗位、人与组织、组织与战略的有效契合,最终实现企业的战略目标。

第一节 "都江堰三角法则"模型

人力资本是企业发展的根本动力,"都江堰三角法则"作为一种新型的建筑工程人力资源管理模型,其内涵是"以人为本",体现了人与岗位、人与组织、组织与战略的有效契合。

一、都江堰水利工程利水治水原理

修建于公元前三世纪中叶的都江堰,是我国著名的古代水利工程,享有"天府之源""镇川之宝"的美誉。站在横跨岷江的安澜索桥上,遥看江水浩浩荡荡,一路汹涌奔来,流至江心的狭长小岛,江水即一分为二,其中"外江"作为岷江正流继续顺道而下,"内江"则沿着古人设计的水道,经鱼嘴分水、虎头岩漩流、飞沙堰排沙、宝瓶口引水,流向成都平原,沿途灌溉上千万亩良田,蜀地因此"水旱从人、不知饥馑、时无荒年、谓之天府"。这座修建于公元前三世纪中叶、历经 2000 多年岁月沧桑、至今仍在发挥作用的伟大建筑,它充分运用了科学原理进行分洪除沙,引水灌溉,从而使成都平原"水旱从人,不知饥馑"。

在世界古老的著名水利工程中,古巴比伦王国建于幼发拉底河上的纳尔—汉谟拉比渠和古罗马的人工渠道都早已荒废,唯有都江堰独步千古,永续利用。都江堰设计之妙,让今人都折服不已。比如逆流卧于江心的分水堤,形似鱼嘴,能在枯水季节自动将岷江 60% 的水引入内江,40% 的水排入外江;洪水时,又自动将 60% 的水排入外江,40% 的水引入内江。其后的金刚堤,面向内江一侧形似鱼腹,形成凸岸,能减缓洪水流速,不让泥沙进入宝瓶口。这种因势利导、因时制宜的治水方略,让水驯服于人的意志,忠实地履行起"分四六、平水旱"的职责。相反,如果放任自流,或采取简单堵截的方法,成都平原可能仍为水患所扰，今日闻名于世的天府粮仓也就失去了产生的基础。因此可以说，都江堰的成功，是疏导式治水方略的成功，其留下的"深淘滩、低作堰"六字诀、"遇湾截角、逢正抽心"八字格言，至今仍被水利界奉为圭臬。都江堰工程如图 3-1 所示。

图 3-1　都江堰工程示意图

在叹服古人巧夺天工、独具匠心的水利设计技艺的同时，更心生感慨，由治水联想到治人。治水如此，治人同样如此。人是自然界中最复杂的物种，人的本性是趋利避害的，人的需求是有层级的，对此，管理者要顺应规律、因势利导，通过设计和建立多层次、多渠道的人才成长、使用通道，使各类人员行有方向，干有目标，各得其所，各归其位。

二、都江堰水利工程给人力资源管理的启示

2002 年底，作者接任中建五局局长，当时企业正处于连年亏损、举步维艰的阶段，企业机构臃肿、人浮于事，人员结构极不合理，在岗职工不足

职工总数的 1/3，企业面临着"陷入困境的传统老国企人的问题如何解决"这个"世界级难题"。带着这一问题，作者先后两次来到都江堰工程参观学习。都江堰是一个 2000 多年前的水利工程，至今仍按当初建造者的思路在发挥着作用，并且"深淘滩，低作堰"的治水六字诀，2000 多年没有改变。这是为什么？其中的诀窍在哪里？在当下的企业管理实践中，我们应该从中得到什么样的智慧和经验借鉴？作者在参观思考中感悟到三点重要启示，即：疏导是根本、团队永恒、人人皆可成才。

（一）疏导是根本

已有 2000 多年历史的都江堰工程至今发挥作用的诀窍，最重要的一条就是"疏导是根本"。一般的水利工程都是采取修坝拦截的方式，都江堰工程却是就地取材，以疏导为主。都江堰工程有几个组成部分，水从岷江引过来以后，先经过百丈堤。在一般的资料里，都没有讲到百丈堤的作用，实际上百丈堤的作用是很大的，它的作用就是导向，水到了这里会偏离原来的方向 15° 左右，把水导向鱼嘴。鱼嘴受水量大小和流速快慢等因素的影响，发挥"分四六，平水旱"的作用。流入内江的水会带去一些泥沙，在飞沙堰将一部分沙子导入外江，还有一部分沙子流到凤栖窝。淘走凤栖窝里的沙子就可以使宝瓶口的水保持纯净了。

"深淘滩，低作堰"，"淘"的是凤栖窝，"堰"指的是飞沙堰，凤栖窝里边有个卧铁，卧铁与飞沙堰的高差是恒定的，"深淘滩，低作堰"就是以此为标准的。水再从宝瓶口出去，一分二，二分四……灌溉整个成都平原。都江堰大致的原理就是这样，水怎么进来，什么流向，怎么分流，泥沙怎么办，都想得很周到。它不是靠堵塞，而是顺其自然，用疏导的方式来治水。

从都江堰工程推及人力资源管理，人的一生一定要有职业通道。职业人生大约 50 年，人都是有追求的，所以要有职业通道，否则就没有了激情。比如工程系列，先是技术员，然后再是助理工程师、工程师、高级工程师、正高级工程师等；在部队，也是从战士、排长、连长、团长这样一级一级晋升的；教育也是从小学、初中、高中、大学这样一级一级上去的。对于企业来讲，也是这样，这么多的人，怎样才能让大家始终充满激情地工作，那么岗位、工资就要设不同级别，这是基本的原理。当然还要有退出通道，一个人离开了岗位，要有新的人来接替，这样就形成一个循环，企业就是在这种循环中不断发展壮大的。

"疏导是根本"。都江堰水利工程独步千古、永续利用的奥妙在于因势利导，用"疏"而不是用"堵"的方式治水。无坝引水，其治水的核心在于"疏"，通过巧妙的设计，有效地疏导水流和沙石，达到水流大小可据旱涝调、水流快慢可据地势调、沙石流向可据水流调、沙石清理可据引导调。人亦如是。人的本性是趋利避害的，人性如水性，有善的、驯服的一面，也有恶的、肆虐的一面，对人的管理必须顺应人性规律、因势利导、扬善抑恶，使员工行有方向，干有目标，各得其所，各就各位，这是人力资源管理的基本方法。

（二）团队永恒

都江堰历经 2000 余年仍发挥作用，这和它合理的组成结构是分不开的。都江堰由百丈堤、金刚堤、飞沙堰、凤栖窝、宝瓶口共五大主体工程组成，其中，百丈堤导水、鱼嘴分水、飞沙堰溢洪、凤栖窝排沙、宝瓶口引水。鱼嘴将岷江一分为二，并借助弯道，使含沙量少的表层水流向凹岸，含沙量大的底层水流向凸岸，将洪水冲下来的沙石大部分从外江排走。进入内江的小部分沙石，在虎头岩的支引、宝瓶口的节制和"离堆"的顶托下，大部分沙石从飞沙堰、人字堤排入外江，使宝瓶口引水口和灌区干流免遭泥沙淤塞；宝瓶口在引水的同时，还能控制进水量，既保证了灌溉用水，又防止了过量洪水涌入内江灌区。

每一个部分都很重要，缺少哪一个部分这个工程的效果都会打折扣。五大主体工程之间以及主体工程与附属工程之间，相互依赖，功能互补，巧妙配合，浑然一体，形成布局合理的系统工程，围绕"使成都平原枯水不缺，洪水不淹，成为稻米飘香的天府之国"的目标，共同发挥分水分沙、泄洪排沙、引水疏沙的重要作用。

企业和组织也是一样，在整个团队里，每一个岗位都很重要。只有每一个个体都发挥作用，才能形成团队的强大力量。但反过来，一个人再能干，如果离开了团队也不能成功。市场经济中不可能一人包打天下，一个企业、一个组织不能一味强调个人英雄主义。

如何利用好周围的资源，包括上级资源、平级资源、下级资源，以及社会资源等，是一门学问。用好这几个资源，就有了成功的基础。如果企业的团队不共同努力，仅靠一两个人是不行的。公司靠分公司支撑，分公司靠项目支撑，项目靠每个人来支撑。所以讲团队永恒，不能光喊口号，要深入内心，化为行动。

由此可见，在人力资源管理上只有团队成员加强沟通协作、配合互补，围绕团队整体目标共同努力，才会实现基业永恒。因此，打造精干高效的团队，使团队成员之间能够分工有序、权责分明、精诚合作，自觉为团队永恒贡献力量，才是人力资源管理的重要使命，也是关键所在。

（三）人人皆可成才

都江堰中的金刚堤，特别是鱼嘴，在治水工程中起到了核心作用，它是由什么做成的呢？它是由岷江河床里的碎石、沙子堆积而成的。谁能想到由碎石、沙子堆积而成的金刚堤就能起到中流砥柱的作用呢？只要将其放在合适的地方，就可以成为宝贝。所以说人人皆可成才，每个人都有自己的长处和短处，如何发挥长处，发挥资源的最大效应，是值得每一个人好好研究的问题。

都江堰工程的建成，是因地制宜、就地取材的结果，原本平淡无奇的卵石、山体、岩石，甚至是最不起眼的沙子，在设计者的手中都仿如点石成金，从而造就了世界水利史上的千古传奇。都江堰工程中支撑鱼嘴的金刚堤，就是由岷江河床里的碎石、沙子堆积而成。这些不起眼的、看似毫无用处，甚至有些负面作用的碎石和细沙一旦集中堆砌起来成为"金刚堤"，就能起到中流砥柱的作用，确保鱼嘴完成"分四六、平水旱"的使命且永不废坏。同样的道理，"千里马常有，伯乐不常有"，人才在于发现，在于培养，在于把合适的人放到合适的位置，因此，"人人皆可成才"不是一句空话，是企业人力资源管理的核心内涵。

三、组织能力要素

为保障战略目标实现，并将员工个人的素质能力整合到组织层面，打造企业特有的、不易被别人模仿的战略实施能力，必须将组织能力建设（构建与战略相匹配的组织能力）作为企业战略管理的核心。企业战略的实施效果取决于组织能力，并反作用于组织能力；战略与组织能力匹配则促进组织发展，反之则阻碍组织发展；战略形成时间相对短且易被模仿，但组织能力形成时间长且很难被模仿；战略与组织能力之间始终存在着从不匹配到匹配的矛盾运动，如此循环往复，推动着企业不断发展。

人是最基础、最活跃、最有效的生产力要素。组织能力建设必须坚持以人为本、尊重人性，以人、人力资本为核心。在坚持以人为中心的基础上，组织能力的基本要素由目标、机制、素质三者构成，这三个要素围绕"人"这个中心构成了组织能力三角。一个组织要想长期生存和发展，就必须确定清晰的目标，建立完善的运行机制，还要不断提高组织的整体素质。组织能力的高低、强弱取决于"1+3"（即人＋目标、机制、素质）这四个方面。企业应将人力资本作为企业发展的根本动力，在推进组织能力建设时，始终将人的因素作为核心来考虑。组织能力决定对人力资本投入产出的质量和效率，反之，对人力资本投入产出的结果决定企业组织能力的强弱。

在构建人力资源管理体系时，应着力将人力资源管理与组织能力建设进行无缝结合，以协调发挥两者的功能，使两者互为融合、互为补充。两者的共同点都是以人、人力资本为核心，围绕企业战略目标的实现，最大限度发挥员工的作用；不同点是，组织能力建设注重宏观层面、组织整体功能发挥，着重解决如何处理好企业内部的分工协作关系、将分散的个体整合成有机整体，具体体现在确立目标、构建机制、提升素质等方面；人力资源管理重视的是微观层面、员工个人绩效发挥，主要解决如何调动员工积极性、提高员工适应性和能力，具体体现在对员工的选、育、用、留等方面。

企业间的竞争直接体现的是组织能力的竞争，要提高组织能力，关键在于在人力资源管理实践过程中，通过循环发挥目标、机制、素质三要素功能，并且与招聘、考核、培训等人力资源管理环节协调一致，不断将拥有共同目标且素质能力符合岗位要求的员工整合起来，转化为促进企业持续发展的动力。

四、"都江堰三角法则"模型解析

在人力资源管理方面，都江堰工程给了我们"三点启示"：疏导是根本，团队永恒，人人皆可成才，这也是人力资源管理的三条基本法则。企业应当坚持以人为本，把人力资源管理提升到战略高度，系统地将员工和企业结合起来，构建统一性和适应性相结合的人力资源管理体系。通过人力资源核心理念、政策和管理实践等要素的协调运行，实现人与岗位、人与组织、组织与战略的有效契合，进而达成企业的战略目标。

（一）"都江堰三角法则"模型结构

"都江堰三角法则"模型结构如图 3-2 所示，其由外三角、内三角、核心圆组成。

1. 外三角

企业人力资源管理的三条基本法则，来源于都江堰对构建战略性人力资源管理系统的三点启示。外三角三条边的关系是："人人皆可成才"是人力资源管理的愿景，"团队永恒"是人力资源管理的使命，"疏导是根本"是人力资源管理的基本方法。

2. 内三角

表达的是决定组织能力的三个基本要素，这三要素缺一不可，"目标"解决"为什么干"、"机制"解决"怎么样干"、"素质"解决"会不会干"。

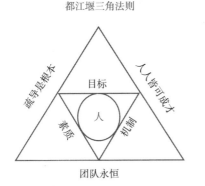

都江堰三角法则

为什么干
◆ 目标——团队永恒

怎么样干
◆ 机制——疏导是根本

会不会干
◆ 素质——人人皆可成才

外三角：人力资源管理的三条基本法则
内三角：组织能力建设的三个基本要素
核心圆：以人为本的核心思想

图3-2 "都江堰三角法则"模型结构

3. 核心圆

表达的是人是组织的核心资源，体现以人为中心、以人为本的核心思想。企业把人看作企业发展的根本动力和根本目标，在人力资源管理中坚持以人为本，关注需求，管理人性。因为人性如同水性，有两个基本特征：一是不管人性假设如何，人都有一个共同的需求，就是追求幸福、美好的事物，如同水最终都是奔向大海；二是人性是复杂的，不能简单地以性本善或性本恶来假设人性，如同"水能载舟，亦能覆舟"，水既有被驯服的一面，也有决堤的一面。因此，企业对人的管理汲取了都江堰工程治水的智慧，一方面关注员工需求，尽量满足员工美好愿望，另一方面顺应人性规律管理人性，因势利导、扬善抑恶，使员工在企业能够各得其所，各就各位。

（二）"都江堰三角法则"的内在逻辑

"都江堰三角法则"的外三角、内三角、核心圆相互关联、共同作用、缺一不可。内三角体现组织能力建设三要素；外三角体现人力资源管理的基本法则；核心圆中的"人"是内外三角的中心，体现以人为本的核心思想；内外三角的三条边——对应，体现了组织能力建设与人力资源管理的相互融合，协调一致。

1."目标"对应"团队永恒"

有两层含义：一是要建立企业共同的目标和价值观体系，并通过推动体系的"共知、共识、共行、共享"，使团队共同目标和价值观"固化在员工思想里，融化在员工血液里，落实在员工行动上"；二是打造高效团队，构建简单明朗、分工协作、求同存异的人际氛围，发挥员工的长处，调动员工积极性，让员工感觉到强烈的归属感和自信心。

2."机制"对应"疏导是根本"

中医理论认为"经络疏通，百病不生"，《易经》中也提到"变则通，通则久"。企业致力于用疏导的思路，系统整合人力资源选、育、用、留各环节工作，将员工的行为导入预定的轨道，并根据执行情况给予相应的激励和约束，从而激活人力资源，使企业这池春水有效流动起来，目标是效仿都江堰，实现企业的持续经营、基业长青。

3."素质"对应"人人皆可成才"

这其中有两层意思：一是重视对员工的培养和开发，平淡无奇的石头能够成为都江堰的中流砥柱，首先在于建设者的雕琢和打磨，同样地，人才在于培养，在于历练。二是要致力于人力资源的优化配置组合，中国传统文化中有一句经典名言"金无足赤，人无完人"，也就是说，人都是有缺点、有不足的，"世有伯乐，然后有千里马"，人才在于发现，在于用人所长，把合适的人放到合适的位置。

（三）"都江堰三角法则"的基本含义

综上所述，都江堰水利工程是一项因地制宜、多措并举的综合性的治水工程。其哲学原理、科学思路与科学方法对企业人力资源管理有着重要的启示意义与应用价值,由此形成了"都江堰三角法则"。其本质内涵是,企业应坚持"以人为本"的核心理念,把人力资源管理提升到战略高度,构建统一性与适应性相结合的人力资源管理体系,实现员工的追求和企业的需要的整合、一致。通过人力资源核心理念、政策和管理实践等要素的协调而有效地运行,实现人与岗位、人与组织、组织与战略的契合,进而达成企业的战略目标。"都江堰三角法则"的基本含义可归纳为三个方面:

1. 因势利导,人尽其才

人的一生,始终要在社会生活中找到自己的位置,这就是对事业的追求,对企业员工来说,实现事业的追求,主要体现在职业与工作岗位上。所以,企业一定要设置满足生产经营需要、可供员工选择的合理的职业通道与岗职。也就是说,合理的职业通道(可以理解为"岗职上升通道")的设置不可或缺。在工程建设企业,按岗位和职责就可分为综合管理序列、项目经理序列、专业技术序列、工勤技师序列四大职业通道,使每一个员工有合理选择、学习钻研、努力奋斗的目标。员工职业通道的设置,是合理疏导人力资源分流、人尽其用的重要举措。

在人力资源管理实践中,也会存在企业员工离开或退出职业通道的现象。"铁打的营盘流水的兵",有人离开了岗位,必然有新的人来接替,人力资源的新陈代谢是正常的,也是必然的,企业正是在这种疏导、更替的循环过程中不断发展壮大的。

2. 取长补短,优化配置

企业人力资源管理有两大主要职责:一是重视对企业员工的培养和开发。都江堰水利工程就是通过就地取材,使平淡无奇的石头成为都江堰的中流砥柱,这在于古代建设者的雕琢和打磨。同样地,企业员工需要培养,需要历练,通过加强学习和努力实践,就可成为企业急需的人才。二是要致力于人力资源的优化配置组合,"金无足赤,人无完人"。人是优、缺点共存的载体,素质有高低,才智能力有差异,用人关键在于用其所长,避其之短,把合适的人放到合适的位置，"专业的人做专业的事"，人人皆可成才，就能发挥人力资源最大、最优的效益。

3. 清晰目标，协同发力

企业是一个整体，也是一个大团队，企业每一个岗位都承担着不同的职责，都很重要，如同一部大机器，去掉一颗螺丝钉都不行。企业管理也是一个系统工程。只有使每一个岗位的每一个个体都积极发挥作用，才能形成团队的强大力量。反之，一个人能力再大，如果离开了团队也不能成功。在市场经济中，不可能一人包打天下。企业的领导者和组织者，就是要带领团队去完成任务，依靠集体的力量来解决企业生产和经营中复杂繁多的问题。

"成功是靠别人"，指的就是依靠大家的共同努力获取工作目标的实现。组织好、运用好企业内外的人力资源，就有成功的基础。只有团队成员加强沟通协作、配合互补，围绕团队整体目标共同努力，团队才会实现基业永恒。

中国古代的都江堰水利工程给后人留下了世界级的文化遗产，吸取其文化精髓，对企业管理者大有裨益，对企业人力资源管理来说，更是如此。

第二节 "都江堰三角法则"的实践意义

"都江堰三角法则"作为一种人力资源管理的系统性的理论模型，解决了人力资源管理的基本理论和理念问题，它在具体的管理实践中，也具有管理工具和管理方法的重要作用。

一、清晰组织目标，统筹战略引领

人力资源战略作为一种最重要的职能战略受公司战略支配，并反作用于公司战略。构建战略性人力资源管理体系的首要目标，就是要使选人、用人、育人、留人等人力资源管理实践活动服务于企业的整体战略，并通过人力资源管理的各项活动，促成企业战略目标的最终达成。

"都江堰三角法则"内三角顶边"目标"对应外三角底边"团队"，解决的是"为什么干"的问题。人力资源管理目标要围绕团队确立，只有当员工都坚守相同使命，秉承相同价值观，朝着共同目标努力，才能形成无坚不摧的战斗力，企业团队才能实现永恒。通过企业战略和目标愿景引领团队。确立由企业使命、企业宗旨、企业战略思路、战略目标、管理方针等一整套相互联系、相互补充的目标体系。

中建五局的目标愿景是"把五局建设成为'社会尊敬、员工自豪'的现代化投资建设集团企业，成为全国一流的房屋建筑施工总承包商、全国一流的基础设施专业营造商、全国一流的房地产品牌发展商"。在战略实施上"分步走"，如图3-3所示。

企业战略管理的成功，关键在于培育人力资源优势来推动战略目标的达成。2002年，根据当时企业内外部形势的变化与自身发展的定位，中建五局确立了"一三五七"的基本思路和"有活干，吃上饭，不添乱"的战略目标，明确房屋建筑、基础设施、房地产开发三大业务为核心，并提出具体的奋斗目标。为适应战略思路的调整，必须从突破人力资源管理瓶颈入手，确立与战略相适应的人力资源管理的理念和机制，建立现代人力资源管理制度，吸引人才、使用人才、培养人才、留住人才，进而增强企业核心竞争力，保障战略目标的最终达成。

为保证企业战略目标的实现，必须对原有的组织结构按照精干、高效的原则进行调整优化，主要做法有：

1. 裁短管理链条，建立扁平化组织结构

根据专业化发展和区域化经营的要求，中建五局围绕构建"房屋建筑施工、基础设施建设、房地产与投资"三大业务板块的战略思路和"五大战略市场＋三大重要市场"的经营布局，着力打造直线职能和事业部相结合的组

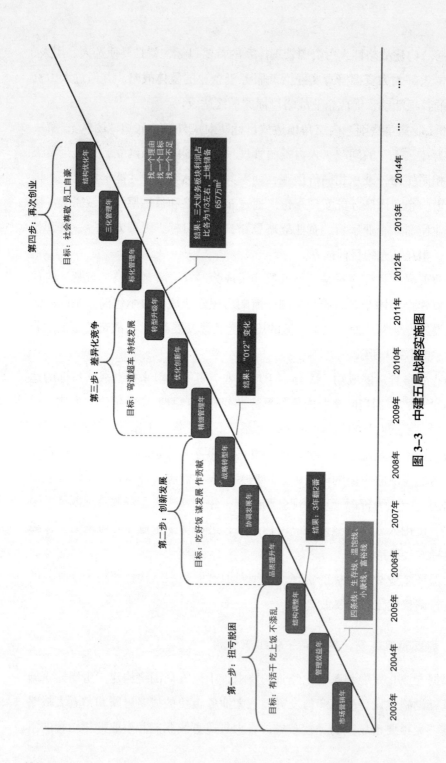

图 3-3　中建五局战略实施图

织机构。通过持续不断的 21 次机构整合和业务流程重组，企业的管理层级由五级减少到三级，形成了"局→公司→项目部"三级扁平化的组织体系，使政策传达链条缩短，信息传递更为快速准确，大大加快了企业对市场变化和客户需求的反应速度。

2. 推进权责对等，建立职位管理体系

针对岗位职责不清、权责不对等的实际情况，企业通过访谈、调研等方法逐步确立起以战略为导向的职位分析与评价系统。在职位分析的基础上，根据实际需要进行部门设置和定编定员，并编制部门职责和职位说明书，明确工作内容、工作职责、工作权限、考核标准、能力要求、任职条件等，尽可能减少重复性业务机构、岗位设置，减少人为操作和职责权限模糊地带，确保岗位职责清晰、责权利对等，使每位员工清晰了解企业对自己的要求，使各项职责落实到个人。

3. 实行法人管项目，建立以项目管理为基础的企业运营管理体系

企业实行法人管项目的项目管理模式，在企业法人层面建立起对项目的授权与分权经营管理体系，实行"三集中"管理：资金集中管理、劳务分包集中招标、主材集中采购。在项目管理流程上，系统梳理项目管理的各岗位工作流程，制定标准化工作规范，使员工的日常工作都能够被准确地引导到预定标准，在预定的标准轨道中落实执行，既降低组织运行成本，又堵塞管理漏洞，保证工作高效。

二、建立健全运行机制，持续提升组织能力

都江堰的建成，是因地制宜、就地取材、顺势而为的结果。分水的鱼嘴，系用装满卵石的大竹笼在江心堆砌而成；引水的宝瓶口，系凿穿玉垒山形成的楔形开口；泄洪排沙的飞沙堰，则巧妙地运用了回旋流的原理。在当时生产工具和施工手段都比较落后的情况下，整个工程巧借地势，就地取材，

浑然天成，将每一处的功用都发挥到了极致，原本平淡无奇的卵石、山体、岩石，甚至是最不起眼的沙子，在设计者的手中都仿如点石成金，被赋予了神奇的功能，可谓化腐朽为神奇的伟大杰作，从而造就了世界水利史上的千古传奇。

同样的道理，企业中的人，是平庸还是杰出，也取决于管理者是否将其摆对了位置，用对了地方。环保专家说，垃圾是放错了地方的宝贝；从这个角度也可以说，庸才是放错了地方的人才。人人都是人才，人人都可以成才——只要企业能在合适的时间，用合适的方法，将合适的人，放到合适的岗位。因此，企业中缺少的其实并不是人才，而是出人才的机制。

企业对人力资源疏导的目标是"人员能进能出、干部能上能下、收入能增能减"。在具体的工作过程中，企业深深感到，要切切实实做到、做好这三句话是非常不容易的：要统筹协调，未雨绸缪，事先设计"减震器"；要做大量基础工作，对过程中可能出现的问题进行有效疏导；要有坚定不移的决心和坚持不懈的努力。因此，企业将这三句话作为目标，将"疏导"思想贯穿于人力资源管理运行体系，着重建立五大机制，即引导机制、激励机制、竞争机制、约束机制、执行机制。在引导机制建设方面，主要通过组织结构设计、岗位体系设计、项目管理设计等方式裁减管理层级，提高工作效率，明确公司对员工的期望和要求，实现企业人力资源工作的信息化、标准化和流程化，确保企业对员工要求传达不阻塞。

（一）创新管理机制，增强组织发展动力

从"都江堰三角法则"模型结构（图 3-2）中可以看出，内三角右边"机制"指向外三角左边"疏导是根本"，解决的是"怎么样干"的问题。将"疏导"的思想贯穿于人力资源管理全过程，着力打造三大机制。

1. 创新引导机制，重组业务流程，确保职责牵引通道畅通

通过组织结构设计的方式裁减管理层级，形成"总部→分公司→项目部"三级扁平化的组织体系，提高了工作效率；运用岗位体系设计的方式，根据

实际需要进行组织机构设置和定编定员，确保各岗位职责清晰、权责对等；通过实行法人管项目的方式，构建授权与分权相结合的项目管理模式。

2. 创新激励机制，构建"四三五"薪酬体系，确保职业发展通道畅通

"四三五"薪酬体系是指：

四大职业通道：综合管理序列、专业技术序列、项目经理序列、工勤技师序列；

三大晋升梯子：岗位级别、职务职别，共设11级；工资级别，共设19级76档；

五大工资单元：岗位工资、津贴补贴、保险福利、效益工资、专项奖励。

"四三五"薪酬体系的实施，使员工行有方向，干有目标，为员工提供了畅通的职业生涯发展通道。

对企业来讲，怎样才能让大家始终充满激情地工作，那么岗位、工资就要设不同级别，这是基本的原理。当然也有干着上不去的或者要离开的，怎么办呢？所以人还要有退出通道。所谓"铁打的营盘流水的兵"，你不可能在一个岗位上工作几十年，一个人离开了岗位，必然有新的人来接替，这样就形成一个循环，企业就是在这种循环中不断发展壮大的。

3. 创新竞争机制，严格绩效考核，确保进出及上升通道畅通

在竞争机制建设方面，要坚持"公开、公平、公正"的原则，通过科学招聘管理、分类用工管理、竞聘上岗等方式，确保员工进出及上升通道畅通。将重奖和严惩相结合，着力打造"金条加老虎"的绩效管理机制，并营造以绩效为导向的管理氛围，实现人员能进能出、干部能上能下、收入能增能减，通过奖惩分明的约束机制，在企业内部单位和员工中有效传递压力和动力，在整个企业建立起全面拉网式的、立体交叉式的考核体系。大力倡导执行力文化，使企业各个层面各司其职，各尽其力，确保企业上下步调一致、反应快速、政令畅通，最终保障企业目标达成。

（二）健全人才机制，保证组织健康发展

1. 培养机制

从员工进入企业的第一天起，就应该将其成长纳入组织的视野，而不是任其自生自灭。要通过职业生涯设计、导师带徒等多种形式，加快青年员工的成才速度。对其中的优秀人才，要有意识地放到重大项目、关键岗位和复杂环境中，强化锻炼，备用结合，动态管理。

2. 选拔机制

要根据各类人才的不同特点，有针对性地建立选拔机制，将党管干部原则与市场化配置手段有机结合起来。对适合市场化配置的岗位，要坚持公开、平等、竞争、择优的原则，变"相马"为"赛马"，使更多的人才在竞争中拓展职业空间，找到适合自己的舞台。

3. 使用机制

首先要做到用人所长。各级领导要坚持唯物史观，全面、辩证地看待人才，不求全责备，不以偏概全，力求人尽其才，才尽其用。同时要注意用当其时。人才也有"保质期"，只有将那些能干的、肯干的人才适时地放到合适的岗位，才能最大限度地发挥人才的使用效应，避免人才资源的积压和浪费。

4. 评价机制

要在科学分析和明确岗位职责的基础上，以业绩考核为重点，按照不同类型人才的工作性质和特点，建立和完善考核体系。企业管理实践表明，企业评价人才，一定要坚持以能否"干成事"作为最终的、核心的标准，只有在内部形成这种以业绩论英雄的氛围，才能有效地减少不必要的争论，更好地促进企业绩效的提升。

5. 激励机制

要将物质激励与精神激励、短期激励与长期激励、一般激励与特殊激励、正向激励与负向激励有机结合，在企业内部建立和形成多层次、多形式的激励机制。加大绩效考核工作推进的广度、深度和力度，坚持考核体系的全面性、考核内容的科学性、考核程序的严密性和考核兑现的及时性，有效建立起"老虎＋金条"的新型机制，为企业发展提供不竭的动力和永恒的活力。

6. 流动机制

人才是一种资本，人才流动就是资本流动。企业要采取直接调配、组织推荐和按照个人意愿考核安排等方式，加大总部部门与所属企业之间、企业与企业之间、总部部门之间各层次、各类型人员的上下交流和横向交流，引导并形成系统内的有序流动。

7. 维护机制

都江堰绵延 2000 多年，至今仍在发挥作用，与历代逐步完善了管理机构，建立了岁修、防洪等维护制度是分不开的。同样，人才要"保鲜"，也需要加强维护，通过不间断的、持续终生的教育、学习、培训，有效补充能量，确保人才的可持续发展。

（三）激发员工积极性，变"要我干"为"我要干"

"要我干"与"我要干"，从表面上看，只有文字排列顺序的不同，在内涵上却有本质上的差别。"要我干"体现的是企业组织与员工个人岗位职责的契约关系，是传统的人力资源管理的典型特征。而"我要干"是员工根据企业目标和与个人成长、发展需求趋同的主动诉求，通过主观能动性、劳动积极性与创新自觉性，为企业生产经营目标的实现争作贡献的体现。

要实现企业的发展目标，从战略的高度上看，如何把员工引导到一面共同的旗帜下干事创业，变"要我干"为"我要干"，成为当时迫切需要解决的问题。

1."我要干"体现的是一种职业精神

职业精神是与人们的职业活动紧密联系、具有自身职业特征的精神，包含了职业理想、职业态度、职业责任、职业技能、职业纪律、职业良心、职业信誉、职业作风等多种元素，表达出来的是一种态度，一种如何对待工作、对待社会的态度。人在社会活动中需要遵守的行为规范则构成了职业素养。

就像世上没有"永动机"一样，企业发展的动力只能来自企业自身产生的能量和"造血"机制，不仅需要职业精神引领下的员工自治，还需要一个按照相互默契的某种规则，各尽其责而又能够协调地、自动地形成有序结构的组织体系。通常企业采取"关键业绩指标"绩效考核方法（KPI 考核），其优点是标准比较鲜明，易于作出评估；其缺点是对简单的工作制定标准难度较大，缺乏科学的定量性。这是"要我干"的典型管理模式。

要达到"我要干"的境界，在制度的顶层设计上，就要按照"职位明确化、激励差异化、考核全面化、奖惩透明化"的原则，以人为本，统筹兼顾，营造一个充满人文关怀、为员工的价值实现提供良好平台的文化环境，形成具有鲜明特色的岗位竞聘、薪酬激励、绩效考核的制度环境。营造这两个环境的出发点就是要倡导敬业乐业、勇担重任、艰苦奋斗、团队协作、务实创新、精益求精、坚韧执着、信仰坚定的职业精神，增强企业的活力，激发员工的创造力。

2.竞聘上岗是"我要干"的具体呈现

竞聘上岗是市场经济条件下企业发展的产物。"竞"和"聘"是一个问题的两个方面。参与岗位竞争，是企业中"我要干"的个人行为；企业适才选聘，是"要我干"的合理程序。所体现的是"适才适用""能者上、庸者下"的用人原则。只有通过竞争激励机制的实施，充分调动企业员工的积极性和创造性，才能实现"要我干"与"我要干"的有效协调与和谐统一。

企业全面推行竞聘上岗，应彻底打破"论资排辈，任人唯亲"的陈旧的用人观念，把竞聘上岗作为一种制度性安排，从普通员工到中层管理干部，甚至是部分"高管"的选用，不再以接受组织任命为唯一途径，还可以通过公开竞争的形式获得机会，员工由原来的"要我干"转变为"我要干"，工作的积极性和创造性明显得到提高，一大批优秀人才通过竞争走上各级领导岗位，既拓宽了组织选人的视野，又搭建了员工成就事业的舞台，有效地疏通了人才选拔任用渠道。

竞聘上岗能否有效实施需要保证两方面内容：一是竞聘的过程、程序以及标准应实现公开、公平；二是评价竞聘者时应引入一系列专业的评价手段，确保评价结果的公正。

3. 进行科学的岗位分类管理

以战略为基础的核心能力和企业岗位的分级、分类关系密切。战略靠战略能力来实现，而战略能力的主要组成之一是企业的核心能力。企业核心能力的培养又需要通过提升企业核心岗位任职者的核心技能和核心素质来实现，因此，通过企业岗位分级、分类，明确不同层级不同类别的岗位任职者应具有的能力和素质要求，并以此进行能力素质的提升和开发，来聚焦企业的核心能力，从而使战略得以实现。

在企业用工方面，进行科学的分类管理十分重要。建设行业工作相对比较艰苦，流动性大。普通员工进入门槛低，员工素质参差不齐，这是建设行业工作性质与人员队伍的特点，企业应根据员工个人的文化层次、工作经验、就职岗位等因素，将用工方式区分为自有员工、派遣员工、其他用工等不同类型，对不同的用工方式，规定不同的审批使用权限，有效控制企业用工风险。企业在实施用工制度时，必须坚持同工同酬，并在派遣用工、其他用工中执行"转正"制度，对在工作中表现突出的可转为企业编制内的正式员工（自有员工），使"要我干"变为"我要干"，既可有效调动员工的积极性、创造性，又有利于企业发现人才、选拔人才。

企业如果能够通过所有末梢最大化地释放活力，就会形成人力资源管理的有效合力，增强员工的劳动积极性与创造性，加快自我学习、自我提升步伐，就能实现从"要我干"到"我要干"，再到"我能干""能干好"的良性发展。

三、加强素质能力建设，提高员工队伍战斗力

员工是企业最宝贵的财富，企业必须将人当作企业发展最重要的资本加以投资，并不断整合员工，特别是核心员工所拥有的知识、经验、技能、个性、内驱力、团队意识、学习力与创造力等，使企业的成长与核心员工的职业成长紧紧相连，实现企业与员工双赢。

"都江堰三角法则"内三角左边"素质"指向外三角左边"人人皆可成才"，解决的是"会不会干"的问题。企业应重视对员工的培养和配置，努力在合适的时间，用合适的方法，对合适的人，进行合适的培养，并将其放到合适的岗位，促使人人都可以成才。

1. 队伍建设

在企业的队伍建设上，要重点抓好各级领导班子建设，花大气力抓好核心骨干人才队伍建设。在选才用才方面，企业运用人才观念的"七成定律"，促进人才队伍建设，建立了"青苗人才→后备干部→两级领导班子"梯队体系，完善"接班人计划"，制定集人才的选、育、用、留为一体的员工培养体系——青苗工程，建立新员工招聘的素质模型标准，运用科学的人才评价体系，选拔高校毕业生；通过导师带徒、青苗工程等方式不断培养新员工的专业能力，提升综合素质；制定后备干部选拔机制，并对后备干部实行优进劣退的动态管理。

2. 能力建设

在素质能力建设上，根据"七二一"人才成长规律，即一个人能力素质的提高，70% 来自实际工作岗位的锻炼，20% 来自本人的业余学习，10% 来

自脱产培训学习。通过有组织有意识地安排员工进行不同的岗位锻炼，进行轮岗交流，大力培养复合型人才。持续开展多层次、多形式的培训，如：一年一期领导干部学习班、一年一期中层干部培训班、一年一期新员工入职培训班、一年一次青苗人才座谈会、各类专业技术管理人员培训班、一年推荐学习一本书等。实行培训全员覆盖，并将企业内部培训学堂作为员工持续学习、提升素质的载体和平台，实施"千人研究生计划"，为持续发展提供思想、理念支撑和人才支持。通过不断创新培训形式，丰富培训内容，扩大讲师队伍，开发精品课程等方式，为员工提供丰富的学习资源。

3. 作风建设

一个工程建设企业能否有好的发展，取决于企业领导与员工队伍素质的高低。抓好了作风建设，就是牵住了促进队伍素质整体提升的牛鼻子。什么是作风？作风就是做事的行为、态度、风格，主要包括思想作风、工作作风、生活作风三个方面。

思想作风十分关键。思维方式、思考方法很重要，很多人不能成功，就是因为其思想方法不正确。

在任何一个岗位，都会遇到各种各样的困难，如果一听到有问题就害怕和回避，而不是满怀激情地积极想办法去解决问题，那最终的结果只能是一事无成。

有一个关于执行力的著名公式："99+1=0"。本来100步的路，每次都只走99步，差一步不走，留下问题不解决，结果问题始终解决不了，反而越来越多。很多问题，就是因为小问题不解决，日积月累变成了大问题。因此，思想方法的问题是非常关键的。

思想作风决定了工作作风。实事求是，就是要结合实际解决问题。做事情就必须要一件事一件事地做，而不能做口头的巨人、行动的矮子。企业管理不在于知，而在于行。

生活作风是件大事。生活无小事，看一个人常常是"以小见大"。企业领导干部对自己的要求一定要严格。中国有句老话："其身正，不令而行，其身不正，虽令不从。"

有一个企业老板抓上班迟到早退的故事，说的是有一个企业的老板因为员工总是迟到很苦恼，后来他去请教一位管理大师。当管理大师得知这位老板每天 9∶00 上班，而员工 8∶00 上班时，就让他每天 7∶50 上班，过一段时间再看效果。结果过不了多久，迟到现象就基本消失了。这说明员工是很希望老板看到自己早上班的，同时也验证了"其身正，不令而行，其身不正，虽令不从"这句话。作风建设要从领导者抓起，领导要做表率，以身作则。

第三节　"都江堰三角法则"的实践效果

从企业实际出发，在以人为本的核心思想的框架下，以战略性人力资源管理系统构建为主体，深入分析企业战略、组织能力、人力资源管理之间的关系，形成了独具特色的"都江堰三角法则"理论，从而系统地将人和企业整合起来，既有效解决了制约自身发展的"人"的问题，实现了企业的跨越发展，又丰富了现代人力资源管理的实践。

"都江堰三角法则"理论体系的构建与发展大致经历了三个阶段：

第一阶段（2003～2005 年）：从参观都江堰水利工程，结合解决国企"人到哪里去"的普遍性难题，研修体悟三点"都江堰启示"，即"疏导是根本、人人皆可成才、团队永恒"，并应用于理顺劳动关系方面，建立了"人员能进能出、干部能上能下、收入能增能减"的三大活力机制，并成为工作常态。

第二阶段（2006～2008 年）：将三点"都江堰启示"，结合组织能力建设的三个基本要素（目标、素质、机制），借用三角形这一稳固的图形表示，创建了"都江堰三角法则"。其中外三角的三条边分别代表人力资源管理的三条基本法则，而内三角的三条边分别代表组织能力建设的三个基本要素，并且内外三角的三条边予以一一对应。疏导是根本，对应机制（建立通道）；

人人皆可成才，对应素质（培训成才）；团队永恒，对应目标（凝聚团队）。

第三阶段（2009年至今）："都江堰三角法则"不断丰富完善。中建五局的人力资源管理服务立德、立人、立业的"三立"使命，遵循"服务社会，造福人类"的企业宗旨，健全活力机制，坚持人力资本是企业发展的根本动力，用好"七成定律"，强化"金条加老虎"的考核机制、"黄金十二法则"等。围绕明确目标，致力于价值观培育、树立榜样、培育文化，解决"为什么干"的问题；围绕机制完善，致力于重组流程、统一薪酬、全力执行，解决"怎么样干"的问题；围绕素质提升，致力于班子建设、队伍建设、能力建设，解决"会不会干"的问题。"都江堰三角法则"贯穿和见证了中建五局由"老五局"向"新五局"蜕变的艰难历程，也将成为助推中建五局由"新五局"向"全新五局"跨越的强有力的管理支撑。

一、企业"六能"机制形成

2200多年前的秦国《吕氏春秋·尽数》有言："流水不腐，户枢不蠹，动也。"意思是常流的水不发臭，常转的门轴不遭虫蛀，即流动的水、转动的门轴在不停的运动中抵抗了微生物或其他生物的侵蚀。1945年4月，毛泽东在党的第七次全国代表大会上作了《论联合政府》报告，也引用了"流水不腐，户枢不蠹"，形象地说明了自我批评的重要性和应采用的方法。世间一切事物只有在运动的机制中才能保持永久的生机与活力。生命的活力来自新陈代谢，新陈代谢的快慢，直接影响了组织的活力和生命力。外界环境、生存条件的刺激和压力，也能对生物机体活性产生很大的作用。

在市场经济竞争激烈的大环境中，企业如何立足、成长与发展，需要建立合理的、完整的、科学的竞争机制。深入挖掘人力资源的潜力、大力激发员工的动力与活力，才能使人才队伍得到充分优化。"人员能进能出、干部能上能下、收入能增能减"，从表面上看，是企业一个员工"进"与"退"的问题，从本质上看，则是一个企业人才队伍的"新陈代谢"过程，完整体现了"以人的需求与追求为中心，以能力、贡献为标尺"的竞争机制与人才队伍优化的精髓所在。

（一）建立公平公正的"赛道"和充满活力的平台

在企业的管理实践中，应始终将营造"积极、健康、向上的人际环境，公开、公平、公正的制度环境"作为企业管理的着力点。建立科学、合理、高效的人力资源管理机制，从制度上确保"能者上、庸者下、平者让、错者罚"，使一大批"想干事、能干事、干成事、好共事"的人及时走上重要的工作岗位，实现了"人员能进能出，干部能上能下，收入能增能减"。

2002 年，正是中建五局市场萎缩、经济拮据、人员动荡、运行艰难的困难时期，全局有近 1.6 万人，其中在岗员工 4800 人、待（下）岗员工 5500 人、离退休人员 5600 人，三类人员各占 1/3 左右，被称为"三五牌"员工结构。从 2003 年开始，逐年扩大接收大学生数量，2003 ~ 2013 年共接收 1.6 万名大学生入职，到 2013 年底全局共有 1.7 万余名员工，平均年龄 31.2 岁。也就是说，在 10 年时间里，在吸纳 1.6 万名大学生的同时，有近 1.6 万名员工有序退出，形成了"人员能进能出"的良好机制，队伍结构得到了极大的优化。

1. 公平公正是关键

企业之所以能够实现"人员能进能出，干部能上能下，收入能增能减"，最为关键的就是公平公正。

长期以来，国有企业存在人浮于事、冗员众多、裙带关系、效率低下、员工干好干坏一个样的现象。针对这种情况，中建五局在 2003 年初实行了"全员下岗、竞聘上岗"的"零点"行动，就是将竞技体育的基本规则引入企业管理中，根据"公平竞争、任人唯贤、岗能相适、人尽其才、合理流动、动态管理"的原则，对局总部机关实行"精兵简政"，在定编定员、定岗定责的基础上实行竞聘上岗。将岗位职责、能力要求、工作标准和目标及薪酬待遇、竞聘时间和程序等情况提前在全局公布，通过资格审核、现场竞聘、评委考评、领导班子集体研究等环节，在全局公开选聘管理人员，使一大批"想干事、能干事"的优秀人才走上了关键岗位，激活了企业活力，极大地调动了广大员工的积极性。局总部机关完成竞争上岗后，局属各单位也按照局的统一部署和要求，相继进行了公开竞聘上岗，企业活力大大增强。

自 2003 年起，中建五局坚持组织考察选拔任用与公开竞争上岗相结合，在选人用人上始终坚持"看德才、重业绩、听民意、守程序、讲三公"，以实绩论英雄，凭实绩用干部。局制定了"以用促清理顺劳动关系十八条"、加强领导班子建设，提高领导干部素质的二十二条规定、职代会民主评议领导干部制度等一系列制度措施。并通过严格规范的绩效考核，实现末位换岗、奖优罚劣、奖勤罚懒。这些规定强化了企业人力资源管理、员工规范化管理、领导干部刚性激励与约束，使以往那种"人员能进不能出""干部能上不能下""干好干坏一个样""没有功劳有苦劳"的陈旧观念和行为，失去了赖以生存的制度基础。

2. 坚持正确的用人导向

营造"尊重贡献、崇尚简单"的良好氛围，坚持正确的用人导向，做到"四个注重"：一是注重看主流、看本质、看发展。不求全责备，以偏概全。大胆起用虽然个性强但有魄力、锐意进取的干部，大胆起用在工作中有过失但基本素质好、能力强的干部。二是注重突破陈规和限制。讲台阶而不唯台阶，讲学历又不唯学历，看资历但不唯资历，克服论资排辈的思想，对素质好、发展潜力较大的干部要大胆破格提拔。三是注重面向基层、面向全局、面向社会广纳贤才。坚持"公开、公平、公正"地选人用人，改变由少数人选人、在少数人中选人、选熟悉的人的做法。四是注重人尽其才、各得其所。人尽其才的前提在于知人善任，善任的精髓在于扬长避短、人岗相适。对于"有本事、肯干事"的干部，要让他们施展才干、真正干成事，必须因人而异地充分发挥其优势。

3. 相对稳定的制度机制

一旦正确的用人导向确立后，与之相适应的人力资源管理的政策制度就要保持其稳定性、连续性、一贯性，这样才能保持足够的战略定力，不能"朝令夕改""朝秦暮楚"。以往有些企业在管理实践中，往往会出现"一个将军一个令""一年一个新办法"的现象，使得员工对未来的预期经常处在摇摆不定的朦胧状态，员工的向心力、凝聚力和工作积极性就会大大降低，员工队伍的战斗力和企业持续发展活力就会受到影响。人员可以流动，制度、规范不可随意变更。

另一方面，如果企业人力资源管理制度不配套、不稳定，就表明这个企业的管理缺乏规矩、章法。从根本上来说，是企业的战略目标不清晰，发展思路混乱，管理不成体系。这样，企业的发展就无从谈起。

（二）人员能进能出

"人员能进能出"，体现的是企业人力资源的一种活力。企业用人不能"死水一潭"，不能搞岗位终身制，人员要流动起来，要有淘汰机制，把人的积极性、创造性充分调动起来。谁将这一点做到最好，谁就能将人的作用发挥得最好。

1. 建立风险薪酬制度

企业把员工，包括领导干部的薪酬，分为固定工资和风险薪酬两部分，固定薪酬部分在员工履行基本岗位职责的情况下，可以一次性获取；风险薪酬部分与员工的业绩直接挂钩，并形成一种阶梯系统，业绩与报酬呈正相关关系。如果员工不能履行基本岗位职责，不能完成岗位职责所要求的劳动业绩，其薪酬待遇就会受到影响，甚至调离换岗。

2. 实行职位降低制度

对于未完成规定目标业绩、在规定任期内业绩没有进展或者工作失误者，降低其职位职级，在企业内部创造一种"能者安其位、能者上，庸者危其位、庸者下"的良好环境氛围。

3. 落实末位换岗制度

中建五局建立了新的用人机制,规定每半年进行一次评级考核,实行末位换岗。考核共分 A、B、C、D 四个等级,D 级直接淘汰,两次被评为 C 级也要换岗。实施末位换岗制度能够对员工起到一定的警示作用,使其产生一定的压力从而树立紧迫感,因此形成一种竞争氛围,提高员工的积极性和主动性,促使员工努力工作,优化员工结构,避免人浮于事,用最少的人力资源创造更大的价值。

对"进""出"的员工,均给予了充分的关心。如所属河南公司引导员工特别是骨干开放心态、扩大视野、放大格局,正确对待"进""出"现象,积极推行"六个人人"(人人都是营销员、人人都是安全员、人人都是质量员、人人都是材料员、人人都是成本员、人人都是通信员)的育人理念,年平均轮岗、转型超过 100 人次。"青苗人才"(即青年人才)由领导班子亲自培养,配备双导师培养新员工,成长导师对新员工进行价值观的塑造和道德品行的培养,专业导师进行专业技能的培养。在提升员工业务技能方面,给服务、给政策、给优待、给压力,报名、培训、考试一条龙到位。针对基础设施项目,根据项目特点,开展有效的基础设施项目培训班,学习考试成为常态化。为了使员工都能成为"三有"之人,即:做有用之人,尽职尽责;做有德之人,廉洁奉公;做有志之人,岗位建功。此外,如果有员工申请调出到其他单位,不论职务大小,公司一律放人,尊重个人意愿。来时欢迎,走时欢送。

(三)干部能上能下

企业管理干部的选用十分重要。而现职干部的"上""下"十分敏感,引人关注。要做到"干部能上能下",除了营造良好的选人用人环境之外,重点是要抓住"考核"这个关键。

1. 单位领导班子成员考核

工程建设企业对所属单位领导班子成员的主要考核制度应包括以下几个

方面：

（1）日常考核

由人力资源部和党委工作部组织，每年进行一次，考评内容包括政治素质、工作业绩、团结协作、作风形象等，考核办法采用员工测评、中层互评、领导评价的"三位一体"民主测评。

（2）年度经营业绩考核

由企业管理部和人力资源部组织，每年初对二级单位下达预算指标，并根据每年的工作重点有针对地选择考核指标，在此基础上对二级单位的经营成果和管理成果进行评价，评价的结果与班子年薪直接挂钩。

（3）工作述职

每年的年度工作会议，二级单位总经理都要作述职报告，并回答局领导的提问，局领导和部门负责人进行打分，考核结果与年薪进行一定比例的挂钩。

（4）职代会述职

在每两年一次的职代会期间，两级领导班子成员向本单位职代会述职，进行民主测评，无记名投票，并且当场公布测评结果。这种方式使领导干部经常保持头脑清醒、保持工作压力和动力，促使领导干部必须全身心地投入到工作中，必须做到勤政、廉政、优政。

总部相关部门每年分营销、财务、合约、清欠、质量安全等专业，对二级班子成员的工作进行综合管理考评。各层次、各方面的考核相互补充，相互印证，使每位领导干部的德、能、勤、绩、廉各个方面一览无余。

根据上述综合考评结果，领导班子集体研究最后排出所有二级单位领导班子成员的名次，排在最后8%的，实行末位换岗，使"庸者让、错者罚"落到实处。

2.总部机关、各部门负责人绩效考核

在总部机关管理人员和各部门及其负责人的绩效考核上，采取定量考核与定性考核相结合的办法，量化指标考核占40%，主管上级评价占30%，下级评价占15%,同级评价占15%,综合评定每个部门、每位员工的考核类别,实行A、B、C、D强制分布,末位换岗。A类员工占20%,B类员工占70%,C类员工占10%(D类员工是指犯有严重错误或给企业造成明显损失的)。每半年进行一次绩效考核,人力资源部门根据考核结果发放绩效工资。评为B类员工的绩效工资按标准发放,评为A类员工的绩效工资上浮20%,评为C类员工的绩效工资下浮10%。

主要量化指标的确定是在每年年初,企业将上级要求的主要指标、各级政府和市场所要求的主要指标、企业运营管控需要的指标这三个方面的主要指标,根据各部门和各岗位的职责分工,分解到各部门和每位员工,半年和年终考核时对照实际完成情况进行考核打分。整个考核办法、考核标准、考核过程、考核结果公开透明,使表现好的员工受到鼓励和褒扬,得到正向激励,使表现不好的员工受到批评和处罚,得到负向激励。这样就形成了"危机永存、激励常在""尊重贡献、崇尚简单"的良好绩效文化。

3. 建立后备项目领导人才库

用人标准是最重要的导向,用人公平是最大的公平。企业后备人才库制度实现了机会公平,"能干事的有机会,肯干事的有舞台,干成事的有回报,干错事的有处罚"是真实写照。人的能力提升来自实践,人才的成长是关键。

中建五局河南公司通过推荐途径从企业外引进优秀人才担任项目负责人,并对举荐优秀人才的"伯乐"们进行了表彰,兑现了"伯乐奖"。一批年龄不到30岁、毕业5年内的青年员工是河南公司的主力军,给年轻人一个机会,给企业回报的是奋力拼搏。公司的项目经理中,30岁以下的占87%,26岁以下的占1/3;项目部副职中,30岁以下的占90%,26岁以下的占2/3。

企业在"干部能上能下"上,要始终坚持围绕价值观做文章,公开选拔标准。任用项目经理有两个基本要求:一是没有私心,二是能够有效满足工作需求。针对优秀的项目经理的评价标准,还要有创新的精神、人格的魅力、完美的业绩。信任是最好的激励，公司大胆放权，使责权利对等。例如公司严格落实"分资制"，强化"现金为王"的理念，通过建立分灶吃饭、往来核算、责权对等、差别管控的基本制度，辅以符合企业实际的正向和负向激励机制，竖起了各项目资金池间的"篱笆墙"，各项目经理践行"高效收款、合理付款"的自觉性空前高涨，实现了资金对项目履约、市场开拓、降本增效的强力支撑。又如，项目经理对各现场工程师充分授权，各管其区、各负其责，青年员工2～3年就能独当一面。有所用有所不用。公司对于"私心较重且占企业便宜的人，影响团结且教育不改的人，牢骚满腹且负能量缠身的人"（简称"三种人"）坚决不用，同时对他们注重思想引领、加强制度监管、提供学习载体，通过知识武装大脑和灵魂，提升个人品位。

（四）收入能增能减

社会主义市场经济体制决定了企业实行按劳分配为主、效益优先、兼顾公平的多种分配方式。企业内部实行按劳分配原则，合理拉开利益分配档次，是改革企业薪酬决定机制的体现。国有建筑工程企业员工劳动付出后的经济收入与其岗职业绩与效益直接挂钩，使得其"收入能增能减"成为一种必然。

在深化改革的过程中，要在思想认识教育、制度体系建设、企业人文环境营造、人才队伍培育、领导干部以身垂范等多个方面同步发力，形成了一种健康向上、竞争有序、争作贡献的企业氛围。体现在干部和员工的利益分配上，公开、公正、透明化的绩效标准与客观、实事求是的考核程序，使得"收入能增能减"顺利推行，成为少有争议的常态化现象。

重在贡献大小，关注岗位差异；既强调效率优先，又强调公平。体现社会主义市场经济特点的分配机制的形成彻底打破了"吃大锅饭""平均主义""干好干坏都一样"的现象，管理干部、科技人员和一线员工的思想境界、职业素养与劳动积极性都得到空前提升，企业的市场拓展、工程质量与经济效益大幅度提高，员工的经济收入实现了快速递增。

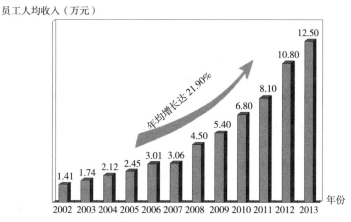

员工人均收入（万元）

图3-4 中建五局2002～2013年员工人均收入增长情况

2002～2013年，中建五局连续12年进行工资调整优化，人均收入年均增长21.90%（图3-4），企业经营规模由原来的20多亿元，增加到1300多亿元，经营效益由原来的连年亏损增加到年创效益约25亿元。一个濒临倒闭的老国企转变成为一个充满生机活力的现代化新企业。

二、传统老国企焕发新生机

通过多年一以贯之地坚持运用和持续完善"都江堰三角法则"，中建五局有效地破解了国有企业"人"的困局，极大地调动了广大职工的积极性，释放了生产力，从而使一个资不抵债、濒临倒闭的老国企焕发了生机，步入了持续发展、快速发展、健康发展的轨道。企业在取得显著经济效益的同时，也应积极承担社会责任，回报社会，建成"社会尊敬、员工自豪"的现代化集团。

（一）人才结构显著优化

"都江堰三角法则"的成功实践，有效促进了企业在各方面的均衡发展，在财务指标高速成长的同时，企业的经营结构、组织结构、队伍结构、市场布局、体制机制、企业文化、社会信誉等非财务因素也发生了重大的良性变化，企业运营品质大为提升，扁平化组织优势、年轻化队伍优势，企业管理的标准化、精细化、信息化程度日益提升。

通过运用"都江堰三角法则"，企业人才队伍结构大大优化，呈现专业化、知识化、年轻化的趋势。2002 年时，中建五局是"三五牌"员工结构（在岗职工、离退休职工和不在岗职工各占约 1/3）；到 2008 年底，亏损企业清零、职工内债清零、下岗员工清零，国企冗员多、负担重的历史遗留问题彻底解决；到 2013 年底，共计 1.7 万名在册员工，平均年龄从原来的 37.1 岁下降到 31.2 岁；大专以上学历人员从 35% 提高到 86.1%，其中管理人员从 54% 提高到 97.1%，本科以上占比 53.7%。员工队伍结构呈"V"形变化（图 3-5）。

当企业上下形成了"发现人才、培养人才、大胆使用人才"的浓厚氛围时，员工成就事业的舞台就能进一步拓宽，一大批高素质人才，特别是青年人才将与企业结成"利益共同体"，并将逐步成长为企业发展的中坚力量。

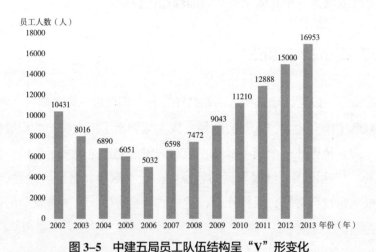

图 3-5 中建五局员工队伍结构呈"V"形变化

（二）企业凝聚力明显增强

在"都江堰三角法则"理论的指引下，企业人力资源管理落后的局面完全改观，人事分配机制僵化、员工思想观念陈旧的局面彻底扭转，建立起了科学、公平、公正的考核制度，通过严格绩效考核、竞聘上岗等措施，打破了国企"干好干坏一个样"的大锅饭现象，在企业内部树立了鲜明的业绩导向，实现了人员能进能出、干部能上能下、收入能增能减；以信息化建设为载体，重组了人力资源工作流程，人力资源基础管理工作基本实现了标准化、信息化；构建起和谐高效的工作氛围，"遵守规则，按程序办事"已经成为员工的共识，"业绩至上，快乐工作"成为企业的新风尚。

团队就是为实现一个共同的目标而走到一起的一群人。每一个员工都要胸怀全局，大处着眼，小处着手，通过按时高质完成职责赋予的岗位目标，确保实现企业的总体目标。在这个过程中，需要正确处理个体与集体、付出与奉献的关系，在张扬个性、自我实现的同时，自觉服从大局，为实现企业整体利益的最大化作出自己应有的贡献。

（三）企业执行力大幅提高

执行力就是竞争力，团队的竞争力取决于团队的执行力。中建五局在内部大力倡导执行力文化，强调将战略、人员与运营三个流程统筹协调，要求企业各个层面尽职尽责，"做正确的事""正确地做事""把事做正确"。可以说，中建五局的巨变，执行力的提高是一个关键因素。只有进一步加大执行力文化建设，才能确保团队步调一致，快速反应，无往不胜。

（四）企业文化影响力极大提升

信心、信用、人和三项工程，是中建五局针对当时企业内部存在的"信心流失、信用缺失、人和迷失"现象（简称"三失现象"），有针对性地提出的举措。这三项工程，对团队建设无疑具有直接的促进作用：信心工程提升团队的士气，信用工程增进团队的协作，人和工程融洽团队的氛围。坚持不懈地将三项工程推进下去，企业这个大团队的竞争力和战斗力有了极大提升。

通过提高薪酬福利使员工享受企业的发展成果；通过建造一个公平、宽广的舞台让人才感到有用武之地；通过有组织、有计划地开展多种文化活动营造良好的团队氛围；通过价值观体系建设，"信和"文化已融入员工的血液，以"信心、信用、人和"取代了以往的"三失"现象，彻底改变了中建五局的精神风貌、工作作风、价值标准、内部氛围，企业品牌知名度和吸引力大大增强，员工对企业的归属感和忠诚度大大提高，对企业满意度显著提高，进而迸发更多的工作积极性、创造性。

三、企业经营绩效大幅提升

"都江堰三角法则"理论的实践，极大地调动了广大员工的积极性，激发了企业活力，局属各单位"比学赶帮超"，争先恐后，奋勇向前。2002年只有一个二级单位，叫"一枝独秀"；随后是"比翼双飞""三驾马车""四大家族""五虎上将""七星拱月""八大金刚"；到2013年，不仅有"八仙过海、勇猛七杰、九大行星"，还有"十颗明珠、十二骁将"，如图3-6所示。先进单位如雨后春笋般不断涌现，层出不穷，为企业的持续、快速发展提供了强有力的保障和支撑。

"都江堰三角法则"的践行，推动中建五局的主要经济指标持续、快速、加速发展，呈现出了85°增长曲线（图3-7），年经营规模由2002年的20多亿元，增加到2013年的1300多亿元，利税总额由2002年的0.46亿元，增加到2013年的40多亿元，企业资产总额由2002年的20亿元，增加到2013年的460多亿元。

与此同时，企业也积极承担社会责任，回报社会，连续多年每年接收大学生就业2000多人，为社会提供约15万个农民工就业岗位，关心农民工的成长，对农民工讲和谐、讲关爱，带动农民工家庭共同奔小康；建立"扶贫济困"专项资金，组织青年志愿者服务团队，积极参加扶贫济困、爱心助学、社区服务等社会公益活动，企业社会价值大幅度提升。一个"社会尊敬，员工自豪，全国一流"的现代化投资建设集团企业呈现在世人面前。

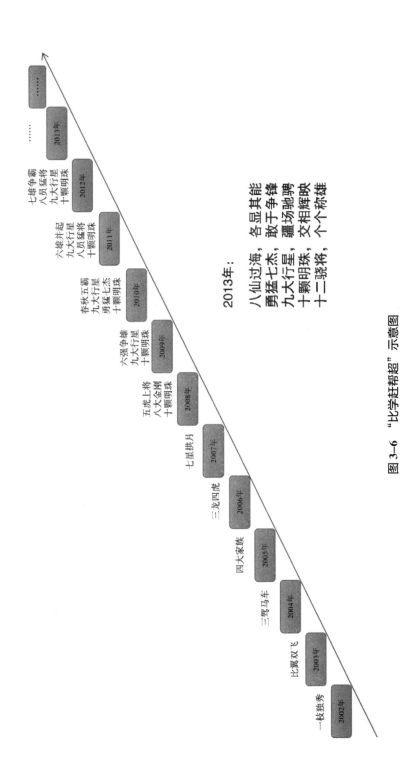

图 3-6 "比学赶帮超"示意图

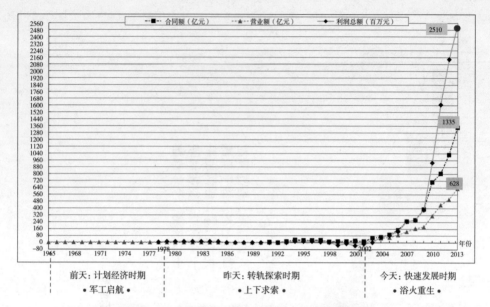

图 3–7　中建五局主要经济指标 85° 增长曲线

第四章

"四三五"薪酬体系设计与运行

　　薪酬，是员工因向所在的组织提供劳务而获得的各种形式的薪金酬劳。在我国，薪酬包括货币和可以转化为货币的报酬，即基本工资（即本薪）、奖金、津贴、福利。在正规化的企业中，员工除了享有"五险一金"外，还可获得包括文化、体育、继续教育、单身公寓、免费工作餐等各种非货币形式的满足。薪酬是企业对员工的贡献，包括员工的态度、技能、行为和业绩等所作出的多种形式（货币、物质、福利、文化等）的回报。因此，薪酬的标准、分配机制与制度执行是一个完整的体系。

　　企业的薪酬体系是企业人力资源管理体系的重要组成部分。薪酬体系包括薪酬的构成、薪酬的标准、薪酬的分配机制与分配方式等。探讨企业"四三五"薪酬体系设计与运行，主要包括薪酬体系的设计原则与思路、核心构成、实施过程与实践效果等。

第一节　薪酬体系的设计原则与思路

　　企业薪酬要发挥应有的作用，薪酬体系的设计原则是公平、效率、合法。达到了公平和效率目标，就能促使薪酬激励作用的实现，合法是企业生存、发展的基础，也是设计、制定薪酬标准的基本要求。

　　合理的薪资标准对企业员工具有吸引力，能激励员工在岗位上发挥最高的工作效率，同时在社会上和人才市场中具有吸引力，较高的薪资水准能提高企业获得优质人力资源的竞争优势；合法性薪资制度必须符合党和国家的政策与法律。一套科学、合理的薪资制度应当在人力成本不断上升的情况下，既能保持最有效的劳动生产率，又能不断提升企业产品的市场竞争力。

一、共同发展是目标

　　自改革开放之初到 2000 年前后的 20 年，是我国经济体制调整与转型、社会主义市场经济体制初步建立的重要历史时期，也是国有企业改革的深水期。当时有许多国有企业，特别是在计划经济时代"等事做"的国有工程建设企业，面对建筑市场的激烈竞争，一时束手无策，处于尴尬的艰难困境。

　　如当时的中建五局就陷入连年亏损、资不抵债的困境，2001 年国家审计署的审计报告这样描述中建五局："该企业资金极度紧缺，已资不抵债，举步维艰。由于长期欠付工资和医疗费，职工生活困难，迫于无奈，部分职工自谋生路，有的只好养鸡、养猪，甚至到附近菜场捡菜叶为生……"可见一个企业如果不发展，员工连基本生活也难以为继。

　　中建五局之所以长期陷入困境，原因是多方面的，既有外部客观环境因素，也有企业内部管理不善特别是人力资源管理落后的因素。在薪酬激励上，企业当时面临的问题主要有三个方面：一是内部薪酬体系没有统一，岗位技能工资制、岗位等级工资制、经营承包制以及协议工资制等多种制度并存，薪酬标准、分配办法、薪酬水平差别过大；二是大锅饭现象普遍，没有完备的绩效评估制度，甚至在岗与不在岗员工收入倒挂，干好干坏一个样，内部"吃空饷"问题严重；三是总部调控管理能力不强，总部机关和下属单位、下属单位之间、下属单位和项目、核心员工和一般员工等各种分配关系没有理顺，一些下属单位长期拖欠工资、医疗费，而另一些单位则乱发、超发奖金严重，在收入分配上无制可依、有制不依，各行其是，各自为政。

自 2003 年起，中建五局以薪酬改革为突破口，提出了深化改革、扭转困境的发展战略，其基本思路是：以"都江堰三角法则"为指导，建立以"四三五"薪酬体系为基础的员工职业通道全覆盖、职业生涯全周期的激励机制；增加总部的管控能力，促进人才向企业内部合理流动。在全局范围内统一规范，实现人员能进能出、干部能上能下、收入能增能减，建立符合现代企业要求的简明高效的人力资源管理体系；构建企业发展和员工发展良性互动的薪酬体系，统一全局薪酬发放标准，在资产效率和劳动效率持续提升的前提下，关注员工的职业生涯发展和薪酬福利改善，注重内部公平性和外部竞争性，把握好效率与公平的平衡，着力打造高效、可持续发展的薪酬激励体系，使员工的薪酬福利改善与企业的经营业绩改善同步良性发展。

"四三五"薪酬体系之所以得到企业员工的广泛认同与积极支持，是因为其公正、透明、规范，把企业发展的目标与员工的岗位工作、职业发展、利益诉求相结合，完整体现了员工与企业共同发展目标的一致性。在中国社会全面持续性改革的大背景下，作为国有企业深化改革的产物，"四三五"薪酬体系的形成、落地，使员工看到企业重新步入发展快车道的希望，也看到了个人期许得以实现的前景。"大河无水小河干，大河涨水小河满"，只有企业发展好了，生产效益上去了，员工权益才会得到保障，个人利益才能得到满足。"四三五"薪酬体系如同一条纽带，把企业的效益与员工的利益连接在一起，使员工能够朝着共同发展的目标齐心协力、努力工作。

二、激励员工是根本

激励的本意是激发人的内在潜力与内生动力，使人振作精神。激励是一种通过有效的方法、措施来调动人的积极性和创造性，发挥内在潜力，产生内生动力，向所期望目标前进的心理过程。其目的就是激发人的行为，推动人的行为，调动人的积极性，就是让人们自觉努力地工作，并创造好的绩效。在激发人的行为的心理过程中，行为由动机支配，动机由需要引起，行为的方向是寻求目标，满足自身的需要。

人力资源是现代企业的战略性资源，也是企业发展最关键的因素，激励也就成为人力资源管理中的重要内容之一。因此，企业实行激励机制最根本的目的是正确地引导员工的工作动机，使他们在实现组织目标的同时实现自身的需要，增加其满意度，从而使他们的积极性和创造性继续保持和发扬下去。由此也可以说激励机制运用的好坏在一定程度上是决定企业兴衰的重要因素。如果把企业比作"船"，员工则是船的"动力"，激励如同在给船增加动力。如何运用好激励机制也就成为工程建设企业面临的十分重要的问题。企业激励的目标主要包括：①让员工保有持续的工作激情和良好的工作状态，从而使工作更具效率；②使员工有清晰的人生职业规划，工作更具目的性，从而更具激情；③使员工更具企业、团队意识，更具使命感、责任感，对企业有认同感、归属感。

企业的激励机制，主要包括薪酬激励、目标激励、情感激励、职级激励和荣誉激励五个方面，应抓住激励机制设计中的薪酬制度、奖励制度、职位系列、员工培训四个重点。

（一）薪酬激励

薪酬激励是一种非常重要的激励方法。企业的薪酬管理并不是对薪资的直接关注，而是关注如何正确使用薪酬的激励作用。员工的主动性、积极性和创造性将对企业生存发展产生巨大的作用。而要取得员工的支持，就必须对员工进行激励，调动员工积极性是管理激励的主要功能。建立有效的激励机制，是提高员工积极性、主动性的重要途径。"四三五"薪酬体系就是根据建筑工程行业特点和企业生产发展的实际而建立的一个有效的激励机制。

（二）目标激励

就是确定适当的目标，引导人的动机和行为，达到调动人的积极性的目的。目标的确立，具有引发、导向和激励的作用。一个人只有不断启发对高目标的追求，才能启发其奋而向上的内在动力。每个人实际上除了经济目标外，还有职级目标、成就目标等。只有将员工内心的目标挖掘出来，并协助他们制定详细的实施步骤，在工作中予以引导和帮助，促使他们自觉、努力实现自己的理想目标。

（三）情感激励

人本主义心理学家马斯洛（Maslow），在其著作《动机与人格》中提出了人的五种层次的不同需要，这五个方面的内容是：基本生活需求、安全感、归属感、地位与尊重、自我实现。其中，除了基本生活需求外，其他四个均为情感需求。情感激励体现在企业要努力满足员工的生活需求和安全感，如提供稳定可靠的就业岗位及相应的工作、生活保障，使员工有"企业如家"的感觉，企业内部人员之间的密切交往与合作、和谐的上下级关系、共同的利益等都有助于增强员工的归属感，这是企业增强凝聚力的基本条件。同时使员工的劳动付出得到组织的承认与尊重。情感激励的方式包括：尊重激励、参与激励等。尊重是一种情感的催化剂，通过员工之间、上下级之间的相互尊重，促进企业团队精神和凝聚力的形成，提高员工积极性。另外，现代企业的员工都有关心、参与管理的要求和愿望，创造和提供不同的机会让员工参与管理是调动他们积极性的有效方法。鼓励员工参与不同的企业事务，从而提高员工的主人翁意识，在促进员工的劳动自觉性的同时，进一步满足了员工自尊和自我实现的需要。

（四）职级激励

在当前的社会中，企业员工的职级高低往往是社会地位的一种体现。根据企业发展的需要，把德才兼备、技能优秀、贡献突出的员工选拔出来，提升他们的职务与级别，并相应增加其责任和薪资。这种职级激励能够充分发挥员工潜能，满足企业生产经营需要和员工自我实现的需求。与此同时，应加强这部分人的知识更新，解决他们知识结构不合理和知识老化的问题，提升他们适应新岗位、新职级要求的能力，为他们提供进一步施展才能的机会，满足他们自我实现的需要。

（五）荣誉激励

员工劳动荣誉激励能给予职工一种自我实现感和社会认同感，荣誉是众人或组织对个体或群体的崇高评价，是满足人们自尊需要，激发人们奋力进取的重要手段。从人的动机来看，人人都具有自我肯定、光荣、争取荣誉的精神需要。对于一些贡献突出的先进员工，给予必要的荣誉奖励，是很好的精神激励方法。

在"四三五"薪酬体系的设计中，上述不同的激励措施中都有完整的表达，体现了激励员工是该薪酬体系构建的根本出发点。

三、公平公正是关键

在国有企业，最难莫过于"公平"二字，现实生活中时时处处都有各种方式表现出来的"人情"和"关系"，中国又是一个历来讲人情关系的国度，家人之情、朋友之情、同学之情、同事之情、领导之情等等，有了人情，公平正义就有可能被忽视，被忘记。克服人情，难度很大，如果掌握了权力的人不讲公平正义，不讲原则，甚至滥用权力、以权谋私，对其他员工来说就是最大的不公，上行下效，很快就会成为风气，导致人心涣散，人和迷失。

任何一个工程建设企业,由于行业的特点,在劳动力用工（如季节性员工、临时性用工）和劳动报酬上,有一定的灵活性;在项目承包、分包的利益分配上,必须有一定的弹性空间;在一些国有制企业,因人设岗、有岗无责的现象时有存在。因此,企业要解决好"价值创造与价值分配"问题,就必须最大限度地实现"公平正义",否则,将挫伤员工的劳动积极性,严重影响企业总效益目标的实现,可以说,"公平正义是简单而伟大的生产力"。

企业薪酬体系的设计是以企业的效率目标为基础的,一是薪酬能给企业绩效带来的最大价值;二是要实现薪酬成本的控制,即用适当的薪酬成本投入给企业带来最大的价值。当前,建筑工程市场规模大、工程项目类型多、用工类别复杂,因此,大型国有工程建设企业薪酬体系的建立是一个系统工程。如何发挥不同项目、不同岗位、不同技能、不同绩效的薪酬激励作用,公平公正是关键。

（一）公平目标的三个层次

从理论探讨与生产实践中可以得知,实现企业薪酬制度的公平目标包括分配公平、过程公平、机会公平。

1. 分配公平

企业在进行人事决策、各种薪酬分配与奖励措施确定时,首先要符合分配公平的要求。分配公平是员工对自身劳动价值认知的心理判断。如果员工认为劳动付出得不到应有的回报,就会觉得受到不公平对待,将产生消极、不满和抵触情绪,并直接影响工作的效率和质量。员工对分配公平的认知,来自员工对其工作的投入与所得进行主观比较而定,在这个过程中还会与过去的工作经验、同事、同行、朋友等进行对比。分配公平可细分为自我公平、内部公平、外部公平三个方面。其中,自我公平是指员工认为获得的薪酬应与其付出成正比;内部公平是指同一企业中,不同职务的员工获得的薪酬与各自对企业作出的贡献相吻合;外部公平则是指同一行业、同一地区或同等规模的不同企业中类似职务的薪酬应基本相同。

2. 过程公平

过程公平是指在决定任何奖惩决策时，企业所依据的决策标准或方法符合公正性原则，程序公平一致，标准明确，过程公开等。

3. 机会公平

机会公平则是指企业赋予所有员工同样的发展机会，包括组织在决策前与员工互相沟通，组织决策考虑员工的意见，主管能站在员工的立场考虑问题，建立员工申诉机制等。

国家有关劳动法规、劳动报酬制度和行业规范是企业薪酬制度公平公正的重要保障。企业薪酬体系设计的基本前提是薪酬分配的制度合法依规，即企业实施的薪酬制度符合国家、省市区的法律法规、政策条例要求和行业协会确定的规范，如不能违反最低工资制度、法定保险福利、节假日加班付酬、高温极寒等特殊条件下增加薪酬等制度的要求规定。

一直以来，工程建设企业的人力资源工作难度较大：一是因为在企业的管理价值链条中，相比生产、经营、财务等部门，人力资源管理的作用常常未得到应有的重视，而实际上，科学、有效的人力资源管理是企业控制成本、增加绩效、减轻人力成本压力的重要管理节点。二是薪酬制度中密切关联的分配公平、过程公平、机会公平三层次公平目标未能同步联动与协调统一。

企业薪酬体系的公平性应主要体现在：①根据劳动力市场的薪资水平确定企业薪资标准，同种职位、同等绩效薪资相等；②坚持按劳动价值分配，在同一企业内，不同职位、不同绩效薪资差别合理；③企业内部各级、各类职务的薪资水准应适当拉开距离，以调动员工的工作积极性，提高劳动生产率。

（二）薪酬制度的"四个导向"

对企业人力资源管理来说，由于员工薪酬的敏感性和重要性，薪酬制度无疑是管理的基础和核心的内容，所以企业建立合理薪酬制度的重要性不可忽视。倘若企业的薪酬制度存在不科学、不合理的问题，那么不仅会影响员工满意度，导致员工工作积极性下降，甚至还可能会导致员工的离职，从而影响企业的稳定。由于行业性质的不同，企业的薪酬制度有多种分类。企业薪酬一般分为绩效、岗位、技能、市场四种类型，与之相关的薪酬制度具有明显的导向性。

1. 以绩效为导向的薪酬制度

绩效就是员工的工作业绩，相对应的就是员工的个人能力，目前，企业中广泛采用绩效考核，以绩效为导向的薪酬制度可以很好地加强薪酬激励的作用。

2. 以岗位为导向的薪酬制度

企业在做好岗位评价的基础上，根据岗位的重要性、对企业的贡献和岗位的难度进行薪酬的确定。

3. 以技能为导向的薪酬制度

主要是以能力定薪酬，具有较强的公平性，符合"多劳多得"、以劳动创造的价值付酬的原则。

4. 以市场为导向的薪酬制度

薪酬的确定是依照企业生产的市场需求、市场效益来确定的，不仅可以体现出很好的公平性，而且有利于提高企业薪酬的市场竞争力。

企业薪酬体系的设计原则应因事制宜，运用好"绩效、岗位、技能、市场"四种导向功能，实现薪酬体系的公平公正目标。

（三）跨地域、多元化经营单位的薪酬平衡

从当前大型工程建设企业的生产实际来看，多数是跨地域运营、多元化运营的集团化企业，其工程项目的生产经营表现为：市场异动性与产品流动性强，施工环境差异大，经营管理链条长，工程现场工种复杂，岗位职责要求各不相同。因此，集团公司通常需要核定下属公司的薪酬总量。

对薪酬总量的管控，下属企业主要考虑人工成本控制，而集团化企业更重要的是下属不同企业单元的薪酬激励与约束的平衡问题。既要防止以各种名义发放薪酬，而导致人工成本过高，蚕食集团公司净利润，更要激励其下属企业中努力工作的员工，使他们愿意为企业创造更优秀的业绩。

对跨地域运营的建筑工程集团化企业而言，核定行业相同的下属企业薪酬总量的关键在于设置好薪酬总量指标的标准，缩小集团公司提出的与下属企业期望的薪酬总量的差距，二者趋于一致，才能达到约束与激励的平衡，这就需要通过一定的方式，引导下属企业在制定预算目标时符合实际，在完成生产经营目标时充分发挥自身能力。

多元化运营的集团性企业核定下属不同行业（如道路工程、桥隧工程、房地产、投融资等）公司薪酬总量的关键在于设定好薪酬总量的指标。由于下属企业所处行业不同，发展阶段不同，运营模式和盈利能力也各不相同，因此，单纯用利润（或收入）的绝对值或完成率来核定下属公司的薪酬总量就显得不尽合理，而应该以绝对值、增长率、相对值和人均劳效四类指标相结合的方式来确定。绝对值指标包括收入、利润、产值、EVA等，或上述指标的计划完成率；增长率指标包括收入增长率、利润增长率、产值增长率等；相对值指标包括投资回报率、利润贡献率、利润增长贡献率等；人均劳效指标包括人均收入、人均利润、人均产值、万元人工成本利润等。

为了体现、维护企业薪酬体系的公平公正，集团性企业还需要特别关注下属公司的薪酬、福利项目和规范集团公司派出的董事、监事、经营层和财务人员的薪酬，以防止下属公司通过设置各类不规范的薪酬福利项目来改变既定的薪酬策略或突破薪酬总量。而集团公司派出人员是代表集团工作以保障股东权益的关键，如果这些人的薪酬在设置和给付上失控，则极有可能导致股东权益得不到应有的保障，也可能会出现集团对下属企业的失控，有损公平公正原则。

（四）认真执行是保障

中国共产党领导的第一次土地革命时期（1927 年），提出了"打土豪、分田地"的口号，实现"耕者有其田"；在第二次土地革命时期（1931 年），调动一切反封建的因素，保证了土地革命的胜利，广大贫雇农在政治上翻了身，生活得到了保证；在发展经济建设的和平年代，1978 年改革开放初期开始的"家庭联产承包责任制"，是中国共产党领导的第六次土地改革。以家庭承包为主，通过承包使用合同，把承包户应向国家上交的定购粮和集体经济组织提留的粮款等义务同承包土地的权利联系起来。这些历史经验表明，把革命、改革的动机、目的与革命、改革的目标、行动有机地结合在一起，能取得良好的效果。通过确立符合事物发展规律的制度且致力于执行，有效保证了革命和建设事业的成功。

同样的道理，在社会主义市场经济条件下，企业薪酬体系需要通过机制的完善、相关制度的认真执行，才能保证企业效益战略目标实现与企业员工经济利益满足的双赢。如何使企业薪酬体系顺利、有效地执行，从体系设计之初就应予以高度重视。

1. 强化岗位职责，薪资差别合理

岗位职责是一个岗位所需要完成的工作内容以及应当承担的责任范围。岗位职责是一个具体的而非抽象的工作描述，岗位是组织为完成某项任务而确立的，由工种、职务、职称和等级等组成，必须归属于个体的人。其中属于兼职、兼管的工作可将其归类于不同职位类型的职责范畴。

职责是职务与责任的统一，由授权范围和相应的责任两部分组成。要使薪酬制度得到有效实施，必须在企业上下营造公平公正的氛围。并在此基础上，做好强化岗位职责的三项基础性工作：一是通过职位分析、岗位测评，进行定编定员和岗位归级；二是确定各个岗位的工资等级，明确岗位职责要求；三是建立企业内部竞聘上岗的机制，使每个员工都有公平上岗的机会。这三项工作紧密关联，环环相扣，缺一不可。

通常所指的岗位分析，实质上就是进行职位分析和岗位测评，这是确定各个部门人员编制和工作职责的前提。由于工程建设企业项目的复杂性、多样性和劳动分工的差异，要求对企业所有岗位、部门和组织结构的设置进行分析、判别，其中包括对岗位名称、岗位内容、部门名称、部门职能、职责要求、工作量及相互关系等内容的分析。

在上述工作的基础上，首先要根据岗位工作任务和企业人力资源状况，做好职能分配，制定部门（项目）工作职责和部门（项目）编制定员，并确定岗位名称、职责授权、考核标准、任职资格等事项；其次是采用中层以上管理人员综合评价、领导层审议评定等方式对岗位进行归级，确定系统的岗位归级表；然后根据员工学历、工作经历、工作表现等因素，填写员工职务级别定级表，确定员工职务级别；最后采用竞聘上岗或组织任命的方式，确定员工岗位，根据岗位级别和员工个人职务级别进行岗位工资套改。使薪资等级差别保持合理水平。

强化岗位职责就是要最大限度地实现劳动用工的科学配置，有效防止因职务重叠而发生的工作扯皮现象，同时提高企业内部的岗位竞争活力，更好地发现和使用人才。清晰的岗位职责是组织考核的依据，有利于提高工作效率和工作质量、规范操作行为、减少违章行为和违章事故的发生。

薪资等级差别保持合理，就是要在认真做好岗位分析的基础上，充分考虑同一企业工种内，或不同工种间劳动复杂程度的差别。劳动复杂程度不一、技术能力要求不同、市场效益差别大的岗位的薪酬，工资等级数目设置、薪资等级应有合理的差别，既不能搞平均主义，也不可任意拉大差别而有损公平原则。

一定要在企业营造公平合理的氛围。不能"谁的胆子大，谁就多发钱"，这样发展下去，搞歪门邪道的人就会增多。还有些困难企业，"富了一小批，穷了大部分"。以前企业某些二级单位，员工薪资水平相差十几倍，甚至更大，明显不合理。制度的不公平，对员工积极性的伤害是极大的。

2. 强化绩效考核，效益优先固定

企业的绩效考核是绩效管理过程中的一种手段，也是企业薪酬体系执行过程中的一个重要环节，企业对员工的绩效考核是对照岗位职责的工作目标和绩效标准，采用科学的考核方式，评定员工的工作任务完成情况、员工的工作职责履行程度和员工的发展情况。绩效考核的结果直接关系到员工个人经济收入的多少。

企业建立薪酬体系与薪酬分配机制的出发点是"干好干坏不一样"，不能"干好干坏一个样"，更不能"干得不好比干得好的收入还高"。也就是通常讲的按劳取酬，多劳多得，效率优先，注重公平的分配原则。要做到这一点，首先是要强化绩效考核。

强化绩效考核就是要按照薪酬体系来落实薪酬管理的重要过程。绩效考核的目的是奖优罚劣，绩效优先。企业必须建立绩效考核制度，形成易于量化、便于操作的绩效考核体系。

企业的绩效考核对象可分为两大类，即经营管理层（领导班子）和生产经营管理普通员工。经营管理层按年度考核，绩效工资主要与本单位的经营效益挂钩，实行年薪制；普通员工的绩效工资与其工作绩效考核结果挂钩。

考核结果如果按 A、B、C 三类划分，执行起来将有一定的难度，但必须坚持。可以说，一个单位不评 A 可以，不评 C 则不行，这可以称之为"负向激励"。"负向激励"或许是更具触动性的一种鞭策。还有些企业执行了岗位工资，却不实行绩效考核，明显是不合理的。五个手指有长有短，考核结果全部都好是不可能的。实践表明，一个企业存在 8% ~ 10% 的淘汰率是比较科学、合理的。

为避免在业绩考核时以偏概全，保证考核具有最大的广泛性及真实性，需要注意开展民主评议和民主测评工作。每年在职代会期间，企业领导班子应向职代会述职，接受群众民主评议，民主评议结果当场统计，当场公布。同时，每年企业管理机关部门负责人应予述职，部门正、副职均应接受评委和下属单位的评议。

强化绩效考核，必须把员工的工作效益置于优先位置，并固化为必不可少的考核重点。一方面，效益优先就是要打破"大锅饭"现象，强调以业绩论英雄，使企业的业绩导向不动摇。另一方面，强调绩效优先的考核，将竞技体育优胜劣汰的规则引入企业管理中，使"人人肩上扛指标"，考核结果与薪酬发放、职业生涯发展挂钩，就必然调动员工努力奋进、创优争先的积极性，进一步激发企业的活力。

3. 强化人尽其才，选人育人同步

人是社会发展的第一要素。企业更是如此，人才是企业发展的根本。企业薪酬体系从设计到运行的全过程中，都应强化人尽其才，选人育人同步的观念。

"人才"是个广泛的概念，一般是指具有一定的专业知识或专门技能，进行创造性劳动，并对社会作出贡献的人，是人力资源中能力和素质较高的劳动者。高学历容易出高素质人才，但并不是只有高学历的人才才是人才，只要充分发挥个人的主观能动性，许多普通的员工也能干出了不起的成绩，平凡的岗位也能造就不平凡的人才。

唐代政治家、文学家陆贽说："人之才行，自昔罕全，苟有所长，必有所短。若录长补短，则天下无不用之人。"知人善任，人尽其才，才尽其用，就是要让合适的人做合适的事，使每个员工都能充分发挥自己的才能，让个体优势有发挥之处，不同的能力有施用之地。企业人力资源管理的关键就在于发现人才、使用人才、协调人才。

知人善任，人尽其才是企业期待的一种选人、用人境界。但人力资源管理部门在实际操作中完全做到这一点却不是简单、容易的事。反映在企业薪酬体系的设计与执行过程上，首先要做好选人用人的机制完善与制度设计，这是强化人尽其才的必要条件。

企业对人才是一种刚性需求，而员工对岗位工作的选择与薪酬期望值却是弹性的、变化的，是一种柔性的需求。因此，建立一种合理的人员流动机制，疏通好员工个性化发展的职业通道，制定好合理的效益优先的劳动薪资标准，

营造好企业与员工共谋发展、共享成功的氛围，使员工依据自身的条件，对比岗职要求、对照相应的用人制度与薪酬回报，正确选择工作岗位和发展路径，为人尽其才奠定基础。

一方面，企业要实现人尽其才，就是要强化岗位职责的用人标准，强化量才选用的选人标准，强化劳动贡献的薪资回报，强化个人职业发展通道的通畅，通过体系性的制度设计，可以实现企业知人善用，员工各尽所能，劳动付出者各得其所。

另一方面，由于现代化进程的加快，新的技术方法、新的工程装备不断涌现，建筑工程的质量标准与工程进度要求也不断提高，企业需要有高素质的员工队伍以适应发展的要求。因此，企业对员工的科技文化水平、知识技能、职业素养等方面的提升培养应与选人用人工作同步，形成人才的培养、使用、储存、流动等一整套体制，为企业发展战略的实施提供人力资源保障。

第二节 薪酬体系的核心构成

在任何社会组织中，特别是在企业，薪酬问题备受关注：一是因为薪酬与每一个员工的切身利益息息相关，并直接影响着企业生产经营的成败。二是因为薪酬体系是企业人力资源管理体系的重要组成部分，涉及具体薪酬的构成和分配方式。

现代企业的薪酬管理有四大目标：①达到企业总体效率目标，实现薪酬成本的优化控制，用适当的薪酬成本给企业带来最大的收益；②吸收企业需要的优秀员工，合理的高报酬不仅能提高员工的工作热情，还能为企业发展吸引更多的优秀人才；③发挥激励作用，员工只有在其努力付出能够得到相应报酬时，才会有高涨的工作积极性；④力争做到公平合理。

"四三五"薪酬体系的设计，主要是围绕上述目标进行的（图4-1）。这一体系的实施，实现了统一的薪酬机制，为广大员工建立了"四大职业通道"，搭设了"三大晋升梯子"，完善了"五大工资单元"，"四三五"组合是薪酬体系的核心内容。这一体系的构建与成功实践，使曾经最为敏感的薪酬问题变成了最"阳光"的中心话题。

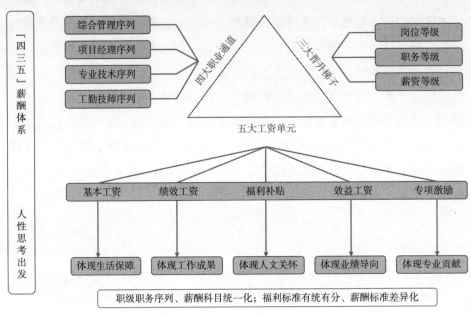

图4-1 "四三五"薪酬体系设计

一、四大职业通道

人力资源管理研究通常所指的"4P模型"，是以组织战略为基础、以"人""岗"匹配为目标而建立起来的人力资源管理系统。其核心内容包括：素质管理（Personality Management）、岗位管理（Position Management）、绩效管理（Performance Management）、薪酬管理（Payment Management）。另一类薪酬管理的"4P模型"则是：根据企业战略制定薪酬标准（以战略定位——Price）、根据岗位要求制定级别（以岗位定级——Position）、根据个人能力确定薪酬（以能力定薪——Person）、根据个人绩效发放奖金（以绩效定奖——Performance）。由此可见，岗位的设置与定级不但是人力资源管理的基础性工作，更是企业薪酬体系的重要组成。

企业人力资源管理部门的岗位管理工作主要包括：①岗位设置管理，即从企业战略出发，根据组织变革和员工素质的具体情况，通过工作分析，确定工作内容和职责，进行定岗定编，或者是对原有岗位进行再设计，或者是设定新的工作岗位，或者是精简一些在新企业环境下战略价值小的岗位；②岗位轮换管理，即从增加员工就业弹性和适应性出发，把员工的职业生涯与企业战略结合起来，对一些员工进行岗位轮换，以增加员工技能的多样性和提高人力资源的配置效率；③岗位价值管理，即通过战略导向的岗位评价，确定每个岗位对企业的价值并动态调整，从而为企业薪酬体系的设计提供客观基础；④员工上岗和下岗的管理，即动态地确定什么样的员工是与岗位相匹配的，如何进行员工上岗的引导和下岗的面谈，如何对下岗员工和离岗员工再上岗进行管理。

"四三五"薪酬体系的运行机制中强调了岗位职责要素与薪资回报的结构关系，而四大职业通道的建立，理顺了岗位与薪酬之间的运行渠道，为员工的职业定位与自身的发展目标保留了动态的伸展空间。

员工职业定位与发展有四大通道：综合管理序列、项目经理序列、专业技术序列和工勤技师序列，其组成与定义如图 4-2、表 4-1 所示。

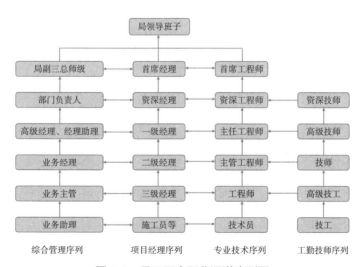

图 4-2 员工四大职业通道序列图

员工四大职业通道的定义描述　　　　　　　表 4-1

四大职业通道		定义描述
综合管理序列		负责企业或部门的经营和管理，对企业或部门的经济效益和管理绩效负责。包括部门副经理以上领导干部岗位
项目经理序列		负责项目经营管理，对项目的经济效益和管理绩效负责。包括项目经理、项目总经理岗位
专业技术序列	职能专业	为企业各类管理活动提供专业方案，并对方案的科学性和可操作性负责，同时承担执行方案的事务性工作，对执行结果负责。包括财务奖金类、人事行政类、企划信息类、综合计划类、法务类、投融资类、市场营销类、生产管理类等专业执行岗位
	技术专业	为企业技术活动提供方案，并对方案的科学性、可靠性和安全性负责，同时承担执行方案的事务性工作，对执行结果负责。包括工程技术类、工程造价及审计类、招标采购类、设计类、研发类等专业技术岗位
工勤技师序列		负责企业生产、服务保障等活动的具体执行工作，并对执行结果负责。包括各类普工、保洁、保安、厨师、司机、技术工人等岗位

1. 综合管理序列

适用于从事各级机构整体运营管理和职能管理的员工，岗位级别包括各级分支机构领导班子和职能部门负责人、经理助理、高级经理、业务经理、业务主办、业务助理等。

2. 项目经理序列

适用于从事项目管理工作的管理人员，包括项目经理和项目现场从事施工管理、技术管理、质量安全、机电管理的骨干员工。岗位级别包括首席项目经理、资深项目经理、一级项目经理、二级项目经理、三级项目经理等。

3. 专业技术序列

适用于从事各类专业技术业务工作的员工，包括从事市场营销、工程技术、合约法务、财务管理、信息管理、测量实验、物资管理、行政人事、党群文化等工作的骨干员工。岗位级别包括首席工程师、资深工程师、主任工程师、主管工程师、工程师等。

4. 工勤技师序列

适用于从事各类非管理岗位员工，包括各类操作技能岗位和服务岗位。岗位级别包括资深技师、高级技师、技师、高级技工、技工等。

上述"四大职业通道"覆盖了工程建设企业各专业的所有员工，蕴含着"都江堰三角法则"人人皆可成才理念，使每个员工都能找到自己的职业发展方向。

二、三大晋升梯子

从企业的角度来说，企业自然是期望所有员工在不同岗位上努力工作，争作贡献，表现优秀。员工也希望通过自己的努力而不断进步，在岗职上发展、升级。岗位级别、职务级别的变化，是企业发展过程中人力资源新陈代谢的一种规律，优秀员工的职级晋升则是对其劳动价值的一种认可与肯定。

职级与工资标准主要根据员工职业发展规律进行设计，如设置员工职务级别11级，满足员工可平均3～4年晋升一级职务的职业发展规律；设置工资级别19级76档，通过宽带薪酬标准设计，使员工收入水平能够根据业绩、经验、资历等变化，每年可以晋升1～2档，具有持续晋升的空间。"岗位级别、职务级别、工资级别"的具体描述为：

（一）岗位级别

岗位级别是员工岗位轮换、晋升的通道，与岗位责任、复杂性、强度等相关，共设置行政管理系列、专业技术系列、项目管理系列和操作层及服务系列四大系列共22个类别。

（二）职务级别

职务级别是员工个人职务晋升的通道，与员工个人的学识、经验和工作表现紧密联系，共有 11 级。其中，中层干部职务级别 7 级，一般干部职务级别 4 级。中层干部职务级别与所在公司类别挂钩，实行动态管理。

（三）工资级别

工资级别是员工工资晋升的通道，与员工从事的岗位级别和员工个人的职务级别联系，共分为 19 级，每级设置四档，共 76 档。

三者合一的效果，使之成为企业职级设置与定位要求的标准，也成为员工不断努力、创先争优的目标之一。职级与工资标准如表 4-2 所示。

三、五大工资单元

现代企业结构工资制又称分解工资制或组合工资制，结构工资制是在企业内部工资改革探索中建立的一种新工资制度，在我国已被企业广泛接受。

工资结构是指员工工资的各构成项目及各自所占的比例。一个合理的组合工资结构应该是既有固定工资部分，如基本工资、岗位工资、技能或能力工资、工龄工资等，又有浮动工资部分，如效益工资、业绩工资、奖金等。结构工资制基于工资的不同功能划分为若干相对独立的工资单元，各单元又规定不同的结构系数，组成有质的区分和量的比例关系的工资结构。

"四三五"薪酬体系中的薪酬单元类别包括基本工资、绩效工资、福利补贴、效益工资、专项奖励共五大工资单元。各工资单元的定义、发放时间及分配规则见表 4-3。

职级与工资标准一览表（单位：元）

表 4-2

工资级别	一档	二档	三档	四档	基薪	绩效薪1	绩效薪2	绩效薪3	绩效薪4	综合管理序列	项目经理序列	专业技术序列	工勤技师序列
1	13400	13800	14200	14600	8200	5200	5600	6000	6400				
2	12000	12300	12600	12900	7400	4600	4900	5200	5500		首席项目经理	首席工程师	
3	10700	11000	11300	11600	6800	3900	4200	4500	4800		资深项目经理	资深工程师	资深技师
4	9800	10000	10200	10400	6200	3600	3800	4000	4200	中层干部	一级项目经理	主任工程师	
5	8900	9100	9300	9500	5800	3100	3300	3500	3700			主管工程师	
6	8100	8200	8400	8600	5400	2700	2800	3000	3200	高级经理	二级项目经理		高级技师
7	7600	7700	7800	7900	5100	2500	2600	2700	2800		三级项目经理	工程师	
8	7100	7200	7300	7400	4800	2300	2400	2500	2600	业务经理			技师
9	6600	6700	6800	6900	4500	2100	2200	2300	2400	业务主办			
10	6100	6200	6300	6400	4200	1900	2000	2100	2200			技术员	高级技工
11	5600	5700	5800	5900	3900	1700	1800	1900	2000	业务助理			
12	5100	5200	5300	5400	3600	1500	1600	1700	1800				
13	4600	4700	4800	4900	3300	1300	1400	1500	1600				技工
14	4100	4200	4300	4400	3000	1100	1200	1300	1400				
15	3700	3800	3900	4000	2700	1000	1100	1200	1300				工勤服务人员
16	3300	3400	3500	3600	2400	900	1000	1100	1200				
17	2900	3000	3100	3200	2100	800	900	1000	1100				
18	2400	2500	2600	2700	1800	600	700	800	900				
19	2000	2100	2200	2300	1500	500	600	700	800				

注：表中数字是模拟的，可根据实际情况调整。

"四三五"薪酬体系中各工资单元的定义、发放时间及分配规则　表 4-3

五大工资单元	定义	发放时间	分配规则
基本工资	基于岗位和职级划分确定的工资单元，属于固定薪资；基本工资不低于地区最低工资标准	次月 10 日发放	按照统一的《薪酬等级表》确定基本工资标准，根据月度出勤情况核算发放
绩效工资	基于绩效考核结果确定的工资单元，属于浮动薪资	次月 10 日发放	按照统一的《薪酬等级表》确定绩效工资标准，根据绩效考核结果、月度出勤情况核算发放
福利补贴	法定福利及公司其他福利、补贴、津贴项目	定期或不定期发放	按照产业制定、控股审批的《福利制度》规定的标准执行，其中福利科目，全集团基本统一，具体标准可适当调整，具体报控股审批
效益工资	基于公司经营效益好坏确定的工资单元，属于浮动薪资	一般按年度发放，也可以在月度、季度、半年度预发部分	效益奖金原则上根据企业经济指标完成情况核算发放，与个人绩效考核结果、部门绩效考核结果、个人岗位职级高低、个人出勤情况挂钩。具体按照权责手册审批后的《效益奖金制度》执行
专项奖励	基于专项贡献设立的奖励项目，属于浮动薪资，如董事长奖励基金、总裁奖励基金、资本运营奖、市场营销奖、成本节约奖、经营生产奖、创优创新创效奖、风险控制奖、工期节点奖、其他专项奖励等	不定期发放	具体按照权责手册审批后的《专项激励制度》执行

（一）基本工资单元

岗位工资既体现了岗位的复杂性、专业要求、重要程度，又体现了员工个人的学识、经验和工作表现。基本工资以员工不同岗位的劳动差别为基础，主要用于保障员工的基本生活。

（二）绩效工资单元

绩效工资与员工的绩效水平和工作态度挂钩，根据业绩考核结果上下浮动。

（三）福利补贴单元

这是企业为员工建立的福利制度，分为基本保险福利和辅助保险福利。基本保险福利包括"五险两金一假"，即：养老保险、医疗保险、生育保险、工伤保险、失业保险，住房公积金、企业年金，带薪休假。辅助保险福利包括：家属医疗补贴、补充医疗保险、定期体检、员工培训、外出拓展训练、免费中餐和晚餐等。

企业按规定为员工交"五险一金"，不仅是全企业统一，还必须是各地区统一，按户口所在地的标准交纳，这部分支出约占工资总额的40%；福利包括出国、旅游、体检、学习等，约占工资总额的10%～20%。这就是全局范围内统一的薪酬体系，实现统一认识，统一"语言"，统一标准，因为只有做到统一，才能科学有据地衡量工作绩效的优劣。

补贴包括远征津贴、物价补贴、艰苦地区补贴、租房补贴等，是对不同地区、不同工作条件、不同工作资历的员工的分类专项酬劳。体现了企业薪酬制度的"人性化"。津补贴由生活性物价补贴和远征津贴组成。远征津贴的发放有两个衡量标准，一是看夫妻能不能团聚及团聚需要的时间，二是看未婚职工的户口所在地。夫妻在同地的不能享受远征津贴，但可以享受住房补贴。津补贴应该有地域差异，各地区必须报法人单位审批，这个标准也是全局统一的。

实施年金制度，主要是为了留住优秀人才、骨干人才、核心人才。企业年金的发放标准主要是员工为企业工作的年限，达到了企业规定的年限就可以享受，提前走的就没有，干得越久拿得越多。

（四）效益工资单元

效益工资是企业或单位提高经济效益而增加的工资，体现了企业"效益优先"、经营成果与员工报酬挂钩的原则。效益工资是讲求效益的，各单位效益不同，自然也会有差距，甚至差距还可能比较大。效益工资的标准和总额要由法人控制，各单位根据实际情况发放。

（五）专项奖励单元

专项奖励是员工在某一项工作中取得突出业绩而给予的一次性奖励。专项奖励包括营销奖、清欠奖、科技进步奖、成本节约奖、质量安全奖及特别奖励等。其中，营销奖、质量奖、清欠奖等，由上一级主管单位确定。

"四三五"薪酬体系的"五大工资单元"组合反映了建筑工程行业特点，强化了"效率优先、注重公平"原则，充分体现了企业薪酬制度的岗责职能、保障职能和激励职能。

四、"四三五"薪酬体系的基本要求

由"四大职业通道""三大晋升梯子"和"五大工资单元"组成的"四三五"薪酬体系，科学合理地解决了企业以往薪资标准不统一、效益分配欠公平、制度透明度不高等薪酬方面的问题。

（一）围绕公司战略目标，建立符合企业实际的薪酬制度

企业的发展战略目标是对企业战略性经营活动预期取得的主要成果的期望值。而战略目标的设定，是企业生产经营宗旨、经营目的与社会使命的具体化，也是企业在既定的战略经营领域所要达到的效益水平的具体规定。

作为实现企业的发展战略目标的重要抓手，企业的薪酬制度体系，包括一系列相关制度的制定、运行机制的确立，必须满足企业发展战略目标实现的需要。不同行业、不同企业单元所处的发展阶段、发展环境、市场与产品特点、人才队伍素质，以及所拥有的各种社会资源是不同的，所以，建立企业的薪酬体系，必须遵循企业发展战略目标的要求，符合企业本身的特点。

企业是参与市场经济角逐的竞争单元，其员工薪资水平的高低，应综合考虑企业的市场效益及其动态变化、员工劳动付出及其价值，以及企业薪酬的支付能力、支付方式等因素。一方面，如果忽视了这些薪酬体系构成要素

的影响，薪资标准过高或过低，就会打乱效益分配的合理平衡，对激励员工产生不利影响，并干扰实现企业发展战略目标的进程。另一方面，企业薪酬体系的运行机制也必须清晰理顺，与企业发展战略目标的实施相吻合，排除各种原有的或新产生的机制性障碍，使有序运行的薪酬体系成为撬动企业生产经营发展的杠杆和提升员工劳动效率的推手。

（二）坚持"以人为中心"，建立科学合理的薪酬体系

"以人为中心"建立企业薪酬体系，不仅要体现在薪酬制度的制定上，更要浸润于建立科学的薪酬体系运行机制与实施的过程中。认识、把握好薪酬体系制定、执行的必要性与科学性，既是思想认识的问题，也是一个实践的问题。

科学有效的激励机制能够让员工发挥出最佳的潜能，为企业创造更大的价值。激励的方法有很多，但薪酬是一种最直接、最有效、最易运用的手段。现阶段的经济结构和经济发展水平有限，劳动密集型的加工贸易企业很多，加上我国的劳动力分配不平衡，导致不少工程建设企业一线员工的工资薪酬偏低，同时，一线员工和高层管理人员的薪资差距过大。

"四三五"薪酬体系不仅关注了员工薪资标准的合理制定，更关注到与员工薪酬收入密切相关的职业发展、绩效回馈、职级晋升、素质提升等诸多方面，如"四大职业通道"的建立、"五大工资单元"的构成等，使之成为结构合理、各组成要素密切相关、运行协调通畅的"人性化"、透明化的薪酬体系。还有各类津补贴，按立足全局、兼顾个体的原则，实事求是地制定规范。

（三）坚持"以效益优先"，激励员工奋进争先创优

"四三五"薪酬体系中的"五大工资单元"中，每个单元都包含着"效益优先"的激励元素。如:绩效工资是随岗职绩效考核而上下浮动的;远征津贴、专业技术津贴、特殊津贴等都是激励性很强的专项酬金;专项奖励更是体现了对员工劳动绩效的肯定和工作贡献的褒奖，其鞭策、激励意图十分明显，争先创优效果应该说是水到渠成。

　　企业员工队伍中存在着文化素养、知识能力、劳动体力等个体化差异，每个人的工作表现与劳动效率必然有所不同。企业薪酬体系中的效益工资、专项奖励、特殊津贴等都是体现"效益优先"原则的，集团公司下属各单位效益不同，员工个人之间的劳动贡献不同，效益薪酬自然会有差别，有时差距还不小。这同样体现了社会主义市场经济"多劳多得"的公平性。企业唯有通过继续教育、技能培训等方式帮扶竞争能力较弱的员工，提升他们的职业素质、专业技能，并因材施用，把他们放在合适的岗位上"发光发热"，才能让他们成长为更优秀的员工。

　　设立企业年金制度的主要目的是留住优秀人才、骨干人才、核心人才，鼓励员工立足企业的工作岗位，脚踏实地，勤奋工作，激发他们以企业为家、争作贡献的劳动热情。

（四）坚持"三公"原则，确保薪酬体系有效运行

　　企业薪酬体系是面对所有员工的制度规范，它的建立、完善与有效运行，也应坚持"公开、公平、公正"原则。这既是管理工作的方法问题，也是薪酬体系顶层设计的原则问题。

　　企业薪酬体系的"三公"具有统一性。"公开"意味着薪酬制度及其执行的透明化。"公平"要做到分配、过程、机会三方面的公平。其中，分配公平——企业在进行人事决策与奖励措施时符合公平的要求；过程公平——企业依据的标准方法要符合公平性；机会公平——企业要提供给员工相同的发展机会，用人不任人唯亲，不搞"小圈子"，不搞内定等"潜规则"。"公正"是一种价值判断，意为公平正直，执行薪酬制度标准没有偏私。只有毫不动摇地坚持"三公"原则，才能保证企业薪酬体系能真正起到引导、激励员工的作用。

<h2>第三节 薪酬体系的实施过程与实践效果</h2>

　　企业的薪酬体系设计是根据生产经营对人力资源的需求实际，围绕企业发展战略目标，系统地考虑市场、效益、人才等各方面因素而制定的。必须遵循按劳分配、效率优先、兼顾公平及可持续发展的原则，充分发挥薪酬的激励和引导作用，为企业的发展提供制度保障。薪酬体系可根据实际情况进行必要的修正和调整，使其不断完善。一个设计良好的薪酬体系能引导员工把自己的岗职工作、劳动价值效益与企业在市场竞争中谋求更好更快的发展结合起来。

<h3>一、确定顶层实施方案</h3>

　　薪酬改革是涉及员工切身利益的敏感问题，稍有不慎，就会产生负面效应，或带来意外的不良后果。"四三五"薪酬体系的实施，需要统筹做好顶层设计。为了确保薪酬改革试点的成功，企业组织有关部门进行了全面的深度调研，对集团下属各单位薪酬制度、薪酬水平和存在问题进行了摸底，在科学论证的基础上，有针对性地统筹设计薪酬制度与实施运行方案。2003年，中建五局首先在局总部机关开始竞聘上岗，推行岗位绩效工资制，在调研和试点的基础上，确立了实际操作中必须把握好的四个关键点。

<h4>（一）认识薪酬改革的紧迫性</h4>

　　国有企业在从计划经济向市场经济转型的过程中，员工的劳动报酬与劳动效益挂钩是薪酬改革的一个痛点，多年形成了"干多干少、干好干坏都一个样"的局面，劳动效率低下、企业生产上不去、员工薪资收入长期低水平徘徊是普遍存在的问题，在劳动力密集型的工程建设企业尤为突出。

　　因此，认清企业薪酬改革的必要性、紧迫性，是企业管理层面临的首要思想认识问题，也是关系到薪酬改革能否成功、员工能否受益、企业能否解困的现实问题。由于薪酬制度改革关系到企业的持续发展，关系到员工的切身利益，必须切实处理好改革、发展和稳定的关系，需要干部、员工理解改革、支持改革。把覆盖全面、条理清晰的"四三五"薪酬体系摆到企业员工面前，让局属各单位、各层级员工认真研究、全面理解、充分讨论，并结合企业的实际，不断完善。干部、员工思想认识的统一，使该薪酬体系成为企业改革深化的样本、人力资源管理实施的规章。

（二）强化薪酬制度的合理性

中建五局是一个集团企业，下属子公司和分公司达数十个，承担着不同专业特点的建筑工程业务，包括房屋建筑、基础设施、房地产投资、装饰、机电安装等，员工遍布全国各地，必须建立员工普遍认可的、切实可操作的统一薪酬制度，要求制度本身既符合现代企业制度要求，又切合企业实际；既能够体现公平原则，又能更好地激励员工为企业作贡献。

在此过程中，企业从总体上理顺了纵向、横向、职级三个关系。纵向关系包括总部和下属企业的关系、领导班子和员工的关系、分公司和项目的关系；横向关系包括企业内部与外部的关系、下属企业之间的关系、不同业务板块之间的关系、不同地区之间的关系、项目之间的关系；职级关系包括关键岗位和一般岗位的关系、老员工和新员工的关系、在岗员工和不在岗员工的关系等，使不同工作单元、不同层级、不同岗位的员工在"四三五"薪酬体系找到清晰、合理的"落点""立点"，清除了制度、机制在实施、运行中的障碍。

（三）强调薪资的竞争有序性

实施有竞争力的薪酬水平是企业吸引人才的重要手段，企业从业人员众多，专业、工种复杂，不能普遍实施高工资标准。在这种情况下，既要保证薪酬水平的竞争性、吸引到企业需要的核心人才，又要防止工资过快增长、降低劳动生产率，进而影响发展的可持续性。

为实现薪资的竞争性、有序性，企业在薪酬水平、标准的确定上，采取小步快跑，循序渐进的策略，根据企业效益情况，确保员工收入水平保持一定涨幅，每年增幅在 20% 以上。具体操作上，对于工资水平较低的单位，在岗位工资上缩小与高工资单位的差别，单位之间的工资差异主要通过效益工资体现；对企业生产经营和发展需要急需的高级紧缺人才，根据市场行情采用高于平均值的增长率。通过动态的、积极的、合理的薪酬调整，使职工的收入真正随企业劳动效率、效益情况和个人工作绩效能增能减。

（四）保持全面执行的坚定性

世界上任何成功的事业都不会一蹴而就，"摸着石头过河"就是寻找新路径继续行进的过程。任何企业制度也不可能完美无缺，因为社会在不断发展，事物总在变化之中。尤其是关系到一个大型国有企业每个员工切身利益的劳动报酬改革，由于员工个体的价值观、认识角度、职业素质、利益诉求和岗职级别的不同，对薪酬问题的认识存有差异，是十分自然的事，即一个合理的薪酬制度在短时间内不可能得到所有人的认同。

薪酬改革涉及面广，矛盾突出，情况复杂，不可能一次改革就把所有问题全部解决，一些问题只能先实施后改进。薪酬改革很难一步到位，必须确保改革能够顺利实施，再根据情况完善制度。在推进过程中，有来自各方面的阻力，如果没有雷厉风行、认真负责且具有执行力的人作为保障，就很可能无果而终。中建五局抓住了推进企业制度与机制改革的关键，面对众多难题，不走回头路。遇到阻力时，敢于碰硬，坚守原则，坚定执行，进而保证了"四三五"薪酬体系的成功运行。

在改革思路指引下制定的新的薪酬制度，坚持了"实践是检验真理的唯一标准"的原则，先推行，后修改，再完善。"四三五"薪酬体系从提出到实施的十多年来，根据经济社会的发展和企业生产经营的变化，不断进行了调整、补充和完善。这种有条不紊、循序渐进的调整过程，使薪酬体系更趋完整、合理，有力调动了员工的生产积极性，企业的管理效益、生产效益迅速提升。

二、全面覆盖整体推进

薪酬制度是企业人力资源管理制度与管理体系的重要组成，企业通过科学有效的薪酬激励，使员工发挥出最佳的潜能，为企业创造更大的价值。

作为大型国有企业在效益分配制度上深化改革的产物，"四三五"薪酬体系的意义不仅表现在劳动价值的回报上，更重要的是对企业的一系列管理制度及其运行机制，乃至员工的观念意识、职业素养带来深层次变革。"四三五"薪酬体系的实施、运行是一个系统工程，需要推动人的思想观念的改变、岗位职级功能与标准的改变、选人用人意识的改变、薪酬类别与分配方式的改变、人力资源管理内容与管理方式的改变等。实施"四三五"薪酬体系，牵一发而动全身，需要在企业集团全面覆盖、整体推进。

实施"四三五"薪酬体系，就必然会对企业原有的且与之不相适应的人事制度、分配制度、福利制度、奖惩制度等多个方面的制度进行重大改变。全面改革，全方位覆盖，整体推进，势在必行。

首先就要进行岗职分析，要解决管理岗位、技术岗位的设置、层级、职责与编制等问题，生产经营一线的岗位职责、劳动效率、员工数量等问题。改革方案一经确定，接踵而来的就是管理扁平化后的编制压缩、人员富余问题，选人用人问题，职级责任与薪资待遇问题，一线用工数量、劳动效率与劳动报酬问题等。

要解决好这些新出现的问题，原有的规章制度已经不再适应。有"破"就必须有"立"，改革呼唤新制新规。于是，一整套与社会主义市场经济相适应，以及体现竞争机制特点的岗位职责制度、选人用人制度、测评考核制度、效益分配制度、生产安全制度、奖惩制度、福利保障制度等应运而生。新的制度体系就成了调动员工劳动积极性，使企业更富有朝气和活力，促进企业生产经营快速发展的保障。

为了形成选人用人风清气正的氛围，绩效考核、竞聘上岗是必经的路径。从领导干部竞聘抓起，并逐步推广公开竞聘的方式，变"相马"为"赛马"，突破"人情"和"关系"的大网,把那些"靠得住、有本事、能干事、干成事"的人选拔到关键岗位,用"公开、公平、公正"的制度破解人情难题。通过公开竞聘,一大批优秀人才脱颖而出。这些做法在企业上下引起了极大的反响,广大干部职工精神为之一振,他们从中看到了企业的希望,也看到了自己的未来。

企业的改革,需要有良好的环境、氛围,现代企业不但要为新一代劳动者提供物质生活的保障,还应满足他们精神文化生活上的追求。提供先进的思想精神、新的知识技术、时尚的文化生活,都是营造企业和谐文化、提升员工职业素养不可或缺的管理工作的内容。这些看似与企业、薪酬无直接关系的企业文化活动,实际上是新的薪酬体系运行的"气候条件"。一个有正确人生观和价值观、良好的文化素养和职业素养、能胜任职级岗位知识技能要求的员工群体,怎么会不顺应新时代改革潮流,企业何愁不能兴旺发达!

三、着力解决重点问题

2005年,中建五局开始实施统一薪酬体系改革,一年之内全面实现了全局薪酬体系的统一。在新的薪酬体系实施过程中,重点解决以下五个方面的问题:

1. 统一和差异问题

集团各单位在经营规模、效益水平、员工人数、管理基础等方面的差异非常大,为了在薪酬制度中充分体现差异的合理性,设计了效益工资、专项奖励等工资单元,很好地解决了统一性和差异性问题。

2. 新旧制度衔接问题

由于多方面原因,企业各生产单元发展不均衡,尤其是一些市场稳定、经济效益较高的生产单元,员工薪资水平大大高于全局平均水平。为了使这些单位保持持续性增长，在不影响工作积极性的情况下，按改革后的薪酬制度统一调整，全局根据生产、市场、专业等实际状况将下属企业划分四类，并实施宽带薪酬标准，尽可能使每个生产单元员工的岗位工资水平只升不降。

3. 远征与流动问题

建筑施工企业流动性大，多数员工远离总部基地工作，大部分员工的工作地与家庭或户口所在地不一致，而且，已婚的和未婚的、已婚后双方都流动的和一方流动的、双方都流动的在一个地方和不在一个地方的，各种情况交织在一起，非常复杂。为了鼓励员工投身到偏远地区且流动性大的工作中，在薪酬体系的制度设计中设置了远征津贴、物价补贴、租房补贴等不同的酬劳，使这部分员工在经济利益上有获得感。

4. 岗位、职务、能力、资历差异问题

实施岗位绩效工资的基本思路是以岗定薪，岗变薪变。但实际操作中，从事相同岗位工作的人员在经验能力、资历、专业水平等方面差别很大，如何在岗位绩效工资中体现这一差别？部分企业设计了年功津贴，同时还参照军队"军衔"制度，实行个人职务级别和岗位级别分开，岗位工资既与岗位级别挂钩，又与个人职务级别挂钩，较好地解决了从事相同岗位个人经验、资历差异问题。

5. 优秀骨干员工的长期激励问题

对于企业的核心、骨干员工，如果企业的薪酬结构完全由基本工资及年度奖金构成，那么员工可能会倾向追求短期效益，而忽视潜在的风险因素。企业在不具备实行期权的条件下，在薪酬制度中设置实行了企业年金项，鼓励核心、骨干员工为企业多承担责任，多作贡献，长期甚至终身在企业工作，这是企业留住优秀人才的有效举措。

四、持续合理动态优化

统一的薪酬体系建立十多年来，中建五局每年都会对实施过程中存在的问题进行动态性优化，薪酬体系优化完善的总体思路是：在总结以往薪酬体系实施的成功经验和存在问题的基础上，坚持"收入能增能减"的原则，对企业薪酬体系进行系统优化升级和改进，重点内容是进一步健全了"四大胆职业通道"和干部职级晋升制度，并将薪酬体系的改革与员工职业发展、职级管理统一起来。各单位薪酬优化完善的实施步骤是：

（1）根据工作任务和本单位人力资源状况，进行职能分配，并制定部门（项目）工作职责和部门编制定员表。

（2）确定岗位名称、职责授权、考核标准、任职资格等事项，并编制岗（职）位说明简表和岗（职）位说明书。

（3）采用中层以上管理人员综合评价、领导层审议评定等方式对岗位进行归级，确定岗位归级表。

（4）局对各单位编制定员、岗位归级和岗位工资标准表逐一进行批复。

（5）根据员工学历、工作经历、工作表现等因素，填写员工职务级别定级表，确定员工职务级别。

（6）各单位采用组织任命或竞聘上岗的方式，确定员工岗位，根据岗位级别和员工个人职务级别进行岗位工资套改，填写岗位工资套改表，连同职务级别归级表报局备案。

"四三五"薪酬体系在企业的全面推行，使薪酬发放与企业效益、个人绩效直接挂钩，合理拉开了员工收入档次，给企业员工以极大触动，岗位能上能下、工资能增能减的意识普遍增强，岗位靠竞争、薪酬凭绩效的观念逐步深入人心，工作积极性得到发挥，内部活力明显增强，有力地促进了生产经营。薪酬改革后，员工工资与单位效益呈现同步增长，2002 ~ 2013 年中建五局每年合同额从 22.3 亿增长到 1335 亿，年均增长 50.6%；营业额从 26 亿增长到 558 亿，年均增长 35.8%；利润从连年亏损到年利润总额 25.13 亿，年均增长 96.7%；连续 11 年员工平均收入年均增长 21.9%。

"四三五"薪酬体系与过去的工资制度相比，具有以下几个明显的特征：

一是优化了工资结构，进一步强化了工资的激励和调节功能。通过岗位评价，实行以岗定薪，岗变薪变，使薪酬与岗位直接挂钩；通过绩效考核，设置绩效薪，使薪酬与个人工作业绩挂钩，效益工资的设置把员工工资与企业效益捆在一起，使员工与企业形成了利益共同体。

二是在全局范围内统一了薪酬体系及标准，在一定程度上实现了企业内部的公平性，有利于企业内部人才的流动。

三是设置了专业技术工资系列，鼓励专业技术、管理人员朝专业技术、专业管理职业通道发展，更好地在本企业内实现职业发展目标，有利于稳定人才队伍，实现个人与企业双赢。

四是引入了市场机制，拉开了工资差距，使工资向关键岗位倾斜。管理人员工资以固定收入为主；市场营销人员与营销业绩挂钩；工程项目人员以项目分配为主，与项目成本节约、生产进度、质量安全等指标挂钩；而一般的简单劳动岗位的工资提高幅度相对较小，对于后勤服务人员的工资分配则以市场化为主，发挥了工资的激励杠杆作用，有利于稳定核心及骨干力量。

五是地区补贴的设置加大了对远征人员的激励，使远征人员的工作积极性得到提高。年功津贴是依据员工为企业累积贡献年限来核定的工资单元，不随岗位的变化而变化，用以调整新老员工分配水平，鼓励员工长期稳定地为企业工作，加强员工的稳定性和向心力。

六是根据业务板块特点，结合市场劳动力价格，定位不同业务板块的工资标准，使工资分配制度与企业战略目标具有一致性。统一薪酬的改革实施后，堵住了薪酬管理中的漏洞，促进了企业内部的人才流动，使薪酬发放与企业效益、个人绩效的直接挂钩，合理拉开了员工收入档次，岗位靠竞争、薪酬凭绩效的观念深入人心。

"四三五"薪酬体系的建立，使各类员工都能够切实地感到，只要自己努力工作，都有晋升的台阶和前进的通道，为人才成长提供了持久的动力，广大员工的积极性得到有力提升，内部活力明显增强，有力地促进了企业的发展。

第四节 "金条+老虎"考评激励机制

　　企业人力资源管理的终极目标是激发员工的动力与活力，实现这种目标需要以科学合理的机制与制度为保障，激励机制与制度约束是这种保障力的两翼。可将激励机制与制度约束形象地比喻为"金条＋老虎"的机制。这不仅仅是一种管理理念，更重要的是一种管理方法，并且还是一种可以实施的管理措施。在具体管理实践中，要做到跑到前边有"金条"，落到后面有"老虎"，"金条"要"诱人"、"老虎"要"吃人"，而且一定要常态化地做到"金条诱人"和"老虎吃人"。

　　所谓"金条"，就是正向激励。正向激励是指通过激励机制，对员工的某种行为给予肯定、支持、鼓励和奖励，使这种行为能够更加巩固和加强，持续有效地进行下去，以满足个人需要，实现组织目标。正向激励可以通过满足需求而起到鼓励作用，但同时具有抬高需求的负面作用。通常情况下，一味地强调鼓励带来的收益，不足以弥补扩张的需求，且员工需求的不确定性、个体性质的差异和不断高涨性总会使企业不能满足员工需求，实践中也有太多这样的案例。因此，避免正向激励带来的负面作用，还需要引导员工树立正确的世界观、人生观与价值观，正确看待国家、企业与个人的利益关系。

　　所谓"老虎"，就是"威胁激励"。"威胁激励"是指在一个充满竞争压力的工作环境中，对员工的一切物质和非物质、即得和预期的收益甚至能否在岗位上持续工作下去的利益进行"威胁"，即在制度约束下的契约兑现。也就是通过奖惩制度中的"罚劣""罚懒"约定，使其为了摆脱所谓"威胁"获得生存而努力工作，从而达到激发员工的目的。

　　威胁激励的实质是负向激励。负向激励是指对员工的某种行为给予否定、制止和惩罚，使之弱化和消失，朝着有利于个体需要满足和组织目标实现的方向发展。美国普林斯顿大学的丹尼尔森·卡尼曼教授凭借其在心理经济学方面的突出成绩获得了诺贝尔经济学奖。卡尼曼的研究表明,人在不确定条件下的决策,取决于结果与设想的差距而不是结果本身。简单地说,就是丢掉10元钱所带来的不愉快感受,要比捡到10元钱所带来的愉悦感受强烈得多。卡尼曼认为,在可以计算的情况下,人们对损失的东西的价值估计高出得到相同东西的价值的两倍。

心理经济学的研究表明,威胁激励是更为有效的激励方式。威胁激励可以有效弥补正向激励需要不断加大企业成本的弊端。正向激励一般以物质和精神的奖励方式来调动员工的积极性,引导其从事与企业目标一致的行为。然而人的需求却是一个无限增长的过程,具有一定的刚性,只能是增长或不变的,而需求长期不变必然导致员工积极性的下降,所以为了进一步调动员工积极性,企业不得不逐级满足其需求。然而对员工需求的满足要花费企业大量的资源,所以需求程度的提高加大了对企业盈利的要求,同时也加大了企业的风险。

一、客观、量化与"三公"原则

"金条+老虎"激励机制即考评制度需要管理流程的科学化,这是人力资源得以顺利运转的基本保障,也是提高管理效率的根本途径。要从制度创新入手,改革原有的管理理念、管理模式,坚持客观、量化与公平公开公正的"三公"原则,按制度管人、办事,用事实、数字说话,依靠市场机制的力量,建立适应企业发展的人力资源考评、激励机制的环境。

(一)以竞争机制激发活力,引发创造力

奖惩透明化是企业增强持续增长的源动力的条件。要使员工为企业目标不断努力,一个基本的方法就是利用奖惩手段激励员工。要按照企业生产与发展需要的客观、全面的绩效考核办法,公开、公正、公平,奖优罚劣,通过深化分配制度的改革,由原来的岗位技能工资制向岗位工资制转化,完善员工激励约束机制,激发员工的创新精神,调整内部岗位等级和薪酬标准,

向优秀人才和关键岗位倾斜。

在薪资分配上，坚持效率优先，强调公平合理，重点倾斜市场竞争力较强的关键岗位和素质高、能力强、业务精的优秀员工。推进简单劳动社会化，在一些责任界限分明、劳动技能要求不高、市场有提供能力的外延业务领域积极推行外包。在人员和岗位的重组中，使员工找到合适的岗位，岗位找到合适的员工，保持人岗相宜、岗易薪变，切实增强员工的责任感。

（二）创新竞争机制，确保任用通道畅通

在竞争机制建设方面，企业必须坚持"公开、公平、公正"的选人用人原则，通过科学招聘管理、分类用工管理、竞聘上岗等方式、措施，确保员工进出及任用通道畅通。

为推进人力资源队伍的新陈代谢，企业必须对招聘工作进行科学管理。在人才引进方面始终坚持抬高新增人员"入口"门槛，积极引入高素质人才，为企业发展补充能量、储备后劲。在引进人才上，注意把握以下三点：一是严把入口关，企业在招聘新员工时，应采用笔试、结构化面试等现代人力资源测评手段严格甄选，招收高校毕业生更应以重点大学为主，确保招录质量；二是严把考评关，对新进员工规定了试用期考核、见习期考核、合同到期考核，保持5%左右的淘汰率，确保企业活力；三是严把人才结构关，企业对人才引进结构要根据企业生产经营的实际需要选聘人才。如中建五局在一个时期内就因为建筑市场拓展、工程项目增多，专业性人才缺口较大，其招聘就以土木工程、基础设施、投资开发等专业人才为重点。

（三）创新约束机制，确保退出通道畅通

在约束机制建设方面，企业可尝试着力打造"金条+老虎"的绩效管理机制，对有突出贡献的集体或个人予以奖励，称之为"金条"，且要保证"金条要诱人"，对损害企业利益、业绩差的集体或个人则予以惩罚，称之为"老虎"。企业营造以绩效为导向的管理氛围，实现干部能上能下，通过奖惩分明的约束机制，在下属单位和员工中有效传递压力和动力，在整个企业建立起全面拉网式的、立体交叉式的考核体系，对达不到岗位要求的员工，依据程度不同采取换岗、降职、转岗培训、解除劳动合同等措施，疏通人才退出机制，保持了人力资源的吐故纳新。

（四）横纵结合融通，确保绩效目标有效传递

企业应按照横向到边、纵向到底的原则，在职位说明书的基础上，根据 SMART 原则，对顾客与市场、财务、运营管理、学习发展等方面的关键绩效指标进行层层分解，并通过绩效面谈确定员工绩效合约，建立目标管理书，下达到每个岗位、每个员工，形成"千斤重担人人挑、人人肩上有指标"的局面。

（五）强调"三个结合"，确保考核过程公正公平

为保证考核评价过程的公平公正，在实施考核评价时，企业应注意"三个结合"：一是定量考核与定性考核相结合，避免"晕轮效应"；二是效率与公平相结合，效率优先，注重公平，强调以结果为导向；三是领导与基层相结合，以上级评价为主，听取基层意见，形成上下结合、良性互动的局面。例如，职代会期间，总部和分支机构领导班子成员都要进行工作述职，由上级单位组织人员进行评分，评分结果当场统计公布，并与干部任用和年薪挂钩，与经营业绩考核相互补充、相互印证，使每位领导干部的德、能、勤、绩、廉各个方面一览无余。

（六）通过强制分布，确保考核结果落在实处

企业可将评价结果按"A、B、C、D"四级评定，且要进行强制分布，每次评价记录记入员工发展档案。对于考核结果，企业应坚持奖优罚劣的原则，考核排名靠前的在绩效薪酬提档、提拔晋升、培训交流等方面给予重点关注，考核排名靠后的扣发一定比例的绩效薪酬，连续考核排名靠后的将进行末位换岗，末位换岗还不能胜任的，将解除劳动合同。同时，在评价结果确定后，上级与被考核员工要进行绩效面谈，指出员工的不足之处和改进目标，促进

员工素质能力的提升。

（七）校验评估结果，不断完善评价方法

每年年末召开绩效考核小组会议，对考核体系追踪校验和综合评估，分析绩效管理实施中存在的问题，及时发现组织结构、工作分工与考核制度等缺陷问题，进行检查改进，不断提高绩效管理的科学性。

二、绩效标准必须科学合理

一般认为，绩效的概念与内涵包含业绩和效益两个方面。企业的绩效是指企业生产经营活动的结果和成效；体现在人力资源管理方面，主要是指员工在一定岗职上通过自身努力取得的成绩与效果。

企业通常所指的绩效，是企业主体依据员工岗职目标和绩效标准，采用一定的考核方式，在评定员工的工作任务完成情况、员工的工作职责履行程度和员工的发展态势后给出的一定奖励。由于企业的绩效管理在实现生产经营目标中有举足轻重的作用，是对员工的绩效考核，是落实效益优先、优绩优酬的关键环节，直接关系到员工的切身利益，因此，必须高度重视绩效管理的引领作用，绩效标准必须科学合理，符合企业实际。

（一）重视绩效管理的导向作用

绩效管理的引领作用主要表现在四个方面：①绩效指标的导向作用，绩效指标就是为员工在工作中明确目标、指导工作；②约束作用，绩效指标会明确告诉员工哪些是应该做的，自己所做的工作是否与绩效指标相符合，约束员工日常行为和管理规范以及工作重点和目标；③凝聚作用，一旦绩效指标确定，员工就会利用各种资源，凝聚一切可利用的力量来实现和完成绩效目标，可以把大家凝聚在一个共同的目标和方向；④竞争作用，绩效指标的设定要求员工要通过努力工作才能完成目标，绩效指标明确了员工努力的方向和目标，这样就提供了员工之间、部门之间、企业与外部之间的竞争的目标和对比标准，使员工为完成绩效考核指标开展竞争。

（二）清晰岗位职责

人力资源管理的核心是绩效管理，绩效管理中最重要的环节是绩效评价，而绩效评价是通过绩效指标考核完成程度来体现的。绩效考核是对员工工作业绩和价值创造的判断过程，考核指标以明确的岗位职责目标为基础，包括对员工的品德、工作绩效、能力和态度进行综合的检查和评定，以此确定其工作业绩和工作潜能。因此，要做到绩效标准科学合理，首先必须使职位职责清晰、明确。应按照市场化运作的要求和企业规则，以及精简、效能的原则，明晰岗位职责，量化岗位标准，细化岗位描述，使之具有考核的可操作性。

（三）合理确定绩效指标

由于大型企业员工队伍庞大，管理层级繁杂，工种众多，绩效管理是一项十分复杂的工作。在实际工作中，很容易出现绩效考核效果不理想的状况，有时甚至需要重新审视整个指标体系。

常见的问题包括：指标过低，不能体现企业的要求；指标过高，不符合客观实际，导致欲速不达，考核目标落空；非核心指标过多，苛求完美，让绩效考核失去了应有的效果。

管理是科学和艺术的结合，绝对量化而又合理的指标体系是不存在的，单纯的量化指标往往难以囊括现实工作中的很多关键内容。事实上，花大量时间和精力设计、衡量量化指标不仅会浪费管理资源，而且收效也甚小。找到核心的、少数的、重要的、可衡量的指标才是关键。管理实践表明，科学合理的指标是具体的、可衡量的、可实现的、具有合理挑战性的，并有时间限制的。绩效的衡量目标需要可衡量，但是可衡量不等于一定要量化。如管理岗位的关键绩效指标可以通过对其考核周期内的工作任务或工作要求的界定来实现，至于其衡量指标，可以通过时间来界定，从实质上讲，被时间所界定的工作任务或工作目标也是定量指标。只有能够对员工的工作任务或工作目标作出明确的说明，同时提出明确的时间要求，这些关键绩效考核指标就具备了可操作性。

（四）完善绩效考核评价机制

一方面，科学合理地确立绩效标准，企业必须根据生产经营实际与企业发展的需要，进行一系列制度创新与改革，建立制度严密、职责明确、考核严格的业绩考评体系，全面推行立体化、综合化的绩效考核机制。并根据企业的发展不断进行修订、完善和创新，同时以关键绩效指标、工作目标设定和能力发展计划为载体，通过标准统一化、运作规范化、评定透明化、结果数量化，科学、公正地衡量员工的年度工作绩效，并及时向员工进行反馈，帮助他们随时把握自身工作情况，及时进行自我调整，保持最佳工作状态。员工的岗位工作能力和实际贡献，与员工的报酬待遇、岗位轮换、职位升降紧密结合起来，激发广大员工的创新精神。

另一方面，企业应建立科学的绩效评估体系和荣誉体系，科学准确地评估员工创造的价值，让员工自身的价值得到充分实现。围绕激活组织、激励员工，在员工绩效考核的基础上，对工作业绩优劣的员工，分别进行精神上或物质上的鼓励或惩罚。

一个科学的企业评估体系还应该具有对业绩执行的绩效标准、考核机制、激励效果测评的功能，使之为完善绩效考核机制及相关制度提供动态性信息和完善修订的依据。

企业坚持推行绩效考核制度，要取得良好的效果，完全在于满足了不同岗职、不同资历、不同能力员工的利益诉求，在考核过程中做到公平、公正与全程透明化。

三、奖惩机制纳入薪酬体系

企业成功实行奖惩制度的基础是薪酬机制。确定薪酬机制的基本原则应该是"干好干坏不一样"。在社会主义市场经济条件下，企业员工的酬薪水平是与其劳动付出、劳动效率成正比的。不能干好干坏一个样，更不能干得不好比干得好的收入还高。这也就是通常所讲的按劳取酬，多劳多得，效率优先，注重公平的分配原则。实践证明，凡是困难企业，一定是富了一小批人，穷了大部分人。体制的不公平，对员工积极性的伤害是最大的。

企业要坚持在确定薪酬机制的基本原则下，不断探索实施，其中最主要的是在全局范围内统一了薪酬体系，目的就是全面营造公平竞争的氛围。避免了"谁的胆子大，谁就多发钱"，防止了歪门邪道的衍生。

按照薪酬体系来落实薪酬管理的原则，绩效考核是基础。绩效考核做好了，奖优罚劣就不难。实践证明，一个单位不评 A 可以，不评 C 则不行。在奖励先进的同时，给"后进"一定的压力，也是一种负向激励。负向激励也是一种激励，是另一种方式的促进与鞭策，或是更重要的一种激励。虽然每一个绩效考核办法都不是十全十美的，但可以在实践探索过程中不断完善。

不少企业通过人力资源管理中激励机制不断完善的实践、探索，经过多年的运行和完善，使老国企焕发了新活力。"公平竞争，优胜劣汰，以业绩论英雄，凭贡献定奖励，有为才有位，无为则无位"的管理理念和用人导向得以确立，"金条＋老虎"的激励机制已经成为企业持续健康发展的发动机。

第五章

人力资源管理的"七成定律"

　　不论是国企、民企还是外企，真正的人才都是稀缺资源，特别是在企业快速发展、规模急剧扩张时期，"人才匮乏"的矛盾尤为突出，"缺人"的问题不解决，就会制约企业健康发展。

　　与其他生产型企业相比，工程建设企业有很多不同的特点，如建筑工程项目不固定、人员流动性大；工程产品具有单件性；企业承接的每一项工程都有独特的形式、结构和质量要求，需要单独设计图纸，采用不同的施工方法和施工组织，工程质量要求高，保质期要求时间长；工程实施过程受自然条件影响大，常常有高空、地下、水下作业，生产安全问题十分突出；施工周期长，劳动强度大，施工地点往往离企业总部和员工家庭较远。这些特点都对员工的身体健康、技术能力与组织纪律等职业素质条件提出了较高的要求。面临复杂的市场竞争与挑战，企业对优秀人才的需求也越来越迫切，人才队伍建设的要求越来越高。传统的人事管理制度与方法已经难以适应企业生产经营的发展，现代企业人力资源管理必须在观念的更新和方法、措施的改革创新上下功夫。

第一节 "七成定律"的形成

如果把工程建设企业的工作简化归纳，主要就是"三件事"：接活、干活、算账收钱。但是，让建筑施工企业经理们最头痛的事，莫过于找不到在数量和素质上与做好这"三件事"相匹配的人。现实中，往往是"接活"阶段缺乏足够且称职的营销人才；"干活"阶段又缺乏足够且称职的项目经理人才；"算账收钱"阶段又缺乏足够且称职的商务人才。没活干，发愁；干不好活，也发愁；赚不到钱、钱收不回来更发愁。如何才能解决"人"的需求问题，是每一个企业管理者苦苦思索求解的大难题。

一、人力资源管理观念问题

随着市场经济的发展，企业管理者对人力资源的重要性都有了共识，那就是人力资源是企业进步、发展的第一资源，人才是企业生产力中最具活力的要素。如果一个企业拥有丰富、优秀的人力资源，其他资源就比较容易获取。但在现实中，人力资源的地位不能达到应有的高度，人才的作用也没有得到充分发挥，人力资源管理上存在一些不可忽视的现象，具体表现为：识人不准，用人不当，评人不妥，必然就会出现"有人无才"的表象。深究其原因，还是人力资源管理的观念上出了问题，主要表现在以下三个方面。

1. 囿于传统人事管理惯性

传统人事管理的"老套路"是只见"事"不见"人"，仅靠制度说话而听不进"人言"，只见事情的某一方面，而不见人与事的整体性、系统性，强调"事"的单一方面的、静态的控制和管理，其管理的形式和目的是"控制人"，把人当作一种成本，将人当作一种"工具"，注重的是投入、使用和控制。而现代人力资源管理是把人作为一种企业的重要"资源"，注重产出和开发，并小心保护、引导、发挥其作用，尤其强调"人事"是一种动态的、心理的、意识的调节，在管理上实现人与事的系统优化，才可让企业取得最佳的社会效益和经济效益。一些国有企业受传统计划经济的惯性影响，仍停留在简单的人事管理层面，观念陈旧，方法简单，重制度的确定而缺个性化管理，或重管轻理，或多管少理，甚至只管不理，员工没有归属感，不能充分发挥员工的主观能动性，导致企业缺乏凝聚力，更不可能用其所长、人尽其力。

2. "以人为本"的管理理念缺失

"以人为本"的人力资源管理，是建立健全"以人为本"的管理体制与机制，是围绕激发和调动人的主动性、积极性、创造性展开的一系列管理活动。以人为本的管理的终极目标是实现人与企业的共同发展。一些企业过多强调企业与员工之间刚性的雇佣关系，缺乏对员工生活与精神需求的人文关怀，员工的合理诉求不能落地，或落不到实处，仅仅把员工当作企业获取利润的劳动力。其结果是有事少人做、无人做，无事"人成堆"，多干事不如少干事，只做分内事就不理"分外事"，哪怕这"分外事"对项目工程十分重要，形成了"契约关系"下新的"大锅饭"，激发不了员工的劳动热情，创新的积极性更无从谈起。

3. "以人为中心"的指导思想缺位

"以人为中心"是企业管理过程中以人为出发点和中心的指导思想。在建设中国特色社会主义的新时期，广大建设者，特别是在工程建设一线的员工，是企业的主体力量，是产品生产的生力军，是国家经济社会建设、发展的阶级基础与依靠力量。一些企业没有把员工当作企业的主体以及可信赖的依靠对象，仅仅看成"打工者"或者是产品的服务者。个别管理者忽视员工的合理化建议，不重视发挥员工的个性化优势，员工各自的专业特长也将无用武之地。

二、人力资源管理方法改进

一般来说，企业人力资源管理主要包括企业人力资源规划、人员招聘与人力配置、教育培训与能力开发、员工薪酬与福利、员工的绩效管理以及员工与企业之间的劳动关系六项工作。其中，除了企业人力资源规划，其他五项工作都涉及如何选人、如何用人、如何评价人和如何培养人的问题。

许多企业管理者已经认识到，"以人为中心"的企业管理是新时期发展的必需。"以人为本"的企业管理是一次重大的人事管理变革。企业要以人的全面发展为核心，员工的发展是企业发展和社会发展的前提。而"以人为本"的企业人力资源管理的基本原则与方法主要体现在：①培养、提升员工的职业素质；②激励员工创优争先；③重视人的个性化需求；④强化"以人为中心"的组织设计。

1. 淡化雇佣关系，提升主人翁意识

新的历史条件下，企业应当强调以人为本，树立全面、协调、可持续的发展观念，促进经济社会和人的共同发展。把以人为本作为发展的最高价值取向，就是要尊重人、理解人、关心人，就是要把不断满足人的全面需求、促进人的全面发展，作为发展的根本出发点。

企业要实现"以人为本"的人力资源管理，首先就是提升员工的主人翁意识，在保证员工与企业履行劳动契约的同时，淡化雇佣关系，强化企业主体意识与社会责任意识，明确自身的发展与国家、企业的发展休戚相关，利益共同。在企业的思想建设、制度建设、组织建设、文化建设与福利保障等方面都应充分体现"员工是企业主人翁"的思想。

2. 强调效益优先，按效率贡献付酬

一个企业发展得好不好，为社会创造良好的社会效益与经济效益是标准，也是企业存在的理由和发展的前提。

企业的效益是人创造的，效益的分配要尊重社会主义市场经济规律，强调效益优先原则，按劳取酬，多劳多得。企业对在工作中表现优秀、劳动效益突出、对企业贡献大的员工，要按劳动效率、按实际表现与贡献给予合理薪酬和有力度的奖励，不撒"胡椒面"，不搞平均主义。通过奖勤罚懒、奖优罚劣，重奖奉献与贡献等多种举措，形成努力干实事、奋力干成事、争先创优的企业氛围，从而充分调动员工的劳动积极性和创新创优的主动性。

3. 变制度约束为制度与自我管理结合

企业制度是企业为实现既定目标和内部资源与外部环境的协调，在财产关系、组织结构、运行机制和管理规范等方面作出的一系列制度安排。企业制度既是企业制度文化的载体与体现，也是企业有序运行的保障。制度是一种刚性的规则、规范，对企业所有员工都有约束力。另一方面，人是能动的，人与环境是一种交互作用，良好的环境可以促进人和企业的共同发展，这就需要形成良好的制度文化。

在企业中，企业制度文化是人与物、人与企业运营制度的结合部分，它既是人的意识与观念形态的反映，又是由一定物的形式所构成。企业制度文化是企业为实现自身目标对员工的行为给予一定限制的文化，它具有共性和强有力的行为规范的要求。企业制度文化的规范性是一种来自员工自身以外的、带有强制性的约束，它规范着企业的每一个人，企业工艺操作规程、厂规厂纪、经济责任制、考核奖惩制度都是企业制度文化的内容，使企业在复杂多变、竞争激烈的环境中处于良好的状态，从而保证企业目标的实现。

良好的制度文化是企业文化的重要组成，也是员工自觉遵守各项制度的基础。从服从制度、遵规守纪到自觉守约、自我管理，是制度文化的良好体现，也是企业文化的一种高境界。

4. 加强职业化培训，提高职业技能

在知识经济时代，现代企业利用其知识资源创造财富是大趋势，同时也是企业参与国际化经营的迫切需要。通过提升员工知识、能力来提高劳动效

益也是现代企业的标志之一。

工程建设企业劳动力密集，员工队伍科技文化基础差异性大，要满足不同工程项目的高标准要求，对企业人力资源管理部门来说，提升员工知识能力与职业素质的压力很大，只有根据企业生产经营的实际要求和企业发展战略目标，及时开展有针对性的职业培训，通过长期与短期结合、普及性和专业性结合、管理层与生产一线结合的培训，形成完备的教育培训体系，将企业变成一个学习型组织，才能满足企业当前生产与长期可持续发展的要求。

5. 企业与员工荣辱与共、利益共享

在一个规范的、和谐的、有良好企业文化氛围的工程建设企业，员工个人的目标与企业目标是可以协调的。在同一价值观、统一荣誉感和公正透明的薪酬标准、效益激励机制的引导下，员工的主观能动性、劳动积极性与创造性就能够充分发挥出来，在企业的良好发展中实现自己的人生目标。在此过程中，企业基本管理方式应该是"人性化的"，倡导自觉劳动、自我管理、自我激励的主人翁精神，建立企业中人与其他要素的良好关系，使企业目标更能体现员工利益和员工目标，实现企业与员工荣辱与共、利益共享。

三、"七成定律"的由来

都江堰工程使平淡无奇的卵石、山体、沙子成为水利工程的基石，把"物尽其用"发挥到极致。"垃圾是放错了地方的资源"，现代工业技术变"三废"为宝，或可用来发电、取暖，或提炼工业用油、金属，或作为建筑用材。人类对自然世界物质价值的正确判别与科学利用，是辩证法的最好诠释，也是认识自然规律的升华。

这种认识规律运用到企业人力资源管理上，却有着更积极的意义。人是具有极高能动性的物质存在，更是极具创造力、无穷智慧潜力的"精灵"。任何社会组织对人的本质的认识、价值判断正确与否，是选人、用人的前提，

更是一门学问。"人人皆可成才""人人都是人才""庸人是放错了地方的人才",这就是人力资源"七成定律"的精髓之处。

（一）源于企业管理实践

2005年，作者到基层一个公司进行工作调研时，公司经理提到，企业最难的事就是"缺人"和"缺钱"，并要求总部给他们解一解这个难题。于是，作者请他们把公司人员花名册和工程项目统计表拿过来，并找一些员工进行交谈。作者发现，员工中有70%左右的人是可以使用的，并且许多还是相当优秀的。第二天作者就以"人、钱、文化"为题作了一次报告，"七成定律"的初始概念也由此而来。

又有一次，作者到另外一个公司调研、检查工作，公司经理向作者诉苦："原来没有工程干的时候很纠结、很痛苦，接到工程了也很纠结、也很痛苦。为什么呢？有了工程，但找不到合适的人干，实在太难了。"他请求总部给他调几个优秀的项目经理来。作者又要求他把员工花名册拿出来。根据花名册，作者邀请了一批参加工作三四年的年轻大学生一起座谈。详细询问了他们的工作情况和想法，作者认为这些年轻人中大多数是可以使用的，建议他们大胆使用。之后，他们从中挑选了六名作为项目经理人选，相继派到项目部主持项目日常管理工作。其中一位，先让他担任项目执行经理，不久又调到另一个项目担任项目经理，结果他把一个可能亏损过千万的工程做成了一个盈利项目。继而打开市场，他连续承接了四个工程，在业主所有项目评比和当地市场综合评比中均获得第一名，在公司的17个项目月评比中，也名列前茅。另外一名年轻人担任另一项目经理后，该项目质量考评为业主区域第一。由于不拘一格用人才，大胆起用年轻人，"优秀人才"如雨后春笋般大量涌现，公司生产经营面貌焕然一新。他们"来一个留一个，用一个成一个"的经验，在全局推广。

作者在担任企业主要负责人期间，经常会听到基层公司经理们缺人的抱怨和苦恼，这引起了作者极大的兴趣和关注。企业到底是"缺人"还是"缺理念"？是"缺观念"还是"缺机制"？如果是"缺人"，最缺的是什么样的人？如何建立"选人用人"的机制来解决"缺人"的问题？人才成长有没有规律可循？是什么样的规律……围绕上述这些问题，通过很长一段时间的思考、调研和考察，结合企业的管理实践反复验证，得出了在看人、用人、管人、做人等方面存在着比例为"70%"的普遍现象，这就是企业人力资源管理"七成定律"的初步构思。

（二）"七成定律"的理论基础

1.知识能力增加是一种再生产过程

马克思在对生产力构成的诸多要素的分析中，把生产力要素作为经济发展和社会进步的最动能要素，在《资本论》中，他阐述了人类通过劳动，作用于自然，就是在这一改造自然的过程中，同时也使自身"沉睡的潜力发挥出来"，这种潜力就是劳动者的智力。智力结构存在于每个劳动者的素质之中，在不同劳动者身上，显示出不同的智力程度，以此形成智力差别。

劳动者知识的积累、经验的增加是一种再生产过程。这里所指的企业员工的智力程度，主要指的是员工的知识技能与职业素养。智力程度较高的劳动者，在劳动中可以凭借专业知识、经验等承担起比较繁杂、技术含量高、要求精细严格的工作。在工程建设企业，智力程度一般的员工也大有用武之地。随着现代经济的发展，生产力和生产关系越来越复杂，技术日趋发展，生产内部的分工也日趋严格，生产社会化的程度不断增强和提高。这就要求劳动者的素质不断提高和完善。社会分工明晰化成为一种必然。

2.人才强国是一种战略需求

要实现中华民族的伟大复兴，必须在全社会大兴识才、爱才、敬才、用才之风，让人才事业兴旺起来，这涉及人才培养、引进、使用、激励等各个方面，必须极大地丰富中国特色社会主义人才理论内涵，体现对各级各类人才的关心重视，实施人才强国战略，广纳天下英才，造就一支宏大的高素质人才队伍，共同为实现民族振兴、国家强盛不懈努力。

3. 人才队伍建设注重实效

改革开放以来，我国建设人才工作取得了显著成效，培养造就了大批建设人才，为推动建设事业发展发挥了重要作用。我们应当坚持以人才能力建设为核心，以人才制度改革创新为动力，以人才结构调整为主线，紧紧抓住人才培养、吸引和用好三个环节，确定领导干部、企业经营管理人员、专业技术人员和一线操作人员队伍建设要求，为建设事业发展提供坚强的人才保证和广泛的智力支持。以能力建设为核心，大规模培训建设系统领导干部和专业技术管理人才。大力开展农民工培训工作，加快培养高技能人才，大力开展农民工培训工作，提高一线操作人员技能水平。

（三）"七成定律"的主要内容

尽快在合适的时间，用合适的方法，将合适的人放到合适的岗位上，创造出人人皆可成才的环境，进而形成"人员能进能出、干部能上能下、收入能增能减"的科学的企业人力资源管理体系。急需正确用人的工程建设企业，就是要在用人上充分调动人的积极性，尽最大可能发挥每一个员工的长处。但是要将这一理念变成具有很强操作性的制度，使之成为一整套方便可行的人力资源管理办法，依然不是一件容易的事情。

正是从上述这种人才价值观出发，作者提出了看人用人的"七成定律"，形成了一种具有鲜明企业特色的人力资源管理理念与人才评价法则——七成法则，主要体现在人力资源管理的六个方面。

1. 看人

看人就是评价一个人。每一个人都是客观存在，每一个员工都有不同的优点和缺点，"金无足赤，人无完人"，一个人如果 70% 是优点，就算是优秀人才了，不要求全责备，有缺点是正常的，关键是看这个人是以优点为主，还是以缺点为主。企业只要能扬其长避其短，用其所能，这就是一个人才。

2. 知人

知人就是深入地了解一个人。人力资源管理部门要用 70% 的注意力发现一个人的长处，用 30% 的注意力知晓其短处。也就是说，这个人能做什么，就把其安排在什么岗位，而不要过多关注其不能做什么。知人是用人的前提。

3. 用人

企业的每一个岗位都有相应的岗位职责与要求，当候选人能具备应征岗位 70% 的要求时就可以使用了。不能苛求一开始就 100% 胜任岗位要求，否则，就是求全责备，结果是无人可用。实践中发现，一个人如果用心肯干，就有培养、发展的前途，在其不完全适合岗位要求时就聘用，更能激发一个人的潜能，能够加快人才的成长速度。如果等到完全适应岗位再用，这个人可能已经失去了应有的激情。

4. 管人

企业对员工的管理，要体现在员工团队总体的劳动绩效上。一个团队有 70% 的人符合岗位、职位要求，工作尽责尽力，总体效益优先，这就是一个优秀的团队了。团队中另有 30% 欠缺一些，这是很正常的，不要埋怨、责备，重要的是团队领导者要把这 30% 的人找出来，开展必要的帮扶促进，运用企业效益优先的分配机制予以鞭策、激励，使这两部分人在酬劳收入、职级晋升等方面有合理的差别，充分体现社会主义市场经济的分配原则，如果干好干坏都一个样，就会出现问题。

5. 容人

宽人律己是一种修身处世之道。容人体现的是一种修养与境界。这里所指的容人，讲的是要正确对待来自他人的批评和建议。如别人对你提出批评意见，要花 70% 的精力去反思自己，花 30% 的精力考虑意见合不合理。"有则改之，无则加勉"，这是处理人际关系的一种"秘诀"。有的人总是感觉别人挑其毛病，总是埋怨外部环境不好。这实际上是个人心态有问题。如果学会、理解好"七成定律"，对事情的处理就会更加从容、自然，人的快乐感和幸福感就会增加。

6. 做人

做人是一门学问，更是一门艺术。自古圣贤，"皆以心地为本"（宋·朱熹《朱子全书·学二》），"不曲道以媚时，不诡行以邀名"（汉·崔寔《政论》），讲的是做人行事的原则。但另一方面，如何看待自己，却大有门道。人要追求完美，但实际上要真正做到十全十美、事事正确、人人满意是不可能的。一般来说，能做到有 70% 的人认可就算不错了，对自己不能过于苛求，尤其是作为领导干部而言，70% 的人满意、30% 的人有点意见是正常的；如果 80% 的人满意，就是优秀的领导者了；90% 的人满意，就可以算是卓越了；如果 100% 的人都说好，都满意，那你就得警惕了，极有可能一些人说了假话。因此，不要追求所有人都说好，不要追求每件事、每个人都满意，这是做不到的。

人力资源管理上信守的"七成定律"，体现的就是"金无足赤，人无完人"的理念。在现代企业管理的实践中，由于自身体制的原因，一些企业过度地把企业的发展寄托于个别的"完人"或"能人"身上，形成了一种对绝对性人才的依赖心理。但实际上，人才就是具有能为企业所用的一技之长的人。其也许在某些方面能力突出，但在其他方面表现平平。只有打破"人才必须完美"的观点，企业才能自觉地建立和完善人才管理机制。当一个人具有 70% 的能力胜任一份工作时，就可以重用，这样就可以激发人的内在潜能。这是具有前瞻性和战略性的人才观念。

第二节　"七成定律"的内涵

　　"七成定律"实际上是人力资源管理的一种"理念"和"方法"，揭示的是在"看人、知人、用人、管人、容人、做人"六个方面存在"70%"现象的内在逻辑和人力资源管理的基本原理。"七成定律"有着丰富的内涵和实践意义。

一、识人之本

　　如果把考察人作为"主体"，被考察的人作为"客体"，"主体"在考评"客体"时，应当有辩证唯物的思想方法，用70%的精力考察人的长处，从而使有一技之长的人得以提拔使用，不要过多地纠缠人的短处，在用人时尽量做到避其所短就可以了。古今中外，由于用对具有一技之长的特殊人才，从而成就大事、成就不凡的事例，比比皆是。

　　在中国古代有很多唯贤是举，不计其短的典故。如曹操就曾在其《求贤令》中举了一个生动的例子：汉高祖刘邦手下的大谋士陈平，虽有"盗嫂受金"之嫌，但刘邦舍弃前嫌，大胆起用，后来陈平果然为奠定汉室江山立下了汗马功劳。被称作人杰鬼雄的项羽，他的优点是"长八尺余，力能扛鼎，才气过人"，他的缺点是不愿刻苦读书，认为"书足以记名姓而已，剑一人敌，不足学"。可是当叔父项梁教他兵法时，他"略知其意，又不肯竟学"。然而就是这样一个优点明显、缺点也明显的人，年仅24岁便随叔父起兵伐秦，东救齐地，西破章邯；巨鹿之战，破釜沉舟；鞍马铁骑，挥剑扬戟。在被汉军包围于垓下后，毅然决然拒绝渡江，冲入汉阵，斩杀数百汉军，然后拔剑自刎，表现出了大勇无畏的军人品格，大责无贷的统帅品格，大败无悲的英雄品格，铸就了盖世英雄的壮烈人生。

这些经典实例都说明了一个道理，正确地认识一个人、准确地评价一个人，要有辩证唯物主义和历史唯物主义原理为基础的人才观。这对企业人力资源管理部门来说，尤为重要。

古人说："是马也，虽有千里之能，食不饱，力不足，才美不外见，且欲与常马等不可得，安求其能千里也？"在很多情况下，我们在看一个人的时候，会更多地观察其不足，关注其缺点，计较其短处，有时甚至会夸大其缺点和短处，得出片面的评价。这样一来，许多人就是满身缺点，进而使得企业无人可用。我们应该多看人的优点，善于发现人的长处，用其所长。一个人会干什么，能干什么，就让其去干什么，不擅长什么就不让其干什么就可以了。

现实中绝大多数的有成就的人才，往往都有自身的偏颇与不足。一个人有缺点是正常的，不必求全责备，关键是看人所长、记人所长、用人所长。要避人所短，忘人所短，忌人所短。"七成定律"中的"看人、知人"法则就是企业的识人之本。

二、用人之道

韩愈在《马说》中写道："世有伯乐，然后有千里马。千里马常有，而伯乐不常有。"古人识马的道理在今天也同样适用，千里马需有伯乐的选拔与重用，而伯乐相马，也表达了选人用人之道。

当候选人具备应征岗位 70% 的要求时，就可以使用了，不能苛求一开始就 100% 胜任岗位要求。若按 100% 要求，结果是无人可用。如果一个人用心肯干，在其不完全适合岗位要求时就任用，更能调动人的积极性，引发工作激情，充分发挥自己的聪明才智与专业技能。

从历史唯物主义的观点出发，事物总是发展、变化的。当一个人的主观能动性调动起来后，其短处可能会因此"缩短"，长处会"更长"，甚至能超水平发挥。

一般来讲，人往往会高估自己的能力，低估别人的能力，高估自己的成绩，低估别人的贡献，这是"人性"使然。如果一个人在自己的能力达到岗位要求的 70% 时被聘用，就会感受到领导和组织对其的信任和期待，这种信任和期待会激发其工作热情和潜能。如果一个团队里这种被激发的热情和潜能越多越持久，那这个团队的战斗力、竞争力和创造力就会越强大。如果一个人在自己的能力能 100% 满足岗位要求时被聘用，由于"人往往有高估自己能力"的因素，会使其认为自己早已具备条件了，但由于领导不信任而没有使用，于是其工作热情和潜能就不会得以发挥，甚至是一个负面因素，对团队产生负能量。如果一个团队的负能量越多，那么这个团队的战斗力、竞争力和创造力就会越弱。

其实，一个人在其具备岗位要求的 70% 时，领导决定用他，即使考虑到一部分"人往往高估自己的能力"的因素，他仍然会觉得自己还有一定的差距，是领导和组织的信任和期待使自己走上新岗位的，这样他就会用十二分的努力和勤奋去弥补他的不足，从而圆满完成工作任务。如果在使用他后再多一些跟踪帮助，那他就会发挥出超乎想象的创造力，做出意想不到的成绩。

企业的用人之道一定要看主流，重点关注积极的要素。因此，企业需要"千里马"，更需要慧眼识珠的"伯乐"。

很多企业，特别是大型国有企业人才济济，但在急于用人之际，常常也会觉得可用的人才不够。从表面上看，是缺少"千里马"式的人才，实际上是缺少"伯乐"式的人才。导致企业人才不足的原因有以下几个方面：一是企业规模做大后，人员的绝对数量存在缺口，这可以通过招聘等手段补充"新鲜血液"；二是结构性缺口，包括人员分布不合理，一些高素质的人才、复合型的人才、新兴产业的人才比较稀缺，这就要通过结构调整和加强培养等途径来解决；其实最主要的还是用人理念的问题，可能企业缺少的并不是人才，缺少的仅仅是发现人才的慧眼和鼓励人才脱颖而出的机制。通过倡导和践行"七成定律"，使各级领导转变识人用人观念，把存在不足之处的年轻人，看作是未全开的花朵，及时给他们提供展示才干的机会，激发出他们的潜能，使得人才辈出。

企业领导和人力资源管理部门在观察人、挑选人、使用人、培养人的时候，如果巧用"七成定律"，就会惊喜地发现身边"藏龙卧虎"，就会促成企业人才辈出的良好局面。

三、做人之诀

如果说企业选人用人不能要求"足赤""完人"，那么做人也是同样的道理。

《西游记》里唐僧师徒前往西天取经，历经"九九八十一难"，到"灵山封佛"时，猪八戒就对如来佛不满意，给如来佛提意见说：凭什么给猴哥封个"斗战胜佛"，给我只封个"净坛使者"呢？你佛老爷不公平啊！如来佛尚且做不到让 100% 的人满意，何况我们这些"凡人"呢？

人非圣贤，做人处世，岂能无过？更不可能让所有人满意。另一方面，不同的人有不同的立场、观点，对同一件事物就会有不同的评价。因此，人对自己的工作与为人，也应该有理性且清醒的认识，只要尽心用力了就应该满意自己，就能自信，就能继续努力做得更好。过于苛求，就可能使自己拘泥于"小"而忽略"大"，反而会影响工作，影响自己的发展，这是企业不希望看到的结果。

因此，一个人能做到让 70% 的人认可，就算不错了。尤其是对领导干部来说，更是如此。领导者不必追求完美，众说纷纭，不必追求所有人都说自己好，不要追求每个人都满意，这是做不到的。但对于不同的意见，甚至是批评，要认真听取，仔细分析，对正确的批评意见要接受改正，对合理的意见建议应予采纳。

四、管人之理

企业管理的第一要素是人员的管理。"管"意味着管理者要能掌握大局，从企业的战略目标、发展大局有效执行制度，理会员工的需求，评价岗职效率。

在企业，管人的重点是对团队的管理。如何客观正确地评价一个团队，对团队员工的劳动积极性、创造性至关重要。实际上，任何一个团队都不会十全十美，团队成员也绝不会"整齐划一"，也正因为每个个体的"千差万别""形形色色"，才能称其为团队。如果一个团队是"千人一面"，那反而是不可思议的，也是无法有效运转的。按照"七成定律"原理，一个团队有70%的人符合职位要求，工作尽心尽力，这就是一个优秀的团队。也不要苛求一个团队里面个个都是"三头六臂"，个个都是"关张赵马黄"，要明白"五个指头不一样长"的道理。

因此，作为一个团队管理者，就必须客观面对团队的每一个成员，对他们的个性特点甚至是不足和缺点都要充分包容。即使有一些不足，犯一些错误也不能"一棍子打死"，要建立容错和纠错机制。

容人也是一种管人之"理"。在企业，不管是领导者、管理者，或是一线员工，在工作中，总会面对不同的建议或意见，甚至是批评、反对的声音。对别人提的意见，包括批评和建议，要花70%的精力去反思自己，花30%的精力去考虑别人的意见合不合理。这就是经常讲的"言者无罪，闻者足戒"。

很多时候，人往往听不得不同意见，有些人一听到批评意见就情绪激动甚至暴跳如雷，这其实是"自我为中心"在作怪。一个人受各种主、客观条件的局限，很难对事物的全貌全部了解，也由于信息不对称，产生了"盲人摸象"的现象。这个时候，听到不同意见甚至是批评意见，冷静接受，反思自己，先70%地接受，30%地反思自己，再讨论对方的意见是否合理，是否对工作有利。哪些可以吸收改进工作，哪些可以引以为戒完善制度。即使他人的意见不合理甚至是错误的，也要善意地作出回应，多换位思考，将心比心。

在自然界，"七成"是一个神奇的比值。例如：地球表面水的覆盖面积占地球表面面积的70%；人体中水的成分所占的比例是70%；人体有14个"黄金分割"，其分割率为0.618，接近70%；在国家治理和企业治理中"三分之二多数"是一个非常重要的"量值"；甚至在评价某个伟人、名人时，往往用"三七开"这个比例。本书在人力资源管理实践中总结出的"七成定律"，在具体应用时也有着十分明显的普遍性和客观性，正确理解和掌握运用"七成定律"，必然会使企业的人力资源管理更加科学、更加有效。

第三节 职业人生的"黄金十二法则"

如果说人力资源管理"七成定律"是企业对员工的选用、评价的基本原则，那么对员工个人来说，成为一个于岗位称职、对企业"有用"的人，就需要付出加倍的努力，提升职业修养与胜任岗职要求的能力。

在职场中，总有不少人对职业的发展充满困惑与焦虑，面对未来，找不到方向，定不下目标，一旦遇到困难和挫折，就灰心丧气。于是，有的人消极应付，有的人频繁换工作，究竟该怎么办，自己也不清楚。职业的发展，人生的走向，到底路在何方？

其实，人生最宝贵的财富就是时间，而人生又是一个不断积累的过程。孔子说："三十而立，四十而不惑，五十而知天命，六十而耳顺，七十从心所欲，不逾矩"，这是人生大致的发展规律。职场人生大致可分为"知、立、长、成、享"五个不同阶段。第一阶段为"知"，即初入职场的第一个十年是打基础、重实践、长知识；第二阶段为"立"，即有能力、有理由在职场立足；第三阶段为"长"，即在职场进步较快，为成功铺平了道路；第四阶段为"成"，即职业人生成功达到"顶峰"，能力、贡献与收获达到峰值；第五阶段为"享"，即安心品味职业人生的"成果"，享受精神、物质的快乐。

人生的不同阶段有不同的目标，而这些阶段目标的实现程度就决定了人生结果。影响人生"结果"的大小、好坏、优劣、成色等因素多种多样。总体来看，影响人生结果的因素主要有三个方面：一是心智模式，二是勤勉程度，三是素质能力。这三个因素之间存在着相互决定、相互影响的关系，如用一种"方程式"来表达，即：人生结果 = 心智模式 × 勤勉程度 × 素质能力。

可以说，"心智模式"决定了人生结果的性质是负向还是正向，而"素质能力"和"勤勉程度"则决定了人生结果的大小、多少。"素质能力"除自己努力外，还受客观环境的影响，"勤勉程度"则完全取决于自己，可总结归纳为"黄金十二法则"，可以说求解人生结果的"十二条法则"比"黄金"还要宝贵（图5-1）。

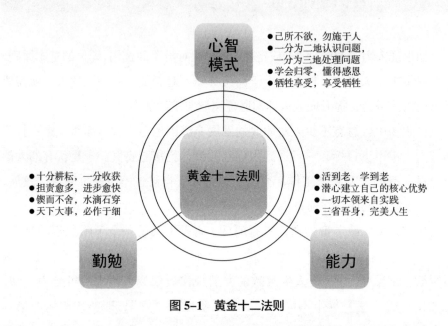

图 5-1 黄金十二法则

一、升级"心智模式"，把自己变成一个"智慧"之人

所谓"心智模式"，是指一个人在对待成绩、失败、挫折、困难、顺境、逆境时的心理状态，有正向、负向，积极、消极，乐观、悲观之分，决定着"方向"问题。

一件事之所以看起来很难，只是因为暂时还没有找到解决的办法而已。只要下定决心去想、去做，办法总是能找到的。人们会发现，问题解决以后，世界上的事并没有那么难。

经历是一种财富，一个人经历得越多，知识面就越宽阔。即使是失败的经历也是一种财富，也是值得珍惜的。不要怕失败，因为有了失败的教训，才会更好地把握成功的因素。

一个人面临的很多问题能否被解决，取决于心态问题，取决于积极的心态、积极的思维、积极的行动。心智模式非常重要。因此，可以进一步对上文提到的方程式进行赋值运算，"心智模式"的赋值范围是 -1 ~ +1，"勤勉"的赋值范围是 0 ~ 10，"能力"的赋值范围也是 0 ~ 10。故上述方程式可以写为：人生结果 = 心智模式（-1 ~ 1）× 勤勉（0 ~ 10）× 能力（0 ~ 10）。

从上述方程式及其赋值中可以看出：如果一个人的"能力"是"7分"，"勤勉"是"9分"，"心智模式"是"1分"，则"人生结果"就得"63分"；如果"能力"是"9分"，"勤勉"只有"3分"，"心智模式"还是"1分"，那么"人生结果"就是"27分"；如果一个人的"心智模式"是"负向"的，那么"人生结果"就是"负值"。可以说："心智模式"决定"人生结果"的性质是"负向"还是"正向"，而"能力"和"勤勉"则是决定"人生结果"的"大小""多少"。"能力"除自己努力外，还受客观环境的影响，"勤勉"则完全取决于"自己"，由此可见，一个人的"心智模式"决定了其"人生结果"。

（一）己所不欲，勿施于人

在职场中，每天都要与别人沟通：与客户沟通，与同事沟通，与领导沟通。一般来说，人与人之间的沟通有两种境界：一种认为自己是对的，他人是错的，不懂得理解他人，把别人放到了对立面；另一种认为自己是对的，但是他人也没有错，自己喜欢的东西，他人可以不喜欢，自己倡导的东西，他人也可以提出反对意见，在这个层面上，彼此是尊重对方的，把对方与自己并立。

"己所不欲，勿施于人"，是要把别人放到与自己平等的位置上，欣赏对方，对方自然也会欣赏我们。同理，"己所盛欲，勿施于人"，也就是说，不要把自己的喜好强加于人，把自己的喜好强加于人，实际上也是在强人所难。要善于站在对方的角度去思考、理解，尊重对方的意见。因为世界上的任何事物，都事出有因，无论对错，都是一种客观存在。对正确的事情，给予支持、肯定，对不正确的事情，就事论事予以辨明，不要因为自己不赞同、不支持而反对、诋毁别人。

（二）"一分为二"地认识问题，"一分为三"地处理问题

从辩证唯物主义观点出发，世界上一切事物都存在两面性，一切事物都是变化的、发展的。一枚硬币，有正面和反面；一座山，有阳面和阴面；一个人，也有优点和不足。在一定条件下，坏事可以变成好事，好事做不好就成了坏事。所以对人对事，看问题不能绝对化，不能非对即错。事情本身的好或者坏，对或者错，只取决于我们看问题的角度。生活中，很多事情都是福祸相依，不断地发展变化，没有绝对的好，也没有绝对的坏。在"一分为二"地认识问题的基础上，我们还要学会"一分为三"地处理问题。

"一分为二"地认识问题，要从事物及其发展的不同侧面和层面，剥离彼此看问题。可是，世界上很多事，在"彼、此"之外，还有一个"亦此亦彼""非此非彼"的中间地带。如果要用颜色来形容，那这个地带既不是黑色，也不是白色，而是介于黑色和白色之间的灰色。

在微观世界，有一个著名的现象是"波粒二象性"。曾经，有的科学家认为光是一种如水波一样的流体，有的科学家认为光是一颗颗微粒，然而，后来经过爱因斯坦研究证实，光既有波的特性，也有粒子的特性，光具有波动性和粒子性的统一，即波粒二象性。

事实上，不管在自然界，还是在社会领域，这种介于"既是波，又是粒""既不是黑，也不是白"情况有很多。学会"一分为二"地看问题，我们就多了一份理性；学会"一分为三"地处理问题，我们就多了一份智慧。

华为是一家民营通信科技公司，一向以创新闻名，每年的业绩考核中，一个重要的指标就是"新产品占整个销售额的比重"。华为做新产品研发，是从长远的角度、创新的高度，创造出一个又一个深受国内外用户好评的系列新产品，在市场上取得了巨大成功。就在华为高速发展期间，当美国一批为华为提供重要配件的合作方受"美国实体清单"影响将断供时，华为就是用"一分为三"的方式来处理这次"突发事件"。一是对美国政府的禁令，

华为以强大的祖国为依托，运用法律与世贸规则，从容面对；二是与友好的美国公司继续保持合作；三是抓紧做好自己的事，以便应对一切可能发生的变故。

如果说，早期模仿和后发创新是一件事物的两面，我国许多科技企业就曾处于介于模仿与创新之间的中间地带，即：引进→消化→再创新。在这个中间区段里，企业找到了生存之道。这就是"一分为三"地处理问题的智慧。

（三）学会归零，懂得感恩

人们常说，人要有一种好的心态。心态是一个人在思想观念的支配下为人处世的态度和心理状态，是人的一种内在和外在的统一。人要学会"归零"，把过去的贡献与成绩归零，把挫折和失败归零，瞄准自己的理想目标，一切重新开始，不懈努力奋斗。这就是一种良好的心态。

有人把归零形象地称作"空杯心态"。顾名思义，一只装满水的杯子是很难再接纳新的东西进来的。"空杯心态"就是要将心中的"杯子"倒空，将自己重视、在乎的东西，将自己曾经辉煌的过去，都从心态上彻底清空。只有将心倒空了，才会有外在的松手和放下，才能拥有更大的成功与辉煌。

归零，是一种挑战自我的睿智，体现的是虚怀若谷的大度，也是一种永不满足的进取。人生需要不断地"归零"。每过一段时间，都要将过去"归零"，让自己重新开始。不要让过去的烦恼成为现在的包袱，因为轻装上阵才能走得更远。人的心灵就像一个容器，时间长了里面难免会有沉淀。只有时时清空心灵的沉淀，时时刷新自己，才能收获满意的人生。能把成绩放在一边，是一种归零，把挫折和不愉快放在一边，也是一种归零。

感恩是人的一种品质与境界、一种人生态度，也是一门艺术。玉龙雪山下有一副对联，写的是"雪峰下学会敬畏，商海里懂得感恩"。到了雪峰下，才会知道自己的渺小，自然界的力量是伟大的，要学会敬畏。孔子讲："畏大人，畏圣人之言。"没有敬畏，人就不称其为人了。成功是靠别人的。被人感谢总是一件快乐的事，给别人的快乐越多，别人反馈的快乐就越多。

人要懂得感恩父母和师长，感恩国家和社会，也要感恩困难和挫折，甚至感恩竞争对手，因为是他们帮助、促进了自己的成长。努力工作、奉献社会、乐于助人，把自己的事情做得更好，就是感恩回报。如果一个人不懂得感恩，就难以进步，成功的机会就更少了。

（四）牺牲享受，享受牺牲

"牺牲享受"是相对容易做到的。"享受"人人都会，"牺牲"就不一定了。"牺牲"是一件痛苦的事，如果能达到"享受"一般的程度，那就到了一个新的境界。本来"牺牲"是不好的，但是将"牺牲"也变成享受了，那么人的一生都在享受，快乐就多了。幸福在心里、在自我。因为人生在世，常常会遇到要"牺牲"的事。人和人的区别之一，就是对待"牺牲"的态度。如果把"牺牲"看成一件痛苦的事，就会经常痛苦，因为人生不如意十有八九。如果把"牺牲"当作一件快乐的事，就会"快乐"翻番。当然，这有点像"阿Q精神"，但是人生有时候确实需要这样的辩证思想，这是健康的心态。一旦有这种健康的心态，旁边的人就会帮助你，得到的机会就多了，自己也会从中感到快乐。

上述四个方面是升级心智模式，做智慧人的主要组成，是建立积极健康的心智模式的钥匙和关键。如果做到了，就会把自己变成一个智慧的人，不论外部的环境如何变化，总能微笑着面对一切。

二、升级"勤勉"，把自己变成"行动"之人

"勤勉程度"是个人的努力程度，决定着"行进速度"问题。人生如逆水行舟，不进则退。只有升级工作态度，升级"勤勉"，做个勤勉的人，才能使自己变成一个"行动"的人

（一）十分耕耘，一分收获

人不能奢望一分耕耘就必有一分收获。"耕耘"这个词起源于农业生产。

黄河流域的农民种麦子，有一句俗语"麦收八十三场雨"，就是八月、十月、三月各下一场雨，这三场雨下透了，麦子就可以收成了。如果八月、十月都下雨了，就剩三月份那场雨没下，那麦子收成也不会好。如果八月、十月、三月不下雨，农民就必须引水浇地。否则，就会影响麦子的收成。另外，麦子从播种到收割，到归仓，需要施肥、除草，要付出很多的辛苦劳动。如果只做一半，后面不努力了，最后也得不到好收成。所以，想要一分收获，就必须十分付出、十分"耕耘"。

（二）担责愈多，进步愈快

勇于承担责任不但意味着需要更多的付出，同时也意味着要接受更多的批评与监督。在工程建设企业，担责还意味着风险。然而，任何人生的角色，如果缺少了担当，那生命就没有了意义。没有担当，也就没有了热情，没有了热情就没有了自觉性。生活中，人缺少了压力和动力，就不会有活力。学会担当，才会使生活变得更加美好、更加温暖、更加充满希望。勇于担当，就会敬畏人生的每一步，能做到全心全意，人的一生才不会碌碌无为。其实每个人的肩膀上都有一份自己的担当，需要挺起脊梁，担当社会、家庭和自己的那一份责任。

幸福是靠艰苦奋斗得来的，幸福也是勇于担当社会责任的一种享受。人生经历是一种财富，一个人担责越多，经历就越多，其知识就越丰富。"读万卷书，行万里路"。还要做"万件事"，每天都要做一件事，这样的经历就会很丰富，以后遇到同类问题时，就会胸有成竹，沉着应对。同时也会收获更多，进步更快。人的快乐追求就意味着要勇于担当。

（三）锲而不舍，水滴石穿

"锲而不舍，水滴石穿"表达的是一种攻坚克难的人生态度，滴水穿石，不是因其力量，而是因其坚忍不拔、锲而不舍。愚公移山的意志，是人执着追求的精神品质。一个人只有持之以恒，没有完成不了的事业。

因此，一个企业，一个员工，一旦目标确定，方向明确，就不要踌躇不前，摇摆不定。做事要有定性和韧性，一件事干到底。例如中建五局，每年一个工作主题，持续不断地去做；企业转型升级，必须持续不断、坚持不懈，这样效果才好。如果只做一次，做得再努力，也不够优秀，效果也不够好。做企业是这样，每个人做事也是这样。锲而不舍，金石可镂，如果有这种品格和修养，离成功就不远了。

（四）天下大事，必作于细

荀子有言："不积跬步，无以至千里；不积小流，无以成江海。""积土成山，风雨兴焉；积水成渊，蛟龙生焉；积善成德，而神明自得，圣心备焉。"老子《道德经》所言"天下难事必作于易，天下大事必作于细"，意思是说：天下所有的难事都是由简单的小事发展而来的，天下所有的大事都是从细微的小事做起来的。由此可见，一个人要想成就一番事业，就得从简单的小事做起，从细节入手。

人们经常讲的"黄金两小时"，通常是指抓紧宝贵的短暂时间去完成、处理很紧迫的事情，错过这两小时，就会耽误大事。把"两小时定律"延伸到时间的利用，需要积"短"成"长"；用在做事方面，图天下大事，必作于细微之处。如果一个人每天用两个小时专门做一件事，12年后其就会成为这个领域的专家。做事情必须从大处着眼、小处着手，人们常说"细节决定成败""魔鬼总在细节中"，要舍得在"小事""细节"上花气力、下功夫，不偷懒、不懈怠。

三、升级"能力"，把自己变成"有用"之人

"素质能力"是指个人通过先天的禀赋和后天的锻炼所拥有的综合素质，决定着"步伐大小"。只有升级自身的素质能力，才可成为一个有用的人。

聚沙成塔，集腋成裘。一个人在职场上的成功，其实就包含在日复一日的行为中。心智模式、勤勉程度、素质能力，就是取得成功的关键因素。改变自己，修炼出强大的"成功基因"，建立健康、优秀的心智模式，变成一个

智慧的人；培养勤勉的态度和行动，变成一个勤勉的人；升级能力素质，变成一个有用的人。那么，人生就会无限精彩，都能实现自己的梦想。

（一）活到老，学到老

"活到老，学到老"出自古代雅典著名政治家梭伦之口。一个人年轻时，学习是为了理想获取知识；到中年时，学习是为了补充心灵；老年时，学习则是一种意境，乐在其中。在现代社会，人类对客观世界的认识不断深化，获取的知识海量积累，因此，人对知识的需求是没有止境的，不能停留在现有的水平上，人要学习的东西还有很多。因此，人对知识的学习就不可能一劳永逸。

一方面，人要"活到老，学到老"；另一方面，其实还可"学到老，活到老"。因为，人和动物的区别在于人有"思想"，而动物没有。不断学习是充实大脑、激发思维的唯一途径，人不学习，思想就会落后，大脑就会僵化。只有学到老，才能活到老。要使学习有效果，有八个要点需要强调：学而习、学而思、学而用、学而传、学而行、学而修、学而果与学而乐。要从"学海无涯苦作舟"的焦虑，过渡到"学海无涯乐作舟"的逍遥。

（二）潜心建立自己的核心优势

一个人凭什么立于社会，凭什么获得尊重？这个"凭什么"就是自己的核心优势。从国家到个人，均是如此。说得通俗一些，你所在的单位不要你了，到别的地方我仍然有核心优势，我仍然能做出成绩，这就是核心优势的一种体现。比如美国的通用电器公司，为什么受人尊敬？因为其培养了一批世界级的CEO，这就是一个比较明显的核心优势。

（三）一切本领来自实践

人应当立足于实践，不要总想着一蹴而就、一飞冲天，想着不劳而获，甚至是投机取巧，这是不可能的。一切管理工作，不在于知，而在于行。要想知道梨子的滋味，就必须亲口尝一尝。实践出真知、实践出智慧、实践出本领。因此，要想成功，必须"行动"，必须在实践中学习、在实践中提高、在实践中增长才干。

（四）三省吾身，完美人生

《论语·学而》中曾子说："吾日三省吾身，为人谋而不忠乎？与朋友交而不信乎？传不习乎？"讲的是为人谋事是否不忠，与人交友是否无信，是否教人为而己不为。引申之义，就是一个人应当经常从多方面审视自我，自我检查，自觉纠正。正如邓小平曾说："正确的要坚持，错的要纠正，不完善的要补足。"

众所周知，人的成长是一个不断学习、增加知识的过程，同时也是一个不断克服不足、纠正失误的过程。做对了事，做好了事，自然有公论。要做到知己不足，首当自省。在工作中，一个要求上进的人，总是会经常思考，哪些做对了，哪些做错了，哪些有不足，如何去改进。这才是一个人不断进步的正道。利用"旁门左道"得到的进步，不是真正的"进步"，也不可能持久，毫无积极意义。做到"三省吾身"，就是一个高尚的人，就能成为一个有益于社会、有益于人民、有益于家庭的人，从而成为一个对社会有用的人，就能为实现自己的人生目标和远大理想奠定牢固的基础。

中建五局从 2002 年开始，之所以能够扭亏脱困、快速发展，一个重要的原因就是较好地解决了"国有企业人的问题"这个被戏称为"世界级"的难题。而"国有企业人的问题"的解决，"七成定律"发挥了十分重要的作用。在企业扭亏脱困之初，由于经营规模的快速扩张，人员不足、素质不高的矛盾十分突出。通过广泛宣贯"七成定律"理念，改变了大多数基层领导的思想观念，使他们克服了畏难情绪，运用"七成定律"思维，眼睛向内，大胆起用了大批优秀的青年人才。年轻人也转变了"等、靠、要"的思想，积极上进，激情投身到企业发展的洪流中，运用"七成定律"思维，在实践中学习，在岗位中锻炼，大批优秀人才迅速成长，争先恐后担当企业发展的重任。

在现代企业管理的实践中，由于自身体制的原因，一些企业过度地把发展寄托于个别的"完人"或"能人"身上,形成了一种对绝对人才依赖的心理。但实际上,人才就是具有能为企业所用的一技之长的人。这个人也许在某方面能力突出,但在其他方面表现平平。只有打破"人才完美"的观点,企业才能自觉地建立和完善人才管理机制。运用"七成定律"后,中建五局各级领导转变了识人用人观念,把存在不足之处的年轻人,看作是未全开的花朵,及时给他们提供展示才干的机会,激发他们的潜能,使得企业迎来了柳暗花明、生机勃勃的局面。无数的年轻人就像是得到阳光雨露滋养的青苗,破土而出,形成了泉涌喷薄之势。

在人力资源管理的具体操作上,不拘一格用人才,岗位锻炼造人才,业绩导向激人才。强调用人所长,坚持全面、辩证地看待人才,不求全责备,鼓励各级领导发现人才,力求做到人尽其才,才尽其用。同时,采用专家评定、情景模拟等方法,确定企业发展所需的各类人才在经验、能力、专业等方面的需求,对员工现状进行全面分析,制定人力资源专项规划,有针对性地采取有效措施,提升员工的素质能力,极大地激发员工的工作积极性和潜能。

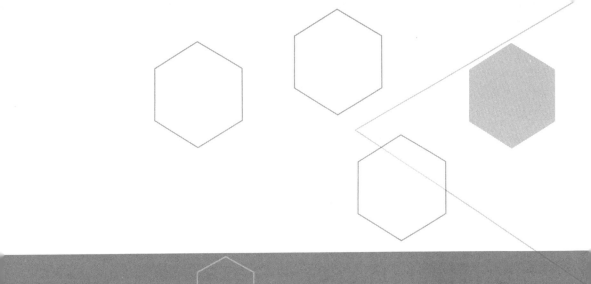

第六章

领导班子能力建设

  打造基业长青的"百年老店"几乎是所有企业创始人的梦想，然而现实却是企业都要在严酷的"丛林法则"的优胜劣汰过程中胜出。企业做不好、做不长、做不大的原因固然有很多，但根源却只有一个——缺乏能引领企业永续前进、真正具有企业领袖素养的掌门人。

  正确路线确定之后，干部就是决定因素；不论国有企业，还是民营企业，也不论是中国企业，还是外国企业，都有成功的，也有失败的，有"百年老店"，也有"昙花一现"。企业的成功与失败，最重要的因素是"人"而不是"物"。在"人"的因素中最为重要的便是领导班子，领导班子中最为关键的是领军人物，也就是常说的"一把手"。领导在企业中所处的特殊地位，决定了领导在企业发展中承担着"设计者、领道者、实践者"多重角色。

第一节 领导班子能力要素

企业领导者的能力至关重要，直接关系到企业的生存与发展。能力是检验领导水平的有效标尺。企业领导者应当是管理能力与专业能力的合成者，一方面是能解决问题的专家，另一方面能够使企业管理的工作不断优化。从"人是生产力第一资源"的角度考察，企业领导者处于"第一资源"中的首要位置。

曾写下《21世纪的管理挑战》且被誉为"现代管理学之父"的美国学者彼得·德鲁克认为，一个优秀的管理者必须具备五个优势：①能作出正确的重大决策；②能建立有效的工作秩序；③善于发挥众人之所长；④善于利用有限的时间；⑤注重贡献和工作绩效。这无疑也是一个合格企业领导者的必备条件。

企业领导班子能力涉及多个方面、多个层次，但主要体现在决策、管控、用人和整体性四个方面，正确的战略决策、有效的企业管控、知人善任的用人制度和领导班子具有"四心"，是一个企业领导班子领导能力的四大要素。

一、要素之一：正确的战略决策

战略决策是关系企业全局和长远发展等重大问题的决策，具有风险性、非程序化特征。企业战略决策涉及企业发展方向、经营方针、经营目标、产品发展、技术改造、市场开发、企业转向、人力资源开发等关乎企业生存的重大问题。工程建设企业战略决策的确定，是检验企业领导班子综合素质与领导能力的第一道关口。

（一）企业战略决策的确定

企业战略决策的确定要充分考虑战略决策的背景、内容和过程，这些是影响战略决策的三个重要因素。其中，战略决策的背景是指围绕企业发展目标的战略执行和发展的环境；战略决策的内容是指战略决策实施的主要活动；战略决策的过程是指企业面对复杂变化的环境时，决策活动之间的联系、协同等规律与特点。战略决策的背景、内容和过程三个因素共同决定了战略决策的确立。

企业领导班子在决策中要注意依靠集体的智慧，要进行严格的可行性论证。在进行战略决策时，需要充分考虑企业的经营环境因素（包括：经济因素、政治因素、科技因素、法律因素和社会因素等）。同时应紧密结合企业内部条件（包括：人力、物力、财力、自然条件、技术专利、商标信誉等经营资源条件，企业的生产能力、技术能力、销售能力、竞争能力、适应能力以及管理水平等），进行认真分析、研究。可以认为，企业领导班子的素质与能力决定了企业战略决策的正确性。

（二）战略指标决策的确定

企业战略决策确定之后，就需要确定各战略实施单元的战略指标目标值。对工程建设企业而言，战略指标目标值重点包括：工程项目数量与规模、合同金额、营业收入、施工成本与净利润、人均劳动效益等具体化指标，以及企业资本收益率目标、资本投入目标、市场份额目标、资本产出目标等。

企业领导层要对不同战略执行单元相关指标值进行综合分析，包括不同战略单元净利润的构成比重、资本量的比重、相对竞争力比较等，以优化调整各战略单元的战略目标，促进企业整体的生产经营效益最优化。

企业在战略指标决策时往往要受企业自身资源状况的约束，要综合权衡不同战略单元的机会和资源投入，要考虑资源获得的渠道以及投入的策略，要结合市场类型分析考虑自身决策对行业整体的影响。

（三）业务战略决策

企业领导层在战略定位决策和战略指标决策的基础上，要重视制定保障指标实现的相关业务战略。主要包括能提高企业资本收益率的业务战略，如成本领先战略、质量领先战略；能提高可投入资本量的业务战略，如融资战略、并购战略等；能提高市场份额的业务战略，如低价战略、渠道战略等；能提高资本产出的业务战略，如精益生产战略、流程再造战略、信息化战略等。提高净利润的目标依赖于以上各项业务战略的制定和实施。

业务战略决策需要业务职能领域的专业分析，其不同于战略管理循环中的战略分析，分析内容更为广泛和灵活。对业务战略决策要有其自身的目标和行动方案，对业务战略实施所制定的具体保障措施可不列为业务战略决策的内容，可作为战略实施阶段的内容。

（四）战略决策思路

不同行业的企业具有不同的特点，同一行业的企业在人才、资本、市场及其他方面也有着不同的资源优势。企业领导层运用好自身特有的资源，在生产经营中发挥这些优势，是其领导能力的主要体现。

1. 资源导向型决策思路

企业资源类型多种多样，资源导向型决策是根据企业拥有的资源投入行业、项目的成功率进行的决策。如企业拥有的闲置土地，应寻求土地资源的开发利用；房地产市场前景好，企业资本可选择进入房地产行业；企业拥有客户资源，可选择为客户提供其他类型的产品或服务，以获得更大效益。资源导向型决策思路的优点是善于利用企业资源，但要避免资源过于分散而使主业不清晰、不强大，导致企业在各个战线上竞争力减弱。资源导向型决策的确定需要企业真正认清自己拥有的资源，过高估计自己的资源和能力，将出现难以控制的局面。

2. 机会导向型决策思路

机会导向型决策是根据企业发展的外部环境如国家政策指导、市场需求前景、行业竞争态势、科技创新成果应用等进行的决策。机会导向型决策的成功是基于对机会的准确判断。机会导向型决策思路可能使企业实现"弯道超车",让不起眼的企业、个人变得"不平凡"。其弊端是缺乏资源,或在对"机会"判断失误的情况下决策。因此,企业决策者不能无视机会,也不能什么机会都"试水",防止企业资源过于分散,难以形成强势主业。

3. 跟风型决策思路

跟风型决策思路在国有企业和民营企业中常有存在,这是造成开始"一窝蜂上",随后"集体溃退"的原因。如前几年的"造车运动""炼钢冲动",还有盲目的"国际化""多元化",不规范的"资本运作"等,使不少企业陷入被动。其失败的根本原因是企业决策者不善于分析判断、准确把握机会。因此,对工程建设企业来说,企业领导层应结合自身优势,关注并研究新型业态的形成、新技术新装备的应用等可能产生的机会,认真分析,准确把握,抓住抓稳,就可能成为"先驱者",或成为"后起之秀"。

4. 无奈型决策思路

无奈型决策思路是一种被动的决策思路,是由多种原因造成的,既有历史的原因,也有"守旧"的惯性思维。有些企业决策者不关注外部环境的深刻变化,"低头拉车"而不"抬头看路",当行业衰落、市场萎缩时才被迫想出路,或靠耗时间等转机。

"思路决定出路",战略决策思路是决定企业生存发展命运的大事。因此,战略决策思路将成为企业领导班子能力的试金石。

二、要素之二：有效的企业管控

随着外部环境复杂性和竞争性的加剧，中国经济格局进入不断变化的新常态，企业面临的风险越来越多、越来越大。如何围绕企业战略目标，提高企业的实际生产经营效率、管理水平以及防御风险的能力，维护企业的正常生产经营，促进企业的持续、健康发展，就需要管理制度化，制度规范化、科学化，提高企业全员的执行力水平，能否对企业实现有效管控，是对领导班子能力的考验。

管控是基于母公司作为子公司的投资者身份而形成的管理方法，体现的是在一些关键要素上大股东实施以"控制"为特征的管理行为。管控模式是企业集团对下属企业基于集分权程度不同而形成的管控策略。集团总部对子公司的管控包括财务管控、人力资源管控等，还包括企业内部管控。比如一些集团对子公司的战略规划、投资进退、高管人事、资金担保等重大要素实施终极审定机制。母公司的管理意图通过专业线条上的逐级意图传递来实现控制目的。

（一）发展战略管控

企业发展战略是企业对未来发展的全局性部署，企业的发展战略可以有单一业务、相关多元业务和无关多元业务三种类型。对于采用单一业务发展战略的企业集团来讲，所有成员企业都从事同一业务，每个成员企业的管控都能以不同程度复制到其他成员企业，在这种发展战略下集团完全可以对成员企业实行集权式的管控模式，也就是说具备了实行集权管控模式的基本条件。而对于采用无关多元业务发展战略的企业集团来说，每个业务都有不同的特点，需要不同的管控模式来适应，因此，集团无法对成员企业实行更为紧密的管控模式，分权管控成为必然。同理，采用相关多元业务发展战略的企业集团则可以在集权与分权之间寻求平衡。

（二）组织规模管控

组织规模决定了集团总部的管理幅度和范围，在企业集团发展初期，成员企业较少，或者基本分布在同一区域，这种情况下集团有足够的能力对成员企业实行更紧密的集权型管控；而当企业集团规模不断扩大时，需要管理和协调的事务越来越多，全部交由集团总部来决策便会影响到决策速度和质量，尤其在竞争日趋激烈的今天容易因为决策速度过慢而耽误商机，这就需要集团总部逐步放权，向分权型管控模式过渡。例如：投资的经营权和决策权分离，将有限的专家资源集中在总部，各地子公司的投资决策、人员、资金等都上报给集团来决策。随着企业市场规模的快速扩张，区域子公司不断增加，人员队伍不断壮大，工程项目越来越多，集团不能作出快速反应，无法适应竞争日趋激励的行业发展态势，由集权型管控模式向分权型管控模式转变就成为必然。

（三）建设企业管控特点

不同的行业具有不同的特点，在管理控制上也有所不同。企业集团一般拥有多个不同的业务板块，由不同的下属企业承担。下属企业单元如果业务运营单一，不需要作出太多个性化经营决策，就可实行集团直属管控模式；而对于那些需要成员企业作出大量个性化经营决策的行业，则需要考虑实行分权型的管控模式。以中建五局为例，集团拥有下属企业23家，其中区域性公司有7家（北京、广东、华东、山东、河南、安徽、东北），专业性公司12家（三公司、投资公司、信和地产公司、土木公司、安装公司、总承包公司、中建隧道公司、不二幕墙公司、装饰公司、园林公司、钢结构公司、资产公司），其他类型公司4家（设计院、信和学堂、长沙建校、直属项目部），这三大类企业的主营业务、市场靶区、专业生产特点、人力资源结构与经营管理模式差别很大，显然，集团对三类企业的管控模式不尽相同。

（四）企业领导决策风格

企业领导者在作出各种决策时都有自己的风格，领导者的这种风格直接影响对决策安全感的把握，决策者对管控的紧密程度源于其对局势掌控程度的需要。有些企业领导者善于把握细节，事必躬亲，在集团管控当中体现为集权型管控；有些则更善于抓大放小，在集团管控中体现为分权型管控。

1. 领导者的成长环境对决策的影响

企业家的成长环境对集团管控有较大影响。一般来讲，国有企业的企业家更倾向于分权型管控，这是因为企业家成长于系统规范的组织当中，习惯于有序授权的组织氛围，在成长为企业集团领导者之后也就更倾向于分权型的管控。而民营企业家则更倾向于集权型管控，这是因为民营企业家大多是自创企业，企业从无到有、从小到大发展起来，而这种发展环境决定了企业家是从事必躬亲的小组织管理经历成长起来，事必躬亲往往已经成为企业家的一种领导习惯。

2. 企业文化对管控模式选择的影响

企业文化是影响企业管控模式选择的重要因素之一。在一个健康向上、诚实守信、和谐奋进的企业文化氛围中，有利于排除对正确决策的干扰，有利于实现企业集团对成员企业的有效管控。

企业文化对管控模式选择的影响主要体现在领导者和员工两个层面。

一方面。有一个好的企业人文环境，企业领导者在确定战略决策时不必顾忌各种复杂的人事关系与利益冲突，而是以实现企业战略目标为基准点。另一方面，领导者对员工队伍的自信，不会为战略决策的实施能力而犹豫不决。

企业实施内部管控，目的是提高企业抵御风险的能力，同时规范管理行为，堵住管理漏洞，最大限度地提高企业效益。在一个健康的企业人文环境培养成长的员工队伍，职业操守无须担心，劳动的自觉性、创新的主动性也是一种必然，员工对企业确定的战略决策目标与管控措施不会置疑，而会坚持不懈地努力实现。

3. 国家政策对企业管控模式的影响

企业的管控模式是一个管理机制的问题，在我国，不同所有制企业的管理机制有很大差别。非公有制企业的管控不可忽视员工的权益，必须在符合国家政策法规的基础上采取灵活的、有利于企业发展的管控制度与方式；在上市公司，企业的管控模式还应遵守证监会、国家金融监督管理总局的相关制度与规范；国有企业的管控模式必须符合社会主义市场经济体制的要求，社会责任、企业效益与员工利益三者必须兼顾，不可偏颇。

三、要素之三：知人善任的用人制度

人们常说，能知人善任的领导就是伯乐。对企业领导者来说，只有善于认识人的品德和才能，才能最合理地选用企业所需要的人才。任何企业组织、单位，都希望有一支高素质的员工队伍，尽可能拥有更多的优秀人才，这就需要企业领导者能准确识别人才、正确使用人才。

（一）用人先识人，知人方能善任

识人是用人的基础，用人是识人的目的，管人则是用人的手段。识人、用人和管人，归根到底是为了利用和发挥人力资源的优势，为企业创造最佳效益。识人不准、用人不当、管人不精，则功亏一篑。

随着经济社会的快速发展，当今企业的用人成本日趋增加，在员工薪酬之外，还有数倍于薪酬的人力成本，如医疗、保险、教育、福利等等。在工程建设企业，员工的辞职或被辞退的现象屡见不鲜。人们常认为员工辞职多数是因为收入少，不少企业领导没有深入调查员工辞职的真实原因，致使企业内部可能存在的管理隐患不被发现，实际上，很多是选人用人问题。因此，企业用人10%应靠绩效管理，30%靠教育培训，60%靠选对人。而选人要先识人。

识人，就是辨其长短，察其优劣，然后根据企业的需要而择优任用。选人、用人是人力资源管理的一种艺术，其内容丰富、涉及面广，最重要的一点就是要用全面的、历史的和发展的目光看待人才。一个人有长处，也有短处，有优点，也有缺点。只有把岗位的需要和人才的实际才能结合起来考虑，用人所长、避人所短，才能做到岗职相称、用当其才。识人、用人和管人，是领导者的重要工作，如何识人、用人和管人，则是领导者的人力资源管理艺术。不同行业、不同所有制企业，领导班子管理能力的高低，都会从这三个方面得到体现。

评价一个人，要全面、客观、公正，看主流、看本质、看发展，做到"识才有眼"。

有人说曾国藩的处世三绝就是识人、用人、管人。其成功之道是能任用智才、偏才、奇才，才尽其用。而他的识人观点是：人"有感于内，必形于外"。也就是说，一个人的修养常表现于外，举止衣着三分气象，由表入里，须细辨其天性：品德、心理、心地、胸怀、修养。

合适的人有合适且能展示人生价值的舞台，这才是人才资源的优化配置。在企业，要真正实现人才资源的优化配置，首先在于企业领导者在"识人"方面的能力。

唐代文学家韩愈说："世有伯乐，然后有千里马。"而现实中常常是"千里马常有，而伯乐不常有。"清代初年词人纳兰性德曾感叹："世无伯乐谁相识，骅骝日暮空长嘶。"三国时期的刘备，带着大将关羽、张飞，三次到访卧龙岗诸葛草庐访请诸葛亮出山辅佐，后世传为佳话。由此可见"伯乐"对选人用人的重要性。

在企业，领导者要当好"伯乐"，要有"三顾茅庐"的精神，首先要具备刘备识人的智慧能力和诚意邀贤的胸襟，能慧眼识珠，从下属、员工中去发现千里马，培养千里马。企业领导者以德能为先"识才"，真心诚意求才，德才兼备用才，大胆起用企业所需的各类人才，就是领导能力的直接体现。

（二）用人不疑，重在用其所长

人才管理在现代企业的建设和管理中具有举足轻重的地位。在企业用人问题上，最能体现出领导者的品质，而在用人机制的健全和制度的完善上，最能体现领导者的能力。善用人者为大家，而善用恩者不过"小家子"而已。

企业用人的目的在于提高效率，如果用人存疑，用非所长，对企业和人才都是极大的浪费。用人之前注意考察，用人之时注意引导，用人之后注意管理，则用人的效率就会大大提高。

在企业人力资源管理实践中，企业在用人问题上可能出现的问题主要有：用人存疑，求全责备，任人唯亲，拔苗助长等等。因此，企业领导者在用人问题上要十分清醒，要关注拟用之人对事业、对企业的忠诚度，听其言而不观其行。用人要充分调动人才的积极性、主观能动性和创造性；用人应扬长避短，"不以言举人"而是注重实效，不拘一格用人才，谁有能力就用谁。一旦任用，就要给予充分信任，耐心帮扶，不可"走马灯"似地更换，这样就很容易使人才流失，丝毫达不到应有的用人效果。

激励是用人的艺术，是企业激发员工潜能、创造高效的诀窍之一。领导者激励下属的艺术则在于满足其志趣与合理诉求。例如：职位提拔，任用放权，加强沟通，多一些赞美表扬，实施个性化奖励，提供学习的机会等等，使能用、所用之人各得其所。

（三）礼贤重士，管人应恩威并重

企业对员工的管理，主要通过企业各种规章制度的实施来体现，"无规矩不成方圆"，这是人力资源管理刚性的一面，而柔性的管理则表现为关怀、尊重、支持和帮助等多种形式，有着更为丰富的精神内涵。

从人格上看，企业领导者与员工是平等的。从根本上看，管与被管是一种社会分工。企业的管人之规让员工服从于企业大局，和睦相处，努力工作，争作贡献，劳有所得。

信任、尊重也是一种激励，尊重员工就是尊重企业本身。在华为公司，20多年前，一些二三十岁的年轻人就成为新技术、新产品的研发骨干或项目负责人，有的项目经费动辄几百万，甚至更多。经费如何开支，就是年轻的项目负责人说了算。总部只看结果，不究过程，因为华为的领导者了解、善用、信任、回报这些有知识、有抱负的年轻骨干，才会有华为员工真正意义上的拼搏，才会有国人引以为傲的华为。

礼贤重士是我国优秀传统文化中社会成员和谐相处之道的精髓，用在企业人力资源管理上，就能凝聚人心、鼓舞士气，就能调动员工的积极性、主动性和创造性，为企业生产经营带来更好效益。尊重员工的人格，尊重员工的劳动成果，尊重员工的合理诉求，领导者以身作则、礼贤重士、纳谏进言体现的是企业领导者"管人"的胸怀、境界，更是一种能力。

四、要素之四：领导班子具有"四心"

领导班子是企业成败兴衰的关键，而领导班子整体能量的有效发挥则取决于以下四个方面：重在核心、难在公心、胜在齐心、贵在宽容心，这是企业领导班子综合能力的体现。

（一）重在核心

在企业，领导班子一定要形成一个核心。没有主要领导者的核心作用，企业则犹如散沙，形不成凝聚力。企业领导者在议事和决策过程中，要讲究"和"字，不因人废言而应集思广益。在决策的时候，必须讲究"断"字，迅捷准确。在商业社会中，时间就是金钱，效率就是生命，关键时刻领导者必须意见明确，态度坚决，"一言九鼎"，不能让企业处于众说纷纭的议论状态。决策之后，就要雷厉风行狠抓落实。通过民主与集中的程序作出的决策，必须坚决执行，即使在执行过程中发现了问题，也不要埋怨指责，而是在执行之中通过大家的身体力行来弥补决策的不足，或改正存在的错误。

（二）难在公心

世界上没有绝对正确或绝对公平的人和事。领导者并非圣贤，处理问题的过程中因客观因素影响而出现一些不正确、不合适的做法，极为正常。但作为领导者，处理事务应尽可能正确、公平，从主观上讲应心怀坦荡，问心无愧，程序和过程应公开、透明，经受得起旁人的质疑和检验。

领导首先也是一个社会人，也会面对各种复杂的社会关系，但既然身为领导，在特殊的岗位上，就不能总想着如何维护自身的既得利益，也不能仅从个人的角度出发来衡量和判断是非对错，而应自觉地修炼情操，以较高的道德标准要求自己，心有大局，把持公心，坚持"公正、公道、公平、公开"。虽然有时难以做到，但这种"难"，必须攻克，这是锤炼、提高领导者执行能力的必经之路。

（三）胜在齐心

人们常说"人心齐，泰山移"，团结就是力量。古人云，道不同不相为谋。既然同在一个企业领导集体中，一定要团结协作，同心协力，步调一致，形成合力。领导班子成员由于年龄、经历、学识的差异，看问题的思路与角度不同，出现工作上的意见分歧，不足为奇。主要领导者应及时沟通，广集众议，准确决策。领导班子各成员应遵从少数服从多数，下级服从上级，局部服从全局，个人服从组织的原则，切忌背后议论，否则，不但于事无补，还影响班子的整体形象、威信与团结。

（四）贵在宽容心

领导者看人应该看主流、看本质、看发展，不要求全责备，尤其是对年轻人，要允许员工对新岗位有适应的过程，允许他们犯错误，并给予改正错误的机会和时间，关键是看其出于公心还是私心，是一时的失误还是有意所为。宽容是一种境界，也是对员工的一种爱抚。特别是对有一般过错的下级或者员工，用一种宽容的心境处理对待，也是另一种鞭策与激励。

企业领导班子拥有"四心"，就能集中精力，一心扑在工作上。领导班子每一个成员各负其责，同心同德，才能有战斗力，才能有所作为。

第二节　领导班子的作风建设

企业领导班子作风是其带领企业从事生产经营活动中的态度和言行的一贯体现，是领导者在思想、学习、工作、生活等各种活动中的表达与展示。主要包括：领导者按什么样的思维方式研究问题、用什么样的态度学习理论、以什么样的精神对待工作、以什么样的方式实施主张等。其体现的内容是主体的内涵，体现的方式是态度和行为，共同构成了领导作风的有机整体。领导者的作风不是一朝一夕形成的，而是一种积淀的产物。因此，企业领导班子作风建设是一项长期的重要任务。

一、领导班子作风的本质与形态

领导者的作风是一系列内在因素的综合反映。企业领导者的世界观在组织活动中的反映具有现实客观性，世界观决定着人生观和价值观。世界观、人生观和价值观映射着领导作风（包括思想作风）的本质，领导班子每个成员的个体作风影响着领导班子整体的作风形象。

（一）领导班子作风的本质特点

企业领导者有什么样的世界观就有什么样的方法论和作风。方法论是思想方法和工作方法，表现的是思想作风问题和工作作风问题。思想作风和工作作风的本质是世界观的一种体现，生活作风问题更多涉及的是人生观与价值观。在社会主义市场经济环境中，企业领导者要接受深化改革开放、发展企业经济的考验，更要接受生产经营中的权力、利益的考验。这不仅是对企业领导者人生观和价值观的考验，也是对其世界观的考验。

领导作风是一定社会物质条件的产物。社会物质条件决定了领导作风，这是领导作风的社会本质特点。领导作风对领导工作至关重要，因为其关系到领导者在社会公众心目中的地位，决定着领导活动的成败。

（二）企业领导作风的地位和作用

企业领导作风既是一种领导形象，也是一种企业形象。在工程建设企业，领导班子的作风至关重要，这将直接影响中层干部和企业员工的工作态度和劳动效率。良好的企业领导作风是企业精神形成的要素，也是构建和谐企业环境的基础，更是激励员工奋进的表率。

企业领导作风关系到企业生产经营的成败。企业的干部、员工可以从企业的各项规章制度、生产经营活动中看到领导班子的能力水平，但更多的是直接从领导干部的作风来判断其领导水平，从而决定对领导的态度。企业领导作风好，就会增强领导者的凝聚力和吸引力，员工就会理解、支持和拥护企业各项领导活动和行为规范，企业发展目标就可以有效实现；领导作风不好，就会降低企业领导者在员工心目中的威信和形象，就会在心理上、感情上、行动上与企业领导干部保持距离，甚至疏远他们，阻碍领导活动的顺利进行和企业目标的预期实现。

（三）领导班子三大作风形态

领导班子的作风形态与所涉及的内容比较广泛，主要有以下三个方面。

1. 思想作风是整体作风的基石

企业领导者的思想作风是其在思考、处理、探索、研究问题时，所表现的一贯性的基本态度和行为方式，应该坚持一切从实际出发，实事求是地运用事物发展和变化的规律观察和处理企业发展与生产经营过程中的实际问题，并随着经济社会的发展不断深化改革，开拓创新、密切联系群众、弘扬艰苦奋斗作风，以适应企业发展的思想建设要求。

企业领导的思想作风建设水平直接影响到企业生产经营的各个方面，因此，加强领导班子的思想作风建设，是提高领导的水平和能力、提高企业发展质量、推进企业快速发展的基石。

2. 工作作风是整体作风的具体反映

企业领导者的工作作风是其思想道德素养和科学文化素养等的具体反映，包括领导者在企业实际工作中理论联系实际、公正无私、勇毅笃行、严肃认真、联系群众等的一贯态度和行为，是保证企业发展目标实现的优良作风。

领导班子的工作作风直接关系到企业的素质建设、企业改革与发展全局。只有切实改进工作作风，营造崇尚实干、创优争先的氛围，才能创造一流的工作业绩，才能促进企业健康、持续、快速发展。

3. 生活作风是整体作风的行为表象

领导者的生活作风就是其在日常生活中所表现的一贯态度和行为。企业领导者的生活作风不只是个人的事情，不仅关系着领导者在群众中的威望，还影响到其在群众中的凝聚力和工作效率。企业领导者的生活作风是领导作风的有机整体的组成部分之一，是影响企业员工思想言行的一种精神力量。

二、领导作风建设的"五个抓手"

在企业人才队伍中，领导者是少数，是关键的少数，却是企业发展的关键。企业要注重作风建设，特别是领导班子作风建设，要着重抓好领导干部的学风、思想作风、工作作风、领导作风、生活作风五个方面。

（一）学风建设

学习是为了什么？是为了解决企业发展中的实际问题。中建五局连续多年每年给各级领导干部推荐一本书，如《把信送给加西亚》《向解放军学习》《为你自己工作》等。执行力弱是影响企业发展的根本性问题，学习的目的就是为了提高执行力。企业必须提倡理论联系实际、实事求是的学风。给员工推荐这些书，是为了解决企业发展中的实际问题。

怎样学习？任何一本书包含的理论都很多，要结合企业实际"扬弃"地学习，对企业发展有用的就汲取，对企业发展没用的就放到一边，企业主要领导对每本书都有些点评，实际上点评是为了说出重点和企业工作实际所需要的，但不见得就是这本中最重要的、最全面的东西。比如《向解放军学习》这本书，领导点评认为"到""是""冲"三个字最重要，点名喊到谁就说"到"，人必须到场；分配了任务就说"是"，不讲任何条件地服从；遇到难题了就"冲"。解放军值得大家学习的地方有很多，并不是这三个字所能概括的。但建筑工程施工企业的中心工作是"接活、干活、挣钱吃饭"，那么学习就要围绕中心工作来开展，这样的学习才有效果。

（二）思想作风建设

思想作风建设中，思想方法很重要，很多人不能成功，就是因为其思想方法不正确。

在企业中的任何一个工作岗位，都会遇到各种各样的困难。如果一听到有问题就头痛，就害怕和回避，而不是满怀激情地积极想办法解决问题，那最终的结果只能是一事无成。"99+1=0？"为什么有这样一个结果，本来一百步的路，每次都只走九十九步，差一步不走，留下问题不解决，结果问题始终解决不了，反而越来越多。很多问题，就是因为小问题不解决，日积月累变成了大问题。所以说，思想方法是非常关键的。养成良好的思想作风，有利于个人的成长和企业的发展。

看待一个问题或把握一件事情，一定要有积极的心态、辩证的方法和实事求是的世界观。同一件事，如果以积极的心态看待，那它就是好的；如果以消极的心态去分析，那它肯定就是有问题的。有些人遇到困难时就把问题夸大，往往解决不了问题。思想作风建设还要解决"为什么"的问题。人工作是为了什么？是为了企业，不为个人也不行，但不能单纯只为了个人，要实事求是，客观地看待问题。

（三）工作作风建设

从党中央到地方，都很重视工作作风建设。要根据企业实际找准着力点。思想作风决定了工作作风。实事求是，就是要结合企业实际解决问题。事情必须一件一件地认真做好，而不能空谈理论、设想，务必正确认识。

有效的企业管理不在于知而在于行，领导者工作作风的最核心的问题是求真务实、真抓实干，真正沉下心来去落实，而不是仅停留在口头上。世界上任何一项工作都蕴藏着无限的乐趣，任何工作都可以辉煌。要少一些评论员，多一些实干家。如中建五局的党群工作，找到几个抓手，实实在在地去抓，抓起来了就有效果。企业一年一个主题，一年一年地抓，一项一项地落实，就一定能出成效。

（四）领导人格修养

如果一个企业领导者想把企业做大、做强、做好，就意味着要多受累、多付出、多奉献。领导必须以身作则，为中层干部和员工作出表率。如果员工上班要工作八个小时，领导者一定要超过这八个小时。有一位中层领导，因投标工作需要加班，经常顾不上家，团队成员都看在眼里，记在心上。他带领的团队成员说："领导都是这样，我们还有什么可抱怨的呢？"这就是领导作风的影响力与凝聚力。可以说，领导人格修养的重点就是以身作则的作风、带头吃苦的作风，以及拼搏奉献的精神。

（五）生活作风建设

人们常常会认为，生活上的事情都是小事。中国古代学者韩非子认为："圣人见微以知萌，见端以知末，故见象箸而怖，知天下不足也。"宋代苏洵在其《辨奸论》一文中说："惟天下之静者，乃能见微而知著。"也就是说，从一些平凡的小事可以看出大问题。对企业领导者来说，生活作风并不是一件小事，领导者的生活作风反映出其品德、情操、志趣等人生观、价值观取向，还关系到领导者在员工中的形象与威信，并直接影响其在企业的凝聚力、号召力。

因此，领导干部对自己的要求一定要严格。中国有句老话："其身正，不令而行，其身不正，虽令不从。"有一个关于企业上下班问题的故事很有说服力：一个企业老板因为员工迟到的问题很烦恼，去请教一位管理大师。管理大师得知这个企业规定员工上班时间是早上 8 点，这位老板却 9 点才到，于是建议他每天 7 点 50 分上班，过一段时间再看效果。没有多久，员工迟到现象就基本消失了。同理，如果企业领导班子，特别是主要领导者没有好的生活作风，而是生活懒散、居功贪利、铺张浪费等，不但会损害领导者个人的形象，还将给企业发展带来多方面损失。

为什么有些领导的威信不高？这与其生活作风有关系，在这方面如果不严格要求自己，就会影响自己在群众当中的威信。企业的主要领导，手中有权，对自己的要求一定要严格，要有控制能力，要以身作则，率先垂范，廉洁自律，才能"其身正，不令而行"。

三、领导班子作风建设的途径

作风建设是永恒的课题，要标本兼治，经常抓、见常态，深入抓、见实效，持久抓、见长效，通过立破并举、扶正祛邪，形成抓作风促工作、抓工作强作风的良性循环。要认真落实作风建设各项制度，做到有章必循、违规必究，从体制机制层面深化细化，为作风建设形成长效化保障。

（一）从思想教育入手，树立良好的领导作风

在统一改革发展思路的基础上，结合企业运营的实际，中建五局组织了一年一期的领导干部学习班，目的是提升领导干部素质，提高两级领导班子观察问题和分析问题的能力，通过思想教育，树立良好的领导作风。除了在公司总部的各种思想教育活动之外，还精心选择不同的教育培训地点，如在

韶山、井冈山、延安、西柏坡等传统红色基地，结合企业实际工作，开展主题教育培训，对企业的领导干部进行思想政治、领导作风、企业管理等方面的教育和培训。

另一方面要把教育同整顿、处理结合起来，有针对性地组织开展机关思想作风整顿，搞好自查、互查和民主评议，对领导作风存在的问题，及时纠偏矫正，对少数问题严重者，进行严肃处理。

（二）强化企业制度建设，规范领导干部行为

企业要强化制度建设，把制度建设作为基础性、根本性工作，使制度建设由虚变实、由无形到有形，坚持用制度管权、管事、管人。

制度建设是解决领导作风的一剂良方。加强企业制度建设主要体现在以下几方面：①要加强规范意识。"无规矩不成方圆"，规矩就是规章制度，是每个人应该遵守的用来规范行为的规则、条文，其保证了良好的秩序，是企业活动成功的重要保证。②要强化平等意识。"令在必信，法在必行。"坚持制度面前人人平等，坚持执行制度没有例外，用好的制度管人，才能对解决领导作风问题正本清源。③要强化领导带头意识。领导干部在建章立制中起到非常关键的作用。上梁不正下梁歪，如若领导干部对建章立制工作阳奉阴违，落实起来没有逻辑、没有章法，甚至大打折扣，如何让下属部门主管、部门负责人乃至基层工作人员严格遵守制度？领导干部要自觉遵守制度，主动执行用制度管人的机制。

强化企业制度建设，提高制度的约束力，可以克服领导干部工作的随意性、人性的弱点和道德的盲区，对于推进领导作风建设具有重要作用。

（三）坚持群众路线，形成职工参与、民主监督的合力

建立和健全监督机制，努力从机制上防止领导者不良作风的滋生蔓延。一是通过党组织民主生活会、上下级谈话制度、年度考核和执纪执法检查等形式，监督领导干部依法行政、照章办事。二是充分发挥工会组织、职代会的作用，对领导干部作风实施监督。三是把权力关进制度的笼子里，抓紧形

成不想腐、不能腐、不敢腐的有效机制，赋予员工监督权力，让权力在阳光下运行。

（四）强化人事制度改革力度，激发转变作风的内驱力

实行公开评议、选拔领导干部制度，绩效考核制度，任期公示制度，领导干部年度述职制度，防止人事聘用上的不正之风。不断加大民主评议、民主推荐的力度，扩大群众参与度和选用干部的透明度，促进领导干部作风的转变。

（五）明确"一把手"抓作风建设的责任

要树立良好的领导作风，企业"一把手"所起的重要作用毋庸置疑。"一把手"抓作风建设，必须加强对责任制度落实情况的监督、检查和指导。同时，领导干部要率先垂范，为员工开拓进取、联系群众、求真务实、清正廉洁作出表率。

1942 年的"延安整风运动"开创了加强党的作风建设的成功范例，形成的理论联系实际、密切联系群众及批评与自我批评的三大作风，成为中国共产党作风建设的源头活水。2013 年党的群众路线教育实践活动，把主要任务聚焦到集中解决"形式主义、官僚主义、享乐主义和奢靡之风"的"四风"问题上，对改善党的形象，提高党组织的战斗力起到了重要作用，充分说明了作风建设的重要性。企业领导班子的思想作风、工作作风、生活作风决定着领导班子的战斗力、执行力和影响力，决定着企业的发展方向和兴衰成败。领导班子的作风会对员工的思想和言行产生直接影响。实事求是作风、群众路线作风、公道正派作风、廉洁奉公作风、谦虚谨慎作风、宽容和善作风、言行一致作风、艰苦奋斗作风等都是企业领导者应该具备的优良作风。而由于各种社会和历史原因，在领导活动中也存在着一些不良作风，必须坚决反对，防止其滋生蔓延。

四、关键的少数是关键

俗话说,火车跑得快,还靠车头带。群龙必须有"首",有好"首"才能腾飞。在劳动密集型的工程建设企业,尤其如此,领导班子是关键的少数,好的领导班子是企业健康、持续发展的关键。

(一)发人深思的"四单位现象"

2002年底,作者刚主持中建五局工作时,发现这是一个资不抵债的困难企业,下属16家单位绝大多数是亏损的,大量拖欠职工工资和医疗费,有的公司已连续48个月发不出工资了。当时局领导班子在研究分析原因时发现了一个十分典型的"四单位现象",这四个单位分别是二公司、三公司、上海公司和广东公司。

二公司和三公司是由同一家公司一分为二的,分家时,两家公司的实力相当,但是几年下来,二公司差,三公司好,二公司领导班子的部分成员由于触碰法律红线受到了惩罚,而三公司几届班子的主要领导都被提拔进入局领导班子。据当时的粗略统计,要解决二公司存在的问题,至少需要2亿现金。

上海公司和广东公司都是在中建五局开拓市场时成立的局属区域公司,但经过一段时期发展,上海公司差,广东公司好。其中上海公司大部分的员工则是来自三公司,他们到了上海公司,单位就不好了,原因是上海公司的领导班子组建七八年来,每年调一次班子,换一任经理,如同"走马灯"一般。广东公司大部分的员工来自二公司,二公司不好,所以原二公司的人到了广东公司,而广东公司发展得好的原因是其领导班子比较稳定,两任经理都被提拔为副局长。

当时作者把这个问题拿出来和大家分析,经过认真分析,甚至激烈的辩论,最后得出结论,即企业的好坏,原因"在将不在兵",领导班子才是决定企业发展的关键因素,而领导班子中,"领军者"最为关键。

（二）干部是企业好坏的决定因素

毛泽东曾经说过："政治路线确定之后，干部就是决定的因素。"针对当时的困难，通过调研发现，许多干部观念落后，纪律涣散，工作的积极性和主动性不高，没有危机意识和进取精神。有人上班报到后就去吃早餐，有人还没到下班时间就出现在菜市场上，还有人竟然利用上班时间做其他的事情。领导干部在一个单位发挥着"领头羊"和"风向标"的作用，领导干部如此，怎么能埋怨普通员工不努力。因此，必须牢牢抓住领导干部这个"关键少数"，锤炼一支素质过硬、作风过硬的领导干部队伍，企业才会兴旺发达。

领导班子建设必须制度化，具体措施要切实可行。以建立健全符合企业实际的制度作为班子建设的切入点，重点抓住选人和用人两个着力点。2003年5月中建五局制定出台了《关于加强领导班子建设，提高领导干部素质的若干规定（22条）》，对企业领导班子的组成结构、素质能力、决策机制、会议制度、进退机制、回避制度、绩效考核、民主生活及民主评议等制度进行了全面且系统的规定。这个"22条"执行了十多年，对企业领导班子建设起到了重要作用。

在选人上主要坚持三点：一是重品德，看业绩；二是听民意，讲三公；三是讲程序，严格规范。在用人上坚持"人员能进能出、干部能上能下，收入能增能减"原则，实行"公平竞争，末位换岗"，有效传递压力和动力。2003～2013年，205个领导干部岗位，调整交流了913人次；对330多名中层管理人员进行了横向交流任职；二级单位班子成员146人，其中112人为从外单位调入，占比76.7%。有效地解决了用人上的"小圈子"，以及干部成长上的"近亲繁殖"和日常管理工作中的"人情大于制度"等问题。

领导班子建设的加强大大优化了干部队伍结构，年轻化、知识化、复合化的态势形成，干部队伍有了梯次配备、专业配套、优势互补、分工合理的良好格局，提升了干部素质能力和管理水平，各级干部的责任意识、进取精神、学习风气和执行能力显著增强；促进了企业价值观的统一。"以业绩为导向""尊重贡献，崇尚简单""收入靠业绩，进步靠自己"等积极向上的观念深入人心。

（三）公平正义是一种生产力

经营企业必须把"价值创造与价值分配"这两大问题解决好，必须最大限度地实现"公平正义"，可以说"公平正义是简单而伟大的生产力"。

在国有企业，领导者最难莫过于"公平"二字，现实生活中时时处处都有各种方式表现出来的"人情"和"关系"，如家人之情、朋友之情、同学之情、同事之情、领导之情等等，有了人情，公平正义就有可能被忽视、被忘记。克服人情，难度很大，如果掌握了权力的人不讲公平正义，不讲原则，甚至滥用权力、以权谋私，对其他员工来说就是最大的不公，上行下效，很快就会成为风气，导致人心涣散、人和迷失。

为树立风清气正的氛围，首先从领导干部竞聘抓起，并逐步推广公开竞聘的方式，变"相马"为"赛马"，突破"人情"和"关系"的大网，把那些"靠得住、有本事、能干事、干成事"的人选拔到关键岗位，用"公开、公平、公正"的制度破解人情难题。通过公开竞聘，一大批优秀人才脱颖而出。这些做法在企业上下引起了极大的反响，广大干部职工精神为之一振，他们从中看到了企业的希望，也看到了自己的未来。

为避免在业绩考核时以偏概全，应保证考核具有最大的广泛性及真实性。十余年中，中建五局每年平均调整中层以上干部的人数超过干部总人数的15%，大量年轻员工通过自身的努力走上领导岗位，企业风清气正，员工干劲十足，其中很关键的一个因素就在于坚持了"三公"原则这个法宝，正所谓"三公合一，无坚不摧"。

（四）榜样的力量是无穷的

孔子的门生子路向他请教为官之道，子回曰："先之，劳之，无倦。"孔子还有言："政者，正也。子率以正，孰敢不正。"个人的作用虽然有限，但榜样的力量是无穷的。中建五局领导班子成员十分清楚这一点，带头严格要求自己，以身作则，身体力行。全局上下勤奋敬业、认真务实、严谨细致的工作氛围蔚然成风。如牺牲在异国他乡的优秀共产党员王文明，"劳动模范""信和奖章"获得者李水生、阳国祥等大批先进典型，这些先进代表人物都成为中建五局员工学习的榜样，逐渐成为中建五局的脊梁，为推动中建五局发展作出了十分宝贵的贡献。

"大姐书记"陈超英曾在企业深陷困境时选择了坚守，不离不弃，与广大职工群众一道同甘共苦，勇敢地担当起了企业扭亏脱困的重任，投入了极大的热情，付出了艰辛的劳动，克服了重重困难，使企业走上了快速健康发展的道路。2011年6月13日，陈超英在慰问职工家属的返程途中，因车祸殉职。陈超英是一个"不平凡的平凡人，不一般的一般国企干部，不简单的简单党员领导干部"。"忠诚不渝的信念、公而忘私的情操、是非分明的品格、以苦为乐的境界、言行一致的作风、关爱群众的美德"的"超英精神"是企业的宝贵财富，陈超英成了全体干部职工共同学习的榜样。

陈超英的榜样言行达到了"人性美""党性美"与"官性美"的完美统一，中建五局开展了"学习超英好榜样活动"，得到了广大职工群众的热烈响应，"学超英，强内功，谋发展"的热潮在企业广泛开展。企业通过座谈会、演讲比赛、征文、劳动竞赛等形式深入学习"超英精神"。陈超英的先进事迹多次被省和国家领导人批示要作为先进人物典型进行宣传和学习，2012年5月23日，中央纪委在人民大会堂组织了陈超英事迹报告会。

第三节　领导班子的学习创新能力建设

人生是一个不断学习、不断成长的过程，一个人只有通过学习，才能不断延伸生命的长度，拓展生命的宽度，提升生命的价值，实现完美的人生。学习的重要性对一个企业来说，同样如此。

进入新的时代，在世界经济环境复杂多变与社会主义市场经济竞争加剧的交织影响下，企业要快速发展，就会不断面临新的挑战，不进就是退，小进亦是退。企业之间的竞争，实际上是企业创新能力的竞争。而创新能力的强弱取决于学习能力与知识水平的高低，学习能力包括掌握理论知识的能力，还包括将理论知识运用于工作实践中解决问题的能力、在实践中学习使知识量提升的能力。

一、学习是创新的基础

在新的历史时期，建设创新型企业是现代企业的共同目标，而创建学习型企业是打造创新型企业的先决条件。没有新知识的学习及其实际应用的积累，就不会有创新能力的提升，更谈不上创新型企业的建设。

（一）坚持学习的"三个理念"

企业领导班子在创建学习型企业的过程中，应始终坚持树立三个理念。

1. 坚持全员学习的理念

无论是决策层、管理层还是操作层，都要全心投入学习。首先是企业领导班子带头认真学习，着重提高领导者的创新与决策能力。经营管理决策层要通过学习，创新管理机制与管理方法，改进工作方式与方法。广大员工通过学习，提高自身素质，提升创造性工作能力。坚持全员学习的理念就是为了适应企业创新发展的需要。

2. 坚持全程学习的理念

即工作学习化、学习工作化，使学习成为企业领导层、管理层和员工的工作必需，坚持不断地学习，坚持带着问题学，围绕创新创造目标学，使学习贯穿于企业生产经营与管理运营的全过程。同时，强调学习和工作相互融合，做到工作处处是学习，把每一项工作视为一个学习的机会，从中学习新技术、新方法，促进专业水平的提高。

3. 坚持团队学习的理念

建设学习型企业，必须突出企业成员的合作学习和群体智力的开发。学习不单是个人的学习，亦是一种团队的学习行为，团队学习强调以共同愿望为基础，强调资源共享、沟通、反思，进而取得更高层次的新共识。

（二）强化学习条件"四个到位"

企业学习环境的优化，是学习有序进行并学而有效的保障，与学习相关的组织机构、制度、硬件设施完备是各项学习活动顺利开展的基础，应做到以下"四个到位"。

1. 组织机构设置到位

企业要有专门的部门和机构对学习培训工作进行管理和监督，由公司董事会人事和薪酬委员会主管，人力资源部负责统筹；设立负责专职学习的中建信和学堂，承担教育培训的具体实施，承办全局的各类脱产、半脱产培训班，建立培训教学师资库，集合知名学者、资深专家作为教师资源，建立高素质的师资队伍，负责做好各类培训教材、资料的选择和编写工作等。

2. 学习介质到位

中建五局总部各部门和下属单位制备了多种类型的学习介质，如报纸、图书、期刊、光碟和复印材料，还有企业自编的学习资料及自制的电子学习文本等，有效实施了"一年一本书"的学习计划。企业结合自身发展实际，编写了一批供学习使用的内部资料，如《青年语录》《管理之窗》《中建五局通讯》等，并创办了专门的学习交流平台。

3. 学习场地设施落实到位

加大培训硬件建设的力度，设立培训机构，成立学习基地，落实学习场地，购置了先进的多媒体教学设备。中建信和学堂设立了大、中、小教室及会议室 20 余间；许多二级单位和项目部都建立了"职工图书室"，为开展青年长效性读书活动提供了物质保障；有的分公司还建立了设施齐全的区域单位学习培训中心。

4. 培训经费安排到位

按照《国务院关于大力推进职业教育改革与发展的决定》（国发〔2002〕16 号），总部严格提取职工工资总额的 1.5% ~ 2.5% 作为教育培训经费，列入全年成本预算。教育培训经费专款专用，不以任何理由和方式截留、挤占和挪用。

上述学习条件的"四个到位"，在优化企业学习环境的同时，进一步营造了打造学习型组织的有利氛围，使员工感觉到企业领导班子对学习与创新的重视，增强了为创造性工作目标而学习的信心。进而倒逼企业各级领导要在繁忙的工作事务中挤出更多时间为创新而学习。

（三）创新团队学习方法

在打造学习型企业的过程中，针对企业不同层次、不同专业、不同岗位群体创新发展的实际需求，应形成具有创新特点的团队学习模式，并取得良好的效果。

1. 规范全员学习制度，强化专业学习

通过不断规范学习制度，分类、定期开展针对性强的业务知识学习活动，从制度上营造了全局的学习氛围。业务学习对象包括人事、财会、商务、质量、安全与环境管理、新技术应用、新装备操作等不同专业领域的领导和员工。这种覆盖领域广、涉及工种多、吸纳员工多的专业学习培训，时间短、内容多、信息新，还涵盖了不少关于高精尖业务知识的专业培训。局本部及各二级单位，每年要组织各种专业培训达 1000 多班次，使各级领导和成千上万员工从中受益。

2. 选择革命、文化圣地考察学习，提升培训效果

为了统一改革发展的思路，提升领导干部素质，提高两级领导班子观察问题和分析问题的能力，中建五局每年组织领导干部学习班，结合企业运营管理中存在的实际问题，确定每次培训的主题，精心选择不同的培训地点和培训内容（图6-1），通过实地参观，考察革命圣地、文化圣地，学习革命先辈的精神情怀和优秀传统文化，紧密结合企业的发展战略目标、经营管理和生产实际，对全局领导干部进行思想政治、作风建设、领导能力、创新思维等方面的教育和培训。

2003年：井冈山，解决信心问题
2004年：庐山，解决员工队伍结构问题
2005年：遵义，解决战略管理问题
2006年：延安，解决作风建设问题
2007年：深圳、香港，解决解放思想、协调发展问题
2008年：泰安、曲阜，解决"信和"文化落地生根问题
2009年：上海，解决管理与创新问题
2010年：长沙，解决文化与战略升级问题
2011年：西柏坡，解决思想建设问题
2012年：北戴河，解决标化管理问题
2013年：井冈山，激发"再次创业"激情

图6-1 中建五局一年一期领导干部学习班

3. 以导师带徒的形式推进业务知识的传承

这是工程建设企业打造学习型企业的一个显著特点。每年从高校毕业生中招聘的新员工进入企业后，由所在单位安排指导老师，向他们详细介绍企业、部门的基本情况，企业规章制度和工作任务，同时认真传授业务技能、

安全知识和工作经验。导师带徒活动引领着青年确定自己职业生涯规划，激励着青年员工立足岗位、勤奋学习、努力工作、快速成长，职业导航作用十分明显，为企业持续、稳定、健康发展奠定了坚实的人才基础。在导师带徒活动的推动下，一批又一批青年学生迅速成长。

二、创新是学习的目的

任何企业，如果出现了生存与发展上的诸多问题，无论是管理上的问题还是产品市场上的问题，说到底还是人的问题，是企业的领导者缺乏创新发展的精神，以及失去了管理创新和产品创新的意识和能力造成的。因而强化企业领导者的创新意识，提升领导班子成员的创新素质与能力，适应常态化的市场经济的竞争，实现企业的战略目标，加快企业持续高质量发展才是企业领导者学习的终极目的。学习的目的在于创新，学会创新是时代赋予国有企业领导者的责任与使命。

（一）创新型领导人才的基本素养

如何才能成为企业的创新型领军人才，主观与客观影响因素很多，但最重要的是主观上的原因。在企业，创新型领导者自身的基本素养可概括为四个方面。

1. 企业领导者必须有创新发展的意识与意志

企业的创新涉及多方面、多层次，有管理上的、技术上的，也有机制上的、制度上的，还有关于思想政治与文化建设的，企业的创新发展是一条艰难而漫长的道路。因此，企业领导者必须有坚定的创新意志和实施创新举措的决心。面对未来的探索，要时刻激励自己，不要轻易放弃，找准了方向就坚定不移地向前走，直到抵达成功的终点，只有这样才能够拥有成为创新型领军人才的基石。

2. 领导者需要具备丰富的知识

包括文化知识、专业知识、管理知识、思想政治理论知识等等。知识是创新的先决条件，只有具有足够的知识储备基础，才有可能发现创新的突破口，才可能拥有明确的立场、观点与思路，对自己的选择充满自信，才能凝练出自己的创新胆识。

3. 领导者要具有灵活的创新意识及敏锐的观察力

创新通常都是发生在日常工作中，因此，只有拥有创新的意识和敏锐的观察力，才能够拥有善于发现的慧眼，才能拥有感知敏锐的头脑，才会拥有萌生创意的心灵，创新意识及敏锐的观察力是开拓创新的"内驱"与"向导"。

4. 企业领导者要有创新实践的能力

实践是检验真理的唯一标准，没有实践的创新都是纸上谈兵。只有把创新思想、创新举措在实践中落地，才能实现创新驱动的价值。也只有经过不断地学习，不断地实践，才能提升自身的创新能力。

知识是创新驱动的源泉，而知识要靠学习才能获取。企业领导者应十分明确，实现企业的创新发展才是加强学习的最终目的。

（二）学习创新必须紧密结合企业实际

中建五局多年来的领导干部学习班，精心选择学习主题的原则就是学以致用，即学习与企业的创新发展实际密切相关。领导干部学习班选择在井冈山举办，是为了解决企业发展信心的问题；选择在庐山举办，是为了解决员工队伍结构的问题；选择在遵义举办，是为了解决战略筹划和发展方向的问题；选择在延安举办，是为了解决作风建设和学风建设的问题；选择在深圳、香港举办，是为了解决进一步解放思想、协调发展的问题；选择在泰安、曲阜举办，是为了开展文化寻根之旅，解决文化落地生根的问题；选择在上海举办，是为了解决管理与创新的问题；选择在长沙举办，是为了信和学堂挂牌，解决文化与战略升级的问题。

企业经过快速发展阶段后，能否持续发展，能否高质量地快速发展？答案只有一个：企业只有在不断改革、创新中才能有新的发展进步。这就要求企业领导者按照创新型领军人才基本素养的要求，立志自我超越，在学习过程中坚持学以致用的原则与方法，不断强化创新发展的意识与决心，拥有更丰富的创新知识储备，增强创新敏感力，提升实践创新的能力。

（三）学习与创新是企业领导者的责任

进入新的历史时期，我国社会主义市场经济在发展中不断完善，社会经济快速而平稳发展进入新常态，增强创新能力已经成为国家和社会各界人士的共识。党中央明确提出要将创新摆在国家发展全局的核心位置，坚持走自主创新道路、实施创新驱动发展战略，并将"创新发展"列为五大新发展理念之首。国有企业在我国国民经济中处于至关重要的位置，在执行国家改革大方略的同时，必须要在创新发展战略中发挥"国家队"的关键作用。

搞市场经济，企业要有效益，天经地义。办国有企业，承担社会责任，义不容辞。提高劳动生产效益，承担更多的社会责任，是国有企业特定的"双肩挑"责任与义务。只有使企业创造更大的经济效益，才能承担更多的社会责任。因此，在市场竞争激烈的经济新常态下，国有企业的领导者必须从创新中探寻未来增长动力的源泉，积极发展新技术、新应用，不断提高资源能源效率和全要素生产率。学习，创新，再学习，再创新。只要企业存在，这种"螺旋式"的前进步伐就不会停止。期间，国有企业领军人的责任、素养、能力与贡献将显露无遗。

三、提升学习创新能力的途径

国企都肩负着沉甸甸的社会责任、经济责任和转型责任。每一个成功企业和成功企业家的背后，都付出了令人难以想象的努力和智慧。创新的思维、创新的管理就是领导者创新能力的体现，也是一种智慧的结晶。国家的发展，社会的进步，需要一批又一批创新型国企领军人"接力"。如何提升国企领导者的创新能力，中建五局十多年来进行了有益的探索。

（一）组织领导干部集中培训，做好创新能力铺垫

企业举办领导干部学习培训班的初心是要建立领导干部学习型组织。包括学习党的路线、方针、政策，提高领导干部的政治素质；学习研究工作方法和领导艺术，提高领导班子成员的领导、管理水平；学习现代科学管理知识，提高领导干部的管理能力；通过领导干部学习培训班，组织开展工作学习交流活动。

在领导干部学习班，围绕企业发展的既定方针与战略目标，聘请高水平的教授专家授课。讲课老师从知识传授、学术交流的角度，在理论研究、实践案例等方面谈自己的观点、见解，领导干部通过听课学习，消化、吸收新的理论知识，结合本企业、本岗位的管理工作与生产经营实践，取其精华，择善而从。

（二）引导专题读书活动，提升队伍综合素质

中建五局开展的"一年推荐学习一本书"活动，全员参与，寓学于书，是国有企业的一种创新性学习活动，现已成为企业的保留节目，也是持续提升员工综合素质与能力的"秘密武器"。其目的在于全面提升员工综合素质，推进学习型企业建设，提高企业竞争能力，使多读书、读好书、好读书成为中建五局员工的自觉追求和生活乐趣（图6-2）。

该活动始于2003年，先后有《执行力》《向解放军学习》《学哲学，用哲学》《论语》《道德经》等书籍推荐给广大员工。书目由浅入深，每本书学习内容由内涵到外延。一年一本书，一本书学一年。年初推荐书目，年中进行员工读书心得征文活动，年末进行优秀文章评选并汇编成集，再发给员工学习交流，如《五局悟道》《论语·心得》等。为了鼓励员工积极参与，取得良好的学习效果，领导班子以身作则，带头学习，为用先学。主要领导还将自己的学习体会与干部员工分享。在学习过程中，各级领导班子成为学习

活动的最先受益者，通过倡导、引领、参与专题读书活动，丰富了自身的"知识库"，并在鼓励员工读书学习的同时，理论联系实际，结合各自的岗职工作实际，提出、总结解决存在问题的方式方法。

与此同时，通过读书活动，以及与基层管理人员、一线员工的深入交流，拉近了干群关系，了解了生产经营中的实情，对决策的正确、执行的准确、效果的预测起到了保障作用，进一步促进了领导层综合素质的提升。

- 2003年：《执行力》
- 2004年：《把信送给加西亚》
- 2005年：《为你自己工作》
- 2006年：《向解放军学习》
- 2007年：《第五项修炼》
- 2008年：《学哲学用哲学》
- 2009年：《论语》
- 2010年：《世界是平的》
- 2011年：《孙子兵法》
- 2012年：《活法》
- 2013年：《道德经》
- 2014年：《大学》

图6-2　中建五局"一年推荐学习一本书"活动

（三）躬身企业改革创新，在实际工作中得到锻炼提升

在复杂多变的国内外经济环境中，深化企业改革，实现创新发展，事无巨细，矛盾交织，千头万绪。

企业的创新，需要企业领导者实行对生产要素的新的结合，涉及思想观念的更新，思维方式与行为方式的创新，制度、体制与管理模式的创新，知识与技术的创新，产品与市场的创新等等。一个企业的正常运行，各管理环节相扣、各流程节点不可或缺，牵一发而动全身。要形成一套完整的企业管理创新体系，不能忽视任何一个环节与节点。

因此，在企业深化改革、创新发展的实践中，企业领导者必须深入基础，走进一线，对各级管理工作和生产经营中的实际了然于胸，才能发现问题，找出"痛点"，有重点、有针对性地开展改革、创新活动，并使这些改革创新举措符合企业的总体战略目标，符合企业健康运营的整体性协调发展。企业领导者也正是在企业改革创新实践中不断探索并提高创新能力。

第四节　领导班子的行动能力建设

企业的行动力是依照国家政策、法令和企业战略、决议、计划的具体实行能力。一般意义上，"行动力"可以理解为：有效利用资源，保质保量达成目标，按质按量地完成工作任务的能力。因此，执行力是目标与效果之间的关键环节。

一、领导班子行动能力要素

企业管理者，特别是领导干部的行动能力是企业执行力的核心构成，至关重要。企业领导干部的行动能力主要表现在以下八个方面。

（一）大局把控能力

企业管理者的把控能力要有全局观、大局观，会抓主要矛盾，善于"牵牛鼻子"，还要学会"弹钢琴"。

在实践中，有的项目条件很差，经营风险大，极易给企业带来大的损失。这就涉及分析判断能力，即把控能力的问题。分析判断能力差，把控能力弱，出现的问题有可能是技术方面的，也可能是管理方面的，但归根结底是思想方法的问题，一个人的思想方法、思维方式对其能力会有很大的制约。

（二）知人善任能力

领导者知人善任的能力是领导能力的核心要素，只有把合适的人放到合适的位置，才能最大限度地发挥人的潜能，最大限度地提升团队的战斗力、创造力。

（三）学习创新能力

创新是民族进步的灵魂，是一个国家、一个企业进步的不竭动力。要创新，就要解放思想，更新观念，积极进取，持续学习，不断进步，并且要善于结合本单位或者本人的情况来创造性地工作。

企业制定的各种规章制度，不可越来越多，而是与时俱进，越来越新，越来越简化。制定制度是为了执行，是为了提高效率。企业制定规章制度，不能简单照搬，要符合本企业的实际，要有很强的针对性、可操作性，更需要有创造性。管理者要在管理创新、机制创新、模式创新、技术创新各个方面下大功夫，通过创新提升企业发展的质量。

（四）统筹协调能力

领导艺术需要修炼，内外协调，上下协调，左右协调，协调得好才能形成合力。影响协调能力的因素是多方面的。相同的环境，不同的思维方式、沟通能力和协调能力，会产生不同的效应。

领导者的协调能力实际上与其思想方法和工作方法有关，协调艺术与好的领导素养、好的心态密切相关。否则就很难创造出最佳的状态，就很难把有限的资源效益最大化，难以形成最大的生产力。

（五）市场拓展能力

市场拓展能力是企业领导能力的核心。工程建设企业"有工程项目则生，无工程项目则亡；有大项目则生，无大项目则亡；干好项目则生，干不好项目则亡。"工程建设企业就是围绕项目运转的，企业没有项目订单就不能生存，拿到项目干不好活也不能发展。市场营销阶段的市场能力容易理解，而施工过程中的市场能力常被人们忽视。

从本质上看，建筑工程是一种服务性工程。服务质量决定了企业在社会上的"口碑",决定了后续工程项目的"回头率"。因此,要站在市场的角度和业主的角度来组织项目管理,千方百计满足业主的要求。提高市场能力,需要领导者了解市场、研究市场,具备基本的职业判断力,有效地规避市场风险。

(六)专业管理能力

领导者的专业管理能力来源于两个方面,一是向书本学习专业知识,二是通过理论与实践结合的提升。学习就是一种核心竞争力,孔子说"知之者不如好之者,好知者不如乐之者",学习是一种乐趣。通过学习、钻研和探索,不断地提高自己的专业能力,才能冷静面对、妥善处理出现的新问题。

(七)执行实施能力

在企业战略实际执行过程中,企业的执行力至关重要。要提高企业执行力必须充分关注以下六个方面:①要求(Claim),责任必须首先到位(责任稀释定律);②控制(Control),关键是事前和过程控制;③细节(Circumspect),细节决定成败,不可忽视;④检查(Check),员工一般只会重点做好领导要检查的事;⑤总结(Conclude),总结是进步的开始;⑥纠偏(Correct),关注过程与及时纠偏。这六个方面也可以称之为企业领导行动能力的"6C法则"(图6-3)。

图6-3 领导行动能力的"6C法则"

领导行动能力的"6C法则"对提高企业执行力起到了重要作用，企业领导干部在组织实施企业战略部署时必须遵循"6C法则"的要求，切实把控"要求、控制、细节、检查、总结、纠偏"六个环节。企业应推动各项基础管理工作实现标准化和流程化，形成所有工作环节的标准流程图，提高工作效率，并可实时监管。

（八）廉洁自律能力

"政者，正也。子帅以正，孰敢不正。"领导者首先要起到表率作用。上梁不正下梁歪，单位风气不正就是因为领导班子不正，领导者要先管住、管好自己，然后再管好身边的人。无规矩不成方圆，外"圆"而内要"方"，"方"是规矩，是刚性的。领导者不守规矩，企业好不了。领导者应坚持"学而修"，不断提高自己的道德水准，才能增强自己的自律能力。

二、领导班子行动能力的内涵

企业领导班子的行动力是实现企业目标而具体落实到生产经营与管理各个环节的能力体现，是企业生存、发展的决定性因素。行动能力也可以称之为执行力，企业领导班子的执行力有着深刻的内涵。

实践中，人们常常有这样的困惑：为什么当初目标、战略定得好好的，最终的结果却总是不尽如人意，甚至根本就是南辕北辙呢？目标与结果之间，到底有什么关键的东西被遗漏了呢？答案其实很简单，这就是"行动力"。行动力是将结果导向目标的桥梁。

（一）行动力是对战略目标坚守的定力

谈到行动，首先必须指向一个明确的客体——既定的政策、法令、决议、决定、计划等。这是一个基本的前提。如果执行的依据都不清楚，或者在执行的过程中有意无意偏离甚至遗忘了当初的目标，那么执行的结果也就可想而知了。因此，战略目标一经确认，执行者就必须有咬定青山不放松的坚韧，心无旁骛，凝神定气，抵制诱惑，不可迷乱于路途中无关大局的细枝末节，这样则会耽误宝贵的时间，甚至舍本逐末，离既定目标越来越远。

三分战略，七分执行。一个成熟的企业，都会有一套相对稳定的、成型的理念和价值体系，有一套明确的、系统的战略和愿景规划，这份胸有成竹的自信和从容，将引领着企业坚定前行。相反，朝令夕改，就会使人无所适从，思路的不清晰必然会导致目标的模糊和行动的犹疑，这样的行动力必然是低效的。

衡量行动力的标准，对企业领导班子来说，是坚定不移地贯彻战略目标的正确实施与有效管控，在预定的时间内实现企业目标，体现在完成任务的及时性和质量上。

在工程建设企业管理领域，"一把手"的个人执行力表现为在复杂竞争环境下对影响建筑市场的经济形势、行业发展态势的准确剖析和对企业发展战略、中长期目标的决策能力；领导班子成员的行动能力主要表现为对分管工作的组织、管控能力。

（二）行动力是对运营流程的掌控能力

行动力既反映了组织（包括政府、企业、事业单位、协会等）的整体素质，也反映出管理者的角色定位。管理者的角色不仅仅是制定策略和下达命令，更重要的是必须具备执行力。领导班子的行动力是整个团队的战斗力、竞争力和凝聚力，表现为一个团队把战略、决策持续转化成结果的满意度、精确度和速度。把战略与决策转化为实施结果是一项系统工程。

企业领导班子要保证战略的实施落实，就要有定力，能够坚守目标，不能听到新事物就轻易改变初衷。一个人要是每天出新思路，就等于没思路。通过集体智慧，研究确定战略管理，定下来就不能变，就朝这个方向努力。当然实施过程中还是可以创新的，但基本的方向是不能轻易改变的。

（三）行动力是追求效益过程中的创造力

一个成功的企业领导班子，必定强调发挥员工的积极性和创造性，构建起一种注重创造力导向的执行力文化。而这种执行力文化一旦形成，必将为员工创新创造、追求绩效提供不竭动力。

优秀企业家的思想时刻都在关注创新，而且他们的创新思路多在常人之上。具体表现出对市场、对消费者、对环境的变化具有非常职业化的敏感。别人想不到的，他们想得到；别人做不到的，他们能够做得到，而且总是领先一步，在行业或领域内独树一帜，绝不步别人后尘。企业家对新知识、新技术、新方法永远是渴求状态，积累知识，汲取智慧，而后学以致用，结合企业的实际，在不断深化改革的大环境下，坚持管理创新、制度创新、技术创新、文化创新。

企业领导班子以身作则，在企业各项管理与生产经营工作中坚持创造与创新，必定可以形成在追求企业效益过程中的坚强执行力。

三、正确处理"九大关系"，提高大局把控能力

在工程建设企业，领导班子时刻面临着大量的生产经营与管理问题，归结起来可分为九大类，正确处理好这"九大关系"，是领导班子能力建设取得成效的标志。

（一）速度、质量与效益的关系

企业的发展速度、质量和效益三者的关系是互为因果和依存统一的，速度是基础，质量是保证，效益是目的，企业要实现持续、快速、健康发展，就必须保证速度、质量、效益相统一。

1. 做大才能做强

"大"并不等于强，但先做大才能做强，这是由国内建筑行业特点决定的。一方面，对于建筑企业而言，大企业、大品牌都需要将规模作为支撑，丧失了经营规模，就丧失了主动权和影响力，就不能得到业主、政府和社会的关注和支持；另一方面，随着竞争的加剧，依靠提高利润率来增长效益将变得

越来越难，扩大规模，才有规模效益。这是基本战略，不能轻易改变，这样才能朝这个方向一直努力，这也是企业效益增长的一个主要方式。

2. 做快才能做好

又快又好是坚持速度和质量的统一。当前，建筑企业既面临中国经济高速发展的机遇，经历着建筑业的春天，又面临建筑市场日益激烈的竞争，经历着行业的重新洗牌，在这种背景下，别说不进则退，小进也是后退。所以"快"不等于"好"，但做快才能做好。

企业要求"基层要用力工作、中层要用心工作、高层要用命工作"，倡导"牺牲享受，享受牺牲"，希望所有员工全身心地投入，把工作当成生活、生命的一部分，使员工在工作中作出成就，实现自己的价值，与企业共同成长。这首先就要求领导班子要以身作则，"其身正，不令而行；其身不正，虽令不从。"领导的权威不是靠命名一个"官衔"得出来的，是干出来的，领导带头冲了，员工才会跟上。

3. 做好才能做久

"做久"是企业的最终目的，"做好"是"做久"的必要条件。企业要持续不断地朝着预期的方向发展，必须强基固本，摒弃粗放型的增长方式，坚定不移地走质量效益型道路，精细管理、精耕细作。必须"好"字当头，把提高质量和效益放在更加突出的位置上，紧扣市场脉搏，创新发展模式，为市场和社会长期提供好的产品和好的服务，才能实现企业长青。

（二）企业战略、运营、人员的关系

战略、运营和人员是执行力的三个核心组成部分，战略流程是要确保做正确的事，运营流程是要保证正确地做事，人员流程是要把事做正确，处理好三者的关系是企业执行力建设的根本所在。从目标制定到结果产生，一般也要经过上述三个核心的流程。将战略、人员、运营三个流程统筹、协调起来的系统能力，就是执行力。同战略流程更注重思想的深度和精度，强调做正确的事相比，运营流程则更注重行动的速度和力度，强调把事做正确。缺乏运营流程在操作层面上的跟进和支撑，再好的战略也成了镜中花、水中月，可以欣赏，却无缘企及。

1. 做正确的事

首先要制定正确的战略，也就是战略策划，这个非常重要。其次要坚守战略，也就是战略执行，必须有定力，能够坚守目标。战略流程设定了目标和方向，接下来，具体如何运作？执行力就表现为一种实践的技巧和运营的能力——以怎样的路径、方式、方法达成目标。最后是战略修正，战略执行过程中往往会发生两种战略偏差的情形：一是内外部客观条件发生了变化，需要实时对战略目标进行和方向进行纠偏；二是战略执行力不足，团队成员出现了倾向性问题，影响到战略方向和目标的实现，需要进行战略纠偏。只有及时发现问题、实时纠偏，才能保证做正确的事。

2. 把事做正确

运营流程的设计，首先，应尽可能简洁，将复杂的事情简单化，而不能繁文缛节，将简单的事情复杂化；其次，运营流程必须闭环，有布置就要有检查，及时对运营过程进行评估，并采取果断的措施纠正偏差；最后，运营流程应力求程序化，通过建章立制，用文字将行之有效的方法固化下来，以提高工作的效率及杜绝人为因素的干扰。当一个企业，不管领导在与不在、说与不说，整个系统都能自觉地、惯性地维持着一种高质量的运营状态，犹如与生俱来的本能，完全不需要外力的强制，那么这样的企业，就不可能被一时的意外击垮。

3. 正确地做事

企业的人员流程设计要保证员工能够正确地做事，企业中员工个人的执行力就是办事能力，不同层级团队的执行力就是"战斗力"，对工程建设企业来说，决策团队、管理团队、经营团队、项目团队、施工团队、保障团队等执行力的聚合，就构成了企业的整体执行力，最终表现为企业的经营能力。

一般来说，企业的运营管理从目标制定到结果产生，要经过战略流程、运营流程和人员流程这三个核心的流程，三者形成有机体系，任一环节的缺失、断裂，都将影响目标的实现。将战略、运营、人员三个流程统筹、协调起来的系统能力，是实现市场经营目标与效果之间的关键环节。这是企业运营管理过程中执行力的具体表现。

（三）房建、基础设施、房地产开发的关系

房建、基础设施和房地产开发是中建五局的三大业务板块，三者关系的定位是：房建是传统业务，是彰显市场竞争地位的基本载体；基础设施是战略性业务，是构筑综合竞争优势的主要支撑；房地产开发是新兴业务，是实现战略转型的重要保障。企业应当根据市场变化和企业实际持续优化资源配置，完善经营结构，小的做大，大的做强，强的做好，增强企业抗风险能力，确保企业持续高质量发展。

1. 房建业务要有大改善

房建业务是中建五局获取利润和回笼现金的主要来源，是发展基础设施和房地产业务的重要保障。目前，中建五局房建业务的任务结构不是很合理，民用建筑多，工业项目少，在继续发挥优势、增加市场份额的同时，应该提高经营质量，把改善任务结构作为主攻方向，提高工业项目的比重，在超高层建筑、大型公共建筑领域取得突破，确保扩大房建高端市场的占有率。

2. 基础设施要有大突破

中建五局基础设施业务在探索中积累了一些经验，作为战略意义的主营业务之一，要将这一比重从 20% 左右提高到 30% 以上，应该如何实现这一跨越式发展？必须在创新发展模式上取得突破，走组装社会资源、投融资带动总承包的路子，进入高端市场，做 BT、BOT、PPP、EPC 项目。中建五局投资建设的怀化舞水河综合治理 BT 项目，株洲神农城、长沙梅溪湖、湘潭仰天湖与济南长清湖综合开发建设项目，长沙大王山冰雪世界、长沙地下管

廊、长沙地铁3～7号线、重庆龙洲湾隧道、重庆快速路二横线PPP项目等，不仅推动了企业的高质量发展，还为社会、行业提供了可借鉴的商业模式创新的范本。

3. 房地产开发要有大提升

中建五局的房地产开发经过近几年的发展，规模、效益、品牌得到了不断的提升，从开发"中建桂苑"项目起步，到"三湖六地十八盘"项目成功实施，中建五局的房地产业务快速发展，中建五局所属的中建信和地产有限公司已名列"中国房地产企业100强"，先后开发的"麓山和苑""芙蓉和苑""悦海和苑""瀛园""梅溪湖中心""江山壹号"等项目已成为了业内区域性标杆楼盘。房地产投资业务的发展，为中建五局的持续健康发展提供了重要的战略性、基础性支撑。

（四）本部经营、区域经营、海外经营的关系

在经营开拓中如何协调好这三个市场的关系？主要体现在以下三方面。

1. 本部经营集约化

一方面，要提高本部经营的效益，湖南是公司"大本营"，这里的人员最多，经营管理成本最低，对接市场的条件最好，应获得最好的效益。本部市场不仅要在市场营销上成为支撑点，而且要在管理、人才、资金、技术等方面为区域和海外经营提供支撑。

另一方面，还要继续扩大本部经营的规模，使本部经营的比例达到30%，现在差距还很大，还要继续努力。

2. 区域经营规范化

中建五局能在2002～2005年的短短四年中，将经营规模从20亿元左右提升到150亿元左右，区域经营发挥了根本性作用。实践证明，"区域经营的四个转变"（变游击战为阵地战，实现本土化经营；变盲目作战为有准备

作战，实现理性化经营；变刮金式经营为贴金式经营，实现品牌化经营；变单兵作战为团队作战，实现集团化经营）作为外埠市场开拓的成熟经验和模式，是区域经营的指导思想。

3. 海外经营规模化

中建五局海外业务的发展，按照"走出去、走下去、走进去、走上去、走回来"五步走的经营策略，取得了显著成效，实现了海外经营的规模效应。在资源配置上，成立海外事业部，通过加大投入，加强管理，将为进军海外市场提供更有力的保障。在海外市场选择上，中建五局立足阿尔及利亚市场，积极进入刚果（布）、赤道几内亚，伺机进入巴基斯坦和阿联酋等市场。在内部管理上，中建五局出台了关于鼓励优秀人才出国以及出国劳务管理的政策措施，切实解决出国人员的后顾之忧。

"走出去"是企业战略，必须坚定不移；"走下去"是战略定力，必须毫不动摇、持续用力；"走进去"是战略深化，要走进所在国的主流市场，深度融入当地社会；"走上去"是战略目标，就是要走上世界的高端市场；"走回来"是战略目的，就是要把良好的收益回到企业来，它是"走出去"战略的最终目的和归宿。

（五）市场、现场、清场的关系

处理好这三者的关系，从根本上说，就是要使这三个环节成为一个有机整体，使每一环节都对其他两个环节起到促进作用。一次经营要为二、三次经营创造条件；二次经营要为一次经营树立品牌，为三次经营奠定基础；三次经营要实现一、二次经营的成果，为一、二次经营积累经验和反馈改进意见。如果三者间出现了裂缝，效益流失就会不可避免地发生。

针对三次经营中的薄弱环节，中建五局提出要突出"大""精""实"三个字。

第一次经营要突出"大"字。"大市场、大业主、大项目"方针推行以来，虽然取得一定成绩，但离企业的战略目标还有明显差距。

第二次经营要突出"精"字。低成本竞争、高品质管理是赢得竞争的关键，二次经营必须抓住成本控制这个龙头，推进精细化管理。如何抓精细化管理？具体来讲，要从建立和完善集约型项目管理体制入手：一是完善项目合同管理机制，细化合同过程管理。二是要加大推进价本分离力度，做好项目成本策划，强化项目管理责任。三是要深化项目材料、劳务、资金的"三集中"管理，资金集中管理已基本实现，下一步要花大力气解决材料集中采购问题，逐步将"三集中"管理向纵深推进。

第三次经营要突出"实"字。要通过三次经营，切切实实把企业该收的钱收回来。做好三次经营要做到"三个切实抓好"：一是切实抓好结算工作，对竣工未结算项目进行彻底清理，明确项目经理是项目结算的第一责任人，严格落实竣工结算责任制，采用切实有效的手段来确认债权。二是切实抓好清收工作，建立健全"了难"经理部，确定责任，制定奖罚措施，在充分分析、论证的基础上，采取打折转让、风险委托等方式，加快债权的回笼。三是切实抓好防欠工作，树立"防欠要从源头抓起"的思想，把好业主资信评估、合同评审、下达项目管理责任书、分包合约及管理、签证索赔、结算等几个关口。

（六）业主客户、总承包方、分供方的关系

1. 处理好与业主的关系

作为承包商，一是要诚信经营，精心施工，严格履约；二是要品牌经营，着眼于建立长期的关系，关注业主的需求，想方设法为业主排忧解难，提高客户对企业品牌的忠诚度；三是要锁定核心顾客，建立重点客户信息资源库，重点关注重点服务。

2. 处理好与设计院、监理、金融机构等关联单位的关系

要做 BOT、EPC 项目，进军高端市场，离不开与这些机构单位的合作，要建立定期的联系和信息交流机制，及时交换项目信息，共同承揽项目，实现利益共享。简言之，就是以项目为线条，增强自身的"前伸后延"能力。

3. 处理好与分供方特别是劳务队伍的关系

工程总承包企业要不断提高专业分包、劳务分包、材料设备供应商的综合素质，加强管理、堵塞漏洞，及时化解企业运营风险。要从战略的高度重视合格分供方队伍的建设，细化措施，落实责任，切实做好对分供方的考核、使用、评价工作，尽快建成一批长期稳定的劳务基地。

4. 处理好与集团总部、政府、新闻媒体等相关者的关系

对于这类客户要积极主动地交朋友，加强沟通与合作，及时传递企业信息和情况，争取其对企业的理解、支持和指导。尤其要加强与集团总部的沟通，集团总部既是中建五局的出资人、管理者，也是总包业主，无论是在对内管理还是在对外开拓上，都需要得到总部的指导和帮助。同时，要把握好改革的力度、发展的进度和职工可承受能力三者的关系。

5. 处理好与竞争对手的关系

企业之间的"竞合"已成为市场发展趋势，要树立"在竞争中合作，在合作中竞争"的思想观念，不能把企业间的关系简单理解为"你死我活"的对立关系，企业"竞合"的最终目的是扩大市场，实现双赢或多赢。要尝试合作经营，实现企业间资质、信息、经验、市场等资源共享，发挥各自特长，形成优势互补，从而实现企业共同发展。

（七）过去问题、当前发展、长远利益的关系

企业发展还必须立足于长远利益，谋求可持续的发展，不能"竭泽而渔"，应拿出一些精力来"放水养鱼"，企业的长远发展与四个关键词密切相关。

一是科技。科技是第一生产力，东莞大剧院项目是一个例子，该项目荣获"鲁班奖"和中建总公司科技进步一等奖，奠定了中建五局在剧院工程的技术优势，随后又中标了两个剧院项目，并且这两个项目都是业主慕名邀请中建五局投标。提高科技水平就是要多承接这样的项目。同时，还要加大对

科技的投入，不断建立自己的技术优势，提高企业竞争力。要进一步加快信息化管理的步伐，加大投入，提高系统的配置，提高信息化管理水平。

二是培训。企业的发展与员工的发展是同步的，或者说，员工素质提高了，企业才能发展。对于企业而言，抓好队伍建设最主要是靠培训，要通过培训促进员工开阔思路、提升素质、增强能力。要加大培训投入，优先培训有发展潜力、能长期效力企业的人员，这也是企业长远发展的要求。

三是改革。改革的目的是建立一种"归属清晰、权责明确、保护严格、流转顺畅"的治理机制。与此同时，也要认识到，改革是个渐进的过程，改革的过程要把握好改革的力度、发展的进度和职工可承受能力三者的关系。

四是创新。首先，要解放思想。思想解放的程度决定了企业跨越式发展的程度；思想解放的高度决定了企业跨越式发展的速度。中建五局近些年的发展，从思路到目标，每一次进步背后都有一次思想解放。其次，在管理上创新要结合企业实际，要使主观与客观相符合，理论与实践相统一，切实具有可行性、可操作性。

（八）国家利益、企业利益、员工利益的关系

利益和谐是一切和谐的基础，实现国家、企业、员工三者利益和谐，是构建和谐企业的着力点和突破口，也是一个重要的指导原则。推进利益和谐，要从两个方面入手：

一是用"创造利益"的办法，也就是用增量办法，合力"做大做好蛋糕"。"做大蛋糕"是要提高发展速度，把规模总量的盘子做大；"做好蛋糕"是要提高发展质量，推进可持续发展。

二是用"协调利益"的办法，也就是用减量的办法，"切好蛋糕"。坚持依法纳税，坚持福利员工，坚持盈余公积。企业的发展一定要有积累，要坚持从利润中拿出一部分投入到再生产，不断增强企业的可持续发展能力。

（九）思想建设、作风建设、文化建设的关系

思想建设、作风建设与文化建设三者的工作对象都是人，工作方法都是

以"攻心"为主，工作目的都是统一思想认识，并服务于企业生产经营中心。但三者的着力点不同：

思想建设的着力点是认识论，解决的是员工的认识问题。强调思想建设，就是要做好党建和思想政治工作，为企业发展提供支撑。

作风建设的着力点是方法论，解决的是员工的态度问题。加强作风建设，包括学风、思想作风、工作作风、领导作风、生活作风等方面，关键是要强调监督，主要通过审计监督、效能监察等方式。

文化建设的着力点是价值观，解决的是员工的信仰问题。文化建设关键在于培育企业共同认可的价值观，并将价值观传播到员工的心灵深处，其目标是"无为而治"。企业文化建设有自身的规律，是一个潜移默化的过程，必须常抓不懈，持之以恒，致力于使每一位员工认同信守并自觉维护企业的价值观。

第五节　企业领导班子的合作共事

一个组织、一个企业的领导班子成员一般由正职与副职组成，正职是一个企业、组织的"一把手"，是"把方向""把全局"的；而副职却是正职的左膀右臂，是助手，是配角。企业领导班子是企业成败兴衰的关键，团结就是力量，团结出干部，团结出生产力。一个领导班子的团结和谐、齐心协力、合作共事、步调一致是企业发达的基础性因素，处理好领导班子正、副职之间的关系，则是领导班子行动能力的重要保证。对一个领导人员的基本要求是什么？如何成为称职的领导班子成员？怎么样处理好班子成员之间的相互关系？这些都是需要认真研究、切实解决的重要课题。

一、对领导班子成员的一般要求

领导区别于普通员工，是一个组织的领路人、带头人。作为领导者，需要考虑的问题有：路怎么领？头怎么带？企业的战略目标是什么？如何使团队万众一心去努力奋斗？企业要长远发展，没有一个强有力的领导团队是不行的，领导人员没有与岗位职责相匹配的素质能力也是不行的。一般来说，对领导干部要有以下几个方面的要求：

人品的要求：人品比能力更重要。作为一名领导，要让员工敬佩、心服口服，人品是第一位。人品的表现包括为人正派、正直，有正确的人生观、价值观，善于团结、帮助别人，能爱岗敬业、敢于奉献，敢于担当，行先守孝，这些是作为领导的基本原则。

基本素养的要求：基本的文化水平、业务水平，良好的心理素质，待人接物有礼有节，识大体、顾大局。

基本能力的要求：基本的写作能力、表达能力，分析问题、解决问题能力，组织指挥能力、沟通协调能力、心理承受能力、工作的执行力。

基本情商的要求：情商比智商更重要。情商的体现包括懂得换位思考，以理服人，以情感人，善于沟通协调，善于处理关系，懂得感谢感恩、回报，懂得宽恕、宽容。

"家和万事兴"，领导班子的精诚团结至关重要。"成则举杯相庆，败则以命相救"，同心协力谋求企业发展。在一个领导班子里，正职姓"正"，是全权的"当然代表"，要把控大局，带领全班人马，全心全意推动事业发展。副职姓"副"，是"兵头将尾"。副职在单位是"配角"，是"绿叶"。要求副职必须有大局意识，要做好参谋，当好助手，必要的时候做好援兵，不搞内耗，不立山头，全力配合好一把手，尽责任不谋权位、干事业不谋私利、重实绩不图虚名。

二、如何做好正职

领导班子正职处于核心地位，是领导班子的组织者、运筹者、指挥者和协调者，起着关键作用，负有重要职责。领导班子正职的基本素质如何，作用发挥如何，直接影响到领导班子的运行效率，直接影响到企业的运营绩效。

（一）领导班子正职的素质要求

领导班子正职应当具备以下八个方面的基本素质。

1.眼界开阔，能够把握大局

领导班子正职，眼界要开阔，具有预见性和长远性，做到谋远而不短视。既要立足当前抓工作，又要着眼未来谋长远。清楚行业发展趋势，掌握区域发展战略，根据单位实际情况，合理分配工作任务，有重点地抓促落实。分配工作要考虑个人职务、业务能力、工作态度，不偏不倚，知人善任；安排工作要掌握轻重缓急，对重点工作要突出创新和把握时限要求，但也要有张有弛。对落实工作的过程要掌握了解，及时解决工作中的难点、堵点，也要了解职工的辛劳。

2.思路清晰，具有坚定的执行能力

领导班子正职要开拓创新，有主意、有思路、有办法，敢为人先。如果一味地守旧迷信经验，固守传统习惯，甚至一味地照着上级"条条"搬、跟在别人后面干，必然造成裹足不前、一事无成。领导班子正职，要求真务实，要雷厉风行。对于已经议定的事情，一定要抢时间、争速度，以全部的精力狠抓落实。不能只说不干，也不能"雷声大雨点小"，更不能拖拖拉拉，搞"马拉松"。

3.选贤任能，公平公正理性

选拔任用干部必须要依据一定的原则和标准，这是确定无疑的。但在事业迅猛发展的时代，正职领导必须率先解放思想，更新观念，摒弃那些妨碍选拔人才的老条条、老框框，重资历而不唯资历，重学历而不唯学历，重测评而不唯测评，不拘一格，大胆提拔德才兼备、群众公认、有能力、有成绩的干部，根据岗位需要，委以重任。要人尽其才，量才用人。尺有所短，寸有所长。"骏马能历险，犁田不如牛；坚车能载重，渡河不如舟。"人的知识、性格、能力等都是有差异的，每个人具有不同的特质、专长和优势，正职领导要善于发现每个员工身上的"闪光点"，用人所长，扬长避短，慧眼识珠，准确把握人才的特长和优势，委以适合其发挥才能的合理岗位，最大限度发掘每个人才的内在潜能，使智者尽其谋，勇者竭其力，仁者播其慧，信者展其能，从而实现人才效益的最大化。

在干部选拔、任用、考核奖惩上，在员工队伍管理上，要一碗水端平，遇事出以公心，坚持原则，理性处理。根据个人能力大小、工作态度，作出合理的安排和对待，不能浪费人力、财力、物力，也不能让能干事的人没事干，让没能力的人任大事，让看热闹溜门缝的人吃大锅饭。凡事以公为先，以工作为主，兼顾人性关怀，不能因小失大，转移重心。正职工作要讲究方法，做事要渐进而不心急，不要心存升官发财的私欲来谋事、行事，不能为了树立权威、显示才能，不顾长远利益、不从事业出发，竭泽而渔。

4. 虚怀纳谏，心胸豁达包容

领导班子正职，要善于倾听别人的意见，做到自信而不霸道。避免凡事都由一个人说了算，包揽一切、个人专断，否则就会让人敬而畏之、敬而远之。领导班子正职，不一定是最聪明、最能干的人，但应当是最公道、最敢当、最包容、最坦荡、最能把大家团结起来的人。要豁达宽宏、厚德包容，切忌心胸狭隘、记恨记仇，亦或嫉贤妒能、揽功诿过。

5. 敢于担当，讲求工作方法

领导班子正职，要敢作敢当，实事求是，真理真话敢讲、歪风邪气敢管、硬事难事敢抓，让人觉得有主见、有胆识、有魄力。避免凡事过于多虑、谨小慎微，凡事不敢较真碰硬。成熟的领导班子正职，要做到思虑周密、稳健持重、言行谨慎，不轻浮、不轻率、不轻信，不躁动、不妄动、不盲动，让人觉得靠谱、认真、踏实，严谨细致、见识过人、驾轻就熟。

6. 奖罚分明，完善激励约束机制

"栽培剪伐须勤力，花易凋零草易生。"激励与约束是对立的统一，是

正职领导抓班子、带队伍的两个相互联系、相互影响的最基本的方面。要有明确的是非观念和原则立场，健全制度，强化纪律，坚持弘扬正气，遏制歪风邪气，要实事求是地分析功过是非，激发鼓励人们的正确思想和行为，对一切错误思想、行为一针见血地批评，使受奖励者积极向上，使受罚者心悦诚服。

7. 勤奋学习，熟悉经营管理业务

学习是获取知识、提高素质、增长能力的必经之路。作为一名基层的领导干部，要使工作、指挥更加得心应手，那就只有付出比常人更多的精力、挤出更多的时间去学习。既要学习党的方针政策和国家的法律法规，不断增强自己的政治素质和法律意识，树立正确的世界观和人生观，又要学习业务知识，虽不要求精通业务，但应该熟悉掌握各项业务技能，犹如善读书者，要学诸葛亮读书的"但观大略"，陶渊明读书的"不求甚解"，熟悉基础性业务知识，知道单位业务工作的重点和关键点，最主要的是掌握业务的改革发展方向，努力使自己成为内行。可以不懂业务流程，不知道详细数据，但绝对要把握大数据，掌握大方向，不能领错方向，也不能对具体执行过程横加干涉、事无巨细全程过问，导致外行领导内行，反而使工作无法正常开展。要不断提高管理能力，还要博采众长，丰富自己的知识结构，全面提高驾驭全局的综合能力。

8. 以身作则，清正廉洁自律

正人者先正己，作为正职，对自身的政治思想素质、领导工作水平、民主作风等有特别的要求，应努力在这些方面走在副职的前面，做到在职务高于其他人的同时，更要在政治思想理论水平和工作水平等方面努力超过其他人。要注重塑造个人的形象和威信，心胸要宽，身子要正，时刻注意用自己实实在在的品格去赢得人，用自己光明磊落的行为去影响人，用自己乐于奉献的精神去感动人。手握权力的正职，要保证权力的正确使用，要牢固树立正确的世界观、人生观、价值观和正确的地位观、权力观、利益观，按照"权

为民所用，情为民所系、利为民所谋"的要求，"淡泊名利，志存高远"，自觉做到"今日权在手，倾心为企业，全心为群众"。

（二）领导班子正职的工作要求

领导班子正职要发挥好主导作用，在工作中要做到"五要五不要"。

1. 要谋"势"，不要谋"子"

古人云："善弈者谋势，不善弈者谋子。"善谋势者，一招先落，全盘可以弥补。而谋子者，常常是顾此失彼。一招不慎，全盘皆输。下棋是这样，其实领导正职当得好不好也是如此。所谓"谋势"就是预测时势，营造态势，运筹帷幄。

刘备三顾茅庐，诸葛亮隆中对，就是著名的"谋势"案例。当时北方的曹操和南方的孙权都已经比较强大了，而刘备的势力相对要弱小得多。按照正常的情况，难以有三国局面。通过诸葛亮的战略谋划，即联合东吴，北拒曹操，占领荆州夺取西蜀，然后北伐中原，统一全国。而且通过这个战略谋划的实施，形成了三国鼎立的局面。谋势的重要性从这个例子中可以窥视一斑。

所谓谋"子"就是关注一兵一卒的进退和一时一事的得失。刘备既有谋"势"的成功，也有谋"子"的失误。关羽大意失荆州，被东吴所害。刘备念在兄弟的情意上要为关羽报仇，执意要讨伐东吴。当时很多将领都劝刘备不要这样做，但是刘备坚持自己的主张。曹操去世，曹丕继位政权不稳，实际上是北伐曹操的好机会。当时诸葛亮还认为可以先伐北魏，再伐东吴。但是，刘备不听众人的劝告，率领70万精兵去伐东吴。结果，被陆逊七百里火烧连营，损失惨重，刘备自己也没能回到西蜀。可见作为一个正职，谋"势"是非常重要的。好的领导者，有成就的第一把手，都是善于谋"势"的领导者。

一个好的正职必须是一个善于谋"势"的人，必须不断提高自己综合素质和战略思维能力。同时，还要善于运用集体智慧，善于汲取群众的意见和智慧。

2. 要规则，不要随意

领导正职要重视和做好建制立规的工作。企业领导体制和运行机制要科学化、制度化，日常工作要规范化。形成紧密联系、环环相扣的各种制度和规范，使下属有所遵循，有所约束，把事情做正确。制度建设带有根本性、全局性、稳定性和长期性。领导者发挥主导作用，一个非常重要的工作就是注意做好建章、建制、立规的工作。

建立规章制度，首先是权力授受关系的各种制度和规范，还有企业内部各个组织机构之间关系的制度和规范。一切有关职责权限运作的程序、规范和制度都属于建章立制的工作范围。在建章立制和完善细化制度规范体系时，必须结合企业实际，重点关注可操作性。

制定规章制度要严肃认真，切合实际，制度规则一旦确定，就不能朝令夕改，随意变更。更不能有人执行，有人不执行，一事执行，另一事不执行。必须坚持规则至上，规则面前，人人平等，尤其是领导干部要自觉遵守规则，不论是正职还是副职，都要按规则办事。

3. 要抓"将"，不要抓"卒"

所谓抓"将"不抓"卒"，就是要求一把手要用好对本单位工作最具有影响力的人，特别是领导班子的副职和下一个层级的负责人。

抓"将"不抓"卒"是领导适宜原则的一个要求。有学者在研究了 141 个行业后得出一个结论，就是一个领导者直接管理指挥的人数一般不能超过 8 人，最多不能超过 15 人。这就是一个最佳管理幅度的问题，并不是说管理的下属越多越好。抓"将"不抓"卒"，是一切成功领导者最基本的经验之一。

曾经任美国福特公司总裁的艾柯卡离开福特公司后，1978 年担任了克莱斯勒汽车公司的总裁。当时克莱斯勒亏损 16000 万美金，克莱斯勒公司在走向衰退。经过 5 年的努力，到 1983 年，艾柯卡使克莱斯勒公司有了 925000 万美金的纯利，超过了克莱斯勒汽车公司历史上的最高水平。艾柯卡因此受到了美国人的尊重，登上了美国《时代周刊》杂志的封面。他总结自己成功之道时说："我之所以能够让克莱斯勒公司扭亏为盈，就是抓住了一些最能干的人。如果让我来领导美国政府，有25个人就可以了。我扭转克莱斯勒公司用了12个人。"抓"将"，是古今中外普遍的成功经验，也是当好正职领导的基本要求。

抓"将"，要注意以下四点：

一是放权。领导正职抓副职，往往是不敢放权。所以要想让副职充分发挥作用，最重要的就是要放权。该给副职的权力要给，如果没有给其相应的权力，副职是很难把工作做好的。

二是放心。既然副职是自己的得力助手，还是下一级的领导者，那么就要对其有基本的信任，这样才能让副职能够充分地放手去工作。

三是支持。就是对副职遇到的困难，要帮助解决。遇到紧急情况或重大问题如果来不及请示报告要加以原谅。如果有人告副职的状，不要听风就是雨，要做一些调查研究，该撑腰的时候要为副职撑腰。

四是揽过。人非圣贤，孰能无过，副职也是如此。在工作中，可能有这样那样的失误。领导正职在这种时候，要勇于为他们承担责任，这样副职就能够更积极地把工作做好。

4. 要公道，不要霸道

"吏不畏吾严而畏吾廉，民不服吾威而服吾公。公则民不敢慢，廉则吏不敢欺。公生明、廉生威。"意思是说，公道正派，则百姓不敢怠慢；品行端正，则官吏不能欺诈。所谓公道，就是公平正道正义，这是构建和谐融洽班子的标准之一。在一个集体和班子中，一把手的镜面作用是不可忽视的，一把手做事公道、为人正派能感染影响周围的人，这决定了整个团体的风气，也是带出一支好队伍的关键。

公道是做事之基、成事之本。作为正职必须要讲公道，尤其是处理复杂问题时既要公正，又要有解决问题的办法和能力，两者要兼顾，而不能偏废。与副职间相处要讲究原则，即公平和正义，不能做事无原则、做人无准则，对副职亲疏有别，感情有远有近，一律要平等待副职，按副职的分工职责抓好综合协调工作，善于调整班子中的不和谐音符，使之形成一个和弦音。正职与副职共事绝不能霸道，玩领导权术，要领导权威。领导权威不是领导位置与生俱来的，是靠领导做事为人树立起来的，有领导位置未必有领导权威，靠领导位置而施展的领导权威是苍白的、无力的、短暂的，只有靠领导的个人魅力、领导艺术而树立的领导权威才是强劲的、长久的。领导权威是亲民的、可信的、有感召力的，而绝不是霸道的、霸气的。正职对副职要以德服人、以理服人、以情感服人、以做事服人，给副职要创造感动，使他们带着感情去工作，才能更好地发挥他们的主观能动性，使其工作潜力最大化。所以正职与副职的关系要靠正道去维系，而不是靠霸道来降服下级。

5.要爱护，不要袒护

爱护员工、爱护副职是调动工作积极性的最佳选择，也是增强班子凝聚力、创造力的源泉。政治上的爱护就是对副职政治前途的倾心，培养和帮助他们进步，符合提拔、重用条件的要及时向组织部门推荐或重用，使之在政治上尽早成熟，绝不能担心副职对自己未来形成威胁而不重用副职，甚至压制副职的成长，即"武大郎开店"。既要使用，又要培养。只要有机会，工作又离得开，就要不失时机地送他们去学习深造，增强他们的自身素质。

生活上关心，在要求副职做好工作的同时，要尽可能多关心他们生活中的疾苦，为他们排忧解难，使他们处处感到温暖，感受到兄弟姐妹间的关爱。副职如果有缺点或错误，正职要从团结的角度出发，帮助他们改正，而不是爱护关心副职就一味地袒护副职的缺点和毛病，更不能姑息迁就。正职只有爱护副职的成长、关心副职的生活，又不袒护副职的缺点和错误，副职才能心情愉悦地工作，进而形成良好的工作氛围，激发了工作潜力。

三、如何做好副职

领导班子副职最显著的特征是配合，也就是配角。虽然是配合、配角，却是不可缺少且非常重要的。古代有个寓言：一个姓石的匠人有一手绝活，就是抡起大板斧能把一个叫郢的人鼻尖上的灰砍掉，但丝毫没有伤到郢的皮肤。宋元君听说了这件事，就希望姓石的匠人能够到王宫里来，表演一下这个绝活。但是姓石的匠人说："我已经不能表演这个绝活了。"宋元君问为什么，他表示和自己配合的那个叫郢的人已经在前不久得病身亡了，没有了郢的配合，这个绝活就不能表演了，而且现在没有可以替代郢的人。这个寓言说明，对配合的人是有一定要求的，不是随便一个人都可以胜任的。

（一）领导班子副职的基本要求

在各级领导班子中，副职是个很重要的角色，数量上也是多数，其作用发挥如何，对于维护领导班子团结，增强班子战斗力，关系极大。因此，副职必须注意扮演好角色，把握分寸，讲究工作方法，努力提高自身素质。领导班子副职要努力做到以下几点：

1.要摆正位置，到位不越位

作为副职，对自己分管的工作和正职交办的各项工作任务应该积极主动、创造性地开展并完成，将自己的工作做到位，但是在主动想事、干事的基础上要保证自己不越位。因为正职是主角，副职相对正职在班子中是配角，所以副职始终要注意摆正自己的位置，经常向正职请示汇报，注意维护正职的形象、权威，突出正职，不擅自做主，不"抢镜头"，不出风头。

第一，维护好核心。确认正职的权威，自觉维护其权力和地位，这是副职必须始终牢记的重要一点。具体来说：一是在正职发出号令时，挺身而出，全力响应，担当正职的左膀右臂。二是在正职工作出现失误遗漏时，主动补台，堵塞漏洞，共渡难关。三是在取得成绩时，不争名利，不计得失，虚心谦让。四是在社交场合或其他活动中，谦虚礼让，不争座次，不抢镜头。

第二，对正职负责。一是正确理解领会正职的意图。多分析、研究，多请示、汇报，多观察、交流，确保所做工作不偏离中心和方向。二是工作勤恳，讲究效率。力争用最短的时间，用尽可能少的劳动成本，圆满完成工作任务，获取最佳办事效益。

第三，不越权办事。在领导班子里，只有正职是全权负责的当然代表，副职的权责只限于局部，并始终接受整体权责的调控制约。为此，副职要揽事不揽权，做到决不把自己的主张强加于正职，决不说过头话，办过头事。即使资历较深，能力较强，也不摆老资格，不忘乎所以；即便发表不同意见，也做到场合适宜，内容准确，方法恰当。真正做到工作到位不越位。

第四，消除心理障碍，及时就位。不要把配角当成瞻前顾后、谨小慎微、缩手缩脚的代名词，而是要看到这个"配角"，虽然在这个班子里总体上是配合的，但是在某些方面，副职也担当着主要的角色。比如，在副职分管的工作上，其就是主角；在决策上，正职是主角，最后是一把手拍板，但是，怎么做好这个决策、参谋和建议，副职有着重要作用，在参谋和建议上，大家都是主角。所以，从总体上而言，副职是配角，但在一定时间、一定范围、一定层次上，副职又起着主要的作用。因此，作为领导副职，要明确自己这个岗位的特点，要明确自己的工作范围和工作职责。按照分工协作的要求，大胆行使自己的职权，把自己该管的工作做好，而不是事事都等着一把手去作指示、指导。要消除心理障碍，及时就位，承担起自己应当承担的责任。

2. 要主动工作，配合不凑合

领导工作千头万绪，涉及各行各业、条条块块、方方面面。为此，副职要努力为身负重任的正职排忧解难，积极配合，帮助其摆脱具体事务的纠缠，以便让其腾出精力和时间，总揽全局，思考和处理重大问题。

第一，在任务繁重时主动请缨。副职不能过分强调分管工作如何重要，而应主动向正职提出增加工作的要求，即使是正职交办的中心工作与分管工作发生了冲突，也应先完成交办任务，再采取补救措施做好本职工作。

第二，在遇到难题时大胆负责。对于中心工作或突发性工作遇到难题，副职要不等不靠，不推不避，想方设法妥善解决。

第三，在发生冲突时挺身解围。当正职遇到纠缠不休的敏感问题时，副职不能隔岸观火或坐视不管，更不能幸灾乐祸和落井下石。而应不管涉及的问题是否属于自己分管的工作，都要从大局出发迎难而上，为正职解围。

第四，在决策出现偏差时巧于善后。每一条决策的出台，都不可能尽善尽美，有的还可能出现偏差。这时，副职要自觉为正职补台，做好纠偏除弊的善后工作，力求把损失降低到最小限度。然而，对于副职来讲，配合并不同于迎合上意、巴结献媚、凑合应付，而是在事业基础上的配合，在自己的工作方式和工作作风上主动适应正职，使彼此的合作达到一种心理默契。副职应善于发现正职的长处和短处，从而助其长、补其短。只有配合不凑合，才能维护班子的团结和权威，才能充分发挥群体效应。

3. 要尊重正职，服从不盲从

副职要第一个支持正职工作。作为副职，无论何时何地，都要清楚地意识到一把手是班子的核心，自己的首要职责就是辅佐正职工作，当好配角。对正职的正确主张，要积极支持，并用个人的理解予以阐述、补充，引导班子和部门成员统一认识、统一行动。如果自己与一把手的意见不一致，要主动与一把手交换意见，并认真听取和考虑一把手的意见。当自己的想法不妥时，要勇于改变自己的认识而不固执己见。对一把手从大局出发，承接了一些边界性或额外的工作，作为副职不可阻拦和反对。作为副职，要尊重正职，支持正职勇挑重担，在同正职携手前进中促进自身的发展。

作为一个正职，如果没有下级的尊重，很容易影响其发挥领导的作用。作为副职，要自觉地维护正职的权威，这是副职尊重正职最基本的要求。副职对正职的尊重主要表现在：要积极主动地完成正职已经安排的工作，起到真正的助手和参谋的作用；对正职交办的事情要真正地做好，不能借故拖延或是不办；当与正职在工作上有不同的意见和想法时，要和正职坦诚地交换各自的想法，而不要随意扩散，以免引起别人的误解，造成领导班子内部不团结；遇到紧急或者是重大的突发性事件和问题时，要及时地向正职请示和汇报，并能主动拿出处理的意见，以供其在决策的时候参考和借鉴；在私下里听到对正职的议论要多做引导和解释性的工作，不要随声附和，推波助澜。如果副职对一些棘手的问题解决得不彻底或是不能解决，也要为正职留下分析和思考的时间，提供解决问题的经验和教训，为了能够真正解决好问题留下一些回旋的余地。总体上来说，副职对正职的尊重不能只是停留在口头和表面上，而是应该在实际的工作中给予积极的配合和协助。这是副职工作的方法问题。

同时，要把握好对正职尊重的度的问题。在工作中不是积极配合和协作，而是千方百计地依附于正职；对正职的话是言听计从，投其所好，更有甚者，不管正职是对是错都百依百顺；见到正职存在的某些缺点，非但不指出来，反而百般掩饰。这些问题都是没有掌握好"度"的体现，对正职的尊重过了头就是奉迎，就是盲从。

副职应该清楚的是，对正职的服从，不能变成盲从。那种不负责的照抄、照转、照搬的做法，只能是表面上服从而实际上是消极的对抗。副职对于正职的指示和各种工作的部署，在不违背原则的基础上，可以根据实际的情况，灵活地加以变通，创造性地开展工作，这一点对于副职能够真正履行副职的职责和功能是很重要的。由于正职更多的是着重于领导工作的整体筹划，而并不能事事躬亲，加之经验、能力和知识等方面的局限性，不可能对任何事物的认识和判断都是准确无误的，在工作中，难免会有考虑不周、安排不妥的时候，在这种情况下，副职应该根据自己的判断和见解，在适当的场合、以适当的方法，向正职陈述自己的意见和想法，尽可能地和正职共同探讨，深入地研究，使某个决议存在的问题能够得到及时发现和纠正。

4.要分管到位，立功不争功

分管到位是指副职的职权范围之内的工作内容。副职必须掌握好自己的工作性质和内容，熟悉其任务，了解和明确分管工作中的重点、难点和热点问题。要掌握好内外部各种情况，对自己工作范围内的现状和趋势有清晰的思路，对开展工作的方法要能熟练地运用。

分管到位意味着副职工作的责任必须落到实处。从另一个角度讲，分管到位也就是对正职的负责。要尽量在自己分管的范围内把事情做好，不要把未完成的工作或者是把矛盾上交给正职，减少给正职正常的工作增添内容的情况。副职对下属各部门的重要工作要善于和敢于作出决策，对出现的问题要敢于承担责任，要防止优柔寡断，更要防止当下属来就某个问题请示或汇报时，不发表明确的意见，而是一味地把问题推到正职那里。这样的做法，就失去了一个副职应该有的责任心。也就是说，副职要能够独当一面，这是一个领导班子整体运行的支持条件。

怎样做好分管的工作？一是要明确自己分管工作的任务、范围、权限，也就是自己应该怎么做、怎么管、管什么，责任意识、职责任务必须十分明确，不能乱管也不能不管，要按正职的要求去分管。

正职需要的是有思想、能干肯干，遇事不推诿、不耍滑的得力助手，而不是唯唯诺诺的"庸人"和躲躲闪闪的"滑人"。副职是否做好分管工作，是衡量副职是否称职的主要标志，也是副职能力、水平的体现。做不好分管工作，正职不满意、员工不满意，领导和员工就会有看法，就会对副职的工作不放心。作为副职应做到：

一是做好本职工作，为正职实现整体目标给予有力支持。副职按照自己的工作职责和分管的工作，把自己的本职工作做好，在其位，谋其政，负其责，用其权，工作到位，就是对正职最实际的支持。对于自己分管工作中的问题，只要一经正职或集体决策，副职就要拿出将帅风格，挺身而出，全力组织实施，带领部属按时保质保量完成任务。遇到棘手难题，要沉着冷静、多谋善断、妥善处置，即使对那些明知自己无力解决好的问题，也要主动接触、摸清情况、找准症结，为正职正确处理奠定基础。

二是参与集体领导，为正职实施科学决策提供充分依据。正职承担着集中"一班人"智慧作出决策的责任。副职作为领导班子的一名成员，在集体决策活动中，要有"实事求是"的精神，要对每项需要集体决策的工作进行理性思考，敢于发表自己的意见和建议。特别是对自己分管工作方面的问题，应在调查研究的基础上，首先提出有独到见解，又能解决问题的方案，以丰富集体智慧拓展正职思路，让正职从容考虑，全盘筹划，从而作出科学决策。研究工作时，副职要与正职交换看法，共同磋商，说真话，以诚相见，决不能随声附和。当发现正职的决策、指示、意见不符合客观实际时，应积极向正职反映，申述看法，敦请正职修改指示决定。副职对正职大胆发表自己的意见，大胆进言，要讲究方法，注意场合，考虑效果，尽量做到"忠言顺耳""良药可口"。

三是工作积极主动，仔细认真。对布置的工作要有检查、有结果、有落实，不能布置过了，任务就完成了，要克服依赖性，克服什么事情都等着正职拿主意、拿办法，把自己当成摆设。工作中不要怕出问题，不要怕困难，困难就是机遇，困难问题解决了说明有水平、有能力。同时，作为副职还应主动承担责任，替正职分忧解难，特别是在遇到一些棘手的问题时，要敢于承担责任，积极谨慎妥善处理问题，主动为正职保驾护航，尽量把矛盾解决在自己分管工作的范围内，让正职去考虑更多的大事。

四是要善于学习和借鉴他人的经验和成功之处，寻求做好分管工作的方法、技巧和途径。要学习正职研究处理工作的思维方法和领导艺术，学习他们的经验。学习一定要虚心、诚心，不断提高自身素质，尤其是年轻的副职不能自以为各方面能力、水平都不错而目中无人，这样即使有水平，也很难提高自己。

五是充分激发下属员工的积极性、创造性和协作精神。要了解他们的思想动态，关心他们在工作、生活等方面的具体困难，当他们遇到困难、出现失误、发生矛盾时要主动解决，敢于挑担子。

六是要协调各种关系，承上启下，起好桥梁纽带的作用。要把正职的意见、指示、要求贯彻下去、布置下去，同时要把群众的意见收集、反馈上来，达到沟通的目的，使正职了解一些具体的情况。

5. 要当好参谋助手，揽事不揽权

副职处于辅助地位，副职的作用就是助手作用、参谋作用。具体要把握三点：一是要为正职出谋划策，用自己的智慧，提出一些利于单位工作的意见和建议；二是要有超前意识，要善于洞察、观察正职意图，创造性地开展工作，不能平平常常，随波逐流；三是要尽可能站在正职的角度和单位全局利益的角度出主意，提出富有创造性、实效性的独特见解，要经常分析思考问题，全面了解情况，为正职的决策提供必要的、有价值的参考意见。只有这样才能起到助手参谋作用。

副职要揽事不揽权。日常配合要主动而不言动，当助手而不甩手，立功不争功，不说过头话，不办过头事，不抢"镜头"，不出"风头"，甘当"绿叶"扶"红花"，甘做"配角"衬"主角"，坚持做到工作请示不依赖，工作配合不"争权"，工作融合不迎合。首先要积极主动、创造性地完成好自己分管的工作和正职交办的各项任务，遇事善于思考，善于发现新问题，找出新办法，能够自行解决的敢于拍板，并向正职汇报结果；不遇到难题向上推，不事无巨细向上报，不依赖正职担当自己绕道走；坚持重大问题请示制度和集体研究制度，不擅作主张，不越权越位，吃透上情、掌握下情、集思广益、出谋划策。

当副职要有较强的悟性、灵性，在工作中要全面准确领会正职的意图，使各项工作不偏离中心和方向，这样才能够与正职在思想上、行动上保持一致，保持了一致，工作就会出成绩。就像打仗一样，下级一定要按照上级的作战意图、方案，部署兵力、火力，明确作战的主攻方向、作战目标、协同作战等方案，这样才能取得战斗的胜利，否则，就有可能影响整个战争。所以领会上级的意图十分重要。那么，怎样才能正确领会正职的意图呢？一是要了解正职的常规工作思路和日常工作特点，可以从一般的会议讲话、平时的交谈、工作计划要点中加以分析研究，领会其意图。二是要多请示、多汇报，在聆听正职的意图和想法中体会其意图。一般情况下，副职向正职请示、汇报情况，都会作出反应，作出一些表态，有些是明确的、肯定的，有些可能是暗示、提醒的。所以，应该从中领悟一些道理，掌握正职在表态时的要求，从而在工作中按正职的要求贯彻落实。三是要联系工作实际或阶段性工作情况去分析、理解正职的意图，比如，正职为什么要在这一时期提出新的工作思路，采取一些新的举措，对全局工作有什么作用，要达到什么目的等。

领导干部的责权利是统一的。副职既要对正职负责，又要对下属负责，所以副职在职责范围内要敢于拍板，能及时化解矛盾，能妥善解决问题，不向困难低头，不把矛盾上交，协助正职集中精力想大事、抓大事；遇到麻烦事要勇于负责，出了问题要敢于承担责任，大胆处理；遇有棘手问题特别是突发事件，要主动顶上去，抓住主要矛盾和矛盾的主要方面，果断、迅速、有理、有节地处理好。同时，副职要服从正职领导，不推诿扯皮，不阳奉阴违；对于正职的科学决策，坚决落实不走样，不搞小动作，不玩小花样，做一个让正职放心、让组织放心的班子成员。

6.要学有所长，不长正职所长

副职要学有专长，独有所长，而不长正职所长。在一个班子里，其是讲究整体优势的。整体优势就是要求每一个领导者应该有自己独有的长处。副职要做好副职，就要求其有副职所独有的长处，而不能去长正职所长。这也是做好副职，当好配角要把握的一个非常重要的方面。如果长正职所长，那就不是副职的长处，而成了正职的短处，同时也成了副职的短处。凡是做得好的副职，有成就的副职，受到人们尊重的副职，都是有着自己独到的长处的人。

副职要有诚心诚意、鼎力相助的意识。俗话说"一个好汉三个帮，一个篱笆三个桩"，领导班子成员都要以诚相待，鼎力相助，这是最起码的素质要求。尤其是副职，对正职的支持也是分内事，也是副职必须具备的素质，"互相补台，好戏连台，互相拆台，共同垮台"。具体怎么鼎力相助，要注意三个方面：一是对工作要竭尽全力，主动配合；二是遇到重大问题，竭诚相助，积极出主意、想办法、找对策，解决问题，而不是袖手旁观；三是出现失误后，要尽力协助挽救，努力为正职补台，主动分担责任，而绝不能冷观落马，推卸责任，火上浇油，这也是一种人品和道德的体现。

7.要积极沟通，宽容不纵容

由于职位的差异，正职和副职在处理问题和发表意见时往往容易从自己的角度出发，提出不同的看法，以致形成意见分歧和心理隔阂。因此，正职必须积极沟通，宽厚待人，副职应严以律己，包容正职，对正职的个别不符合要求的意见，只要不是原则性问题，就动之以情，晓之以理，让其自觉纠正。特别是正职同自己意见不一致，并仍坚持自己意见时，只要时间允许，就采取"冷"处理的办法，让实践来说话。一是副职既要豁达大度，能容人、容言、容事，又要善于用直言、真言、进言来与正职进行时要讲真话，不唯唯诺诺、吞吞吐吐，更不能花言巧语。不能为取得正职的支持而掩盖和歪曲事实真相，或者把自己的主观意志强加于正职，逼迫其接受、表态。二是对正职进行评价时，要讲实话，不讲风言风语。向上级组织反映情况要实话实说，特别是对少数人不太客观的评论，要敢于公正评判，让上级明辨是非。三是对正职进行批评时要讲真话，不讲假话。对正职个人在思想、工作作风上存在的缺点、不足，开诚布公地进行批评，提出建议，不能碍于面子而采取"老好人"的态度。总之，及时而有效的沟通会使正职进行积极的换位思考，相互理解。通过换位思考，主动替对方着想，从而相互理解，提高心理相容度。

8. 要管好自己，成事不出事

自己要常思贪欲之害，常弃非分之想，常修为官之德，努力做到政治上清醒，工作上清正，经济上清楚，生活上清白。要把握好"三界线"，即把握好政策规定与特殊情况的界线，把握好公与私的界线，把握好正常往来与权钱交易的界线。要慎待"三个圈"，即清正对待工作圈，严格管住亲属圈，谨慎处理社交圈。珍惜自己的工作岗位，珍惜自己的政治生命，不负党和人民的重托，不负领导、亲人和朋友的期望。正确理解"其身正，不令则行"的深刻含义。作为负责人，要带头学习，带头守规矩，带头苦干实干，带头敢于担当，以身作则，率先垂范。

作为负责人，必须以身作则，不谋取私利，不授人以柄，腰杆才能硬。要做事公正，一视同仁，平等待人，不搞小团体，摆正同部门内每一位员工的关系，注重非权力性影响的作用，争取绝大多数人的支持。注重关心和培养下属，但不无原则地为部门、他人及个人争利益，这样会出现新的不平衡，带来很多新矛盾，造成另外一部分人的不满意。副职要主动为他人排忧解难，班子和部门内遇到棘手问题时，要挺身而出，弘扬正气，树立班子成员的权威。工作出问题时，要主动把自己"摆进去"，勇于承担责任，决不能上推下卸。副职的一言一行事关班子形象，必须时时事事管好自己，勤政廉洁，忠于职守，克己奉公；必须时时处处严以律己，宽以待人，处事公道，办事公允；必须始终与人为善，忠诚厚道；必须始终管得住小节，耐得住清贫，经得住诱惑，顶得住人情；在善恶是非面前站稳立场，在大是大非面前义无反顾地追求真理，讲大局，讲原则，不弄权，不斗气；有容人、容言、容过的气度，讲支持，讲尊重，讲友谊，懂得用言导其行，用正义感化人，用诚心感染人，用真心感动人。

同时，要时时维护班子团结，维护一把手的权威、形象和政令，保证一把手的决策得以贯彻落实，添彩不添乱、抬轿不抬杠。当一把手被误解、误会时，敢于出面"活血化瘀"；当一把手被埋怨、抱怨时，敢于解释澄清；当一把手被"围攻围猎"时，敢于挺身而出等等，当好"解围人"。只有这样，才能树立与职位相称的威信，才能真正以榜样的力量、人格的力量影响人、激励人，才能凝聚、团结和协助正职带领"一班人"建设起一个坚强团结有合力的领导班子。

（二）领导班子副职"五忌"

一个成熟的副职领导应当注意以下"五忌"：

1.一忌有责任推给正职

副职是正职的左右手，就像正职的执行者和探路先锋，但是在日常的工作中，经常发生一些事情，一旦事情或者问题无法处理的时候，副职就会把这些事情和问题推给自己的正职。这不仅是无能的行为，同时也是不敢担责的行为。

2.二忌和正职不能同心同德

在现实的工作中，很多副职都有自己的想法，都喜欢打自己的小算盘，总认为正职在阻挡着自己前进的道路，总认为正职压着自己的晋升希望，所以在现实的管理过程中，很多副职不能和自己的正职做到同心同德。

3.三忌不向正职进行工作汇报

作为副职，要经常向正职汇报工作，但是某些副职，为了达到自己的目的，不将工作中的一些问题汇报给正职。一旦正职发现问题，很有可能影响自己的职业前途，甚至对企业造成不利影响。

4.四忌越过正职向更高领导请示工作

在现实的工作中，还有一些副职经常会以工作为借口越过自己的正职，向更高的领导请示和汇报工作，这样做不但不利于团队的和谐，反而可能会阻碍某些工作的顺利开展。

5.五忌拉拢下属挤兑正职

很多人在职场中，为了自己的利益和目的，会利用自己手中的"小权力"去拉拢下属，然后利用自己的小团队和小团体，在工作中给正职出难题，不配合正职的工作。这样一来，即便通过拉拢下属，达成了某种目的，一旦事情被传播开来，这种行为和做法，也将会对企业造成不好的影响。

在领导班子中，副职处于承上启下的位置，具有举足轻重的地位，正是由于这种特殊的地位，副职在日常工作中必然会遇到来自上下左右、方方面面的矛盾和问题，这些问题处理得好、协调得好、解决得好、落实得好，班子的战斗力、凝聚力就强，就出政绩、出荣誉、出人才，处理得不好就会矛盾重重、削弱气势、影响发展。

四、正确处理正职、副职的关系

正职是一把手，是一个单位或一个部门的主要负责人，是全责全权；副职是正职的参谋和助手，只有部分的工作权限。因此，正职和副职的最基本的关系是上级和下级，命令和服从。副职在一个领导班子中占据着"配角"

的位置。他们既是领导者，又是执行者；既能制人，又受制于人；既主动，又被动。副职在与正职的配合上，在决策上是参谋作用，在工作上是助手作用，在班子内部的团结上是伙伴作用。一个团结、统一、稳定、和谐的企业领导班子是事业成功、企业兴旺的基础性、根本性因素，要坚持"六个必须"，切实处理好正职与副职之间的关系。

1. 必须坚持原则，按规则办事，确保领导班子正常高效工作

正职是主要领导，是一把手，也就是核心，处于主导地位，负全部责任。而副职是一个部门不可缺少的，承担分管责任，掌握一定权力的领导，既是充当正职的助手，扮演配角的下属，同时又是下级的领导。因此，作为副职必须紧紧围绕正职这个中心，维护正职的权力和核心地位，自觉服从正职的领导，深刻领会正职的意图和要求，发挥自己的主观能动性，积极地、创造性地开展工作，把配合、协助正职作为自己的主体意识，形成健康的上下级关系。班子成员在处理问题时，一定要站在企业发展的高度，客观公正，坚持原则，秉公办事。

正职处于领导班子的上层，但离不开副职的支持和协同。正职处理好上下关系的总体原则和要求是：要在各种规则的基础上，最大限度地调动下属的积极性和工作热情，从上到下主动而又实际地理顺好、处理好与副职的关系。正职要以诚相待，尊重副职，要以一个领导者的风范、品格来对待副职，不能以领导者的权威压制和轻视副职。要自觉遵守各项规章制度和议事规则，注意防止"家长制"的作风和态度，在重要的会议和场合要广泛地听取他们的意见和想法，特别是对副职提出的不同意见要充分地予以重视，这样做的效果在于，可以增强副职的参与感和信任感，使他们能够主动地发掘自身的潜力和能力，为上下同心协力做好工作发挥作用。

副职与正职的权力是有差距的。正职统揽全局，决定全局，把握大政方针，对单位的事情实行全局的领导和管理，而副职仅在自己分管的工作范围内具有一定的权限。正职根据工作的需要和副职的实际工作能力水平，授予副职一定的工作权限，副职在正职授权范围内进行工作，而且副职要认真履行职

责，对正职负责。做事情要掌握一个"度"，要多请示、多汇报，对正职没有授权的，不能轻易越权、说话、表态，应根据自己的职责权限，做好自己分管的工作。

2. 必须心胸开阔，广开言路，推动工作顺利开展，共谋企业发展

领导班子成员要不偏听偏信，不固执己见，襟怀坦荡，容得了人，容得了事，能够团结个性强的人，能够尊重有不同看法的人；必须坚持领导班子成员思想统一，坚决杜绝"一人一把号，各吹各的调"，只有这样才能促进班子成员在正职带领下团结协作，运转有序，心往一处想，劲往一处使，做到"智者尽其谋，勇者尽其力，仁者播其惠，信者效其忠"。

领导班子的每个成员工作在一起都是为了实现一个共同的目标，就像舞龙一样，"一把手"舞"龙头"，其他人舞"龙身""龙尾"，互相衔接，动作协调，才能演出优美的龙舞。在工作中，副职要牢固树立配合意识，不与"一把手"争功，不与同级争权，对于和其他副职的交叉性工作，要主动配合，注重分工合作，互相支持；在自己分管工作与他人分管工作发生矛盾时，要先人后己，主动礼让，把方便让给别人，把困难留给自己；平时注重和班子成员多交流、多谈心，多想别人的难处，多记别人的好处，多理解对方的困难，违反原则时善意提醒，遭受挫折时及时鼓励，彼此之间真诚关心，在班子内部形成一种工作、思想、生活上相互提醒、关照、补台的好风气；要切实纠正"分而不管""分而代管""分而选管""分而乱管"或"只管事不管人""只管布置不督导""只管结果不管过程"等现象；树立整体分合的观念，认真做到职责上"分"，思想上"合"，工作上"分"，目标上"合"，只有这样才能确保各种工作始终向着良性态势发展。

3. 必须直面矛盾，坦诚沟通，及时化解工作生活中的误解

正职和副职要相互尊重，取长补短，共同进步。俗话说"你敬人一尺，人敬你一丈"。正职要支持副职的工作，副职要维护正职的权威，同心协力干好事业。副职作为参谋和助手，对正职的意见和集体的决议，都应该认真地学习，既要把握全局，领会精神实质，掌握工作方向，讲究方式和方法，又要深入研究细节，精心抓好落实，做到事事有人管，件件能落实，推动单位的发展，增强整个领导班子的号召力和凝聚力。

正职和副职之间有矛盾是正常的，千万不要回避，要直面矛盾和问题，定期进行思想上的沟通，把存在的矛盾消灭在萌芽之中，而不能任其发展，影响工作和个人关系。这也是保持步调一致的重要方法之一。比如，正职对工作有什么新的想法，想干什么，在下面听到了什么反应，只要不是属于不该公开的话，都可以向副职讲出来，是自己的想法，就和他们坦诚地交换意见，看到某人存在着什么样的缺点，及时帮助解决及指出，以引起注意。

领导干部要闻过则喜，有错就改。如果有人提出工作上的不足和过错，要虚心接受，不能只听好话，容不了建议和批评，当客观地进行自我修正和担当一些责任时，才可以起到领导干部的表率作用，也可以通过这种方式来树立作为领导的威信。

4. 必须相互理解，换位思考，通力合作，实际工作中多补台不拆台

理解是真诚的纽带，人与人之间最可贵的是真诚，真诚是在理解的基础上升华的，真诚的可贵在于理解的高尚。理解别人就是尊重别人，理解就是一种礼让，也是一种沟通和交流。理解人、成全事是班子和谐团结不可忽视的问题，正职与副职交谈过少或正职主观上就不想与副职接触，容易造成不理解而产生误解，误解就容易误事。一切不和谐的因素往往是由误解产生的。在一个班子中，正职对副职缺乏理解，容易造成班子的不团结，产生消极因素，工作出现被动局面。

因为副职对正职有一种本能的疏远和戒备心理，所以要理解副职就必须通过接触、交谈，这就要求正职主动去接近副职，与副职交谈，倾听副职的意见和想法，这对于正职创新工作思维是非常有意义的。正职要处理好与副职的关系，还要做到道德高尚、胸怀开阔、为人诚实、行为自律、决断科学，为副职在工作、学习和生活中树立典范。

副职要配合好正职开展工作，必须跳出副职的思维定式，善于换位思考，

设身处地站在正职的角度考虑问题，以使自己的思想更成熟，看问题更全面，把握事物更准确。副职往往容易出现三种情况：一是过分强调所分管工作的重要性，总想在人力、物力和财力方面多争一点，要求正职给予重点倾斜，若未如愿，心中有气；二是过分溺爱所分管条线的"属下"，总想为他们争荣誉、争地位、争待遇；三是对自己的实际问题有时看得过重，向正职提过分要求，若未解决，就发牢骚。

正职处在总揽全局的位置，各个部门、各类人员都要关照到，副职如果一味如此，就会让正职很为难。因此，作为副职，应做到以下几点：一是要拓宽视野，进行换位思考，设身处地为正职着想，不提让正职为难的问题。二是要自觉理顺情绪，设身处地不使正职犯难。在实际工作中，正职和副职之间有意见分歧是十分正常的，有意见分歧就需要正确处理。作为副职，要主动检查自己的意见是否正确，时机是否合适，要站在正职的角度去想问题，如果是自己的意见不对或条件不具备，就必须及时回到正职的意见上来，以积极的态度去执行正职的决定。三是注意当好"后卫"，设身处地去为正职解难。在工作中，经常会有一些特殊情况和棘手问题困扰着正职。这时，副职要主动为正职排忧解难，当好"后卫"。要主动将困难揽过来，不分你我，大胆解难；当正职处在矛盾焦点上，一时难以解脱时，副职要主动出面，为正职"保驾护航"。

在实际工作中，领导班子成员要主动相互配合，相互补位，绝不能相互拆台，相互嘲讽看笑话。一要善于及时沟通，在个别交流中补位。给其他班子成员不太熟悉的工作以补充，补其所短。二要乐于拾遗补缺，在具体工作中补位。正职作为主持单位全面工作的领导，客观上要求其"弹好钢琴"，对各项工作都要兼顾到，但在具体工作中，由于情况的千差万别和受各种因素的制约，很难做得十分周全，这就要靠副职主动补位。工作出现了遗漏、失误、偏差时，副职要及时给正职提建议，提醒正职，或及时采取有效的补救措施予以纠正。使正职和副职之间长短互补，刚柔相济，形成团结合作的局面，充分发挥班子的整体功能。三要勇于承担责任，在敢于打头阵中补缺。当正职与员工之间产生误解和矛盾时，要主动成为调解人，甚至挺身而出，承受来自员工误解性的批评和指责，以保护正职的工作诚信。对得罪人的事，要敢于唱"黑脸"，敢于负责，大胆处理，而不能往正职身上推；对有风险的事，要想在前，干在先，不能一开始便把正职推向前台。如果副职能把矛盾及时化解，也就避免了正职分心，花费时间和精力；如果副职解决得不彻底或不能解决，也为正职留下了分析和思考的时间，提供了解决问题的经验教训，留下了回旋缓冲的余地。

5. 必须主动担责，克己让人，及时沟通化解领导班子中的各种矛盾

在一个领导班子中，正职如何处理好与副职的关系至关重要。正职处于主要位置，主动地位，起决定性作用，"班子强不强，关键在班长"。正职既要突出集体领导的作用，又要发挥副职的主动配合作用，这既是一门领导科学，又是领导艺术。正职要将领导科学做强、领导艺术演活必须总揽全局、把握方向、组织领导、科学决策、十指弹琴、形成合力，营造团结和谐、健康向上的工作关系。

副职一般来说都处于工作的第一线，由于处理的问题比较具体，各方面的情况都比较复杂，难免会出现一些差错。一旦出了什么问题，作为正职要勇于承担一定的责任。即使是发现了副职在处理某些问题上的纰漏，除非是比较重大的错误和不足，一般来说，应该用适当的方式提醒副职，由副职自行寻找方法解决，这是锻炼和历练副职工作经验和能力的一种很有效的手段。

导致正职和副职之间产生矛盾的因素主要有以下几个方面：一是权力分配。一个班子成员，多多少少会掌握各种各样的权力，不团结往往是由于在权力的分配上过于计较引起的。二是认识上的分歧。一些班子成员，对一些事情有分歧，意见不一致，认识不一致，导致感情上的隔阂，导致班子不团结。三是全局利益与局部利益有矛盾。往往领导正职是从全局考虑问题、思考问题和解决问题的，而副职是主管一个方面的工作，更多的是从自己主管工作的角度来考虑问题的，如果不能很好地协调，就会导致相互之间出现矛盾和不团结。四是会议决定与临时处理之间的矛盾。正式会议上对某个问题大家形成了统一的意见，但是情况在不断变化，有的成员在具体解决问题的过程中，根据临时发生的一些情况，采取了一些应急措施，可能和会议上的

意见不一致，因为双方没有及时地把情况弄清楚，从而产生了一些误解，产生了一些矛盾隔阂，引起不团结。五是荣誉功过处理不当。荣誉功过处理不当，也会引起相互之间的不愉快，产生不团结的现象。

从导致不团结的这些因素来看，都不是原则问题，在防止这些问题、处理这些矛盾时，大家要共同遵守一些准则：

一是要豁达大度，小事糊涂。领导班子成员要做到大事坚持原则，小事发扬风格，大事清楚，小事糊涂，彼此退让，退一步海阔天空。古代安徽桐城有两个人在京城做官，一个是文官，一个是武官，这个武官家要建院墙，占了文官家的三尺宅基地，文官家里人就不同意了，于是两家就发生了矛盾和争执。这个文官家里就写信给在京做官的文官，文官回了一封信说："千里家书只为墙，让他三尺又何妨。"后来，文官家人见到这封信就不再计较了，武官家看到文官家不计较了，也觉得过意不去，就把院墙又向自己家里退让了三尺。至此，这个矛盾就有效地得到了化解，后世就有了"六尺巷"的美谈。

二是事业为重，不搞小团伙。"太平天国"为什么失败？一个重要因素就是"内讧"，内部不团结，拉帮结派，争功诿过，"内战内行，外战外行"，导致班子离心离德，事业失败，教训深刻。领导班子要搞"五湖四海"，一视同仁，不搞团团伙伙、亲亲疏疏，更不能拉帮结派。真正做到彼此尊重，平等相待，相互信任，不要权术，团结同志，密切合作，为共同事业、共同目标而努力工作。

三是大局为先，严己宽人。这是防止班子之间不愉快、不团结的一个非常需要把握的准则，这方面做得好就能促进班子的团结，班子就有战斗力。古代《廉颇蔺相如列传》，在《史记》中说的是，年轻的蔺相如为了赵国的安危，回避要羞辱他的老将军廉颇，廉颇听到这个事情以后，十分惭愧，毅然赤裸着上身，背着荆条到蔺相如家跪叩请罪，从此两个人团结御敌，保卫赵国的安危，从而使秦国不敢轻易地冒犯。所以这种胸怀全局，克己让人的精神，是应该继承发扬的。"海纳百川，有容乃大。"将军额上能跑马，宰相肚中可撑船。宽容犹如春天，可使万物生长，成就一片阳春景象。不计过失是宽容，不计前嫌是宽容，得失不久居于心，也是宽容。宽宏的气量可赢得忠诚、赢得人气、赢得尊重。所以自己要做到为人胸怀坦荡，光明磊落，严以律己，宽以待人，不在感情上讲恩恩怨怨，不在工作上讲婆婆妈妈，不在小事上搞斤斤计较。给别人阳光，自己也能享受阳光；送别人玫瑰，自己也能享受余香。"容人之异，成人之美"也正是这个道理。

四是及时沟通，"泄洪排沙"。及时沟通对化解矛盾是非常重要的，工作生活中产生了不团结、不协调的因素和问题，如果能够及时沟通，就可以及时化解，不至于矛盾越积越多。所谓"泄洪排沙"就是相互之间往往会有一些怨气，有一些小小的不满，如果这个怨气、小小的不满能够排解掉，就不会造成矛盾和不团结。

6. 必须相互尊重，行为"适度"，造就既生动活泼又认真向上的局面

领导班子成员要相互尊重，行为"适度"。要尊重他人长期形成的生活习惯、工作习惯。尊重别人，往往在刚到一起工作的时候，容易做到，时间长了，就有可能不太谨慎，觉得相互都了解了，说话就不太注意了，可能会让其他人感到没有受到应有的尊重，从而产生心情的不愉快，久而久之就有可能形成一些"症结"，成为不团结的动因。所以，把握行为"适度"，讲究方式方法十分重要。"适度"诸事皆顺，"失度"就会失道。

正职首先要摆正自己的位置，对副职领导不同于对一般的下属的领导，要与副职常沟通，以诚相见，使副职能把握住正职的工作思路、工作原则，利于工作的全面推进。其次要坚持正确的领导原则，要充分相信和依靠副职。在一般情况下，属于副职职权范围内的事，正职不要随意干预和插手，副职已经决定的事，只要基本上正确，就不要轻易改变副职原来的决定，更不要越过副职直接去处理应由副职处理的一般性事务。再次要充分尊重副职。对副职要以理相待、平等相处，不要处处以领导者自居，更不能以势压人。如果副职工作出现偏差，正职就要予以及时纠正，以防给工作和事业带来不必要的损失，但一定要注意场合、时间和地点。正职在作出决策前，一定要调查研究，充分听取各方面的意见和建议，尤其是副职的意见，达成共识，而

不能主观臆断，凭自己的感觉和想象，不经过民主集中机制来确定，更不能采取简单画圈画线的办法让副职执行自己的决定。

"适度"是衡量一个干部是否成熟的重要标志，身为配角的副职更要循于"适度"原则。以下几方面尤应注意：尊重而不奉承，既要尊重正职，但又不能阿谀奉迎；服从而不盲从，既要服从正职和领导班子正确的决定，但又要有主见，创造性地执行；揽事而不揽权，既要尽职尽责多干事，但又要防止越权；谋事而又不独断，既要善于分析问题，当好正职参谋，但该请示的要请示，不能擅作主张；谦虚而不怯弱，既不能不懂装懂，但又不能缩手缩脚，谨小慎微；纠偏而不过当，既要巧妙地纠正正职和领导班子的偏差，但又不要矫枉过正；有才不显才，既要练就过硬的本领，但又不要好出风头、锋芒毕露。

总之，企业领导班子是一个整体，要发挥领导班子的整体功能，必须充分发挥每个成员的能量。系统科学告诉我们，系统作为整体，其性质和功能不是各个要素的性质和功能的简单相加。系统的整体性要求我们观察和处理问题要放眼于有机整体。副职分管某一个或几个方面的工作，而这些工作是全局工作的一部分。副职对正职负责，也就是对全局工作负责。所以，领导班子全体成员都要养成顾大体、懂全局的优良品格，树立领导班子整体功能的观念，切实增强全局意识；要关心全局、了解全局，做到"家事、国事、天下事，事事关心"，认清形势，心中有数；要服从全局、维护全局，分管领导在处理分管的工作时，要自觉地从全局出发，尤其是当分管的工作与全局有矛盾时，不能从部门利益出发，而必须维护全局的利益，服从全局的利益。

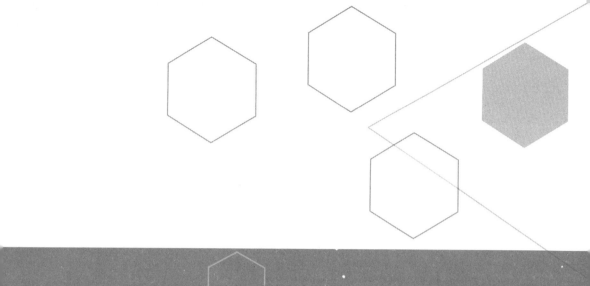

第七章

青年员工的成长与培养

　　一个有远见的民族，总是把关注的目光投向青年；一个有远见的政党，总是把青年当作推动历史发展和社会前进的重要力量；一个有远见的企业，总会把青年员工作为持续发展的依靠对象。因此，关注青年员工的培养是实现企业发展战略目标的重要组成部分。

　　青年员工培养是关系到社会进步、企业发展、家庭和谐的战略性问题。企业必须把青年员工培养放在人才发展战略的高度，以切实可行的方案、计划和措施予以落实。

第一节 "青苗工程"及实施

自 2003 年，中建五局围绕新的发展战略目标，把青年员工培养作为优化人才结构、打造一支高素质职工队伍的重要决策，以实施"青苗工程"为主线，加快了青年人才成长，取得了显著成效，对企业的持续发展意义重大而深远。

一、青年员工培养的意义

从党和国家的发展事业看青年培养就会发现，一代又一代青年的健康成长不仅仅是年轻人个人及其家庭的期待与寄托，更是党的事业、国家发展与社会进步的希望所在。

（一）青年是国家的未来

马克思、恩格斯在对"青年"概念的具体运用中，从自然性与社会性的统一、群体性与个体性的统一、相对性与确定性的统一、现实性与发展性的统一等特征，揭示出"青年"概念所指称的这一特定群体及其成员所具有的理想性、积极性、开拓性、未来性和继承性、过渡性、成长性、可塑性等特质。马克思主义辩证法和唯物史观的创立，从社会关系层面把握青年的本质和社会历史作用，成为观察和处理青年问题的基本出发点和准则，马克思主义青年观由此形成。中国共产党自成立以来，一直把培养青年提到关乎党和国家前途命运的战略高度。不管是革命战争年代还是和平建设与发展时期，党和国家都十分关心青年的成长。在建设中国特色社会主义的新时期，青年的未来就是党和国家的未来，青年必须要担当国家发展、民族兴旺的大业。

改革开放以来，党和国家领导人分别从青年或青年工作的地位作用、社会特征、教育培养、信任爱护、组织领导等方面继续赋予马克思主义青年观以新的时代内涵。党中央充分肯定青年是社会主义事业的未来、希望和继承者，是党的后备队伍、经济建设的生力军；主张辩证看待青年活力强、创造力强但欠缺经验的特点；积极提倡培养一代又一代有理想、有道德、有文化、有纪律的社会主义新人；明确要求培养青年干部、积极营造利于青年健康成长的社会环境和良好氛围；普遍重视加强和改善党对青年工作的领导。

青年是整个社会力量中最积极、最有生气的力量，国家的希望在青年，民族的未来在青年。今天，新时代中国青年处在中华民族发展的最好时期，既面临着难得的建功立业的人生际遇，也面临着"天将降大任于斯人"的时代使命。新时代中国青年要继续发扬五四精神，以实现中华民族伟大复兴为己任，不辜负党的期望、人民期待、民族重托，不辜负这个伟大时代。

在面临着机遇与挑战并存的环境下，新时代中国青年肩负着中华民族伟大复兴的中国梦的历史使命。当代青年成长、成才需要个人的努力学习、努力奋斗，也需要全社会对青年员工培养的重视与支持，这是极具战略意义的大事，不可淡化，不可忽视。

（二）青年是企业发展的生力军

经济社会各项事业的不断发展，需要一批又一批优秀青年接好接力棒。一个有远见的企业，也会将自己的发展大业寄于青年。一方面，青年员工具有的激情、好学、创新的特质，决定了"青年智则企业智，青年强则企业强"。另一方面，青年员工具有价值取向多元化、缺乏工作技能与职业经验等特性，如何发现、培养、造就一批数量充足、结构合理、素质全面、作风过硬的青年骨干人才，形成广大青年快速成长、各类青年人才竞相涌现的良好局面，帮助青年员工明确职业生涯发展方向和成长路径，使其在企业文化感召和发展战略引领下，实现个人与企业的共同发展，也是摆在所有企业面前的重要课题。

1. 企业必须十分关心青年员工的成长

企业中青年员工是生产经营活动的主力，是企业发展的依靠对象。因此，培养造就青年成长成才是企业人才队伍建设的一项重要战略任务，必须加大培养力度，完善培养机制，采取及早选苗、重点扶持、跟踪培养等特殊措施，促使青年快速成长起来，这是实现企业长远发展目标的必然选择。

企业要发展，关键在于人，人是最终的决定因素。企业的"企"字也是由"人"和"止"这两个字组成的。如果去掉"人"，企业就"止"了，发展就停了。加上这个"人"，才能成为企业，企业才有希望，所以得人才者得天下，得人才者得企业。人才的素质，特别是青年员工的素质，决定着整个企业的发展。企业培养好青年员工，就是培养企业未来的发展力量。青年员工是企业具备活力的新鲜"血液"，是企业发展壮大新的动力源。一个有远见的企业，一定会关注青年员工的成长与进步，这是企业不容置疑的必然选择。

中建五局作为一家拥有近 50 年历史的大型建设投资企业，在发展的过程中曾面临严重的人才断层与人员紧缺。自 2003 年起，企业经营规模连年翻番，企业青年人才队伍呈现出"总量匮乏、素质匮乏、结构匮乏、机制匮乏"的问题。为此，企业高管层始终把青年员工的成长进步作为一项重要的战略任务来抓，从而推动了企业持续健康发展。

2. 深入基层是青年员工成长的必要条件

工程项目的完成，都离不开无数一线作业团队的智慧、力量。青年员工到大型工程建设企业工作，第一步就是去基层团队，每一个基层团队都是新员工锻炼成长的温床。工作团队良好的工作状态、合作精神、人际氛围，团队成员的人生观、价值观等等都直接影响着新青年员工的成长。因此，充分发挥工作团队在培养青年员工成长中的作用，十分重要。

基层团队，是为了实现一个共同的目标而集合起来的团体。团队精神是指个体或群体在维护共同信仰和目标时所表现出来的意志、力量和效率。相互信任是团队精神中的重要特点。在一个良好的团队里，每个成员都愿意与其他成员坦诚地分享自己的忧虑、弱点、风险、目标和动机。团队精神特别是在压力和争议下所展现出来的气势，可以通过个人在履行义务时所表现的意志、服从和自律来体现，也就是个人在集体利益下所展示的信念、心态和动机。

"团结就是力量"，团队合作的力量是无穷尽的，甚至可以创造出意想不到的奇迹。团队成员需要的是心往一处想、劲往一处使；需要的是分工协作、优势互补；需要的是团结友爱、关怀帮助；需要的是风雨同舟、甘苦与共！与组织、集体的力量相比，个人的力量是微弱的、渺小的，仅凭自己的孤军奋战，单打独斗，是不可能成大气候的。只有融入团队，只有与团队一起奋斗，才能实现个人价值的最大化，才能成就自己的卓越。员工个人与团队的关系就如小溪与江河。每个人都要将自己融入集体，才能充分发挥个人的作用。对于青年员工来说，如何融入团队，首先是要对团队精神认同。

诺贝尔文学奖获得者、英国现代杰出现实主义剧作家萧伯纳曾经说："理智的人使自己适应这个世界，不理智的人却硬要世界适应自己。"一般来说，优秀的青年员工的适应能力强，来到新环境会快速融入团队，很清楚想要立足、发展，必须与团队成员打成一片。而有些青年员工的适应能力差，没有融入团队的意识，难以与同事和谐相处，离职可能性高。

俗话说："一个和尚挑水喝，两个和尚抬水喝，三个和尚没水喝。""三个和尚"是一个团体，可是他们没水喝是因为互相推诿、不讲协作。还有一个蚂蚁搬米的寓言故事：一只蚂蚁来搬米，搬来搬去搬不起，两只蚂蚁来搬米，身体晃来又晃去，三只蚂蚁来搬米，轻轻抬着进洞里。这两种做法有不同的结果，体现团队合作精神的重要性，团队合作越来越被现代企业视为员工的必备素质。

青年员工要谨记集体的成功才是个人的成功，不能因个人私利而置他人和团队的利益于不顾。应该真诚地信任他人，这样会很快被团队接纳。一人智短，众人智长。个人的力量总归是有限的，应该融入集体当中，为共同的目标努力，因为团队的成功也是个人的成功。

基层的领导者必须信任新的青年员工，熟悉他们的情况，掌握青年员工的特点、优势与不足，在工作安排上要扬长避短，严格要求，悉心指导。在生活上给予关心，做好青年员工与团队成员之间的沟通和协调工作，营造一个积极向上、努力工作、和谐相处的良好的基层环境，加快青年员工尽快融入团队的步伐。在职场中，最重要的就是深入基层，融入团队，做到与集体一荣俱荣，同心同德，为达到共同的目标而齐心努力。

因此，青年员工要让自己的工作能够拿得起来，并且能在工作中独当一面。在团队中应该扮演一种奉献者的角色，不要因为一己私利而斤斤计较，影响团结。在工作中一定要做到勇于担当，特别是团队遇到困难的时候，能够勇挑重担。在与人交往的过程中，应该做到与人为善，也就是说，善良对待别人才能够让别人更喜欢。与团队和谐相处的秘诀就是：尊重别人、帮助别人、肯定别人，学习别人的长处，感恩别人的帮助，成为与团队其他成员相处融洽的好朋友。

3. 遵循青年人才成长的规律

青年成长有着共性的规律，但不同行业的青年成长有着不同的内涵和特点。建筑是凝固的艺术，每一个建筑产品都是技术与艺术的结合，独一无二。建筑人的工作就是融合已有知识和经验，创造性地解决施工生产中出现的新问题，这是一个不断将知识运用于实践并在实践中检验和提升知识的过程。相比其他行业，建筑业提倡"学中干，干中学"，更注重实践在青年人才成长过程中的作用。

从 2003 年起，中建五局开始大量引进接收大学毕业生，先是每年 300 ～ 500 人，后来是每年 1000 ～ 2000 人，2010 年以后每年接收大学生都在 2000 人以上。大批量年轻人的加入，给企业注入了新鲜血液，给企业带来了活力，使一个老国企焕发了青春。与此同时，青年员工的状态、素质、能力，直接关系到企业的未来和发展，青年人才的培养就成了企业的战略性课题。

人才成长是岗位实践、自我学习与脱岗培训三个方面相互作用的结果，三个方面起的作用比例大概为 70%、20%、10%，这就是人才成长的"七二一规律"。脱岗培训与自我学习是"知"的过程，岗位实践是"行"的过程，青年人才成长必须强调"知行合一"，强调实践在人才成长过程中起主导性、决定性的作用。同时，必须清晰与企业发展战略相匹配的人才发展战略，适应企业快速发展的需要。

（三）青年是家庭的希望

家庭是社会体系组成的重要细胞。在我国，具有中华民族传统的家庭观念仍是维系国家稳定、社会和谐的基础之一，青年在家庭中起着承上启下的重要作用，也是一个家庭的寄托与希望。随着年轻人离开学校，进入社会，走上职业岗位，就开始在单位负任承责，在家庭扶老携幼，成为挑起"双大梁"的角色，因此，对青年员工在政治上给予关怀、在工作中给予指导、在生活上给予关心，是企业对待青年人才成长问题必须重点关注的事情。

一个青年在职场上打拼，能努力工作，刻苦钻研，充分发挥自己的聪明才智，为单位多作贡献，并获得应有的回报，这是每一个家庭最大的安慰。可见，企业对青年工作的重视、对青年成长的关怀，至关重要。

二、"青苗工程"计划

基于对青年人才成长规律和企业人才发展战略的清晰认识和把握，中建五局推出了实施"青苗工程"的战略举措，实施以"青苗计划"为主要内容的"接班人计划"，营造人才成长环境、完善人才成长机制、创新人才培养方式、助力青年人快速成才，为企业持续健康发展提供不竭动力。

对青年人来说，青春年华，精力充沛，正是最能干事、最能成事、最重要的成长阶段。好的时机和好的平台，为青年人实现人生价值提供了广阔的舞台。青年人，应该勇立时代潮头，挥洒青春激情，担当光荣使命，努力创造出无愧于历史和人民的业绩。

企业员工，尤其是青年员工的命运与企业是紧密地联系在一起的，企业好则个人好，企业强则员工富，企业差了、弱了，企业员工的生活质量就会下降。企业中青年人才能够健康、快速成长，是企业义不容辞的责任。

"今日青苗，明日栋梁"，对企业来讲，要净化人才成长环境，完善人才成长机制，创新人才培养方式，关注人才个性诉求，创造良好的发展环境，促进青年人才快速、健康成长。建立企业青年人才培养的合适平台和优秀青年成长的快速通道，这项工作只能加强，不能削弱。

（一）中建五局的"青苗工程"

为培养造就一支素质优良、数量充足、结构合理、管理规范、能支撑和保障企业发展目标的后备人才队伍，中建五局根据企业发展战略目标，于2006年发布了《中建五局后备领导人员队伍建设实施办法》，这就是中建五局"青苗工程"的正式开始。"青苗工程"是加速青年成才、培养优秀的企业接班人的创新之举，是着眼未来、打造百年老店、追求可持续发展的战略之举。

"青苗工程"的重要意义在于，"青苗工程"实质上是一个根据国家经济发展态势、根据企业战略目标需要的年轻接班人的培养计划，这决定企业未来的前途命运，这比承接几个工程项目、开拓一两个区域市场更重要。把人才建设、接班人计划作为一种战略性的核动力，是完全必要的。

（二）"青苗工程"培育体系

中建五局员工的平均年龄为31.9岁，青年员工是员工中的最大群体，关注青年员工，至关重要。由人力资源部门会同有关部门实施的"青苗计划"，按后备干部1∶2的配比，从毕业3～5年的大中专学生中，择优选择学历背景好、思想品质好、敬业上进、有培养前途的青年员工，着重培养青年人才的素质。青苗人才的平均年龄在26岁左右。"青苗工程"实施分三个层次：一是局、公司两级领导班子；二是领导班子后备干部；三是"青苗人才"，也就是后备的后备。

这三个层次的人才，是中建五局的核心员工，组成了"青苗计划"培育体系（图7-1）。这三个层次人才的选拔，不仅考虑了学历因素，更重要的是强调思想品德、敬业上进、工作绩效、发展潜质等条件。由优秀导师指导职业规划，并安排重点培训和岗位交流等活动。在具体的培养措施上，坚持"注重实绩、德才兼备，重视培养、动态调整，梯次结构、纵向到底，统一调配、规范管理"的原则，按与领导干部1∶1.2的配比建设"青苗人才"队伍。

图7-1 中建五局"青苗计划"

"青苗计划"是企业培养人才的重要平台，是优秀青年成长的快速通道。一方面，给青年创造了更多表现的舞台；另一方面，在具体的培养措施上，坚持"注重实绩、德才兼备，重视培养、动态调整，梯次结构、纵向到底，统一调配、规范管理"的原则，将其潜能激发出来，发挥个人作用，为企业作贡献。"青苗计划"预示着企业的未来。"青苗计划"体现了企业"以人为本"的人文关怀，是企业加速青年成才、培养企业接班人的创新之举，是着眼未来、打造百年老店、追求持续发展的战略之举。

三、营造青年人才成长环境

"橘生淮南则为橘，生于淮北则为枳，叶徒相似，其实味不同。所以然者何？水土异也！"外部环境是人才成长至关重要的保障。在价值观多元化的今天，如何确保青年人才成长为"橘"而不是"枳"呢？大力营造青年人才成长环境尤为重要。

（一）营造"公开、公平、公正"的制度环境

公开、公平、公正的制度将为企业员工创造良好的成长环境、激励环境，从而激发员工的无限工作热情、创新智慧和才能，并汇成洪流，形成企业持续发展的强大动力。

坚持公开、公平、公正的赛马机制，让"能者上，庸者下、平者让，错者罚"。树立业绩导向，将竞技体育的机制引入企业管理实践中，通过公开竞聘、民主测评、业绩评价、组织考核等多种方式，在全局范围内甄选企业领导班子、项目经理、项目管理班子后备人才队伍，完善各级领导班子后备人才库建设。形成"愿干事的给机会、能干事的给舞台、干成事的给奖励、干错事的给处罚"的良好氛围。积极、健康、向上的人际环境，能够让员工避免不必要的内耗，能够做到心无旁骛，集中精力谋事、干事、成事，团结一致，协同联动，提升员工队伍的战斗力。

（二）营造"积极、健康、向上"的人际环境

在企业，员工之间、上下级之间倡导积极沟通、相互支持、和谐互助，倡导尊重贡献、崇尚简单、快乐工作，倡导君子和而不同，坚持原则性与灵活性相结合。工作上互相补台、生活上相互关心，形成团结向上、生动活泼的良好氛围。同时，要有科学的方法评估人际环境的状态，主要是通过个人考评中的德育、集体考评中的员工评价来实现，及时发现"害群之马"，保障人际环境的良性发展。

（三）营造"以苦为乐、助人为乐、成长为乐"的思想环境

2003 年以来，中建五局始终把加强企业文化建设作为企业战略任务来抓，把员工队伍的思想建设作为企业发展常抓不懈的重要工作，每三年就会进行一次大的思想建设行动，一次思想建设行动持续三年。例如，在 2009 年，企

业开展正确处理"公与私、是与非、苦与乐、言与行"四组关系大讨论。提倡大公无私、是非分明、以苦为乐、言出必行；做到先公后私、是非明白、先苦后乐；批评公私不分、是非模糊、计较享乐、只说不做；惩处损公肥私、是非颠倒、贪图享受、言行不一。在 2012 年，中建五局又开展了以"忠诚不渝的信念、公而忘私的情操、是非分明的品格、言行一致的作风、以苦为乐的境界、关爱群众的美德"的"超英精神"传承为重点的思想文化建设活动，促进了企业的转型升级和科学发展。

除每三年进行一次大的思想建设行动外，企业还开展了经常性的思想教育活动，如在全体员工中开展倡导"七学"（即学而习、学而思、学而用、学而传、学而行、学而修、学而果）、坚持"七不"（脑不昏、眼不空、口不吃、肩不滑、腿不曲、脚不虚、手不松）、反对"七小"（小圈子、小心眼、小聪明、小享受、小政治家思维、小市民习气、小我主义），树立"三乐"（知足常乐、以苦为乐、助人为乐）等活动，都取得了很好的效果，使社会主义核心价值观得到弘扬、企业的思想环境得到净化和升华，职工的精神面貌焕然一新。

良好的环境不仅事关员工的个人成长，而且事关人心向背，不仅事关当前，而且事关长远。企业领导者在企业中所处的特殊地位，决定了领导者在环境营造中承担设计者、布道者和实践者的多重角色。领导者能否率先垂范、身体力行，将直接影响企业环境的变化。大力提倡"领导干部用命工作，中层干部用心工作，普通员工用力工作"，要求各级领导者"亲心"（即忠心立人、诚心待人、平心做人）、"亲言"（即真言感人、"大话"服人、"巧言"悦人）、"亲力"（以务实的作风带动人、以出色的业绩感召人、以廉洁的行为影响人、以切实的关怀温暖人），是形成良好环境的重要基础。

四、创新培养机制与培养方式

企业有了青年人才成长的有利环境，就需要创新的培养机制与培养方式，这样才能落实培养青年人才的目标。

（一）创新培养机制

坚持有培养必有考核，有考核必有兑现的原则。青年员工在发展各阶段必须达成培养目标，考核合格方可进入下一阶段培养，考核过程坚持"评价"与"考核"结合，"评价"是由领导、同事、工作相关方对青年员工的品德、素质、能力、服务态度与管理行为的定性判断与反馈，"考核"是根据预先设定的目标对工作结果的核定和判断。考核后一定要兑现，只考核，不兑现，就失去了考核的意义，也达不到通过考核促进业绩提升的作用。

坚持根据青年员工的不同发展阶段，所处业务线条的不同特点和培养重点，制定不同的培训任务包，促进青年员工掌握应知、应会、应熟悉的知识技能，提高综合工作能力。青年员工培养坚持专家型的技术人才培养和综合型的管理人才培养同步进行。专家型技术人才指在项目生产管理、技术管理、安全质量、物资管理、勘察测量、人力资源、合约法务等领域内掌握较高技术水平的人才；综合型管理人才指在项目和企业管理中具备全面知识，有较高管理水平的人才。专家型技术人才和综合型管理人才都应具备"T"形知识结构，"T"形知识结构不仅在横向要有广博的知识面，而且在纵向要有较深的专门学问。

（二）创新培养方式

根据青年员工工作不同时期的发展特点，青年员工成长可以分为新员工阶段、基层员工阶段和核心员工阶段。

1.新员工的集中培训

新员工阶段为期一年，培养目标是尽快完成由学生到职业人的角色转化，了解建筑施工企业与项目工作环境、特点，了解并认可企业文化，为下一阶段独立完成岗位工作做好准备。培养方式包括：

（1）开展新员工分层次的集中培训。局层面集中培训内容包括军训、文化课培训、企业参观等项目。军训、入职仪式以锻炼学生坚强意志、增强团队凝聚力为目的，文化课及企业参观的目的侧重于企业文化宣贯、增强新员工的荣誉感及青年员工角色转变引导等，内容包括企业文化、企业战略、职业道德、职业生涯辅导、商务礼仪、公文写作等。二级单位集中培训侧重于提升青年员工对本单位的认识，学习单位的规章制度等，内容包括本单位历史、概况、人力资源基本制度、企业财务制度、岗位责任制度、项目管理、合约法务管理、信息化管理、安全教育等。项目部的集中培训侧重于安全教育、项目情况介绍、工作流程、团队建设等。

（2）下班组进行基础锻炼。旨在帮助新员工全面深入了解施工工艺流程、熟悉操作程序，掌握基本施工作业技能，培养对施工具体工序的认识，加强理论与实践操作的结合。同时培养新员工吃苦耐劳的工作精神，帮助其适应公司管理和安全文明施工需求。新员工进班组学习要注重理论联系实际，努力践行"三问、三学、三锻炼"。"三问"即上问、下问、互相问；"三学"即学工人操作、学项目管控、学业主管理；"三锻炼"即锻炼身体、锻炼毅力、锻炼思维。

（3）实施"导师带徒"举措。由员工所在单位或部门的领导担任新员工"成长导师"，同时挑选具有一定工作经验、具备较高的理论水平与实际操作能力的骨干员工担任"专业导师"，帮助指导青年员工树立职业理想、塑造职业道德、提高职业技能。"成长导师"为终身制，主要负责徒弟的职业生涯规划、各类学习考证、道德品质修养、心理问题疏导和权益保障维护等方面的工作。"专业导师"为阶段制，主要负责徒弟在不同岗位的技能培训，"专业导师"随着员工的岗位轮换不断进行更换。

2. 基层员工的继续教育

基层员工的继续教育一般持续 4 ~ 5 年，熟练掌握岗位涉及的法律、法规、规范和标准，掌握本专业领域的理论与方法，能够独立地、较好地完成岗位工作，完全符合某一专业技术岗位的要求，并且对与本线条相关的知识有比较深入的了解，做到协同联动。培养方式包括：

（1）鼓励员工通过参加社会考试、培训。通过不同方式获取各类对个人职业发展和企业生产经营有利的执业资格证书，保证参加考试的员工有适当复习和考试的带薪假期，并有计划地开展各类取证培训班，帮助员工通过执业资格考试学习，对于通过考试的员工根据证件管理办法予以奖励，并优先提供职业发展机会，在竞聘上岗和提拔晋升方面优先考虑。

（2）直接由上级负责青年员工的培养和工作辅导，并积极为其提供平台与机会。下属通过上级辅导，严格要求自己，努力寻求进步，更好更快地胜任岗位工作。对青年员工工作过程中的失误与不足，上级要及时批评指正，帮助其改进和完善；对下属在工作中取得的成绩与进步，应给予肯定与鼓励。辅导的内容包括：对岗位能力、素质、技术进行辅导；对青年员工岗位绩效目标、实施过程及结果进行辅导；对青年员工的工作、生活、学习状态给予帮助与辅导。

（3）通过轮岗可以培养青年人才的全面工作能力。使青年人才积累多岗位的工作经验，为后期的职位晋升打下良好的基础。轮岗人员确定途径包括：①公司安排轮岗。根据关键岗位人才梯队建设规划，对表现优秀、有发展潜质的人员进行系统的轮岗安排。②个人申请轮岗。员工个人可根据自身职业生涯发展规划，申请岗位轮换，所在单位批准同意方可实施。轮岗方式包括：调动轮换，即脱离原有岗位，跨专业、部门或区域轮换岗位，是岗位的完全轮换。兼职轮岗，即在不脱离原工作岗位的前提下，通过兼职、增加工作任务的方式进行轮岗，是岗位的叠加轮换。

3. 核心员工的重点培养

核心员工的能力提升阶段是将青年员工培养成为满足公司发展需要的项目专家型技术人才和综合型管理人才。增强复合知识和经验，提升综合素质和能力。培养青年骨干员工的领导力、资源统筹能力、沟通能力、危机处理能力和团队管理能力。培养方式包括：

（1）开设项目经理与专业技术人员培训班。采取与高校联合培训、案例教学的形式，集中项目经理系统学习生产、安全、质检等项目施工知识。集中组织专业骨干人员系统学习安全质量、商务合约、施工管理、技术管理等知识和理念，拓宽工作思路，创新工作方法，提高工作效率。

（2）选拔部分优秀青年骨干代理项目班子岗位职责。通过行使目标岗位职权，提前进入角色进行锻炼。为代理项目班子配备经验丰富的资深项目班子成员并将其作为导师，与代理项目班子就目标岗位所需的专业技能和任职资格要求，共同讨论分析与目标岗位所需素质与能力的差距所在，制定具体的、可考核的个人培养计划。

（3）实施有计划的项目部与机关工作岗位轮换。将处于核心员工阶段的项目青年员工安排到公司机关挂职锻炼，将机关的青年员工下放到生产一线，目的是让核心员工在很早的阶段就对企业的生产一线情况和公司的生产经营情况都有比较深刻的认识，在将来的工作中才能从不同角度考虑问题，确保决策的合理性与正确性。

（4）定期召开"青苗人才座谈会"。每年定时召开"青苗人才座谈会"，邀请200名左右的优秀青苗员工参加座谈，公司董事长全程参与，近距离与青年员工深度交流。各二级单位组织召开青年员工座谈会，为青年员工搭建沟通和交流平台，倾听青年心声、交流工作体会、分享学习心得，了解青年员工职业诉求，引导职业发展，解决青年员工困难。将青年员工座谈会办成"上下沟通的平台、交流学习的讲台、展示实力的舞台、思想碰撞的擂台"。

（三）实施"接班人计划"

着力实施"接班人计划"是企业青年人才培养与"青苗工程"计划落地的关键一环。

人才的素质，特别是核心员工的素质，决定着一个企业的发展。企业要打造自己的三级干部梯队，包括领导干部队伍、后备干部队伍和"青苗人才"队伍。"青苗人才"队伍是各类青年人才中的优秀代表，是实施转型升级、跨越发展的生力军与突击队。"青苗人才"培养计划，主要采取"集中培训＋导师带徒＋岗位锻炼＋网络学习＋技能竞赛"的方式进行，各单位根据实际需要有针对性地选择培养模式。

2008～2014年期间，中建五局通过实施"青苗计划"，青年人才队伍建设的责任感、使命感明显增强，工作积极性和主动性明显提高，共评选 940 人加入"青苗人才"名单，期间退出 148 人、提拔 112 人，青苗人才队伍进一步壮大。截至 2014 年，80 后项目经理达 350 余人，占项目经理总数的 58%，年轻人成为企业的骨干力量，青苗人才结构进一步优化。青年才俊竞相涌现，共荣获国家级奖项 7 项，获评省部级以上优秀集体 30 余个、先进个人 40 余名，多人获评全国"最美青工""共青团代表""全国五一劳动奖章""青年文明号""全国劳动模范""全国人大代表"，青苗人才队伍质量不断提升，大批青苗人才走上企业领导岗位，有力推动了企业持续高质量发展。

在企业青年人才的培养中，总结人才成长规律是前提，找到人才成才的基本规律，才能有的放矢地开展培养工作；净化人才成长环境是保障，唯有充满正能量的环境才能抵抗外部不良因素的影响，造就具有正能量的社会栋梁；完善人才培养机制是关键，青年人才是最具有可塑性的群体，通过分层分类的培训、公平公正的考核、具有竞争性的遴选机制，不但培养了青年员工的操作与管理技能，还发展了企业文化；创新人才培养方式是核心，根据青年成长规律，按不同阶段的特点辅以创新培养方式，加速青年员工成长成才，助力青年员工由青苗长成参天大树，长成蔚然深秀的森林。

第二节　青年员工的职业规划

职业规划也称职业生涯规划，是个人在主观认识上的自我评估，在客观分析中的职业生涯机会评估，在评估的基础上确立自己在职场的奋斗目标与发展路线，并据此制定行动计划与措施。

一、从 50 年"时间长度"规划职业人生

现实生活中，一些青年人刚刚参加工作就想着升职加薪，一年想，二年急，

三年不提发脾气，工作既沉不下来，也深不下去。这样，就会造成人生底蕴不足，后发优势不足，即使有机会走上领导岗位，也很难有大的作为。有一个很形象的比喻：企业家或领导的座位上是抹了油的，即使一个人运气好上去了，也不一定待得住。为什么？积累和沉淀不够。如果重量不够，镇不住它，坐上了也会滑下来。

在工程建设企业，要想成为一名领军人，需要经过基层工作的锤炼，需要知识经验的累积，需要拿出成绩，才能得到别人的认可。一定要在项目一线历练，要明白工程是怎么一砖一瓦垒起来的。没有实践经验，没有理论知识的提升与储备，就不会成为优秀的领导者。

孔子说："三十而立，四十而不惑，五十而知天命，六十而耳顺，七十从心所欲，不逾矩"，这是人生大致的发展规律。从18岁成年，到大学毕业进入职场工作，再到60岁退休，一个人真正在职场中的时间，最长也不过40来年。退休以后还有十年，还可以做些力所能及的事情，如果把这十年也算上，可以工作的时间最长也不过50来年。

在职场不能只看眼前得失。一般来说，一个人的人生职场有着近50年的漫长时光，因此，要站在50年的"长度"看待自己的职场发展。青年员工初入职场，可站在50年的高度来俯瞰职场人生。如果按每十年为一个时段，职场人生可分为五个阶段，可分别用一个字来表示，即：知、立、长、成、享。人生的每一个阶段都有每一个阶段应该做的事情。从发展的观点来看，那是因为每一个阶段都有所积累，每一个阶段的积累都为下一个阶段的发展而准备。

（一）第一个十年是"知"的阶段

知，就是知识、认知。初入职场的第一个十年是了解社会、熟悉企业、增长知识、打好工作基础的十年。

这十年，年龄为20～30岁，无论怎么费尽心力去升职、加薪，得到的肯定与回报都是有限的，因为此时正处在职业通道的初始阶段，是学习、试错，以及在实践中不断练习、不断积累知识的阶段，能在这个阶段成就大事的人很少。职业通道如同阶梯，只有少数人在天时、地利、人和各种条件都充足的条件下，通过超常的个人奋斗，实现跨越式发展。现实中，大多数人都要沿着台阶逐步前行，这是由人的成长规律和职场的发展规律决定的。

"知"的十年，对于个人今后的发展极其重要。要默默地成长，默默地积攒力量，直到长出能够飞翔的翅膀。

（二）第二个十年是"立"的阶段

立，就是立足，有力量，有理由使自己在职场立足，而且要迎接考验，承担更大责任。在工程建设企业，这个阶段能成为一个部门的业务主管，就是优秀分子。如果足够优秀，就能够成为一个部门经理，成为一个中层管理者。

经过第一个十年的积累，一个人已经拥有了丰富的专业知识，对于工作中的问题，处理起来可以得心应手了。可是，身在职场，责任和权力总是相互依存的。成为中层，虽然拥有了一定的决策权，但却要承担更大责任。作为企业中层干部，需要接过高层领导手里的指挥棒，将组织的决策坚定地执行下去。这将对中层人员的忠诚、智慧、耐心、毅力、积极性和创造性，有着更高的要求。

身为中层管理者，要有对战略目标坚守的定力，要有对运营流程掌控的能力，还要有对绩效追求过程中迸发的创造力。这些能力合到一起，可以称为中层管理者的"执行力"。作为一名中层管理者，除了具有正确的执行力，还需要有团结下属、鼓舞人心、激发斗志，率领大家共同为完成组织目标而奋进的领导能力。

要成为一个得到上级信任、下级拥护的中层领导者，应是一个忠诚的人，是一个有信用、讲信义的人，应是一个格局高远的人，应是一个执着、沉稳的人。做一个中层管理者，远没有做一个普通员工那么惬意自在。在第二个十年，需要培养起自己相应的组织协调能力，拥有勇往直前的勇气，拥有战胜困难的坚韧和执着，拥有带领组织不断前进的智慧，就能够在职场上"立"起来，成为一个有执行力的人。

（三）第三个十年是"长"的阶段

"长"就是成长、增长。成长的是能力、业绩、贡献，增长的是财富和生活质量。在职场的第三个十年，如果经过第一个十年的磨砺，第二个十年的锤炼，能做到高层管理者，就进入了最有成就的十年。

从一个中层管理者晋升为一名高层管理者的成员，所需的能力素养也将发生质的变化。首先要对组织的发展负责任。组织的发展目标，所需的决策，没有教科书，没有现成经验可用，全靠高管们的智慧和经验。在一定程度上，一名优秀的高管能够直接左右一个企业的命运。一个企业要想长久地生存下去，离不开一名有智慧、有韧性、有勇气的领头人。他们能带领着组织成员，跟随时代的变化，准确判断新的形势，作出正确的决策，并调整经营策略，带领组织不断赢得市场竞争。

企业高管要有承担压力和挑战的勇气，要有应对危机和发展的智慧，还要有面对挫折百折不挠的韧性，还应该是公正无私、受到大家尊重爱戴的"指挥官"，能维护企业内部的公平公正，团结内部成员，为实现企业目标而共同努力。同时，还要善于用各种奖惩的手段，激励整个团队不断进步。

（四）第四个十年是"成"的阶段

"成"指的是成功、成就。这是职业人生最有成就的十年，其水平、能力、业绩、贡献以及荣誉、收入都达到人生的"峰值"。这是人生的"成"，也是一个组织的"成"。在企业，个人是依附集体而存在的，没有组织的成就，也就没有个人的成就。身为企业管理者，必须带领企业的干部员工乘风破浪，披荆斩棘，完成组织的发展目标，在成就组织发展的同时，也成就了自己的人生价值。然而，在现实职场中，能够在这个阶段获得巨大成就的人，却只有少数。

乔布斯曾说："生来就随身带着一件东西，这件东西指示着你的渴望、兴趣、热情以及好奇心，这就是使命。"把事业当成人生的使命，才会有源源不断的动力，去战胜职场中遇到的各种挫折和困难，去寻找更完美的解决问题的办法，去完成组织更远大的目标。把事业当成使命的人，一定是无比喜爱自己事业的人。职场，最难得的是从事自己喜爱的工作，只有从事自己喜爱的工作，才能长久地热爱工作。一个人喜爱的事业，往往也是自己最擅长的事业，仅仅为挣一份薪水而从事的事情叫工作，只有那些自己热爱的工作，才能称之为事业。一个人的事业，在初入职场的时候，就应该做好选择。

（五）第五个十年是"享"的阶段

"享"是指享受，是分享，安心地享受人生奋斗的"成果"。"享"的十年既可以安心品味职业人生的"成果"，又可以和他人分享人生积累的精神财富或者物质财富，享受那些曾经的付出、拼搏和贡献所带来的快乐。"享"的十年，应是回首无憾，安然宁静，是一种内心的安定从容。

站在职场第五个十年，回望过去，人们会发现，每一份经历都是最宝贵的财富，不管是苦难、挫折，还是成功、快乐，都在成就着个人的智慧和人格。经过这些历练，人的修养也大大提高，所以，才能安然享受生活的宁静和幸福。

此时回顾职业生涯，会觉得没那么复杂，也没那么艰难，只是一个循序渐进的过程。每一个职业阶段，对一个人的能力和素质都有不同的要求，每一个阶段所遇到的那些烦恼，都在磨炼着个人的性格，锤炼着个人的能力，增长见识，开阔视野，每跨越一些困难和障碍，人也就又成长了一步。因此，职业生涯规划，要放到 50 年的历程中去考虑、去沉淀。这样，每个人才会对自己的人生有清晰的认识。

二、找准自己的位置

一些青年员工入职后不久，由于多种原因，对当前工作不满意，是去还是留，常常很纠结。有些人选择辞职跳槽，工作频繁变动，其结果常常是弊大于利。因为每跳一次槽，以前的努力都几乎归零，每次都要从零起步，而别人却在一个岗位上扎根发展，不断成长。若长期如此，和别人的差距只会越来越大，多年下来，自己就落后了。

　　在职业发展的最初阶段，一个职场新人选几个单位、跳两次槽是正常的。但对于一个职场新人来讲，选择周期不能太长，不能来回变。人生最宝贵的财富就是时间。每做一次职业选择，时间成本就增加一分。时间就像杯子里的酒，喝一口就少一口，消耗一点就少一点。"月有阴晴圆缺，此事古难全。"如果一遇到不如意的事情就换到一个新的环境，想要重新得到周围同事的认可，则又需要一定的时间。即使要做职业选择，也要尽早确定，否则就是浪费时间。

　　正确地认识自我是青年员工个人成长的重要前提，是迈向成功的第一步。自我认识的过程包括正确而全面地认识自己的性格和能力，根据自己的个性特征确定自己的发展目标，并通过自己的努力完成。

（一）确定一个目标

　　哈佛大学曾对即将毕业的学生进行过一次人生调查，结果是：27% 的人没有目标，60% 的人目标模糊，10% 的人仅有短期的目标，只有 3% 的人有清醒而又长远的目标。25 年后，哈佛大学又对这些人进行了跟踪调查，结果是：3% 的人朝着一个目标不懈努力，几乎都成为社会各界成功人士，其中不乏一些行业领袖、社会精英；10% 制定了短期目标的人通过不断努力，成为各个领域的专业人士，大多生活在社会的中上层；60% 的人目标模糊，工作安稳，但没有特别的成就，几乎都生活在社会的中下层；剩下 27% 没有目标的人生活就很不如意，并且常常抱怨他人、抱怨社会、抱怨世界没有给他们机会。确定长远的规划后，加上超凡的毅力，奔着这个目标去努力。

（二）找准个人定位

　　一个青年员工，进行职业选择的时候，不能太理想化，不能眼高手低，不能高不成低不就。如果不知道自己想干什么，能干什么，好高骛远，那将一事无成。古人云："没有金刚钻，不揽瓷器活"，个人的特长是什么，要正确地认识自己。人生是个赛跑的过程，一定要正确地认识自己、把握自己。在一个企业定好位，坚持努力，每一天都是正能量的累加。如同一棵大树，把根扎下去，要往下扎，越深越好。

（三）如何实现目标

1. 工作要有责任心

责任心大小决定了办事的成败。一个人要想成功，要想把事做好，要想实现目标，必须要有责任感、使命感，必须忠于职守。高等学府毕业的学生，在学校学的知识只是一个基础，在企业要有工作的责任心，一个没有责任心的人、不敢担当的人，是做不成事的。中建五局提倡"基层用力工作、中层用心工作、高层用命工作"，这个"命"实际上就是一种使命感、责任心，要融合到生命中去。

2. 做人处世要有诚信

"以信为本、以和为贵"是中建五局"信和"文化的核心价值观，诚信是公民的第二张"身份证"，对于企业员工而言，坚持诚信，恪守信用，言必信，行必果，才能赢得上级和同事的信任、认可。

3. 岗位工作要"勤力"

财富不仅仅是指货币性质的财富，个人的思想、知识、能力是更重要的财富，想要积累这些财富就必须"勤力"，勤能补拙。

4. 态度认真把事办成

一个人如果认起真来，则什么事都能做成；如果不认真，马马虎虎，则什么事都做不成。

5. 团结合作融入集体

一名优秀的员工不仅具备专业知识和工作能力，还应具备合作能力和沟通能力。要合作就要先严格要求自己，"严以律己，宽以待人"，才能尽快融入集体、团队，才能更好地和他人合作。

6. 面对困难不懈坚持

坚持才能胜利。每个人都能坦然接受顺境，但不是每个人都能永远一帆风顺，都会遇到逆境，这时，首先要调整心态，在困难时期依然保持乐观，在困难时期看到光明，看到积极的因素，有了积极的心态才能坚持下去。另外，要有意识地增加磨炼，把逆境当作对自己的考验。

三、学会合作，学会"适应"

人与社会的关系、个人与集体的关系，是一个主动适应与主观能动的过程体现。对一个初入职场的青年员工来说，首先要在工作实践中了解社会、了解企业，学会适应工作环境、适应企业制度与规范。

（一）学会与他人合作

一滴水落在地面上，瞬间干涸，不见踪影。但无数滴水汇集成汪洋大海，就拥有无坚不摧的力量。这就是合作的力量。合作是人的天性，任何一个组织，都是由不同的人组合而成的。任何组织目标的实现，也都要由组织成员合作完成。在一个组织中，每个人都有自己独特的利益诉求，合作中，不可避免地有各种各样的矛盾。学会合作，就是要学会化解矛盾，实现互利共赢。

学会合作，首先要学会沟通。沟通是解决问题、化解矛盾的有效途径。现实中有三种状态需要沟通：一是我对你错，二是我对你也没错，三是你对我也没错。放低自己，尊重别人的意见，这样，才能达到沟通的目的。

善于合作，还要学会宽容。做到"严以律己，宽以待人"，才能和他人顺利合作。宽容别人，得到的是他人的敬重，宽容失去的只是过去，不宽容失去的却是将来。

善于合作，还要学会控制自己的情绪。在职场，有些人在面临组织发展所带来的压力的时候，很容易失控。有些人由于压力的增大，对某件事不满，就会发泄个人情绪，对他人会造成很大的伤害，甚至影响工作的顺利进行，毫无益处。

控制住自己的情绪，做一个理性的人，不管遇到多大的风浪，都让自己处于一种平静的状态，这样，才不至于作出错误的判断和决策。学会沟通，学会宽容，学会控制自己的情绪，才算是学会了和他人的合作。做一个善于合作的人，职场之路将会顺利很多。

（二）学会适应职场小环境

职场，是一个社会的缩影。有光明磊落、行事正直的人，也有品行不端、投机取巧的人；有人热心施助，也有人自私自利……青年人从理想而单纯的校园，进入利益交织的现实社会，不难发现，职场并不存在绝对的公平公正，面对职场小环境中的不尽人意，首先要学会适应职场小环境，才有立足之地。

遇到小环境中的不公平，一定要从正面面对这些问题，及早解决，不能只是抱怨，更不能选择逃避。抱怨和逃避，只是一个人工作能力不够的表现。

面对小环境的不公平，首先从自己身上找问题，适当调整自己，弥补工作方式上的不足。对那些确实不公平的地方，甚至影响合作顺利进行的矛盾和问题，要及时查找问题，分析原因，找机会和有关领导汇报、沟通。企业一般有相应的制度和方法来维护整个职场环境的公平公正。如果真的遭遇显著的不公正，就要学会利用这些渠道来表达自己的意见，维护自己的权益。

遇到职场小环境中的不公正，一定要认真面对，及早处理，处理得好，会促进成长和进步，处理得不好，只会激化矛盾，进而影响到个人在职场中的发展，成为职场道路的障碍。学会妥善地处理小环境中的不公平，这同样是每个人成长过程中所必须经历的。一个单位的小环境中问题所在的地方，也正是每个人成长进步的机会所在，拿出业绩证明自己，才能在职场顺利发展。

（三）感恩遭遇"魔鬼"上司

有些对工作要求严格的基层领导被青年员工称之为"魔鬼"上司。遇到这种对人苛刻，甚至"工作狂"的上司，正是个人成长的机会。

一位年轻朋友，在刚参加工作时，遇到一位领导，凡事都严谨认真，对文件报告的行间距、字号等要求十分严格。只要有一点做得不好，就会当众批评人，这位朋友很讨厌这个领导，于是找机会调换到了另外一个部门。到了新的部门，这位朋友经常被领导表扬的就是文字版面，还让全办公室的人向其学习。事实上，这个排版整齐的习惯，让其受益不浅。如今，这个人从内心里感激那个"刻板"的上司。

一个性格古怪的上司，大都在工作中对员工有异常苛刻的要求。对"在鸡蛋里挑骨头"的上级，不要懊恼，也不要排斥，努力向其要求看齐就行。如果把单位里性格最为"古怪的人"都搞定了，业务能力和处事能力就大大提高了。

学会和傲慢无礼、唯我独尊的人打交道，就学会了忍耐和谦卑。学会和那些喜欢搬弄是非的人相处，就学会了宽容和大度。学会了和沉默寡言的人相处，就学会了观察和思考。学会了和严苛的人相处，就多了一分冷静、自制。

在职场的路上，不可能一直都遇到尊重、关心、照顾自己的同事和领导。遇到不同类型的人，反而会使人更快地成长、成熟。要感谢这些"魔鬼"上司的出现，他们如一面镜子，照出我们身上的缺陷和弱点，为尽早完善自己，获得更大的发展打下基础。

（四）学会选择，服从还是离开？

服从，看起来简单，做起来却很难。每个人都有天生的自尊心，服从别人，则要放弃自我，压制自我。服从，本来是军人的天职，在军校，学员对上级的服从并不让人惊讶。可是，西点军校毕业的人员，却大量成为政界、商界奇才，这个学校甚至被誉为美国顶级的商学院。在全球，有1000多名的世界500强企业的董事长，2000多名副董事长都毕业于西点军校，而总裁和副总裁更是高达5000多名。

在现代社会，没有一个人可以离开他人而生活，都是靠团队，靠组织，所以服从别人、服从组织，这很重要。不管是在哪个行业，学会服从，都是一项重要的素质。在企业的运营发展中，员工只有学会服从，才能高效地执行企业既定的发展计划。只有大家都共同执行企业的发展方略，这个企业才能朝着目标不断前进，在激烈的市场竞争中发展壮大。

对于一个组织来说，一旦目标确定下来，需要的，只有下属的服从。在职场中，并不是每一个领导都是智慧和能力的化身。有的领导虽然身在管理岗位，但能力有限，或许连自己也弄不清楚组织到底该往哪个方向发展。有的领导处事不公平，把下属的创意拿过来据为己有。也有的领导判断错误，制定出错误的方针政策。那么，作为下属，是不是也一样要服从呢？答案依然是服从。

如果能看出来领导的策略存在问题，可以选择在策略正式执行之前，认真地和领导沟通，讲出自己的想法，相信没有领导会不欢迎这样的沟通。如果经过沟通，领导依然坚持之前的看法。此时，要么服从，要么离开。当然，随着工作的推进，结果的反馈，问题也会逐渐暴露出来，相信上司自然就会调整自己的策略，毕竟，他也要服从于更高的上司，服从于市场的竞争，没有一个组织会长期偏离正确的航向。

学会服从，就要做到坚持不懈，不达目的不罢休。学会服从，不是生搬硬套，而是要灵活、创新，用智慧去实现目标。服从，是一种美德，一种素养，一种智慧，也是一个成功的职场人必备的能力。初入职场，当先学会服从。把服从当成一种习惯、一种工作态度，就会逐渐找到通向成功的道路。

四、让"规划"落到实处

对企业青年员工来说，其职业人生规划是指在对自己职业生涯的主客观条件进行分析的基础上，对自己的兴趣、能力、特点等进行综合分析与权衡，确定自己最佳的职业奋斗目标及其实现的路径、方法。更为重要的是，要结合企业的特点与发展要求，通过自己坚持不懈的努力将职业规划落到实处。

（一）不要拿"关系和背景"当借口

现实中，有些青年员工抱怨，自己这么努力，工作这么出色，可是，领导从来没有给过自己发展机会。有的人并不比自己优秀多少，却平步青云，甚至成了自己的领导。为什么升职的人总是别人，而不是自己？因此，有人会说，那是有所谓"关系"和"背景"的缘故。

职场是一座金字塔，位于塔基的，是基层岗位，需要的人数最多。一层层往上，岗位越来越重要，需要的人也越来越少，而岗位贡献的价值也越来越大。对于大多数人来说，都想到更高层次的岗位上，实现自己的理想抱负。在岗位少、人多的情况下，竞争不可避免。这时，有一部分人能够胜出，踏上更高层次的管理岗位，有一部分人有可能会终生从事着基层的工作。对于这一部分胜出的人，社会上有一个不太好的倾向，总会有人神秘地开始查找其背后的"靠山""背景"。事实上，这是一种很偏狭的观点和看法，也是在为自己的不努力找借口。

在一些人眼里，关系和背景就是某一个员工背后的那个拥有人、财、物支配权的更高级别的领导，他们和这个员工有特殊关系，可以给予其特别的关照和支持。这是只看到了这个员工拥有的支持，却没有看到这个员工为什么会得到支持的表现。

如果一个人不优秀，有什么样的"关系和背景"也没有用。如果一个人足够优秀，很多人都可以成为其"关系和背景"。每一个上级领导，都没有三头六臂，面对繁杂的工作，他们需要的，是能够帮他们解决难题、实现发展目标的人。如果没有能力，无论一个人有多大的关系和背景，即使将其放到一定的岗位上，早晚有一天，这个位置还是要让给真正有才能的人。

事实上，无论在哪个行业，无论是什么出身，如果真的有能力，在工作中表现优秀，作出了突出的成绩，就会建立起自己的"关系和背景"，这些"关系和背景"是欣赏自己才能的人，是能够放心把重要工作交给自己的人，是想让自己施展才华，帮助组织取得更大发展成就的人。

（二）培养好自身的"成功基因"

经过多年对职场的观察，发现大多数成功人士身上都有一些因素，决定着他们走向成功，即使没有大的成功，在一些小的领域内，他们依然是最优秀的。这些因素可称之为"成功基因"。

通过分析，这些因素可以构成一个方程式，看看一个人身上的情况，便能够大致计算出一个人人生的走向。做一个成功的人、一个优秀的人，就是要抓住这些成功因素，培养出自己的"成功基因"，有了这些"成功基因"，就会不断得到更多人的支持，不断赢得发展的机遇。

有一位土木工程专业毕业的本科生，参加工作 20 年了，一直在基层从事项目管理工作，却没有从头到尾做完一个项目，是什么原因呢？原来在做项目的过程中，一遇到困难，就想换个好做的项目。分析原因，他的专业知识是没问题的，问题在于心智模式出现了偏差，不敢直面困难，每个项目一碰到困难就不愿做了，结果没有从头到尾做完一个项目。怕困难，则是心智模式出了问题。他只知道做项目的困难与辛苦，而从来没有过做成项目的成就感和愉悦感。所以，工作了 20 年，却缺乏一个成熟项目经理的完整经历。

在工程建设企业，每个管理人员的职责就是克服困难、处理问题。工作遇到困难，要想办法去解决它，而不是被困难吓倒。

世上无难事，只要肯登攀。一件事之所以看起来很难，只是因为暂时还没有找到解决的办法而已。只要真下决心去想、去做，办法总是能找到的。经历就是财富，经历得越多，知识面就越宽阔。一个人克服了困难，获得了成就感，就会开心，就会快乐。即使是失败的经历也是一种财富，也是值得珍惜的。不要怕失败，有了失败的教训，才能更好地把握成功的因素。心智模式决定人生结果。很多问题能否解决，取决于是否拥有积极的心态、积极的思维、积极的行动。因此，心智模式非常重要。

（三）承责愈多，进步愈快

在一个企业里，员工一般可以分为三种：一是"先知先觉型"的，这种类型的员工能够自发地工作，把工作当作享受。二是"后知后觉型"的，这种类型的员工是为老板而工作的，是被动应付的。三是"不知不觉型"的，这种类型的员工浑浑噩噩，对工作敷衍塞责，潦草应付。

工作中，大家会遇到各式各样的责任。当需要承担责任的时候，"先知先觉型"的员工常常主动承担责任,"后知后觉型"的员工往往在领导的命令指挥下承担责任,而"不知不觉型"的员工,常常推脱责任,尽可能逃避责任。

责任,往往蕴藏着前所未知的风险,潜藏着前所未有的挑战。同样,责任,也带来了挑战,给了我们磨炼自己的机会。有些人怕负责,有了事就躲开,却也因此失去了成长和进步的机会。责任往往是一个人成长的试金石。

承担责任,往往要承担一定的风险。可是,在战胜困难、完成责任的过程中,我们的能力得到了检验,也从中获得了成长。这些,都是以后我们承担更重要任务的"证书"。没有任何领导敢把重要的岗位交给一个没有责任感、没有承担过重大责任的人。

主动承担责任,是成长进步的金钥匙。主动担责的人,表面上是为单位作贡献,其实收获最大的还是他们。每承担一次责任,就往自己的人生银行里存入一笔财富,天长日久,他们就是收获最大、成长最快的人。

职场,不会一帆风顺,总会遇到大大小小的困难。这些难题,不是阻碍前进的"绊脚石",而是促进成长的"垫脚石"。当一个人战胜困难,站在困难之上,就前进了一大步。遇到困难,拿出一点奉献精神,拿出一点战胜困难的勇气和激情,勇于承担责任,就找到了打开职场成功大门的金钥匙。

第三节 青年员工成长过程中的惑与解

青年员工是企业发展的主体力量,肩负着企业的未来和希望。青苗人才作为企业事业发展的接班人,必须牢记使命,不负重托,开拓进取,奋力拼搏,为建设"社会尊敬、员工自豪"的现代化企业添砖加瓦,贡献智慧,建功立业。然而,随着员工队伍的不断扩大,青年员工的人数不断增加,在激烈竞争的大环境中,不少入职不久的青年员工就会出现一些困惑与烦恼,这是一种客观存在,也是年轻人成长过程中的必然。企业管理者的责任就是要为青年员工释疑解惑,使他们在成长的历程中少走弯路。

一、青年员工成长期的困惑与烦恼

进入新世纪，我国工程建设企业的绝大多数青年员工都是来自不同院校的毕业生，他们所学的专业基础好，接受新事物能力强，思想单纯，工作欲望强，干劲足。但这些从大学"校门"走进建筑工程项目一线岗位的年轻人很快就会发现现实与理想的差距，一些没有较长社会实践历练的青年员工的情绪就会出现波动，甚至影响工作与自身的成长、发展。

和年轻的朋友聊天，无论身在收入颇高的金融业，还是声名显赫的媒体，无论是在众人仰望的国家公务员系统，还是在时代潮流前端的互联网企业……他们对自己职业抱怨的人多，满意的人少，总是有各式各样的不如意。在职场中，总有不少人对职业的发展充满困惑与焦虑、烦恼，面对职场未来，看不清发展方向，找不到努力的目标，一旦遇到困难和挫折，就灰心丧气。于是，有的人消极应付，有的人频繁换工作，究竟该怎么办，自己也不清楚。职业发展的路，到底在何方？

（一）青年员工的三种困惑

在企业中，青年员工的困惑会因人而异，其中包括一些入选"青苗计划"的青年员工。归纳起来，所谓"困惑"主要表现在三个方面。

1. 对自身角色的困惑

有些青年员工觉得所在岗位工作与所学专业没有完全对接，才智没有充分发挥，对将来如何发展心存疑惑。还有部分"青苗"反映，很难意识到自己是"青苗"，平时感觉不出与普通员工的不同之处。究其原因，一方面，是企业有关青年员工培养机制、制度的实施问题，在一些单位落实不到位；另一方面，说明个人对企业员工的岗职要求与工作性质了解不够。"青苗"员工的自身努力意识不强，自我要求不够，把自己混同于一般员工，对自己没有准确的定位。

2.对身边环境的困惑

与高等院校的学习环境相比，工程建设企业的工作条件与生态环境迥然不同，使新的青年员工感到反差大，加上入职不久的员工收入不高，部分基层单位的导师和领导对青年员工培养认识不高，对"青苗"的关心、培养不够，指导不力，或者是带头示范作用发挥不好，特别是公开、公平的机制与和谐氛围未能形成，对青年员工产生了不利的影响。

3.对学习培训的困惑

由于青年员工都有一定的专业背景，故希望多一些学习提高的机会。面对岗位实际工作量大、学习培训机会少的情况，对个人的发展就会产生一些困惑。实际上，持续学习能力非常重要。一个人的学习能力决定了其一生事业发展的高度与广度，学习的关键还是靠个人。当然，企业应组织更多层面的、跨单位、跨区域、跨专业的学习、观摩、交流活动，包括更多地借助信息化手段提升能力。还可以采取多种形式，分地区或者跨地区，经常以座谈会等方式进行交流，以提升青年员工的知识水平与履职能力。

（二）青年员工的"七大烦恼"

年轻人初涉工作岗位，由于多方面的原因，不少人都可能会出现烦恼、焦虑的问题。在实际调查中发现，主要存在七个方面问题。

1.职业发展的烦恼

有人对自己未来的发展方向不明确，目标不清晰，对个人的职业生涯感觉困惑与焦虑，这是可以理解的。因为年轻人进入社会工作岗位的初期，有很多想法，甚至跳槽都是正常的。但是选择过于频繁就是浪费时间。人生最宝贵的是时间，每选一次，时间成本就加大一分。

2. 轮岗锻炼的烦恼

企业为了让年轻人得到更多的锻炼，实行工作轮岗制。有的年轻人会觉得现有的工作量已饱和，如果轮岗，担心工作做不好，加上建筑工程项目点多面广，在不同的地域轮岗存在不少困难。还有一些年轻骨干人才，自己想换岗，但有些基层领导"不放人"。企业领导应正确对待年轻人的这些烦恼，年轻人提要求不算错误，个人有想法，应当向组织提出来。组织人事部门应与青年员工有交流，应通过组织有序的调动加以解决。

3. 学习提高的烦恼

有的年轻人进入工作岗位以后，感觉自己的能力还难以适应工作的需要，学习的愿望很强烈，但又不知从何入手。还有人觉得工作很繁忙，静不下心来学习。

学习能力决定一生。特别是结合工作岗位的学习，是最有效的学习。一是要注重在实干中学习，通过虚心学习，善于总结，提高自身的素质能力；二是学习机会是可以争取的，企业应加强青年之间的经验交流和相互学习，提供学习平台，提供更多培训机会，最终学习还是靠自己。

4. 薪酬福利的烦恼

有的年轻人认为，建筑企业工作累、压力大，付出与收入不成正比，生活上有压力很烦恼。其实，期望有较好的薪酬福利是人之常情，但人的要求是无止境的。年轻人的收入高低问题，不能只看眼前，不能只比高不比低。如果过分计较薪资和奖金而影响工作，就可能因此失去更多的成长机会。有耕耘才有收获，一般来说，付出越多，收获越大。

5. 成长环境的烦恼

有的年轻人因小环境不理想，没有得到公正的待遇而烦恼，甚至因此萌生退意。这表明自身适应环境和改善环境的心态和能力不够强。其实，对成长环境的判断与个人的心态有关。一个人的成长环境有一个适应、改善的过程，需要靠自己能力的提升来改善成长小环境。

6. 安家置业的烦恼

建筑行业员工男性多女性少，这似乎是一个"通病"。企业要大力倡导敬业奉献精神，只有企业发展了，员工的收入提高了，个人的生活质量才会提高。同时，企业应当关心青年员工的个人问题，积极创造条件，为他们排忧解难。

7. 敬业乐业的烦恼

有青年员工抱怨工作辛苦，难以真心接受和喜爱建筑行业，在工作中感受不到乐趣，无身份认同感，成为一种烦恼。设计大师孟大强的观点很能说明问题：一定要有趣味地工作，主动寻找工作中的乐趣，培养对工作的感情，把工作当成一种享受，而不能把工作当成一种差事。也就是说，如果自愿做一件事，就会有兴趣，自然会喜爱这个职业。因此，树立正确的苦乐观很重要，看到自己的辛勤劳动换来的是宏伟的建筑工程，这种辛苦也算不了什么。另一方面，工作辛苦是一个相对概念，做好任何一项工作都不是轻而易举的事情。

年轻人的这些烦恼是客观存在的，企业领导一定要理解他们，并给予指导。企业要净化人才成长环境，完善人才成长机制，创新人才培养方式，关注人才个性诉求等，帮助年轻人顺利度过人才成长期。

二、自觉做好"五种人"

好的时机、好的平台、好的机制，为青年人实现人生价值提供了广阔的舞台。"青苗"们作为青年中的佼佼者，是无比幸运的一代，也是责任重大的一代。应认清生命之重、责任之重、行动之重、知识之重、思维之重，勇立时代潮头，挥洒青春激情，担当光荣使命，努力创造出无愧于历史和人民的业绩。

面对青年员工初入社会、工作不久后所出现的困惑与烦恼，需要企业决策者与管理部门为之解疑释惑。其合理的方法是关心教育与积极引导。坚持从五个方面帮助青年员工认清自我。

（一）认清生命之重，做一个有益于社会的人

伊丽莎白一世临终的时候说："我愿意以我一切所有，换取一刻时间。"中国有句老话："人命无常呼吸间，有限光阴当珍惜。"人生苦短，生命有限。生命具有一维性，人生没有返程路。青年人一定要珍惜韶华，强化只争朝夕的紧迫感，坚持与青春赛跑，与生命赛跑，努力拓展生命的宽度，因为生命的长度是有限的。因此，珍惜时光，做一个有益于社会的人，有益于他人的人。

有益于社会，就要坚定理想信念，善于自我净化，坚持"七不"，即：脑不昏，目不空，口不吃，肩不滑，腿不曲，脚不虚，手不松。"七不"针对企业的各种不良作风：坚持"脑不昏"，反对被胜利冲昏头脑、被困难吓昏、不明不白的昏；坚持"目不空"，反对目空一切、目中无事、目中无人；坚持"口不吃"，反对报喜不报忧；坚持"肩不滑"，反对不敢担责任、不敢担担子；反对"腿不曲"，反对站不直、行不正；坚持"脚不虚"，反对工作不踏实、不深入基层、不坚守岗位；坚持"手不松"，反对大手大脚。

（二）认清责任之重，做一个敢于担当的人

"人生于天地之间，各有责任。一家之人放弃责任，则家之必落；一国之人放弃责任，则国之必亡。"同样，一企之人放弃责任，则企之必衰。因此，企业强调责任和担当的重要性，作为企业的员工，一定要敢于担当，勇于承责，不逃避，不推诿，不放弃，努力追求好的结果，不达目的誓不罢休。要将抗击压力、解决难题，作为人生成长的必修课，在磨难中悟道，不断积累人生智慧和财富。

（三）认清行动之重，做一个脚踏实地的人

人有两种能力，思维能力和行动能力，很多情况下，没有达到目标，

往往不是因为思维能力，而是由于行动能力。"论先后，知为先；论轻重，行为重。"青年人一定要放弃不切实际的空想，放下天之骄子的身段，脚踏实地，步步为营，在实践中增长才干。

（四）认清知识之重，做一个学有专长的人

企业重视"七学"，即"学而习、学而思、学而用、学而传、学而行、学而修、学而果"，这就是学习的重要性。因此，"青苗"们一定要不断学习、不断思考、不断创新，在创新中开拓前进。

（五）认清思维之重，做一个阳光心态的人

与其抱怨路的坎坷，不如修平自己的内心。要正确面对一时的困难挫折、成败得失和进退升降，拿得起放得下。常言道，人生不如意事十之八九，对不如意的事，不妨少想、少讲，要有包容大气的胸怀。

三、要成功，还是一定要成功

要成功，还是一定要成功？两者之间有着本质的区别。要成功，只是有一个模糊的目标。而一定要成功，便会为自己制定出一个清晰而又长远的目标。目标，是一个人发展的动力，不同的目标，发展动力不同，人生便会有不同的结果。

（一）"成功"的目标是什么

有了目标，不一定会完全实现，但是在实现目标的过程中，一定会比别人多走几步。有了目标，才会活得充实，才会不断地发展。或许，就是这几步，便可以改变人生。我到美国游学的时候，见到了索罗斯。见面时，我们问他：怎么样才能成功？怎么样才能持续成功？他回答说，你要不断地找一个目标，找一个理由，找一个做事的理由。如果你找不到最好的，找一个次好的理由也可以。

不同的人生目标，会使人产生不同的工作动力。每一个人都有很大的潜能，当用强大的心灵动力激发自己的潜能时，便会迸发出不一样的能力，进而影响人生结果。

作为一个企业管理者，要不断给员工描绘美好的蓝图。作为个人，也要为自己制定一个发展目标。如果你把人生的发展目标分解开来，变成十年发展目标、五年发展目标、一年发展目标，然后再分解到日常工作中，这样，每一天都会过得很充实，每一天都朝自己的目标走近一步。

有了长远的发展目标，便不会为眼下少拿了一点工资、多干了一点工作而心生抱怨；有了长远的发展目标，便不会被一点点困难挫败、遇到一点挫折便消极退后；有了长远的发展目标，便会积极寻找发展路径，哪怕没有到达终点，在这个行走的途中，也能够领略到别人看不到的风景。

（二）成功的基础是什么

众所周知，实践是检验真理的唯一标准，而真知来源于实践。明代思想家、哲学家王阳明提出一个思想：知行合一。这四个字看似简单，却蕴含深奥的智慧。知行合一，就是说理论学习和实践行动要统一起来，实践和理论一样重要。"知行合一"就是成功的基础。

王阳明认为"知是行之始，行是知之成"。真正的知识是和行动融合到一起的，没有实践行动，就不叫真正的知识。知识理论是行动的开始，而只有行动，才能真正学到这个知识。"知行合一"，不仅要有"知"，还要会"行"，现实中的问题不是靠单纯的理论知识就能解决的，必须有脚踏实地的工作方法。

要在职场取得成功，"知行合一"尤为重要。

在实际工作中，有青年员工开始参加工作时，被安排到最基层的一线去工作，总抱怨自己在大学里学的东西毫无用处，或者感叹怀才不遇，不愿意去做"简单"的工作。实际上，这是对实践的作用认识不足，对知行合一的重要性认识不足。

从个人的成长规律和职业发展规律来看，一个普通员工，到中层管理者，再到高层决策者，需要具备多种能力。而一个人在职场的成长和发展所需的能力，主要是从实践中得到的。

也许有人认为，在大学学了四年的专业知识，硕士生、博士生学习的时间则更长。经过这样的学习，到相应的岗位上工作，能力还不够用吗？

当今时代，上大学受教育十分必要。年轻人经过大学系统的学习，建立了完备的知识体系。经过对各类知识的思考训练，形成善于发现问题、解决问题的思维方式。然而，大学教育对于职场工作中所需的知识，却是有限的。

一方面，大学课堂上所学到的理论知识，是前人在相关专业领域获得的系统性、规律性的知识。而社会是发展的，对客观规律的认识是不断深化的，已有的知识只能是"深化"的基础。另一方面，在职场中，每天面对的是许多具体的矛盾和问题，不能拿千篇一律的规律性知识去解决。职场中所遇到的问题，要结合千变万化的现实环境条件，根据实际情况去解决。要想拥有工作成功的能力，就需要具备丰富的实践经验。

"纸上得来终觉浅，绝知此事要躬行。"湖南农业大学著名的"葡萄教授"石雪晖说："不能光在课堂上栽果树，要栽到农村里，成果不能只写在论文里，要写在大地上！"能够用来解决问题的知识，才是真正有用的知识，只有在工作实践中掌握解决问题的方法和智慧，才是真正的智慧。在实践中做到"知行合一"，将书本知识与工作实践紧密结合起来，才是成功的立足点和切入点。

（三）怎么管理好时间

成功需要实践经验的积累，也需要充分利用好有限的美好时光。有人总是抱怨自己忙，没有时间看书，没有时间陪家人，没有时间见朋友同学，整天忙忙碌碌，却不知自己都在忙些什么。

生命的长度是有限的，其宽度却是无限的，这就需要有效地管理好时间。人与人之间智力差别不大，之所以有人能够成功，是因为其充分利用了自己的时间，拓展了时间的宽度。

时间就像海绵里的水，只要愿意挤，总还是有的。现在社会竞争的激烈程度是不言而喻的，成功不仅取决于上了几年学，还取决于参加工作后如何利用好业余时间。青年时代有时间自主权，一定要管理好自己的时间。

曾经当过记者的加拿大演讲家马尔科姆·格拉德威尔认为："人们眼中的天才之所以卓越非凡，并非天资超人一等，而是付出了持续不断的努力。10000 小时的锤炼是任何人从平凡变成超凡的必要条件。"这就是人们常说的"10000 小时定律"。

那些站在奥运冠军领奖台上的人，多是自幼就开始从事某一项体育技能的学习，无论寒暑进行着枯燥乏味的训练，那些为人类作出重大贡献的科学家更是夜以继日奋斗在科研岗位上。

有不少人年轻的时候"没感觉"，等若干年以后，再想努力赶上，时间已不允许了，压力就会很大。在竞争激烈的职场，如果想要飞得更高一些，就需要管理好、利用好宝贵的时间，不可虚度光阴。

假定每个人同一单位时间，创造的价值、取得的财富、收获的智慧是相等的，那么，用时越多，收获越大。几十年下来累积的能力和素质会有极大提高，在竞争中就会有很大的优势，相应地，自己的生活质量、幸福感、成就感，就会和不努力的人不一样。管理好自己的时间，在有限的时间里，做更多的事情，创造更多的社会价值，这是对自己的人生负责。

四、青年员工成长中的企业作为

青年人走进职场，所在企业就成为培养青年员工的责任主体。青年员工能否健康、顺利成长，一方面取决于个人的努力，另一方面也取决于企业的作为。

（一）优化人才选拔、培养、考核机制

企业应该让人才在其岗位上"人尽其用、物尽其责"，建立完善的机制，为企业找到人才，提高人才素质，从而实现人才与企业的双赢，共同进步与发展。

1. 优化选拔机制，将好苗子选进来

企业坚持公开、公平、公正的"赛马"机制，让"能者上、庸者下、平者让、错者罚"，做到"看业绩、重品德、听民意、讲三公、守程序"。"赛马"的主要形式就是公开竞聘。大型国有企业可采取公开竞聘形式，局机关每2~3年全员下岗、竞聘上岗一次，二级单位是每2年一次，凡是新设立的单位，员工都是通过竞聘的形式上岗的，因此，企业形成了"愿干事的给机会、能干事的给舞台、干成事的给奖励、干错事的给处罚"的内部机制。

2. 优化培养机制，让好苗子长起来

打通干部职务级别晋升渠道，形成职务级别与岗位级别并重的人才晋升机制。岗位级别反映岗位的复杂性、专业要求和重要程度，与个人无关；职务级别则与员工个人的学识、经验和工作表现相联系。通过这种科学的设计，为员工个人职级提升提供了通道。同时，健全了专业技术系列和项目管理系列职业发展通道，大力培养专家型人才，避免了"千人过独木桥"的情况。

此外，立足岗位给"青苗"们进行系统培训，促使他们在各种复杂且具有挑战性的岗位上接受考验和锻炼，提高自身能力；适度学历培训，坚持选派优秀青苗人才参加 MBA 课程班、工程硕士班、项目经理培训班等学习班，夯实专业基础、优化知识结构；探索校企合作培训，企业与高校进行建筑节能、规划设计、复杂结构施工等领域的课题科研合作，通过共同进行专项课题研发和重大技术难题攻关提高专业技能。

优化考核机制，让好苗子显出来。企业建立公开、公平、公正、全面的绩效管理体制，严格实施 ABC 分类考核，通过硬性比例采取让企业中层干部和一般员工进行末位换岗的形式。同时，企业要及时"考核兑现"，尤其是对"青苗"人才。

（二）优化成长环境与轮岗锻炼，畅通员工发展通道

为努力拓展人才发展通道，企业制定员工职业生涯设计管理办法等章程，

确定了员工晋升的综合管理序列、项目经理序列、专业技术序列及工勤技师序列四大职业通道，对各通道员工晋升的条件、程序、审批权限等进行了规范，各种通道可以相互流动。通过建立四大职业通道，职业、性格、岗位各不相同的员工，都能在职业发展规划中找到适合自己的发展路径和晋升空间。

轮岗交流，细化员工职业生涯指导。实施轮岗制度，出台一系列文件，对骨干人才轮岗交流的岗位、年限进行规定，并把轮岗交流与薪酬考核、使用提拔结合起来。根据员工的成长情况和意愿，有计划地进行岗位轮换，通过让员工学习体验不同层面、不同环境的岗位工作，鼓励员工在"干中学"、在"学中干"，锻炼员工实践经验和综合能力，有效引导了员工职业生涯发展，培养了一大批一专多能的复合型人才。

还可为每名员工建立职业发展档案，针对不同层次员工的不同特点和需求，注意分层次分类别对员工进行职业生涯规划指导和培训。如对于新进员工，建立"导师带徒"培养制度，确保对每位新员工的培养落实到人。

搭建青年员工的交流平台。青年是企业员工队伍中最有活力的群体。他们在企业基层的工作、学习体会与经验需要一定形式的交流，有利于取长补短，互相促进，共同进步。实践证明，定期举行的青年交流座谈会是一种理想的交流平台，可使优秀青年员工之间熟悉认同，形成和谐的企业氛围，更重要的是青年在交流中能看到自己的不足，通过学习他人的经验，提高、完善自己。

通过谈实践、谈问题，激发青年员工的工作激情。"青苗人才"座谈会是上下沟通交流的有效平台。通过"青苗人才"座谈会，不断地教育，不断地启发，员工的素质能力才能得到提升。素质能力提升了，企业的发展就更加有保障，更能稳健快速发展。

"青苗人才"座谈会是企业人才培养工作的重头戏，应该成为一个"传统节目"，一年举行一次，形成企业青年人才培养的一个规定动作，把对"青苗人才"的培养纳入战略规划，作为企业人才战略重要的组成部分。

此外，为了把"青苗"们闪光的思想集中起来，企业汇编的《青年语录》，将青年的创新精神、创新思路变成大家的思想和智慧，进而成为企业深化人力资源管理改革与人才培养的新思路、新举措，这是十分有意义的。

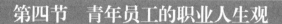

第四节　青年员工的职业人生观

　　由于职业生涯规划是一个谋求自我辅助的个人设计，企业员工的职业规划要融入企业发展，企业可通过企业文化、制度体系等辅助性措施加以指导，恰当地参与有关职业生涯规划，使企业利益与员工利益最大化，企业对员工培训合理化，企业的员工制度趋于完善。

　　外因是变化的条件，内因是变化的根本。企业的青年员工要真正成长、成熟起来，还要靠自己在实践中脚踏实地、刻苦学习与钻研，在不断"修炼"的过程中得到提升。因此，进入企业的青年员工要做好自己的职业人生规划，就必须理清思路，树立正确的职业人生观念，这一点十分重要，对"青苗人才"来说，更是如此。

一、职场中的学与习

　　"好好学习""活到老，学到老"，国人耳熟能详。从幼年时期进入学校，便开始了学习生涯。当青年走上工作岗位，进入职场后就要转变学习方式，找到新的学习路径。

（一）挖一口属于自己的"井"

　　从前有一个"挑水与挖井"的故事，隔山相望的两座庙里的和尚每天都会下山去河边挑水，后来就彼此熟悉了。一天，东边庙里的和尚没有来挑水，一连数日也不见人。西边庙里的和尚便去探望。东山的和尚带他来到后院，指着旁边一口井说："这 5 年来，我每天做完功课后，都会抽空挖井。即使很忙也不间断，能挖多少就算多少。终于挖成了，就不必再下山挑水，可以有更多时间练我喜欢的太极拳了。"

这个故事告诉我们，八小时内工作再好，那也只是"挑水"。工作之余应挤时间不断学习，充实自己，挖一口属于自己的井。学习如同挖井。在职场上成长，需要在自己工作的领域进行持续学习，培养某一方面的特长，把工作做到最优，就会在某个领域具有话语权，也会成为参与竞争、超越他人的优势。

挖一口属于自己的井，就要利用好时间，坚持不断学习，提升、充实自己，昨天的努力才有今天的收获，今天的努力就是未来的希望。

挖一口属于自己的水井，是发展自己的兴趣爱好，去练习绘画、书法、歌唱……在工作之余为自己的心灵寻到归处，这样，当我们日渐老去的时候，不会因为逐渐告别职场舞台而无所适从。

（二）学习使人生更加美好

学习是提高个人能力和充实精神世界的过程，所以是一个伴随我们终生的课题。学习不仅仅是读一本书，还可以是总结个人成功的经验、失败的教训，不断完善个人的品行素养。在学习上，应提倡"八学"：学而习、学而思、学而用、学而传、学而行、学而修、学而果和学而乐。

1. 学而习

就是要温习、练习、复习。子曰："学而时习之，不亦说乎？"对知识的努力"学"不断"习"，不但能掌握这些知识，还能从中得到启发。学习一项技能，并运用于实践，就会熟能生巧。

2. 学而思

就是指学习不能死记硬背，生搬硬套。要学会思考，思考知识点之间的联系，思考知识与工作的关系。在思考中融会贯通，知识才能成为解决问题的智慧与工具。

3. 学而用

这是最根本的要求。要把学到的知识应用于工作实践，知识才变得有用。如果只是把学到的知识留在脑海中，却不把它用于解决问题，就发挥不了学习的作用。在工作中思考、运用知识，才能真正变成自己的能力。

4. 学而传

要不断传播知识。学到对工作有用的知识，要与同行、同事分享，这样会使知识产生更大的价值。同时，在传播知识的过程中，会与周围的人产生"交互"和"交换"，让大家共同进步、提高。

5. 学而行

就是要把学到的知识，用来指导自己的工作和生活。如果学的时候觉得很好，但做事情的时候，却将知识束之高阁，不把学到的理论知识用于指导自己，那就等于没有学。

6. 学而修

就是在学习中不断提高个人素养，完善个人品行。一个人的品行和素养，需要不断地完善，才会日渐成熟。孔子能做到"七十而从心所欲，不逾矩"，是因为他不断地用知识来提高自己的修养，不断地完善自己，最终成为理想中的自己，所以不管做什么事情都不会违规越矩了。

7. 学而果

就是要使学习有始有终，实现好的成效。学习的好坏，要靠实践来检验，要靠结果来证明。要利用学到的知识解决问题，把事情做到最好，为自己的学习人生寻求一个好的结果。

8. 学而乐

要用快乐的心态学习，这是学习的一种境界。把学习当作一件快乐的事，当成一种享受，在学习中体会宁静的心境和精神的愉悦，人的一生就增加了许多欢乐，会使生命更加美好。

（三）建立自己的专业优势

市场经济社会的竞争，企业、个人都同样遵循着"丛林法则"，落后就可能被淘汰。这种情况并不会因为抱怨，因为遭受到"不公平"待遇，而得到改善。"没有神仙皇帝，全靠我们自己。"如果我们没有专业优势，没有一技之长，只能是逐渐被社会边缘化。

企业人力资源队伍中有一般员工、青苗人才、工作骨干、核心人才四类。还可以划分为高管层核心人才、关键岗位骨干、一般员工。其中高管层核心人才往往具有高人一筹的综合素质能力，不仅数量少，而且很难替代。关键岗位骨干综合素质能力强，有发展潜力，但还需要培养。一般员工大多数没有突出的能力素养，适合在基础岗位上工作，而且最容易替代。

在企业，这种划分是相对固定的，但对个人来说也是动态变化的，这取决于企业的发展需要与个人自身的努力。职场的竞争是一种客观存在的常态。每个人作为企业团队的一分子，都要勇于面对这样的竞争，不断提升自己的能力，让自己成为不可替代的核心人才和骨干人才，这需要不断增长自己的专业技能，在某一个领域成为专业人才，这是一个人最大的优势。

岗位的专业技能，是在工作中不断积累的经验，是知识和动手能力的融合，是解决实际问题的能力。要选准突破口，锻炼自己的专业技能，哪怕在最平凡的岗位上，也可以做到最好。

如今，社会越来越多元化，岗位也越来越趋向综合化，企业对一个员工的要求越来越高，一专多能的人，更加受欢迎。这就意味着，一个员工不仅要能胜任自己的岗位，还要能够适应多岗位的工作。在现代职场，除了建立专业优势，如果能做到一专多能，将会具有更强的竞争力。

二、职场需要工匠精神

一段时期，社会逐渐"浮躁"起来，似乎一切只追求快、追求多。为了早收获一些果实，农业生产用上了催熟剂。服装、玩具等消费品大量上市，却有不少质量低劣，不符合质量标准……一些青年员工受"浮躁"氛围感染，沉不下心来工作，不谈爱岗敬业，对工作无兴趣，工作成了"办差"，要么应付了事，要么频繁跳槽，最宝贵的工匠精神正渐渐遗失。

（一）工匠精神是一种坚守

提起工匠精神，也许会想起瑞士的精细手表、德国的现代工业产品。但工匠精神曾是中华文明画卷上最闪亮的一页。

在 5000 年中华文明史中，"工匠精神"一直熠熠闪光。元代的青花瓷，釉质透明如水，胎体质薄轻巧，蓝色的纹饰清新素雅；山西应县的木塔，穿越千年的时光，历经地震、战乱、雷劈至今仍屹立不倒；河北赵县的赵州桥，已经历经 1400 多年的风风雨雨，依然横跨在河面上，成为当今世界现存最早、保存最完整的古代单孔敞肩石桥。瓷器、丝绸、雕刻、铸造、建筑……在一件件精美绝伦的物品中，古代中国的匠人们倾注了从生命里流淌出的心血和智慧，让它们历经千年，仍然散发着美的光彩。千百年来，中华民族的手工匠人们，正是用这种"如切如磋""如琢如磨"的工匠精神，传承着灿烂的中华文明。

中国工匠精神，一个中华民族文化的延续，需要每一个人在职业岗位上承继发展。这份工匠精神，是在浮华世界中一份倔强的坚守，如玉石般珍贵。工匠精神不应该是电视节目中那个让众人仰慕崇拜的对象，不应该是散落在角落里的珠玉，而应该是潜移默化到每个职场中人骨子里的一种职业精神。

这种职业精神，是一个人对工作精益求精的执着，对岗位坚定不移的忠诚，对事业永无止境的追求。这种职业精神，是一个企业不断提升产品的创新意识，是为消费者负责的担当意识。工匠精神，是一个国家和民族不断发展进步，永远站在世界前端的根基。

新一代青年员工需要坚守一个领域，用工匠精神一直钻研、积累、持续下去，就可以攀上这个领域的顶端，成为不可替代的人。一个企业，把产品做到最好，赢得了市场，自然会不断壮大；一个国家，每个人都致力于做好每一件事情，这个民族才能永远走在世界各民族的前列。当代中国社会，应该重拾工匠精神，继承这份古老的东方智慧，为民族工业的发展注入新的活力。

其实，工匠精神并不神秘，也不遥远，可渗透在每一个人平常的具体工作中，爱岗敬业、精益求精是工匠精神的体现。

（二）工作不是"当差"

对工作没兴趣，为薪水而敷衍应付工作，这种雇佣思想，是一部分职场中人的工作心态。他们视工作如同鸡肋，食之无味，弃之可惜。于是，用"当差"而不是"办事"的心态来对待工作。把本职工作看成"当差"，实际上是在惩罚自己。每天在压力下，忍耐着内心的厌倦，却又要投入体力精力，去做自己不愿意、不喜欢的事情，是非常痛苦的。

每逢高校的毕业季，许多大型企业都会接收大批毕业生，军训、培训、安排岗位，开启职业人生。但一两年过去后，这些青年员工的差距越来越大。那些抱怨工作、得过且过的人，即使跳槽，依然找不到满意的岗位；那些在岗位上疲疲沓沓、看不出工作成绩的人，就很难得到更高的发展机会；对工作充满热情的人，会被列为重点培养的对象，进入了良性发展通道，日渐成为单位的中坚力量。

办事还是当差，体现的是工作态度的差距，是发展结果的不同。每一个大学毕业生，在职场起点上，自身的能力素质差别都不会太大，可在发展中，差距就一天天地显现出来。

用"办事"的心态对待工作，就要热爱工作，用快乐的心态工作。有一位设计大师说，一定要有趣味地工作，主动寻找工作中的乐趣，培养对工作的感情，把工作当成一种享受，而不能把工作当成一种差事。俗话说，兴趣是最好的老师，只有对一件事情感兴趣，才会充分调动自己的智慧，出色地完成工作任务。

如果一个人的工作与本人的专业、兴趣大相径庭，根本没兴趣、不喜欢，那就认真思考一下，自己最擅长什么，最适合什么。如果自己的兴趣爱好和当下的工作相差甚远，那就果断地调整岗位，或者调整工作单位。如果由于工作的新鲜感消失，失去了对工作的兴趣，就需要转变心态，找到工作中新的兴趣点。在重复的工作中，发现新内容，设置新目标，设置新挑战，把日常工作和长远目标结合起来，就有了新的动力。

工作，需要一份热爱，一份坚守，一颗恒定的心，要用"办事"的心态来工作，把工作当成自己的事情，而不是"当差"的、应付的心态来工作。用"办事"的心态看待工作，做一名敬业乐业的员工，就能从完成每一份工作中，看到自己的价值。从时光的流逝中，看到自己的成长。

（三）差距就在于"一点点"

人与人之间，差距常常只有一点点。这一点点，看似微小，其实相距很远。这一点差距，是比别人多一分努力，多付出一滴汗水，多出了一点认真，多一点思考，多出了一点智慧，事情也就能够做得更加完美。

在短时间里，领导不一定马上就能分辨出谁付出多一些，谁付出少一些，但天长日久，这一点差距，便成为人与人之间拉开距离的力量。年轻人不要害怕付出，因为自己的付出，总会得到应有回报。多流一些汗，就可能多出一份成绩，就可能有更多的机会，甚至就有可能创造奇迹。

在企业，青年员工的岗位无大小，但工作无小事。不同的人有时会出现不同的结果：有人快速升职加薪，有人却原地踏步不前。"一点点"差距就表现在工作态度、工作方法上。青年员工都渴望在职场顺利发展，获得更多的回报，得到更多人的尊重和支持。能否实现就在于在工作中是不是多一点点思考，多一点点创新。

有人看不起平常小事，认为没什么价值，总是想着做有影响力的"大事"。

殊不知，工作并无大小之分。世界上的万事万物都紧密相连，一粒沙里看世界，一件简单的事情，如果认真思考，就会发现它和整体的利益紧密相连。找出背后的那些联系，站在一个部门、一个单位整体利益的角度去做事情，这个简单的工作也会做得非同一般，在做好简单事情的过程中，也会迅速成长。工作没有标准答案，如果能够多一些思考，多一些创造，任何一个工作岗位，都可以变成发挥个人聪明才智的平台，变成实现个人价值的平台。只有从事创造性的工作，人才能快速成长。

很多人也希望把工作做好，但为什么达不到"创造性"的标准呢？这取决于个人的工作状态，对工作是消极应付还是积极主动，是安于现状还是努力进取，是墨守成规还是富有创意。青年人在工作时多一点"创造性"，就能焕发出一种生机、一种激情、一种使命感，就能充分发挥出自己的聪明才智，只有真正做到创造性地工作，才能比别人成长得更快。

三、"格局"决定人生

人的"格局"是指一个人的视野、胸襟、胆识等心理要素的内在布局。一个人格局大了，未来的路才能宽；一个人的发展若受限，往往就是"太小气"所致。有谚语说："再大的烙饼，也大不过烙它的锅。"由此可见，一个人可以烙出大饼，但是烙出的饼再大，也得受锅的限制！人们所希望的未来，也是如此，是否能烙出满意的大饼，完全取决于锅！这口锅就是格局。

（一）不要太计较得失

孔子在《论语·阳货》中说："其未得之也，患得之。既得之，患失之。苟患失之，无所不至矣。"可见古人对患得患失者的不以为意。一个人太计较个人得失，缺失的是胸怀与气度，表现出格局的低下。而清朝康熙年间当朝宰相张英"一纸书来只为墙，让他三尺又何妨。万里长城今犹在，不见当年秦始皇"这首诗，为人所乐道，体现的是一种远见，是一种大处着眼的意识。

在职场，要学会吃亏。吃一点小亏并不会带来显著的损失，可是却让大家记住了自己的为人，赢得了大家的信任。

在现实中，工作、生活不可能处处、时时都绝对公平。有的青年人在单位里吃不了一点小亏，受不了一点委屈，动不动就要辞职走人，或者工作懈怠、放任自己。从长远来看，这才是吃了大亏，"小不忍则乱大谋"。现实中，任何工作都会有难题，任何事情都可能与利益相关，如果遇到困难就退缩，涉及利益就斤斤计较，这种人在关键时刻顶不上去，就难以得到认可和信任，因为这种人的职业精神、工作忠诚度都使人存疑。所以，年轻人不要太计较一时一事的得失，吃亏多一点无妨，权当是一种磨炼。

（二）修炼心性的重要性

一个人的身体健康很重要，健康是事业的基础，没有健康的身体，其他的一切都只是空想。身体健康重要，而人的心理健康也同等重要。

现代社会，生活节奏快，心理压力大，有心理疾病的人也越来越多。据世界卫生组织估计，全球每年自杀未遂的人数在 1000 万以上。这个数字令人惊诧。青年员工要学会调节自己的心理状态，保持心理健康。心理健康与生活态度、为人处世态度，都有很大的关系。

一个心理健康的人，应该有高远的格局，心胸宽阔，大度宽容，不计较眼前得失。穷则独善其身，达则兼济天下，目光长远，坦荡大气，使生命之花绽放。

一个心理健康的人，应该是一个勤奋的人，在人生有限的时光中，不断学习，迎难而上，坚忍不拔，用汗水浇灌心中美丽的梦想；应该是一个善良的人，爱自己，也爱他人，当我们伸出相助之手，扶一把身处困境的他人，我们的心里，也会多出一份温暖和阳光；应该是一个快乐的人，身处顺境，处之泰然，身处逆境，依然心平气和，坦然面对挫折，从容应对苦难，知足感恩，不怨天尤人，低谷中自信豁达，顶峰上从容淡定；应该是一个心向阳光的人，作为年轻人，心态要正向，要阳光，凡事不往坏处想，要保持乐观豁达。

保持心理的健康，需要自我不断地修炼，不搞小圈子、不耍小聪明，鄙弃小市民习气、小心眼。"每日三省吾身",自己的思想是不是有偏差?需要做些什么调整?多读经典,向周围的老师和年长者学习,向那些有正能量的人学习,做一个奋发向上、格局高远、善良快乐、阳光开朗的人。

(三)别踢开成长的"垫脚石"

职场,有风光无限的名利,也有默默无闻的付出;有顺利完成任务的快乐,也有身处困境的无奈;有与家人团聚的幸福,也有抛家别子的孤独……在职业道路上,我们会走过宽阔平坦的大道,也会遇上艰险崎岖的山路。职场,不会一帆风顺,困难和责任,才是职场的常态。面对困难和责任,是逃避,还是勇敢面对?珍惜困难,千万别踢开成长的"垫脚石"。

为了勉励员工迎难而上,作者曾为中建五局辽宁公司总经理写了一首《困难歌》:

"困难给了我们机会,一路走来一路歌 / 我们为困难而生,为战胜困难而奋斗着 / 困难使我们有事可做,充实了我们的生活 / 困难使我们享受工作,虽痛苦更带来快乐 / 我们为克服困难欢呼 / 我们为战胜困难高歌!"

职场中,一个人可能会遇到许多不同的难题,遇到困难,就要有战胜困难的勇气和激情。人在职场,就是为了解决问题,战胜困难。一旦通过自己的努力,破解了难题,解决了难事,就积累了工作经验,提升了履行岗职的能力。

困难,往往是一个人成长的"垫脚石"。正是有了困难,才能激发出我们在平凡工作中所没有挖掘的潜力。战胜一次困难,就得到了一次提高。

因此,面对困难,要看到有利的因素,有积极的心态才能坚持下去。面对困难,要有意识地增加磨炼意志,把逆境当作对个人意志、能力的考验,珍惜这种考验自己的机会,有这样的心态,才有可能把问题解决好。如果遇到难题就赶紧躲避,殊不知丢掉了一次成长进步的机会。要相信阳光总在风雨后。只有克服了困难,才能领略到收获的美妙。

四、幸福与困苦同在

人出生来到这个世界后，烦恼与欢乐似乎无处不在。苦和难，是生命的底色；快乐和幸福，是拨开迷雾露出的一抹美丽的暖色。因为美丽，所以人们都在追寻。快乐和幸福，可以说是每一个人终生追寻的目标。

（一）快乐是一种心境

有人回忆自己的孩提时光，一年里最快乐的一天是春节。只有在那一天才能穿上这一年中唯一的新衣服，吃上平时看不到的食品，充满了幸福感。在那物质匮乏的年代，快乐和幸福却如同灿烂的星辰，点缀着贫瘠的生活。现在人们的生活条件好了，吃穿用的多了，却不再因为它而那么快乐了。快乐少了，是因为对物质无节制的追求和在追求过程中的那份煎熬，人们转向追求更大的目标。

在人生的道路上，每一个时期都在不断地追逐不同的目标。追求的过程，需要付出时间、精力、智慧，需要经过艰辛和磨难，才能实现目标。这个追逐的过程，是烦恼的、不快乐的。烦恼，源自内心的不满足。与之相对，快乐实际上来自一种满足的心境。有了满足，才有内心的快乐，有了幸福的感觉。如果没有那种满足感，不管物质如何丰富，也不会感到快乐。

古人庄子宁愿生活贫困也不愿到楚国做官，因为自由自在生活让他感觉非常满足，而不愿意追求更多的名誉、物质去满足自己的内心。有了自由，他就是快乐的。

人的快乐心境与满足感，其实就在于自己。因此，得到幸福和快乐，并没有那么难。调适内心，放宽心态，换个角度，烦恼也就变成了快乐。

如果我们变成物质的主人，改变心态，降低满足感的标准，那我们在日益改善的生活条件下，一定是快乐的。如果把追逐目标的过程看成是一种享受，煎熬就成为快乐，那也一定是天天快乐的，生活也是幸福的。

职场中人生，大约有 2/3 的时间都在工作，如果能做到在工作中时时快乐，我们也就获得了 2/3 的人生幸福，就能时刻保持一份愉悦的心境，快乐地工作，快乐地生活。

（二）快乐的多少取决于对苦的态度

快乐与困苦，是世间事物反映到人的感知的两种不同状态。一个人的快乐取决于物质上、精神上的满足与愉悦。但是，在职场，我们所追求的成功，却往往是在一个充满艰难险阻的地方。

通往成功的路上，常常是布满荆棘、布满坎坷，需要一个人付出无数精力和汗水，跨越艰难险阻，才能摘到胜利的果实。这个过程，会使人身体疲惫、精神紧张，使人无法享受生命中的美好。这些对于每个人来说，都是数不清的苦，让人难以感到快乐。

搞建筑工程，一次次加班熬夜，让人疲惫不堪。一次次突发紧急情况，让人紧张得寝不安、食无味。日日奔波在荒凉的山野，远离家人、远离温暖，与风雨相伴，与日月做邻，难以驱赶的孤独，承受着身体难以负载的劳累，汗水浸湿了衣服，煎熬着人的身体。好走的路都是下坡路，上坡路都是很辛苦的。遇到这些苦，该怎么办？正确的态度应该是"以苦为乐"！

苦和乐，都是内心的感受，当厌倦那些来自外界的种种困难，强迫自己去接受、去承担的时候，那些困难就都是"苦涩"的。当欣然接受那些苦，不再排斥那些磨难，也就不再感到那些是苦，甚至可以把苦转为快乐。

青年时期，是奋斗的时期，也正是吃苦的时期。生命不是用来抱怨的，人总是在困难中前行。苦难，往往是成长进步的基石，看到苦难后面的那一方天地，便不再抱怨，而是去"享受"苦难，也就是享受如何战胜困难的过程。当用享受的心态去看待苦难的时候，便没有不快乐了。

人生数十年，不可能一点苦都不受，受苦是必然的。而人生的快乐有多少，取决于个人对"苦"的态度。也许每个人对乐的态度都一样，但对苦的态度不一样，如果把苦变成了乐，快乐就多了一倍。"不经一番寒彻骨，怎得来梅花扑鼻香。"以苦为乐，享受苦难，用乐观的精神看待苦难，那么，这个世界上再也没有可以难得住人们的困苦，也没有什么可以阻挡人们前进的脚步。吃下去普通人吃不下的苦，以苦为乐，就已经不再是普通人，而是一个高尚的人。

（三）幸福是一种能力

幸福是来自内心对外部环境的感受，每个人都渴望得到幸福，可是，幸福如同弥散的香气，虽然能感受到，就在眼前，但当我们伸手去抓的时候，却发现，手中握住的，却什么也没有。幸福只是一种感觉，是一种内心的感受。这个感受，是对外部环境比较后的感受。同样的环境，每个人的感受是不一样的。有人有这种满足感，其幸福感就多一点，有人不太满足，其幸福感就少一点。这是一种对幸福感知能力的体现。有的人"身在福中不知福"，就是因为幸福感知能力弱，其后果就是对幸福的不珍惜，最终还可能远离幸福。

根据马斯洛的需求层次理论，不同人群在不同时期有不同的需求。当一个人生存的需求得到满足的时候，就会产生幸福感。当一个人精神层次的需求得到满足时，同样会有幸福感。感觉到自己生活在社会上是有用的，是能够贡献正能量的，幸福感就会多一点。幸福感，还来自个人的努力付出得到认可，获得赞誉，被人尊重。

这给企业的人力资源管理带来启示，要引导青年员工树立正确的幸福观、苦乐观，提升感知幸福的能力。同时要重视年轻人的幸福感，创造有利于学习、成长的环境，建立能施展才智的岗位平台，给予与其贡献相匹配的薪酬收入，使青年员工在企业环境中有安全感、归属感、获得感与成就感。激励他们不断地学习，追求成长和进步。在人生的不同阶段，不同时期，不断树立新的奋斗目标。而这些目标的不断实现，就会不断拥有成就感，产生幸福感。

第八章

企业培训体系的构建与运行

　　企业的竞争优势取决于员工队伍的创新能力，而创新能力的基础是知识的积累。学习，学习，再学习。企业员工唯有比竞争对手学习得更快，掌握的知识更多，才能在岗职工作上努力创新，为企业创造更多的劳动效益，才能使企业在竞争中占据有利地位。凡有战略远见的企业，都会把提升员工知识水平、工作技能的培训作为人力资源管理的核心内容与重要工作。

　　在实践中，看起来都差不多的培训流程、培训计划、培训组织，取得的效果差别很大。究其原因，主要是不少企业缺乏正确而系统的培训理念的指导，缺乏对培训模块进行系统的思考和长期规划，缺乏基于企业发展战略的培训体系的支撑，走入了为培训而培训的误区，从而导致企业培训效果不理想，未能使员工和组织的能力得到较大提升，对提高企业的生产经营效益助力有限。

　　员工培训是企业人力资源管理的一种常态，要使培训工作达到预期效果，企业对员工培训工作的认知程度、培训体系的构建与科学有序运行尤为重要。

第一节　企业培训工作概述

21 世纪是一个知识更新快、创新活力强的时代。员工培训已成为企业可持续发展的一项重要且常态化的工作。

企业培训工作是为了提高员工队伍的素质、能力，满足企业生产经营业务的需要，提升工作绩效的一项继续教育活动，是针对性、计划性、系统性很强的培养和训练活动。培训的目标是员工的知识、技能、工作方法、工作态度以及工作的价值观得到改善和提高，从而发挥出最大的潜力，提高个人和组织的业绩，推动组织和个人不断进步，实现组织和个人共同发展。企业培训是推动企业不断发展的重要手段之一。

一、战略性、系统性思维

美国通用电气公司董事长兼首席执行官杰克·韦尔奇曾在一次大会上讲：GE 成功的最重要的原因是用人。而他个人最大的成就是关心和培养人才。由此可见，企业员工培训工作需要具有战略性、系统性思维。

（一）以企业战略目标为导向

企业培训体系源于企业的发展战略、人力资源战略体系。企业只有根据自身的战略规划，结合自身的人力资源发展战略，才能量身定做出符合自身持续发展的高效培训体系。与企业的其他运营部分相同，企业培训同样服务于企业的战略，应与战略高度匹配，建立"公司战略→组织能力→学习系统"的人才培养体系，提升企业核心竞争力，服务企业总体战略的达成。同时，应当将企业培训工作的各方面视作一个有机的综合体，实现统筹规划。

（二）着眼于企业核心需求

有效的培训体系不是头痛医头、脚痛医脚的"救火工程"，而是应该深入发掘企业的核心需求，根据企业的战略发展目标预测企业对人力资本的需求，提前为企业需求做好人才的培养和储备。

在培训体系的构建方面，应充分意识到培训的理念层、实施层和支持层之间的相互作用，三个层面的综合运用决定了培训体系的有效性。培训的实施过程是在培训理念的指导下，以课程体系、讲师体系、组织体系、管理体系为支撑，实现企业培训目标的过程；是在不断的循环中践行理念、丰富理念内涵、衍生理念的操作实践的过程。各个不同的体系发展是不平衡的，需要明确目标，分层实施，逐步推进，不断找出最短的一块板，补足短板，促进体系整体水平的提升。

（三）满足员工自我发展的需要

按照马斯洛的需求层次论，人的需要是多方面的，其最高需要是自我发展和自我实现。按照自身的需求接受教育培训是对自我发展需求的肯定和满足。培训工作的最终目的是为企业的发展战略服务，同时也要与员工个人职业生涯发展相结合，实现员工素质与企业经营战略的匹配。这一体系将员工个人发展纳入企业发展的轨道，让员工在服务企业、推动企业战略目标的同时，也能按照明确的职业发展目标，通过参加相应层次的培训，实现个人的发展，获取个人成就。另外，激烈的人才市场竞争也使员工认识到，不断提高自身的技能和能力才是在社会、在企业中立足并发展的根本。有效的培训体系应当肯定这一需要的正当性，并给予合理的引导。

在培训方式方面，应摆脱常规培训的局限，应把员工的成长、人才队伍的优化纳入大培训的理念之中。正如"企业即大学"的寓意，员工岗位实践、自我学习以及脱岗培训都是员工学习成长的一部分，这三种方式交融混合、共同作用。脱岗培训是指引性的学习体系框架，是对员工知识体系的提纲挈领；自我学习是员工根据自身特质和兴趣爱好，对学习体系框架的不断延展和深化的过程；在岗实践是员工将脱岗培训和自我学习的知识创造性地运用到工作中，再从工作中检验知识，领悟知识，实现"知行合一"的过程，最终通过在岗实践的成果来检验学习成果，实现自身的价值。

二、坚定性、长期性执行

企业培训工作必须服务于企业生产经营与长远发展目标，因此，也应当如发展战略一样，是稳定、连贯的，即要做到坚定性、长期性地执行，其关键就是要做到"常抓""抓长"。

（一）培训工作要"常抓"

培训工作要反复抓，不能三天打鱼两天晒网，不能在体系建设时轰轰烈烈，日常执行时松松垮垮。

有些企业的员工培训是"说起来重要，忙起来次要，急起来不要"，这真实地反映了培训工作在这些企业中的地位。有些企业领导看起来很重视培训，大会小会强调培训的重要性，但真正操作起来，遇到时间、经费与经营管理工作发生冲突时，往往最先让步的还是培训。

企业员工的继续教育与培训工作，既是人力资源队伍的政治教育、组织建设的需要，也是企业生产经营工作的需要，所以，首先必须有企业高层领导的高度重视和关心，企业"一把手"要予以充分重视，要亲自抓住这项工作，才能在人力、财力和物力等方面提供足够的保障。

对于企业的主要负责人来说，一定要勤于思考，不断思索现有培训体系的改进方向，一定要率先垂范，坚持亲自参与培训的部分核心工作；对于企业培训工作的执行者来说，一定要有恒心，坚定不移地贯彻培训工作体系的要求，一定要有耐心，认真地对待每一个环节。

（二）培训工作要"抓长"

就是要把培训工作有机地融入日常工作中，要建立完整的制度体系和执行体系，建立相对固定的知识体系和改进体系。

在企业中，人员是自由流动的，但根据企业发展战略而需要的知识、经验体系是相对固定的。这就要求企业要建立相对固定的培训课程体系、科学的培训方法、合理的培训节奏和相对稳定的讲师队伍。

培训体系建设是一项系统工程。公司相关的管理层要承担起相应的责任。高层领导主要是从宏观上加以把握和调控，根据公司发展需要，确定人员培训政策和相应的制度条例，把人员培训纳入公司用人体制。在培训需求分析和训后实施、评估等工作上，则要充分发挥各部门中层和基层管理者的作用。

培训部门作为培训管理的职能部门，担负着培训体系运营和完善的主要职能，培训部门要在充分了解公司发展战略和培训政策、方向的基础上，从专业的角度将公司的培训工作有效地推进到公司的每一个角落。

三、适用性、完善性改进

企业的培训需求来源于企业和企业员工。企业的需求表现在组织战略的变化、业务的调整，以及应对不断变化的经营环境提出的要求。员工的需求表现在员工是否胜任岗位工作任务、员工是否达到业绩目标要求，以及员工个人的发展等。因此，对于企业而言，培训工作的改进是动态而永无止境的。

（一）坚持"用以致学"的原则

中建五局"信和学堂"的建立，就是随着企业员工培训需求的增长和培训体系的不断完善、培训工作的不断改进应运而生的。

对于企业而言，必须坚持"用以致学"的原则。只有将知识与实践有机结合，才是理想的状态。"合适的就是最好的"，要达成这一目标，首先应准确把握员工适应工作的培训需求，一方面是员工自我提升的学习需求，另一方面则是企业对员工的要求，而在培训完成之后，对培训效果进行客观的评价与反馈、对培训进行针对性的监督与改进更是需要重点关注的环节。

（二）坚持培训实施的规范化

培训实施类别包括内部培训班、内部培训项目和外送培训三种类型。

内部培训班指单一课程轮训或零散课程开班。内部培训班应完成策划、实施和学员满意度评估工作，学员满意度包括对课程内容、授课形式、培训组织等的满意度。

内部培训项目指有一定规模，且以项目制管理的培训。培训项目按照准备、学习、转化、评估反馈四个环节进行，做好需求调查和培训方案策划。培训需求调查方式包括但不限于：面谈法、问卷法、焦点小组法、综合观察法、资料分析法。

外送培训以各级党校培训为主，由人力资源部根据每年各级党校培训名额拟定，报局主要领导审批后执行。各业务线条外送培训应列入年初培训计划，并提交书面申请，经分管领导审核后报主要领导审批，并交培训基地（信和学堂）备案。

（三）坚持培训实施流程化

实施流程包括需求调查、方案策划、组织实施、评估与归档等环节。培训评估方式包括一级评估（反应层）、二级评估（学习层）、三级评估（行为层）和四级评估（结果层）。内部培训项目的评估须至少包括一级和二级评估。项目经理培训可开展三级和四级评估。

培训结束后 15 天内，培训经理应完成培训档案整理，并将评估报告反馈至业务部门和讲师。

每一次培训就是一个循环，这个过程需要"以始为终"，也需要"以终为始"，这样的循环有力促进了支持层各个模块的不断完善，也促进了理念层的不断升华。

第二节 企业培训体系的构建

企业培训体系，是指在企业内部建立一个系统的、与企业的发展以及人力资源管理相配套的培训管理体系、培训课程体系以及培训实施体系。培训管理体系包括培训制度、培训政策、管理人员培训职责管理、培训信息搜集反馈与管理、培训评估体系、培训预算及费用管理、培训与绩效考核管理等一系列与培训相关的制度。

一、员工能力成长的"七二一规律"

对企业而言，培训理念是总的纲领，是从根本上回答企业对"培训"的理解，与行业特点、企业发展战略、人才队伍结构、职业发展通道等因素有着密切关系，关乎着"培训什么"和"怎样培训"。

建设企业学习的基本特点是"学中干，干中学"，倡导"学以致用"。学习的目的在于知，更在于行，而获取知识最大的课堂就是岗位。每一项工程都是独一无二的，面临的问题也是千差万别的，员工的学习是在不断解决问题和创新中实现的。所以，必须摒弃传统的坐在教室里由老师上课才是培训的"小培训"观念，将培训方式拓展到脱岗培训、自我学习与在岗实践三个方面。

研究表明，员工素质能力成长符合"七二一规律"（图 8-1），即：员工能力素质提升取决于在岗实践、自我学习和脱岗培训三个方面的相互作用，其中在岗实践大约起到 70% 的作用，培训方式包括上级辅导、导师带徒、轮岗锻炼、基层锻炼等；自我学习大约起到 20% 的作用，培训方式包括反思总结、获取岗位证书或学历、网络学习、阅读书籍等；脱岗培训大约起到 10% 的作用，培训方式包括课堂学习、拓展训练、参观交流等。

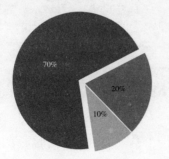

■ 在岗实践：培训方式包括上级辅导、导师带徒、轮岗锻炼、基层锻炼等，在员工成长中起约70%的作用

■ 自我学习：培训方式包括反思总结、获取岗位证书或学历、网络学习、阅读书籍，在员工成长中起约20%的作用

■ 脱岗培训：培训方式包括课堂学习、拓展训练、参观交流等，在员工成长中起约10%的作用

图 8-1　员工能力成长"七二一规律"

二、培训体系——"三层四列"模型

没有培训理念的指导，培训工作就会陷入事务主义的泥潭，难以克服培训的随意性与盲目性。培训的出发点和落脚点都必须放在"用"上，这也就要求"学"必须有目的、有顺序、有效果。

（一）分类标准

依据"学以致用""因用而学"原则，中建五局以员工的"职业通道"和"发展阶段"作为分类标准，构建了员工"三层四列"培训体系模型（图 8-2、图 8-3），并确定不同的培训目标，选择适当的培训内容，采用有针对性的培训方式，以达到"用以致学"的目的。

（二）纵向"三层"

将员工职业发展阶段划分为新员工、基层员工、核心员工三个层次。其中，新员工培训的重点是让其了解行业和企业，融入企业；基层员工培训的重点是提高其自我管理能力、专业能力和团队建设能力；核心员工培训的重点是提高其领导能力、大局把控能力和带领团队能力，并使其能在实际工作中灵活运用各种管理技巧和方法。相应地，三个层次的培训内容和培训方式均有差别。

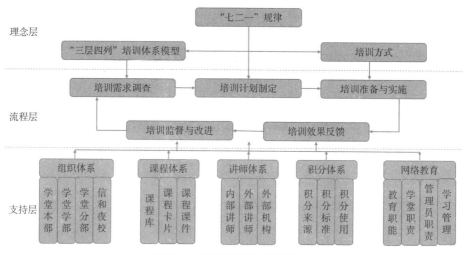

图 8-2 "信和学堂"培训体系

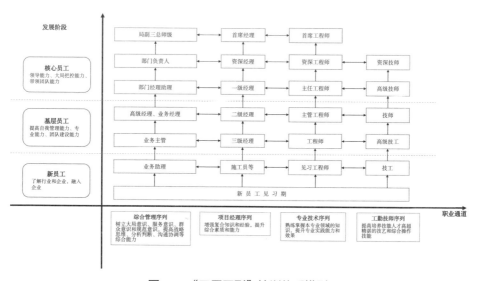

图 8-3 "三层四列"培训体系模型

（三）横项"四列"

根据员工职业通道划分为综合管理序列、项目经理序列、专业技术序列、工勤技师序列四个类别。其中，综合管理序列培训重点是树立大局意识、服务意识、群众意识和规范意识，提高战略思维、分析判断、沟通协调等综合能力；项目经理序列培训重点是增强复合知识和经验，提升综合素质和能力；专业技术序列培训重点是熟练掌握本专业领域的知识，提升专业实践能力和效果；工勤技师序列培训重点是培养技能人才高超精湛的技艺和综合操作技能。相应地，其培训内容和培训方式也根据培训重点而有所侧重。

三、培训组织——信和学堂

在对培训理念和培训原则予以明确的基础上，中建五局建立了"信和学堂"这一主要培训载体。信和学堂由校务委员会统一领导，校务委员会办公室牵头计划协调，其是学部和分部各司其职、密切配合的校务运行体制；同时还建立了由教务管理层牵头组织实施，以需求为导向，培养和使用相衔接，规范有序、运转合理的教务工作机制。教务管理层负责信和学堂的教务管理和培训实施工作，教务管理层设置教务长，实行教务长负责制。

(一) 培训组织体系

信和学堂是中建五局董事会领导下的、业务上接受局人力资源部指导的局培训工作执行机构，设六个学部、九大类培训项目。中建五局董事长兼任校长，运营管控实行校长领导下的执行校长负责制。局培训执行机构分为信和学堂、信和学堂分校（公司层级）、信和学堂夜校（项目层级）三级。信和学堂分校、信和学堂夜校在业务上接受信和学堂的指导和管理。其组织体系如图8-4所示。

1. 局董事会

审定局中长期教育培训规划；负责全局培训体系建设；审核局年度培训计划，会同局财务部审核年度培训预算及实施费用；指导信和学堂培训工作；局各业务部门负责本线条员工学习地图搭建、培训课程开发；协助局人力资源部、信和学堂进行培训需求调查，编制本部门年度培训计划和费用预算；协助实施培训。

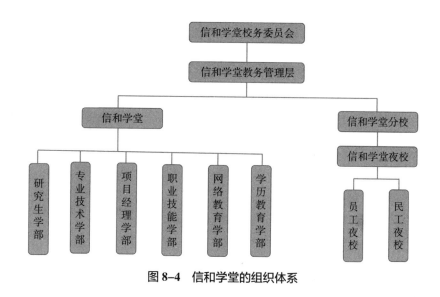

图8-4　信和学堂的组织体系

2. 信和学堂

负责局培训战略的落地，组织培训需求调查并制定培训计划和预算；实施局层面培训项目（班），主要负责局中层以上领导干部、年轻干部梯队、项目经理、后备项目经理、专业序列骨干人才、校招新员工培训；统筹讲师队伍建设、课程管理和案例库建设等，组织局层面讲师评聘；指导与考核分校与夜校的培训。

3. 信和学堂分校

配合信和学堂培训工作；制定分校培训计划并组织实施，负责除信和学堂本部组织培训外的其他关键人才、社招员工、专业技术人才等的培训工作；组织总结和推广内部先进管理和技术案例；负责本单位的内部课程管理和讲师管理；指导信和学堂夜校培训工作；接受信和学堂业务指导、监督、评价。

4. 信和学堂夜校

配合信和学堂分校培训工作；制定项目培训计划并组织实施；负责劳务人员安全教育培训；参与课程开发和案例库建设工作，总结项目管理成功和失败案例，形成内部知识沉淀。

（二）培训对象分类与培训模块设计（表8-1～表8-7）

中建五局作为一家有50多年历史的大型国有工程建设企业，业务范围宽、队伍庞大、工种复杂，管理层级多、员工职业素质不齐，培训诉求相异，要做到因人而异、因"类"施教，对培训对象进行科学分类是基础。

1.新员工入职培训

主要培训企业文化、基本制度、岗位任务和管理体系等。毕业生入职培训由局组织，分为入职集中培训、网络学习和岗位实践三个阶段；社招员工培训由分校组织。

2.项目员工培训

主要为参加工作1～3年的员工，各分校和夜校组织，局也可针对共性问题，开发标准课程，分片区组织培训或送到基层培训。培训主要包括技术、质量、安全、商务等工作交底，岗位应知应会的专业知识和技能，各项制度宣贯。培训形式可采取人人上讲台、三会一课、日常工作辅导、导师带徒、轮岗锻炼、青苗计划、超英爱心疏导室等。课件包括但不限于局已开发成型的应知应会课程，培训采用线上线下相结合的方式。

3.项目专业技能员工培训

由学堂分校组织。主要为盾构机操作维护、测量试验、钢筋放样等，侧重培训实际操作技能。

4.项目经理（含后备项目经理）培训

由局按分层分类的方式组织实施。分层是指在培训实施时，根据项目经理成熟度，按初任、资深等不同层次进行分班教学；分类包括工程总承包（EPC）项目经理、施工总承包项目经理、投资地产项目总经理、其他专业类项目经理等。EPC 项目经理培训对象，包括在建 EPC 项目经理、组织挑选的重点培养对象、有意转型的项目经理等。其他类项目经理培训，应根据项目经理的层次，按专业方向分别组织，同时，也应加大工程总承包管理的相关内容。后备项目经理培训，原则上由局统一组织，但对于规模较大的单位及专业公司可在信和学堂的指导下组织实施，但需纳入局统一培训体系，具体培训方案需事先报信和学堂审核。

5. 专业管理人员培训

以各线条专业技能提升为主，各专业序列每年不少于一次，局举办各序列领军人才及骨干人才培训班，其他由分校组织。

6. 领导干部学习班

培训对象为局领导班子、总部部门正职、二级单位正职领导、归为二类公司的三级单位第一责任人等，围绕下年度工作主题和管理短板，导入理念和行动学习相结合，拓宽视野、提升素质、达成共识；一年一期，由局举办。

7. 中层干部学习班

培训对象为各二级单位领导干部及中层干部，培训形式可参照领导干部学习班；一年一期，由二级单位组织，培训方案报信和学堂审核并提供讲师资源，并纳入局培训年度统一计划。

8. 年轻干部梯队学习班

培训对象为各级年轻干部梯队。侧重领导力提升和思维训练等，培训合格方可晋升。分层级组织，分校应按局统一规范的课程体系，培训策划方案报信和学堂审核，纳入局培训年度统一计划。

9. 岗位证书培训

分校统一组织员工参加执（职）业资格证培训与考试。夜校应积极配合，确保参加考试的员工有适当复习和考试的时间。

新员工培养模型　　　　　　　　　　表 8-1

层次	维度	培训目标及内容	培训方式	实施主体	评价考核
知识和经验	企业知识	熟悉企业发展历程、企业文化、企业发展战略、企业生产运营等基本情况	课堂培训/网络学习	本部/分校	网络考试/半年转正考核/导师带徒考核/绩效考核
	项目知识	熟悉项目情况，掌握项目生产安全、施工管理等基本知识	课堂培训/下班组	夜校	
	执业资格	获得相应岗位证书，以及各类资格、学历证书	自我学习	本部/分校/夜校	
能力	岗位技能	熟悉本岗位要求及工作内容，熟练掌握本岗位技能，熟悉与自己岗位相关的制度及业务流程，引导员工思考适合自己的主要职业发展通道	在岗实践/导师带徒	分校/夜校	
	解决问题能力	技术、管理岗位的员工，具备独立解决问题的能力，能独立从事本专业工作；操作岗位员工掌握岗位操作规范和技术要求，掌握应知应会内容，能熟练操作，顺利通过合同规定的职业技能等级认定			
	沟通能力	能恰当合理地表达自己的观点和意见，能与上级、甲方、劳务队伍及同事进行良好沟通	在岗实践		
	团队协作能力	重视团队目标，根据团队分工积极完成自己的任务；主动承担任务，与其他成员有效配合共同完成	在岗实践/导师带徒		
职业素养	执行力	把上级的命令和想法变成行动，并高效率地把行动变成结果，从而保质保量完成任务	在岗实践/下班组/导师带徒/自我学习		
	自信心	保持积极阳光的心态，实现从学生到职场人的转变			
	责任心	吃苦耐劳，勇于担当重任，认真负责地工作；认同企业文化，信守承诺，忠诚企业，维护企业形象			
	目标导向	对事情有清晰的目标及实现目标的计划，注重过程控制，具有强烈时间节点和安全质量控制意识			
	学习能力	善于总结与学习，利用一切可能的机会提升自身核心竞争力			
	抗压能力	在压力情况下保持冷静，善于寻找可以接受的方法缓解压力			

基层员工培养模型　　　　　　　表 8-2

层次	维度	培训目标及内容	培训方式	实施主体	评价考核
知识和经验	企业知识	了解行业状况，熟悉公司的历史、现状、未来发展方向以及相关管理制度、整体运作流程，了解公司整体战略规划以及战略步骤	课堂培训/网络学习	本部/分校	网络考试/半年转正考核/导师带徒考核/绩效考核
	项目知识	熟知项目的整体经营情况及进度，熟悉项目各生产环节的工作流程及内容	课堂培训/体验学习	夜校	
	专业知识	精通专业基础理论知识及专业技术知识、技术标准和规范，熟悉技术状况和发展趋势，能对一般技术问题进行总结和分析	自我学习	本部/分校/夜校	
能力	岗位技能	精通本岗位要求的技能，熟悉与自己岗位相关的制度及业务流程，员工可根据自己的个人兴趣和特长，选择职业发展通道	在岗实践/导师带徒	分校/夜校	
	解决问题能力	能够迅速理解领导意图，形成目标并制定具体可操作的行动方案，通过有效组织各类资源，以及对任务优先顺序的安排，保证计划的高效、顺利实施，并努力完成岗位工作目标			
	沟通能力	能恰当合理地表达自己的观点和意见，能与上级、甲方、劳务队伍及同事进行良好沟通			
	团队协作能力	在团队中主动征求他人意见，与他人互享信息，互相鼓励，为了团队共同的目标与大家通力合作完成任务	在岗实践		
职业素养	执行力	把上级的命令和想法变成行动，并高效率地把行动变成结果，从而保质保量完成任务	在岗实践/下班组/导师带徒/自我学习		
	自我管理能力	在面对他人的反对、敌意、挑衅和压力环境下，能够保持冷静，控制负面情绪和消极行为，继续完成工作任务			
	责任心	能够严格按照工作标准完成工作目标，对本职工作负责到底，工作中不推卸责任、不上交矛盾，失误较少			
	目标导向	对事情有清晰的目标及实现目标的计划，注重过程控制，具有强烈时间节点和安全质量控制意识			
	学习能力	主动并能从工作中不断总结经验，吸取教训，对工作有所改进，遇到新的知识，能主动学习，并且积极主动地参加公司安排的有关培训与交流活动			
	抗压能力	在压力情况下保持冷静，善于寻找可以接受的方法缓解压力			

核心员工培养模型   表 8-3

层次	维度	培训目标及内容	培训方式	实施主体	评价考核
知识和经验	企业知识	洞悉行业状况重大变化与趋势，能基于公司整体战略规划以及战略步骤对公司运作流程与制度提出系统、科学的建设方案，以支持、保证战略目标的实现	课堂培训/网络学习	本部实施为主/分校实施为辅	网络考试/半年转正考核/导师带徒考核/绩效考核
	专业知识	精通专业基础理论知识及专业技术知识的前沿理论，能对重大技术问题进行总结和分析	课堂培训/在岗实践		
	经验	具备多个岗位的历练经验，在业绩考核中获得优异成绩	在岗实践		
能力	执行能力	收集与分析相关信息，提出多个备选行动或措施，并运用知识与经验从中找出符合当前状况的最佳解决方案	在岗实践/自我学习/脱岗培训		
	创新能力	由内在的专业导向或者价值导向引起的一系列行为。在内心中将自己看成是某个领域的专家形象，主动提供专业级的技术支持和指导			
	协调能力	根据工作目标的需要，合理配置相关资源，协调各方面关系、调动各方面的积极性，并及时处理和解决目标实现过程中的各种问题			
	事业能力	通过个人有计划的学习和实践，增加学识、提高技能，并将其应用到日常工作中以提高个人和组织绩效			
	统筹能力	开展工作或进行决策时，能够考虑他人、其他部门或公司整体的情况，从组织的整体或长远利益出发，顾全大局，为了整体利益能够牺牲局部利益或个人利益			
	团队建设能力	对现有的人才选拔、激励和培养机制进行系统性优化；在团队中持续地阐述和传递愿景，激发团队成员动力，引领成员将自身发展与组织长远发展相结合，并以此指导组织人才梯队建设			
	沟通能力	能根据受众选择合适的主题和语言表达自己的想法，并能够被整个受众群体接受			
职业素养	学习能力	主动学习新知识并了解业务动态，能虚心请教，并在实践中运用，对工作有实质性改进。并且能将自己的经验教训，提供给他人作为指导	在岗实践/自我学习		
	领导力	建立、保持对远景、目标的热情并将热情传递给团队，识别和找到合适的人才来担当职务和履行职责			

续表

层次	维度	培训目标及内容	培训方式	实施主体	评价考核
职业素养	影响力	通过自身的思想和日常行为获得组织成员的信赖和普遍拥护，拥有非凡的人格魅力，成为他人的学习榜样。在工作推进遇到阻力时，发挥自身的组织影响力，主导工作方向，保证攻坚任务的有序推进	在岗实践/自我学习	本部实施为主/分校实施为辅	网络考试/半年转正考核/导师带徒考核/绩效考核
	大局观	站在全局高度，以组织目标和利益为统领，优化配置和整合各部门资源，系统分析组织跨部门合作中存在的问题，并站在全公司的角度对合作机制提出整体性的优化和改进建议，提升部门合力			
	廉洁奉公	不仅要以身作则、遵章守纪、公正廉明，更强调要用自身的实际言行为他人作出表率，主动维护整个组织管理干部队伍的良好形象			
	坚韧执着	对达成目标充满信心，努力克服遇到的困难和阻力，意志坚定，持续付出，不轻言放弃			

综合管理序列培养模型

表 8-4

层次	维度	培训目标及内容	培训方式	实施主体	评价考核
知识和经验	执业资格要求	获得本专业相应的证书	自我学习	本部、分校实施	绩效考核/职业通道认定
	理论知识	经历对本专业知识的了解、掌握，最后达到精通的过程	脱岗培训/网络培训		
	企业知识	了解行业状况，熟悉公司的历史、现状、未来发展目标及相关管理制度、整体运作流程；熟悉公司战略规划和战略步骤			
	管理知识	掌握管理学、人力资源管理、组织行为学等相关管理知识，能够进行下属员工工作分配、计划落实、考核评价等管理工作	在岗实践/脱岗培训/网络培训		
能力	行政事务处理能力	熟悉某一核心业务，能独立负责并组织相关员工完成某两条及以上方面业务线工作，具备组织大型活动的能力	在岗实践		
	文案写作能力	精通各类商务文书写作要求，并能够恰当地应用于文案写作中；能够与他人分享写作经验，共同提升写作能力			

续表

层次	维度	培训目标及内容	培训方式	实施主体	评价考核
能力	领导力	具有大局观，有计划能力、组织能力和决策能力，能高效组织、指挥、协调参与项目建设的团队完成任务	在岗实践 / 自我学习 / 脱岗培训	本部、分校实施	绩效考核 / 职业通道认定
	执行能力	优质高效地完成上级指定的工作任务，收集与分析相关信息，针对问题提出备选行动或措施			
	沟通能力	保持沟通时语言的清晰、简洁、客观，且能切中要害，针对不同听众选择适当的语言和表达方式；能拓展并保持广泛的人际网络关系			
	协调能力	能够平衡组织内外部关系，将自己在协调内部关系过程中的技巧、经验与他人共享			
职业素养	服务意识	在工作中善于站在对方的立场上考虑问题，具有满足对方需求的意识			
	主动性	在日常工作中，不需要他人指派，主动承担工作			
	成本意识	注重投入产出，具有节约意识			
	廉洁自律性	不利用职务之便为自己和他人直接或间接谋取私利			

项目经理序列培养模型   表 8-5

层次	维度	培训目标及内容	培训方式	实施主体	评价考核
知识和经验	执业要求	获得相应岗位的国家建造师注册证书	自我学习	本部、分校实施	绩效考核 / 职业通道认定
	专业知识及相关知识	掌握建设工程项目总承包管理相关知识，熟悉企业内部管理制度，较好地掌握施工技术、工艺、工法，掌握质量、安全知识及施工生产流程；熟悉国家法律法规、标准；掌握合同管理、工程造价、成本管理相关知识；熟练掌握《项目成本管理方圆图》；具备一定的文字功底和写作能力；能看懂财务报表，了解财务基本知识和管理制度；了解国家、局及公司等用工、薪酬考核、社会保险等基本政策	自我学习 / 脱岗培训 / 在岗实践		
	相关工作经验	担任项目班子副职 2 年以上、现场施工管理 2 年以上、技术类岗位 1 年以上、商务类岗位 1 年以上、质量安全岗位 1 年以上（岗位兼职的，工作年限可重复计算）。熟悉现场管理工作，掌握施工、技术以及商务等专业基本知识和基本技能，具备项目班子副职或项目经理助理 1 年以上工作经历，且在该岗位上完整从事 1 个工程项目的现场管理工作	在岗实践		

续表

层次	维度	培训目标及内容	培训方式	实施主体	评价考核
知识和经验	业绩	担任项目班子副职期间,项目完成目标责任考核各项要求,项目无亏损和不良影响,无重大管理责任事故	在岗实践		
		担任项目班子副职期间,项目争取获得:总公司或省部级以上质量安全奖项;局"十颗明珠";获总公司或省部级以上科技创新或发明专利;所管项目在局历年重点工程检查、经济线检查和管理目标责任考核中排名前列			
能力	领导力	具有大局观,有计划能力、组织能力和决策能力,能高效组织、指挥、协调参与项目建设的团队完成任务	自我学习/在岗实践/脱岗培训	本部、分校实施	绩效考核/职业通道认定
	统筹能力	能合理统筹和组织企业内外各类生产要素服务于施工生产,有效协调各类生产资源之间的关系和管理冲突,实现各生产资源的高效配置和有序组织			
	沟通能力	较强的谈判能力和公关能力,能与员工进行有效沟通,并具有对外处理公共关系的能力,能处理好与政府有关部门、媒体、业主、监理单位、设计单位、分包单位、供应商以及街道社区等的关系			
	履约能力	具有较强的商业头脑,熟悉合约、善于核算,具备索赔能力			
	危机能力	能够成功地处理突发事件和危机;并具备危机意识,能提前消除危机隐患			
	学习能力	对工程项目的有关新技术、新工艺、新材料、新设备,以及新的项目管理模式等具备学习意识和能力			
	团队建设能力	具备开展团队建设的知识理论和工作技巧,能及时发现并弥补团队工作短板,始终保持团队的战斗力。熟悉了解团队成员个性特质,能客观评价成员能力素质并针对性地实施工作指导,以促进成员的快速成长			
职业素养	价值观	认同局"信和"主流文化,积极主动,以业绩为导向,追求项目利益最大化			
	职业道德	具有高度的职业道德,有进取精神和责任感,忠于职守、爱岗敬业、甘于奉献,作风务实、业绩优良,能时刻以高标准严格要求自己,能主动接受并有效完成具有挑战性的工作			
	身心素质	身体健康,能适应高强度工作及不定时工作制,有较强的心理承受能力和逆境适应能力			

专业技术序列培养模型 表 8-6

层次	维度	培养目标及内容	培训方式	实施主体	评价考核
知识和经验	基本知识要求	系统掌握本专业领域知识，熟练运用企业内部管理制度及专业领域标准化要求；熟练使用办公软件，有一定的写作能力；参与局信和学堂专业技术培训且考核合格	自我学习/脱岗培训		
	经验	相关岗位 4 年以上工作经验（岗位兼职，工作年限可重复计算）	在岗实践		
	业绩要求	获总公司或省部级以上荣誉，以及局"优秀工程师""优秀商务经理""优秀员工"等称号的优先；在导师带徒、青苗计划等工作中成绩突出			
专业能力	基本要求	具备某项专业技术一定的实践经验，能参与解决专业技术问题，在本单位某一专业技术领域从事关键岗位工作	在岗实践	本部、分校实施	绩效考核/职业通道认定
	合约法务人员	掌握工程定额和清单内容以及人工、物资、设备等市场价格信息，能根据工程施工图纸准确计算各项工作任务量，具备对项目施工生产进行成本预测、计划、核算、控制、分析、考核等能力			
		能有效识别与项目商务法务有关的各项风险因素，制定应对各项风险的计划和方案并贯彻执行。法务人员要求能根据法律条文及已有法律案例，对企业经营、生产管理提供专业法律意见和建议			
	工程技术人员	能合理统筹和组织企业内外资源服务于施工生产或技术研究，有效协调各类资源之间的关系和管理冲突，实现各要素间的有序组织	脱岗培训/自我学习/在岗实践		
		注重施工技术行业知识的学习总结，能准确把握项目施工管理和建筑业的科技发展动态和趋势，联系工作实际，能针对性地提出新思路、新措施、新方法，积极推进项目施工的技术创新			
综合能力	协调能力	根据项目责任书、部门职责、课题要求，能有效地对各项工作和任务进行分解和布置，科学合理确定工作流程和时间进度节点			
	监管控制能力	能对各项工作进行过程管理，从专业角度有效地开展业务指导、工作检查和过程监控。具备风险意识，能对质量安全、环境、成本、劳务、工期，以及现场作业等各种施工风险进行系统性、前瞻性、有效性的控制			
	沟通能力	善于倾听，能在沟通中了解对方的意愿、需求等信息，并能恰当合理地表达自己的观点和意见，从而引导和实现双方思想的统一。商务法务人员要求具备进行谈判的思维能力、观察能力、反应能力和表达能力等			

续表

层次	维度	培养目标及内容	培训方式	实施主体	评价考核
综合能力	学习能力	对本专业新知识、新技术，以及新的管理模式等具备学习意识和能力	脱岗培训/自我学习/在岗实践	本部、分校实施	绩效考核/职业通道认定
	合作能力	能配合团队成员共同完成任务，能客观评价成员能力素质并针对性地实施工作指导，以促进成员的快速成长			
职业素养	价值观	认同局"信和"主流文化，积极主动，以业绩为导向，追求项目利益最大化			
	职业道德	具有高度的职业道德，有进取精神和责任感，忠于职守、爱岗敬业、甘于奉献、作风务实			
	身心素质	身体健康，有较强的心理承受能力			

工勤技师序列培养模型 表 8-7

层次	维度	培养目标及内容	培训方式	实施主体	评价考核
知识和经验	基本知识要求	熟悉企业内部管理制度及局标准化要求。有必要的理论知识和一定的语言文字表达能力，以及必备的专业理论知识	在岗实践/自我学习	本部、分校实施	绩效考核/职业通道认定
	相关工作经验	相关岗位 3 年以上工作经验			
	业绩	个人荣获总公司或省部级以上荣誉，以及局优秀个人或参加竞赛获得奖项			
能力	实践操作能力	面向生产、建设、管理、服务等第一线，能够解决生产实际操作难题，能按照生产技术交底要求完成相关工序；将相关理论技术运用在某一专业实践操作岗位，具有高超的生产技艺和技巧	在岗实践/自我学习/脱岗培训		
	沟通能力	善于倾听，能在沟通中了解对方的意愿、需求等信息，并能恰当合理地表达自己的观点和意见			
	学习能力	具备学习应用本岗位新技术、新设备、新材料、新工艺的意识、能力和创新精神			
	团队合作能力	能配合团队成员共同完成指定任务，并具有传授技艺的能力			
职业素养	价值观	认同局"信和"主流文化，积极主动，以业绩为导向，追求项目利益最大化			
	职业道德	良好的职业道德，有责任感，忠于职守、爱岗敬业、甘于奉献、作风务实			
	身心素质	身体健康，能够从事技术含量大、劳动复杂程度高的工作。抗压能力较强			

第三节 企业培训课程设计

企业的员工培训是一项战略性、长远性的常态化工作，需要有科学、完整的培训课程体系作为支撑。培训课程体系是指建立并完善包括企业文化培训、入职培训、岗位培训、专业知识和专业技术培训、营销培训、管理和领导技能培训等一系列具有本企业特色的培训课程。

一、分类设计培训课程

有效的培训体系应着眼于企业核心需求，可根据"二八法则"进行制定，即企业 80% 的培训经历应当放在最为核心的 20% 的培训对象身上。中建五局的核心培训班包括：领导干部、中层干部、项目经理、专业技术人员、基层员工等，建立不同培训序列的培养模型，为分类设置课程提供参照基础。

（一）领导干部培训课程

领导干部培训课程主要围绕提高领导干部综合素质而设置，通过拓展领导干部视野，确保企业发展方向和路径的正确性。领导干部培训课程内容包括：要与企业发展战略与工作主题紧密联系，解决工作中面临的实际问题；课程学习的新知识，有利于形成工作新思路，并能落实到生产经营实际中。

中层干部培训班主要针对中层干部和后备干部，采取固定办班的形式，系统学习工商管理和工程管理等知识，提高中层干部综合素质，加强企业执行力。各级年轻干部梯队培训课程应侧重领导能力的提升和思维训练等。

（二）项目经理培训课程

项目是建筑企业的基本单元，项目经理是建筑企业核心的专门人才。针对在职项目经理或项目经理后备人员，通过与高校联合，采取委培和送培的形式让项目经理在高校系统学习战略管理、企业文化、人力资源管理等综合知识。另外，通过轮岗、换岗、脱岗培训的方式帮助项目经理精通技术、合约、生产、安全、质检等项目施工知识。

（三）专业技术、管理人员培训课程

以提升各线专业水平、管理技能为主旨，设置安全质量、商务合约、市场营销、财务管理等相关课程，使培训对象拓宽工作思路，创新工作方法，提高工作效率。

（四）员工培训班课程

新员工入职培训课程内容主要有企业文化、基本制度、岗位任务和管理体系等；项目员工培训课程内容包括技术、质量、安全、商务等工作交流，岗位应知应会的专业知识和技能，各项制度宣贯等；项目技能员工培训课程内容应侧重培训实际操作技能，如盾构机操作维护、测量试验、钢筋放样等。

二、培训课程库的设计

企业的培训课程不单是理论的研究学习，更多的是从生产管理实践中摸索体验出来的知识、经验总结与探讨，这都是企业发展过程中所积累的宝贵财富。事实证明，对员工而言，他们更容易接受这种理论与实际工作密切结合的培训内容，更能有效地提升业务水平与实际工作能力；对企业而言，也能不断总结企业在发展过程中积累的经验与知识，丰富企业的信息库。

（一）形成培训课程体系

建立培训课程库是一个涉及企业方方面面的系统工程，要形成"隐性知识显性化、显性知识系统化"的课程体系，需要各部门的密切配合与支持，

充分利用企业各方面资源。"他山之石，可以攻玉"，在培训课程库的开发与建设中，积极引入和消化外部经验非常重要，在知识提炼讨论过程中就要借鉴和吸收外部优秀资料、教材、课件的优点。在借鉴外部优秀经验的同时，将企业自身的经验教训融合进去，让企业的培训课程能内外结合，对企业成员更有价值。培训课程体系建设不是一蹴而就的事情，而是积少成多、集腋成裘的过程。知识日新月异，经验教训常常发生，通过不断更新形成标准化课件，企业人员的知识经验就可以与时俱进。

在培训课程库的开发与建设中，人力资源部主要起牵头作用，定期督促课程更新的作用，但开发和更新的主力还是各专业部门经理和业务精英。

（二）加强培训课程管理

培训课程管理可分为内部课程管理和外购课程管理。

1. 内部课程管理

分为面授课程和应知应会课程，面授课程一般适用于集中授课，应知应会课程一般适应于网络学习。应知应会课程应聚焦某一项具体业务，课程时长原则上控制在 30 分钟左右。

内部课程开发流程包括：整体规划→立项审批→开发实施→评审验收→成果存档→定期维护→不定期更新。针对不同的培训项目，由信和学堂会同局业务部门，建立岗位簇学习地图，根据学习地图建立课程体系，结合业务线条工作重点、年度培训计划，制定年度课程开发计划，组织课程开发。

内部课程评审工作由信和学堂牵头，人力资源部、各相关业务部门、各专业序列资深专家、培训班目标学员代表等组建相应的课程评审小组，评审小组成员可按照评审工作量获得相应报酬。

根据课程时长、课程质量、授课对象等情况发放课程开发津贴，面授课程标准为 5000 ~ 20000 元 / 科，应知应会课程与案例的标准为 2000 ~ 5000 元 / 科，具体金额由评审小组提出建议，信和学堂和局人力资源部审核，并报分管领导审批。

2. 外购课程管理

一般是市场上已有相关主题的成熟版权课程，是企业暂时没有能力进行内部开发，或使用频率低、需求量较小的课程。信和学堂每年发布外购课程供应商名录，促进内部信息共享。

三、培训教师库的建设

"师者，所以传道授业解惑也"，企业培训讲师的素质将直接影响培训效果。

在职培训是企业提升员工队伍素质、实现高质量发展的重要举措，对培训讲师的素质要求也在不断提高，培训班讲师的选定必须及时跟上新时代发展步伐，必须具备以下三方面素养：一是具有热爱培训事业的敬业精神，忠诚于企业培训事业是培训讲师爱岗敬业的精神根本，为学全在精神，身教重于言教；二是作为行业的专家、实践的引导者，能指导和引领学员知识、能力的提升；三是对于其讲授的培训课程能够起到"编剧、导演、演员"的多重作用。

培训讲师可来自企业内部和企业外部聘任。企业内部讲师应从各级领导岗位或专业技术骨干中选拔，并具备较强的表达能力，一般为兼职开展讲授课程。

从企业培训的实际需求出发，企业应建立以内部兼职培训讲师为主，外部聘任为辅的培训讲师体系，形成企业培训需要的培训讲师专家库。培训讲师体系的建立与人力资源开发一样，需要在"选、育、用、留"四个方面做好培训讲师专家库建设工作，建立一支稳定的专业或兼职讲师队伍。

（一）企业内部培训讲师的确定

在"选"方面，需兼顾德育（爱岗敬业、不影响工作）、知识（理论知识、实践经验）、能力（表达能力、书写能力）三方面的要求。在"育"方面，鼓励其参加国家举办的各级"企业培训师"的资格认证考试，优先安排其参加各层面组织的与其授课方向相关的培训课程，定期组织授课技巧课程培训，对于重点培养专业课程的内部讲师还可安排到国内外知名院校与企业大学参观学习。在"用"方面，实行分级管理，从低到高分为五个等级，即见习讲师、讲师、中级讲师、高级讲师、教授级讲师。在"留"方面，讲师级别每年动态调整，每年根据内部讲师的工作表现、授课记录、教学评价等对各级讲师提出继续聘任、晋升、降级、解聘意见。

（二）社会外聘培训讲师的选定

在"选"方面，要求其在某一专业领域有一定影响力、有良好的师德、有优秀的履约精神、能接受企业的日常管理和考核。在"育"和"用"方面，必须让教师所讲授的课程与企业实际紧密关联，对于承担核心课程的外聘讲师，企业负责人应在授课前与讲师进行两小时以上的沟通，将企业的现状和对该课程的专门诉求予以详细说明。在"留"方面，根据学员的学习效果与反馈评价进行动态化管理。

外聘讲师一般是从高等院校、科研院所、政府职能部门、企事业单位以及其他培训机构聘请的在某一专业领域有一定影响力的专家和学者，能胜任企业所要求的授课任务。

（三）讲师队伍管理与服务

培训讲师是培训质量与培训效果的核心因素。讲师队伍的管理与服务工作的好坏直接关系到培训成功与否。

1. 内部讲师合理分级

内部讲师分为特聘讲师和认证讲师两类。承担内部课程的开发、优化以及相关课程的讲授和后续辅导工作，内部讲师分为五个等级，即见习讲师、讲师、中级讲师、高级讲师和教授级讲师。

特聘讲师队伍由局及二级单位领导班子、局部门负责人组成，局领导为教授级讲师，其他为高级讲师。特聘讲师须至少开发一门自己的面授课程，年度内完成内部授课不少于 12 课时。

认证讲师为企业的业务骨干，具有良好的政治素质、语言表达能力、呈现能力、沟通能力和学习能力；具有编写或组织编写课件的能力；具有高度的敬业精神，能积极配合局培训工作的开展。

2. 讲师的认证与晋级

信和学堂每年开展讲师认证及晋级评聘，认证及晋级标准主要包括上年度授课课时、学员满意度、授课对象、授课层级及开发或优化课程等情况。具体标准由信和学堂结合实际制定。总公司认证的内部讲师课酬标准按照原级别提高一级执行。通过讲师能力认证和课程开发评估的人员，由信和学堂办理聘任手续，聘为局内部认证讲师，颁发聘任证书。初次聘任的认证讲师的岗位等级原则上从讲师级开始，特别优秀的认证讲师的岗位等级可放宽。

3. 相关机制的配套

企业各级领导班子及业务部门负责人必须担任内部讲师，同等条件下，优秀讲师优先晋升。内部授课经历与个人职级晋升挂钩，要求专业序列四级以上职级评聘人员必须为局内部讲师。

除领导干部学习班及新业务等需要引进外部讲师，其他培训原则上使用内部讲师。信和学堂要做好讲师资源库的建立、共享和讲师推荐工作。

第四节 员工培训的基础性工作

几十年来，企业员工系统培训工作从最初的新生事物到如今的常态化，是企业不断适应知识经济时代新技术革命的必然要求，也是现代企业人力资源管理成熟的标志。企业开展员工系统培训工作，要重视以下几个方面的问题。

一、提升对员工培训重要性的认识

企业开展员工的培训工作，既不是赶时髦、走形式，也不是短时间内的权宜之策，而是企业生产经营实践和企业长远发展的需要，也是员工胜任岗职工作、实现个人目标理想的合理诉求。可以认为，只要企业存在与发展，员工培训就不可缺少。因为社会在发展，技术在进步，知识在增加，企业员工的知识、技术更新就成为一种刚性的必需。在职员工的培训是企业成人继续教育最合理、便捷、有效的途径。因此，企业领导层、管理层，特别是企业人力资源管理者要充分认识企业员工培训和继续教育的重要性，认真、扎实地做好这项工作。

1. 员工培训是企业发展的必需

知识经济时代，知识更新速度加快，通过学习增长知识成为人们生存和发展的第一需要。学习新知识的多少决定着市场竞争力的强弱。企业要发展，关键是要靠有知识、有技能、有效率的人。企业和个人唯一持久的优势就是比竞争对手学习得更快、更多、更新。

员工培训是企业的一种共享式学习形式，是员工接受信息、更新知识、弥补不足、提高个人乃至企业能力的方式与途径。因此，通过培训工作，鼓励员工不断学习、更新知识结构，最大限度地发挥自己的智力和潜能，成为企业可持续发展战略的一个重要方面，这是企业参与知识经济时代竞争的必然选择。

2. 员工培训是企业对员工成长的责任

通过培训，培养新员工的能力，提升老员工素质，要对员工负责。员工来到一个企业工作，创造劳动价值，就是企业的资源，也是企业的主人。企业要善待他们，尽好组织对个人的责任。组织开展员工的知识技能培训，如同学校的老师教育学生，要本着负责任的态度，而不能放任不管。有些项目一个管理人员带六个新来的毕业生，这就不能保证培训质量。员工培训之所以很重要就是通过培训的机会，给他们安排不同的岗位，给他们发展的机会，不断地提高他们的素质，要用战略的眼光看待这些事情。员工队伍的职业化，要从职业培训开始。对那些已失去学习兴趣的老员工，要督促他们学习，提高素质。活到老，学到老，不能够故步自封，满足于现状。只有这样，才会不担心环境变化，才能经得起竞争风浪的考验。

二、员工培训工作的流程控制

企业培训体系的建立，为员工培训工作提供了培训计划实施的保障。但还需要科学合理的流程控制。培训工作的流程是一个系统工程，涉及培训目标、培训对象、培训计划、培训课程、培训讲师、培训周期、培训经费以及培训对象的工作安排等等，因此，加强员工培训工作的流程控制显得十分重要。每一个节点出现问题，就会影响培训效果。

1. 科学合理制定培训计划

信和学堂每年 11 月启动下一年度培训需求调查，出具需求调研报告，根据局年度工作重点及人才培养计划、员工培训需求及业务短板，拟定局年度培训计划初稿及初步预算，提交局人力资源部审核。局人力资源部审核并征求各部门意见后，报局主要领导审批后发文。各分校培训计划报信和学堂备案。年度培训计划需要调整时，相关部门需提前提交书面申请并经分管领导审批后报信和学堂。

2. 形成员工培训实施体系

工程建设企业的项目种类多，内部工种多，人员集结度高，企业培训部门不可能承担所有培训授课工作，所以信和学堂还主要起组织管理作用。不同的工种、不同的技术岗位应配备相应的兼职教师，主要以教授新技术、新知识为主，同时在班组建设中进行常规辅导。培训实施体系包含了确保企业培训制度实施，并通过培训活动的有效组织和落实、跟踪和评估、改善和提高，

353

体现培训价值的一整套控制流程。

3. 提升讲师的授课水平

通过组织定期的教研活动，提升讲师的授课水平。同时督促讲师做好授课内容的整理，形成系列教材，提炼并整合经营管理和操作技能方面的知识和经验，推动企业内部知识整合；通过激励机制，将培训职责与工作职能、晋升机制相结合，激发兼职讲师对培训工作的热情和参与课程开发的积极性，这样有利于保持队伍的相对稳定。

4. 认真执行培训服务协议

专项培训费一次性超过 5000 元，单位和员工须签订《员工专项培训协议》，并约定培训后在本单位的服务期限。培训费用包括支付凭证的培训费用、培训期间的差旅费以及因培训产生的其他直接费用。员工培训服务期未满与局解除劳动关系，除按劳动合同实施细则规定向公司赔偿违约金外，还需按规定向局赔偿培训费用。

5. 做好领导干部的社会培训管理

领导干部个人参加社会举办的教育培训项目，包括各种非学历教育、学历教育和在职学位教育等教育培训，必须严格执行向上级单位人力资源部申报，由局人力资源部按照相关程序报批的流程。其他班子成员参加面向社会举办连续脱产 5 天（含）以上或收费较高的教育培训项目，须向相应上级人力资源部申报，由相应人力资源部按照相关程序报批。未经批准，一律不得擅自参加。

三、员工培训工作的考核

为保证企业员工培训工作的良好效果，还必须定期对员工培训业务工作进行科学合理的考核评价。

1. 培训中心工作的考评

其主要内容包括：年度培训计划完成情况、培训预算管理、培训项目／班组织实施情况、内部课程开发及讲师队伍建设（为局层面贡献的内部课程和讲师数量）、网络教育平台学习／使用、培训档案管理、对夜校的指导和考评等。

2. 分校考核由局信和学堂负责

考评工作与局"三线"检查中人力资源线条工作检查一并进行，检查结果纳入局人力资源线条排名。

3. 夜校考核由各分校负责

检查具体内容和频次由分校根据实际情况自行决定。考核的主要内容包括：项目培训计划完成情况、培训组织实施情况、案例开发情况、网络学习覆盖率等。

四、用好管好培训经费

培训预算费用应包括课程开发费、课程外购费、讲师培养费、内部培训实施费、外部培训实施费、系统建设费、专业能力提升费等。信和学堂根据年度培训计划核定具体费用，编制年度培训费用预算和费用预算说明，经局财务部与人力资源部审核后，报局主要领导审批，并交局财务部备案。

信和学堂每月在预算范围内报资金使用计划，依次经局财务部、人力资源部、分管领导、总会计师、总经理、董事长审批通过后，由局财务部拨付至信和学堂。培训项目（班）实施费用超出预算 10000 元以上的，由各业务部门提交书面申请，经分管领导审核、局总会计师审批后报信和学堂备案。

局部门负责人、二级单位领导班子及以上人员参加出国培训，要严格执行国家有关出国（境）培训管理规定，严格执行企业有关经费使用规定。不得安排无实质需要的国外培训，不得参加外方资助的出国（境）培训。

第九章

企业文化建设与员工素质修养

　　文化是人类或者一个民族、一个人群共同具有的符号、价值观及规范。符号是人的本质存在和文化的基础，也是文化传播的代码，人类通过符号及其系统来传承文化。价值观是文化的核心，而规范包括习惯规范、道德规范和法律规范，则是文化的主要内容。

　　先进文化对人类社会进步价值的本质特征是一种精神力量，能够在人们认识世界、改造世界的过程中转化为物质力量，对社会发展产生深刻的影响。这种影响，表现在个人的成长过程中，即人或群体所秉持的道德观念、人生理念等文化特征，优秀文化不断丰富人的精神世界，培养健全人格，并决定了人的思维方式和行为方式。

　　企业文化是企业的灵魂，是推动企业发展的源源不断的动力。企业文化的核心是企业的经营哲学、企业精神和价值观，是企业或企业中员工在从事生产、经营、管理与社会服务活动中所秉持的价值观念。

第一节 企业文化概述

主流文化是一个社会、一个时代所倡导的，有利于经济社会发展和对人们的思想意识、行为方式起着主要影响的文化。我国现阶段正处在社会主义建设的新时期，提倡并践行的是有中国特色的社会主义文化，也就是我国当代的主流文化。

所谓企业文化，就是企业在共同目标和统一价值观基础之上的做事习惯和风格。企业文化包括企业的经营哲学、价值观念、企业目标、企业精神、道德规范、行为准则、历史传统、制度环境、企业产品等。企业文化一方面源于传统文化与社会主流文化，另一方面形成于企业生产实践活动过程。三者结合，互相影响、互相作用，就形成了具有自身特征的企业文化。

毛泽东曾指出："没有文化的军队是愚蠢的军队，而愚蠢的军队是不能战胜敌人的。"引申到市场经济条件下的企业管理上，也可以说：没有文化的企业是愚蠢的企业，而愚蠢的企业是不能赢得市场的。

一、我国主流文化的形成与特征

在我国，春秋时期孔子创儒学，直到清末，延续约 2500 年之久的主流文化是儒家文化，是崇尚儒学。在西方，中世纪以来一直是以基督教为其存在基础，以凝聚精神的基督教文化为主流。当今世界，不同国家或民族的主流文化有所不同，如以信仰为核心的宗教文化，建立在生产资料私人占有基础上的资本主义文化等。

（一）中华优秀传统文化的深远影响

从广义上讲，文化是指人类在改造世界的社会实践中所获得的物质、精神生产的能力及其所创造的财富的总和，包括物质文明、精神文明和制度文明。狭义的文化主要是指精神生产能力和精神产品。一个民族、一个国家的历史文化是这个民族、国家历史遗留下来特有的文化元素。历史文化传承就是继承优秀的历史文化，推陈出新，不断发展自己的文化，使之不仅能得到继承，还能继续得到发展、丰富，从而形成了独特的传统文化。因此可以认为，传统文化是一个国家、民族在长期的社会实践中所积淀的物质文明和精神文明的文化遗产，也是民族特有的思维方式的精神体现。

中华民族在 5000 年延绵发展的历史进程中，在创造了辉煌物质文明的同时，也铸就了独具特色、内涵丰富的灿烂文化。这是以华夏文明为基础，充分整合全国各地域和各民族文化要素而形成的文化。被誉为"博大精深"的《易经》，是阐述天地世间关于万象变化的古老经典，最早出现在 3000 多年前的先秦时期，从伏羲到三皇五帝，再经过西周、东周，历经几千年，被誉为"诸经之首、大道之源"，蕴含着朴素深刻的自然法则与和谐辩证思想，这是中华民族 5000 年智慧的结晶。中国传统文化信奉天人合一的思想，强调人对自然的依存，注重人与自然的整体协调关系。天人合一的整体观并不局限于人的共同体内部，而是包容了天、人、道（客观规律）之间的根本关系。中国的文化结构决定了中华民族特有的性格，决定了整个民族的思想精神和文明传承。历史上流传下来的儒家思想、唐诗、宋词、元曲、中医理论等文化载体，都是彰显中华优秀传统文化的"耀眼符号"。从旧石器时代的发明创造，到康有为、梁启超的维新变法，再到孙中山的民主革命，无一不是推动社会向前发展的动力。

在亚洲，受中华文明影响，形成了东方文明体系（汉文化圈）。中国传统文化不但对日本、朝鲜半岛产生过重要影响，还对越南、新加坡等东南亚、南亚国家乃至美洲地区产生了深远的影响。中国发达的造船技术和航海技术以及指南针技术首先应用于航海，才导致了人类所谓蓝色文明和环太平洋文化圈的形成；郑和七下西洋更是加深了这种文化的传播和辐射，并由此形成了世界公认的以中国文化为枢纽的东亚文化圈。随着中国国力的强盛，国际地位的提高，世界各国包括亚洲、欧洲在内的一些国家都对中国文化给予了高度的认同和重视。

有学者认为，中国传统文化长期发展的思想基础，可视为中国传统文化的基本精神，文化的基本精神是文化发展过程中精微的内在动力，是指导民族文化不断前进的基本思想。中国传统文化的基本精神就是中华民族在精神形态上的基本特点，即刚健有为、和与中、崇德利用、天人协调。《周易》中的"天行健，君子以自强不息""地势坤，君子以厚德载物"体现的就是中国传统文化的基本精神。

进入新世纪，随着我国各领域对外合作与交流的规模迅速扩大，借鉴国外有关机构推广本民族语言的经验，于2004年在韩国首尔成立了全球首家孔子学院，这是我国在海外设立的以教授汉语和传播中国文化为宗旨的非营利性公益机构。

从2004年第一家孔子学院成立，到2018年底，中国已在154个国家和地区建立548所孔子学院和1193个中小学孔子课堂，拥有中外专/兼职教师4.67万人，学员总数达187万人。孔子学院秉承中国古代先哲孔子的"和为贵""和而不同"的理念，推动中外文化的交流与融合，以建设一个持久和平、共同繁荣的和谐世界为宗旨。为增进世界人民对中国语言文化的了解，发展中国与各国的友好关系，为全世界汉语学习者提供方便、优良的学习条件，为世界各国人民了解、学习中国优秀传统文化提供了"窗口"和"平台"，也为构建"人类命运共同体"奠定了中华文化对外传播与各国文化交流的基础。

总之，中国优秀传统文化的丰富哲学思想、人文精神、教化思想、道德理念等，可以为人们认识和改造世界提供有益启迪，可以为治国理政提供有益启示，也可以为道德建设提供有益启蒙，还可以为企业文化建设提供有益启发。

（二）我国新时期主流文化的形成

中华文明是在同其他文明不断交流互鉴中形成的开放体系。从历史上的佛教东传、"佛儒会通"，到近代以来的"西学东渐"、新文化运动、马克思主义和社会主义思想传入中国，再到改革开放以来全方位对外开放，中华文明始终在兼收并蓄中历久弥新。亲仁善邻、协和万邦是中华文明一贯的处世之道，惠民利民、安民富民是中华文明鲜明的价值导向，革故鼎新、与时俱进是中华文明永恒的精神气质，道法自然、天人合一是中华文明内在的生存理念。

主流文化是在不同文化的碰撞、交流与竞争中形成的，一旦形成就具有高度的融合力、强大的影响力和广泛的认同度。主流文化的基本特性主要表现在：①主流文化是先进的，具有强大的生命力，能在与其他文化形式的竞争中占据话语中心，取得强势地位；②主流文化是包容的，具有高度的融合力，能在整合不同文化形式的过程中，既兼收并蓄、融会贯通，又保持个性、彰显特色；③主流文化是稳定的，具有强大的影响力、传播力，能穿越时间和空间，薪火相传、生生不息；④主流文化应该是亲和的，具有广泛的认同度，为社会大众所接受，并自觉融入行动中。

文化传承对于一个国家、一个民族的行为意识和社会制度路径选择具有巨大影响，而文明进步对于人类社会发展具有决定性意义。可以说，社会系统演化是文化与文明两股力量交互作用的结果。文化基于历史传承，文明基于科学进步，两者虽相互影响，却遵循着各自的规律。当文化传承与文明进步的张力保持一致时，两者会形成相互协调、相互促进的和谐状态。主流文化只有深深地扎根于大众文化鲜活的土壤之中，汲取民族的、大众的、科学的文化营养，才能成为文化融合、文明传承的中坚力量。值得注意的是，传统文化中既有精华，又有糟粕，所以，对传统文化既不能一概否定，也不能全部吸收，只有站在时代高度，通过实践检验，汲取精华，清除糟粕，才能正确地发挥作用。传承中华文化，绝不是简单复古，也不是盲目排外，而是古为今用、洋为中用，辩证取舍、推陈出新，摒弃消极因素，继承积极思想，"以古人之规矩，开自己之生面"，实现中华文化的创造性转化和创新性发展。

（三）新时期主流文化的主要特征

美国文化哲学家怀特说过："文化是一个连续的统一体，文化发展的每个阶段都产生于更早的文化环境，现在的文化取决于过去的文化。"可以说，一个国家民族的发展史，就是发展和丰富传统的历史。因此，作为凝聚和激励人民重要力量的民族精神是传统文化长期熏陶与培育的结果，是传统文化的结晶。一个民族陷入任何困境都不可怕，可怕的是失去民族精神支柱，精神上无所依托。

历史事实证明，一个国家走上民族振兴，走向现代化，无不是从弘扬民族精神做起。民族精神是民族之魂。中华民族优秀传统文化内容丰富、内涵深邃、意义深远，可归纳为以下几个方面：

1. 自强不息的奋斗精神

中国文化历来关注现实人生，孔子说："未知生，焉知死""天行健，君子以自强不息"。正是这种入世的人生哲学，培育了中华民族敢于向一切自然与社会的危害和不平进行顽强抗争的精神。中国人自古以来就有不信邪、不怕"鬼"的精神，强调人生幸福靠自己去创造。要实现现代化，这种自信、自尊的精神是必不可少的。

2. 知行合一观

中国儒家文化所讲的"力行近于仁"，在一定程度上体现了"行重知轻"的认识论思想，这与实践品格具有某种一致性。实践是认识的源泉。实现现代化，当然要努力学习外国先进的内容，但更重要的是自己的社会主义实践。

3. 重视人的精神生活

"富贵不能淫，贫贱不能移，威武不能屈。"中国传统文化非常重视人的内在修养与精神世界，鄙视那种贪婪与粗俗的物欲。孟子提出"充实之谓美"，是对人格的根本要求，这种传统美德，对现代人格的塑造，也是非常可贵的。

4. 弘扬爱国主义精神

"天下兴亡，匹夫有责。"爱国主义是经千百年巩固起来的对自己祖国的一种最深厚的感情，也是中华民族的优良传统。只有大力弘扬爱国主义精神，全国人民团结一致，共同奋斗，才能加快实现全面现代化，国家才能繁荣富强、人们才能生活幸福。

5. 追求真理、勇于奉献的精神

"路漫漫其修远兮，吾将上下而求索。"中国传统文化蔑视那种贪生怕死、忘恩负义、追逐名利的小人。为探求真理的执着追求、献身精神是推动现代化的强大动力。

6. 人际和谐的伦理规范

"老吾老以及人之老，幼吾幼以及人之幼。"社会成员只有严于律己，宽以待人，共同营造团结互助、尊老爱幼的社会风气，社会才能充满温馨与和谐，才能给人带来希望与力量。

创新文化是鼓励、培育创新的文化，是新时期主流文化的重要组成，也是优秀传统文化的现代表达。创新文化是在一定的社会历史条件下，在创新及创新管理活动中所创造和形成的具有特色的创新精神财富以及创新物质形态的综合，包括创新价值观、创新准则、创新制度和规范、创新物质文化环境等。创新文化是有利于创新活动的文化观念和行为道德规范，能够唤起一种不可估计的能量、热情、主动性和责任感。

进入21世纪，世界范围内的科学技术发展突飞猛进，新的科技成果已深度渗入经济社会与生产、生活各个方面。当今任何一项重大经济建设活动，没有一定的科学文化知识与科学素养的人，就无法参与、难以胜任。创新文化一方面引领人们对现有的文化观念进行检验，另一方面促使人们必须努力学习一切先进的东西，不断提高自己的精神素质，才能适应形势发展需要，这就是市场经济对传统文化走向现代化的根本决定作用。如在我国领衔知识创新工程并取得一系列重大基础研究成果的中国科学院，其创新文化建设就包含精神层面、制度层面、科学技术层面三个层面的内涵。其中，以价值观念、道德风尚为核心的科学精神层面是创新文化建设的核心内涵，以规章形式出现的制度文化是遵循这一内涵的创新文化的评价体系。而形象标识、工作环境等则是创新文化的物化载体。

(四)主流文化与企业文化的关系

企业文化决定着企业的特征和企业的发展，包括管理文化、制度文化、行为文化、物质文化等不同层次内容，具体涉及企业的文化理念、企业管理、企业制度、员工素养、文化环境等方面，只有建设起颇具特色的企业文化，才有可能塑造起自身企业的核心竞争能力。在我国，企业文化的建设与我国新时期主流文化的建设、发展有着十分紧密的关系。

1. 新时期主流文化是企业文化的源泉

企业是社会的重要组成单元，企业员工都是社会主体的一分子。企业的生存、发展离不开经济社会的发展与需求。企业的生产经营活动、产品市场都与经济社会发展密切相关，企业员工的思想意识、价值观、职业素质更是社会主流文化引导或覆盖下的"产物"。企业文化是源自社会主流文化的"支流"，主流文化则是企业文化的母体，因此，新时期企业文化不但不能背离社会主流文化，而且企业文化要不断地融入新时期主流文化，这样才能具有生命力，才能成为支撑企业发展的文化力量。

2. 企业文化是新时期主流文化的个性化体现

在社会主义市场经济条件下，企业是独立的竞争单元。由于历史、行业、专业、产品及市场的差异，不同的企业就会有与众不同的特点。反映在企业文化上，也会有不同风格、不同特点。不同企业的员工或许有着不同的追求和激情。在我国经济社会新的发展时期，每个企业除了应保持和倡导的个性之外，又有其共同遵从和倡导的共性理念和文化，即中国特色社会主义文化，企业文化则是新时期主流文化的个性化体现。

3. 优秀的企业文化是新时期主流文化的组成部分

历史在发展，社会在进步，主流文化也在不断丰富、延伸。社会的主流文化也只有不断注入新思想、新理念才能更具生命力、影响力和引导力。创新的、独具特色的企业文化必然折射出整个新时期文化建设、发展的成就。社会价值的实现是企业的社会责任，也是企业文化发展的最高目标，对于社会经济建设和文化发展具有重要的推动作用。在新时期经济社会不断发展的大背景下，不断涌现的优秀的企业文化成为新时期主流文化不可或缺的组成部分。

二、企业文化的地位与功能

文化是人类社会历史实践过程中所创造的物质财富与精神财富的总和，具体包括社会的意识形态以及与之相适应的组织机构与制度。

关于企业文化的构成，西方企业文化研究者大都把企业文化界定为企业精神文化，如美国学者肯尼迪和迪尔认为，企业文化包含五大要素，即企业环境、企业价值观、英雄人物、习俗与仪式、文化网络；帕斯卡等人提出"7S模式"，即战略（Strategy）、结构（Structure）、制度（System）、人员（Staff）、作风（Style）、技能（Skill）和最高目标（Super Ordinate Goals）。威廉·大内则认为，一个公司的文化由其传统、风气以及价值观所构成。在中国，有些学者认为，企业文化即指企业的精神文化，其包括企业的价值观、信仰、态度、行为准则、道德规范及传统和习惯等要素。

企业文化是在生产经营实践中逐步形成的，为全体员工所认同并自然、自觉贯入企业活动之中。企业的目标、宗旨、精神、价值观和经营理念，以及这些理念在生产经营实践、管理制度、员工行为方式与对外形象的体现上，均反映出企业文化的特点。企业文化还表现为在共同目标和统一价值观基础之上形成的做事风格和习惯。从企业管理的层面上看，企业文化还包括企业的经营哲学、企业精神、企业目标、企业道德、企业制度、企业形象等内容。因此，可以认为，企业文化是企业生产发展的最具活力的要素，也是最积极的生产要素。

企业文化对企业生存与发展具有极其重要的作用，概括起来主要有以下几点。

（一）凝聚作用

企业文化如同一种纽带，把员工的诉求和企业的追求紧紧联系在一起，使每个职工产生认同感、归属感和荣誉感。企业文化的这种凝聚作用，尤其在企业创业开拓、困难之际和追求更大目标时更显现其强大的力量。

（二）激励作用

企业文化注重人的因素，强调尊重员工的劳动，重视员工的能力，关注员工的诉求，能最大限度地激发职工的积极性和创造性。

（三）协调作用

企业文化的形成使企业职工有了共同的价值观念，对很多问题的认识趋于一致，增强了他们相互之间的信任、交流和沟通，使企业的各项活动更加协调，形成和谐的企业环境。

（四）约束作用

企业文化对职工行为具有无形的约束力，是经过潜移默化形成的一种群体道德规范和行为准则，能够实现外部约束和自我约束的统一。良好的企业文化向社会大众展示着企业成功的管理风格、优质的经营状况和高尚的精神风貌，从而为企业塑造良好的整体形象，树立信誉，扩大影响，这是企业巨大的无形资产。

实践证明，成功的企业管理，大多经历三个发展阶段，即传统管理阶段、制度管理阶段、文化管理阶段。这是企业管理由"人治"向"法治"再向"心治"跨越的一个过程，也是企业发展由外部驱动到内部驱动、由必然王国到自由王国、由强势管理到无为而治的一个过程，企业的"文化"建设就是企业管理升级最重要的催化剂。因此，对于一个企业的成长来说，企业文化是一个最为稳定的动力源泉，是企业发展持久的决定性因素。所以有人说，一个企业的发展，一年靠的是运气，十年靠的是制度，百年靠的是文化。谁拥有优秀的企业文化，谁就拥有了长寿企业的基因。

三、企业文化体系的圈层特点

在管理层面上，企业文化通常是由企业理念文化、企业制度文化、企业行为文化和企业物质文化等多个层次构成的。在"人"的层面上，体现于员工的思想意识、价值观、思维方式与行为方式，由此组成一个完整的企业文化体系。以企业文化精髓为内核，辐射至企业管理的各个环节，影响、作用于每一个员工。

（一）文化体系的圈层含义

企业理念文化是企业文化的核心。企业理念文化是企业的意识形态文化，是一种深层次的文化现象，通常包括企业使命、企业愿景、企业价值观、企业精神等内容。

企业制度文化是企业文化的中层，是企业在一些强制性的制度中体现出来的文化。企业制度文化是一种约束企业和员工行为的规范性文化，是企业文化的中坚和桥梁。

企业行为文化是企业文化的浅层，是体现在企业员工日常行为、学习娱乐、人际关系、文化娱乐活动中的文化。它是企业经营作风、精神面貌、人际关系的动态体现，也是企业理念的折射。企业物质文化是企业文化的表层，它是体现在企业产品、企业标志、吉祥物、企业歌曲、网站、企业生产环境、办公环境以及企业报刊等传播媒介中的文化。

企业文化的各个层次是紧密联系的，制度文化起桥梁的作用；理念文化是形成制度文化的思想基础；物质文化和行为文化是制度文化的外在表现；制度文化是理念文化的载体，又规范着行为文化，是企业文化的中坚和桥梁，成为体现深层企业文化和制约浅表层企业文化的关键所在。所以，企业文化制度建设的成败，决定了企业文化能否真正"落地"。

（二）企业文化的辐射路径

在市场经济条件下，企业的综合竞争力既包括资本、技术、土地等生产要素组成的硬实力，也包括企业文化、管理模式、价值观等体现出来的软实力。硬实力是企业发展必不可少的物质基础，其"可复制性"较强。软实力则对企业的长期经营业绩具有重大的作用，是"长寿"企业的关键性因素，因而要复制一个企业的文化和经营方式则极为困难。

企业文化作为一种软实力，以企业文化所蕴含的正确的价值观为内核，向外辐射形成一种可感知的潜在力量。辐射路径之一反映在员工的思想意识、价值认同、文化认知、劳动自觉与职业素养等方面，这是一种无形的作用力；路径之二直接反映在企业的文化建设、制度建设、品牌建设及形象建设等多个方面，并形成在共同目标和价值标准之下的企业管理风格、管理规范、工作习惯等，这是一种有形的表达；路径之三反映在员工的行为举止、工作状态、劳动效率、价值创造等方面。

（三）企业文化创新的共振效应

企业能否不断创造新的价值决定着企业能否持续发展企业文化。企业文化创新的实质在于企业文化建设中突破与企业经营管理实际脱节的僵化的文化理念和观点的束缚，实现向贯穿于全部创新过程的新型经营管理方式的转变。面对日益激烈的国内外市场竞争环境，越来越多的企业不仅从思想上认识到创新是企业文化建设的灵魂，是不断提高企业竞争力的关键，而且逐步深入地把创新贯彻到企业文化建设的各个层面，落实到企业经营管理的实践中。

创新企业文化对企业发展、壮大的重要性主要体现在：①在知识经济时代，创新文化成为企业的核心竞争力之一。创新已升华成一种社会主题。由于企业文化的独特性将越来越表现为企业差异化战略和企业的核心竞争力，创新变成了企业的生命源泉。②创新文化对企业具有强大的支撑作用。在市场竞争异常激烈的今天，并非所有的企业都能激流勇进，一些具有一定历史的老企业，因发展动力困乏已经退无可退。对于这样的企业而言，针对陈旧的管理模式，必须树立创新观念，剥莠存良的同时发掘企业的优点亮点，打破传统的禁锢，充分发挥文化力对企业的支撑作用，方能扭转不利局面。

创新文化建设的过程，实际上就是一个企业能量激活的过程。其机理是创新的动力、创新的意识直接作用于企业文化结构中的不同圈层，与企业文化的辐射力形成共振效应。创新文化建设能够营造一种有利于创新的文化氛围。创新文化要求企业员工在工作中创新，同时要求企业管理层在管理中创新，并且以宽容、支持的态度鼓励创新。创新使得企业的每一个构成元素都活跃起来，以新的构成形式重新组合，形成新的体制、机制，使企业在市场博弈中更为积极和主动。

四、企业文化体系的构成要素

企业文化是一种物质文化、制度文化，也是一种精神文化、管理文化。

（一）物质文化要素

物质文化是企业文化的表层部分，是最显而易见的文化层面。主要包括工程企业的生产环境、办公环境，企业名称、标识、CI 形象、司服、司歌、网站、宣传展板、报纸、杂志等传播媒介中的文化。

（二）制度文化要素

制度文化是企业文化的中层部分，是一种约束企业和员工行为的规范性文化，是企业文化的中坚和桥梁。企业制度是在生产经营实践活动中所形成的，对人的行为带有强制性，并能保障一定权利的各种规定。它是精神文化的表现形式，是物质文化实现的保证。企业制度作为职工行为规范的准则，使个人的活动得以合理进行，内外人际关系得以协调，员工的共同利益受到保护，从而使企业有序地组织起来为实现企业目标而努力。

（三）精神文化要素

精神文化是企业的意识形态文化，是一种深层次的文化现象，主要包括企业精神、企业使命、企业宗旨、企业愿景、企业价值观等。其中企业价值观是精神文化的内核，同时也是企业文化的核心，是企业员工对企业行为和周围事物的是非、善恶、优劣和重要程度的评价标准，也是外界公众对企业进行评价的标准。

（四）管理文化要素

管理是一种科学，也是一种艺术，更是一种文化。

中国几千年前不但有管理，而且还有自己的管理哲学。中国有着博大精深的管理文化。中国古代以儒家思想管理国家，所以中国古代管理思想的核心是"仁"和"礼"。

"顺道者昌"，属于主观范畴的"道"，是指治国的理论；属于客观范畴的"道"，是指客观经济规律，指管理要顺应客观规律。我国历来把天时、地利、人和当作事业成功的三要素，强调"政之所兴，在顺民心；政之所废，在逆民心""德以合人，人以德使""运筹策帷帐之中，决胜于千里之外"等等，都是体现我国古代在治国理政、获取民心、成功决策的管理文化思想之精髓。

现代企业管理就是管理者在特定的环境下，通过计划、组织、领导和控制等环节来协调企业所拥有的资源，以期更好地达到企业目标的过程。企业管理的四个基本职能是：计划——确定组织未来发展目标以及实现目标的方式；组织——根据计划，组织完成计划目标的方式；领导——指导和激励各类人员努力实现目标的过程；控制——确立控制目标、衡量实际业绩、进行差异分析、采取纠偏措施等。

企业管理者在履行其工作职能时，无时不受企业文化的潜在影响和约束，因此，现代企业的管理文化对企业发展的影响是综合性、全方位的。

企业文化的四个要素是密不可分，相辅相成的，精神文化是形成制度文化的思想基础；物质文化是制度文化的外在表现；制度文化是精神文化的载体，又规范着企业行为，管理文化成为体现深层企业文化的关键所在。所以，企业文化制度建设的成败，决定了企业文化能否真正"落地"。

一个企业存在的目的，不仅是追求效益最大化，更重要的是追求企业价值最大化。加强企业文化建设，打造企业软实力，是对一个现代企业的基本要求。

第二节　中建五局"信和"主流文化的形成

企业文化形成的基础是企业与员工的共同目标和统一价值观。不同的企业有不同的文化呈现。中建五局结合企业的管理与生产实际，形成了独具本企业特色的"信和"主流文化。"以信为本，以和为贵"，是中建五局主流文化所体现的核心价值观，也是五局人在不断发展壮大中矢志不渝的文化追求。

中建五局的"信和"文化建设与企业的人力资源管理高度契合，解决了企业人力资源管理中的一系列难题。

企业文化是社会文化体系中的一个有机的重要组成部分，它是优秀传统文化精神与现代意识在企业内部的综合反映和表现，是在优秀民族文化和现代意识影响下形成的具有企业特点和群体意识以及由这种意识产生的行为规范。

"信和"主流文化中的"信""和"二字，分别来源于我国著名儒家经典《论语》之中"民无信不立"（《论语·颜渊》），"礼之用，和为贵"（《论语·学而第一》）。中建五局"信和"主流文化的产生，既体现了对中华5000年文明成果的传承，又受到独具地域性特色的湖湘文化熏陶，同时中建五局作为中国建筑集团下属的二级企业集团，其"信和"文化的理念与内涵又承接了中建集团企业文化的核心内容。

一、"信和"文化的产生背景

1965 年，服从于国家"大三线"建设的需要，一批来自上海、河北的建设者聚集到贵州遵义的大山沟里，投身于国防工程的建设，中建五局的前身——101 工程指挥部就此诞生了。1977 年，这支建设力量又根据国家建设需要进行了"军转民"的体制转型，改组成专门从事机械化土石方施工的专业工程局——国家建委第五工程局。从那时起，企业的发展总体来看是向前的，由小到大、由弱到强、越来越好的。但由于市场形势变化和企业自身专业技术、工程市场的"先天不足、后天失调"等多方面因素的影响，20 多年间，企业走过了一段曲折艰难的发展历程，尤其是"九五"中后期，企业连年亏损。

2001 年国家审计署的审计报告，对中建五局有这样一段触目惊心的记载："该企业资金极度紧缺，已资不抵债，举步维艰；由于长期欠付工资和医疗费，职工生活困难，迫于无奈，部分职工自谋生路，有的只好养鸡、养猪，甚至到附近菜场捡菜叶为生……"

2002 年中国建筑工程总公司的审计报告记载："中建五局 1.6 万名职工中，在岗职工 4876 人，离退休职工 4870 人，下岗等其他职工 5555 人；全局营业额仅为 26.9 亿元，合同额为 22.3 亿元；企业报表利润总额为 –1575 万元，不良资产达 4.8 亿元。"原下属 16 家二级单位中有 11 家亏损，每年亏损几千万元。

"中建五局是一个十分困难的企业，许多问题积重难返，需要进行长期而艰苦的奋斗，谁来挑这副担子，都将面临巨大的挑战，都需要足够的勇气和足够的智慧。"

中建五局的困难，在当时突出表现为"三失现象"：一是"信心丢失"。刚刚步入 21 世纪的中建五局，企业全面亏损，债务拖欠严重，官司不断，上访闹事的事件也时有发生……人心浮动，已经基本失去了发展的信心和勇气。二是"信用缺失"。一方面，对员工信用缺失。其中一个公司拖欠职工工资达 48 个月，甚至经历唐山大地震的职工的抚恤金都无力支付。另一方面，企业对业主的信用缺失。当时的中建五局之所以一度陷入困难，一个重要原因是在思想观念上未能树立"顾客至上"的经营理念，失去了顾客和社会的信任，导致市场越做越小，企业越来越困难。三是"人和迷失"。企业陷入困境，一个突出的问题是企业内部是非观念模糊，"你好我好大家好，干好干坏一个样""好人不香，坏人不臭"，员工躺在企业身上吃大锅饭，价值观扭曲错位。

为了破解"三失"困境，使企业转危为安，重焕生机，中建五局从开展"树信心、讲信用、求人和"的"三项工程"建设，倡导"创新、敬业、团队、节俭"四种精神入手，逐渐培育出了独具特色的"信和"主流文化，为企业的振兴发展，为实现"社会尊敬、员工自豪"的企业愿景，为构建幸福五局注入了无穷的活力。

二、"信和"文化的三大来源

文化是在一定条件下人们意识的能动产物，而不是客观环境的消极反映。企业文化是在一定环境中，为适应企业生存发展的需要而形成的，是企业员工共享的价值观、共同愿景、使命及思维方式的总和，代表了被员工广泛接受的思维方式、道德观念和行为准则。只有反映企业生存发展需要的文化，才能被多数员工接受，才有强大的生命力。

"信和"文化的产生也不是偶然的。它诞生于改革大背景下大型国有工程建设企业体制机制转型的阵痛期，面对企业效益低下、市场萎缩、资不抵债、人心不稳的困境，如何在竞争激烈的市场经济环境下走出困境、再创辉煌？中建五局的管理层依靠的是先进文化的力量，根据企业自身谋求发展的实际需要，力图重塑一种新型的企业文化，让全体员工兴奋起来，振作起来，奋斗起来，"信和"文化由此应运而生（图9-1）。

中建五局"信和"文化的形成主要来源于三个方面，即：中华优秀传统文化、湖湘文化和中国建筑集团文化。

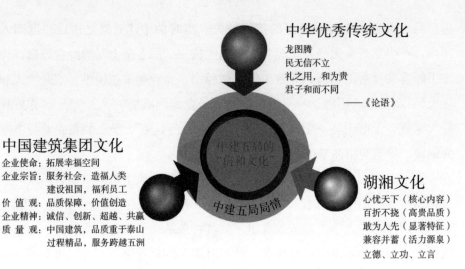

图9-1 中建五局"信和"文化的来源

（一）传承中华优秀传统文化

中国传统文化中伦理意义上的诚信，可以追溯到先秦时期。中国最早的历史文献《尚书》中已出现"诚"与"信"的概念和记载，如"神无常享，享于克诚""信用昭明于天下"。在春秋时代以前，受社会生产力不发达局限，"诚""信"多用于对神界的虔信。

在儒家学说中，"信"逐步摆脱了宗教色彩，成为经世致用的道德规范。"信"被人们更早地与为政之道结合起来。孔子强调"信"在治理国家中的重要作用，认为治理国家时即使"去兵""去食"，也不能"去信"，因为"民无信不立"。

孔子还提出"信"是国与国相交的道义标准："道千乘之国，敬事而信。"孟子继承了孔子关于"信"的基本思想，并进一步把"朋友有信"与"父子有亲、君臣有义、夫妇有别、长幼有序"并列为"五伦"，成为中国封建社会道德评价的基本标准和伦常规范。荀子也把是否有"信"作为区分"君子"与"小人"的重要道德标准。可见，作为中国儒学的原创，孔、孟、荀都把"信"作为做人与为政必须遵守的基本准则。

中建五局企业文化中鲜明地提出"信用"两个字，并将信用作为中建五局的立业之本，这正是对中华传统文化中重"信"守"义"精神的继承与发扬。

对中华传统文化的传承，还体现在中建五局企业文化的"人和"思想上。"和"的思想是中国传统思想文化中最富生命力的文化内核和因子。"和谐文化"不仅要求个体身心和谐、人际和谐、群体与社会和谐，更要求人与自然的和谐，体现为"天人合一"的整体哲学精神，强调"天人共存、人我共存"的辩证立场，以宽容、博大的人道主义精神张扬着丰富的天道与人间和谐融洽的观念。

据专家、学者考证，中华民族的伟大象征——"龙图腾"的形成本身就是一个"和谐文化"的思想演绎。中国上古奇书《山海经》记载，公元前27世纪时，中原地区原始部落争霸，姬轩辕在远古时代的著名战役——涿鹿会战中大败蚩尤，获众部落拥戴，尊称"黄帝"，成为中国远古时代华夏民族的共主。统一中华后，按当时的部落习俗，要树立一种"图腾"。图腾实际是一个被人格化的崇拜对象。轩辕"黄帝"为了能让所有部落更好地融合统一，提出以狮头、蛇身、鹿角、鱼鳞、鱼尾、鹰爪综合组构成一种新的图腾，定名为"龙图腾"。其含义是：龙能腾飞，能下水，能陆行，取多种动物之能。"龙图腾"象征着中华民族的伟大和团结。"黄帝"轩辕被尊为中华"人文初祖"，为五帝之首。

儒家贵"和"尚"中"，认为"德莫大于和"。《中庸》有云："致中和，天地位焉，万物育焉。"《论语·学而》有云："礼之用，和为贵。"儒家学说更看重"人和"。孟子所说"天时不如地利，地利不如人和"，是把"人和"看得高于一切。

中建五局强调要统筹考虑股东、员工、顾客、供方、社会等所有相关方的利益平衡，确立和谐共赢的价值取向，把准了当今时代文明的终极走向，其企业文化中对"人和"理念的张扬，正是对儒家文化的有机传承，也是中华传统文化在现代社会中找到价值坐标的最好佐证。

（二）吸收湖湘地域文化养分

"一方水土养一方人。"中建五局总部从贵州迁转落户湖南省会长沙，已经有数十年，员工中的本地人占据了大多数，即便是外地人，由于长期生活在湖南，许多人在湖湘文化的熏陶下，也变成地道的湖南人了。

湖湘文化是一种区域性的历史文化形态，其有着自身固定的文化特质和特定的时空范围。从空间上说，其是指湖南省区域范围内的地域文化；从时间上说，其是两宋以后建构起来并延续到近现代的一种区域文化形态。湖湘文化是中华文化的多样性结构中的一个独具特色的组成部分。尤其是近百年来，随着湖湘人物在中国历史舞台上的出色表演，湖湘文化已受到世人的瞩目与认可。

中建五局"信和"文化体现了湖湘文化"心忧天下、敢为人先"的核心内容。千百年来，国家民族利益高于个人利益，对国家、民族兴亡的强烈责任感和使命感，成为湖湘文化鲜明的价值观。

"信和"主流文化的基本表述为"信心、信用、人和"，其中关于"用命工作""用心工作""用力工作""员工讲贡献，企业讲关怀"等理念和要求，较好地体现了湖湘文化中"心忧天下"的精神；中建五局"立德、立人、立业"的企业使命，更是湖湘文化"立德、立功、立言"这种责任感和使命感的另一种表述方式。

"信和"主流文化中"困难企业不讲困难""为最高目标奋斗""用激情点亮前程"等观念的阐述，无不体现了湖湘先贤英烈为了实现理想信念，所表现出的百折不挠的高贵品质。

"信和"文化体现了湖湘文化敢为人先的显著特点。湖湘知识群体思想开阔，顺应时代潮流，站在中华文化发展的前沿。从周敦颐重构儒道，王船山"六经责我开生面"，到曾国藩、左宗棠等人致力引进西方技术开办洋务，再到宋教仁、黄兴进行民主革命推翻帝制，直至毛泽东领导中国革命取得胜利，无不彰显湖湘文化思变求新、开拓进取的精神品格。

发展无坦途，创新无止境。在创新引领世界前进的时代，必须不断解放思想，冲破一切不利于改革创新的观念障碍，将湖湘文化"敢为人先"的创新奋进精神，切实转化为加速推进企业前进的动力。据此，中建五局"信和"文化明确把创新精神摆在企业精神的首位，即创新、敬业、团队、节俭。企业要求全体员工，要"敢为人先，用行动把握机遇"。

"信和"文化体现了湖湘文化兼容并蓄的博大胸怀。"兼收并蓄"历来是湖湘文化的鲜明特征。从魏源提出"师夷长技以制夷"的新主张，进而成为近代中国对外开放思想的首创者，到毛泽东将马克思主义同中国革命具体实践相结合，实现了马克思主义中国化的第一次伟大飞跃，湖湘文化开创了中国近现代思想解放之先河，推动了中华文化的发展和社会的进步。

"信和"主流文化要求全体员工要"改善学习""常记七学"，力争做到"学而习、学而思、学而用、学而传、学而行、学而修、学而果"，始终站在时代的新起点，以湖湘文化兼容并蓄的胸怀，学习他人的先进理念和前沿科学技术，为发展和壮大五局作出贡献。

"信和"文化体现了湖湘文化的人本精神。湖湘文化不仅是一种充满开拓精神和竞争意识的"刚性"文化，也是以中国充满包容情怀和博爱思想的和谐文化。心忧天下、敢为人先、百折不挠、兼收并蓄的背后，是心系劳苦大众的大爱之情，是深刻的人文关怀和"民本"精神的体现。同时，湖湘文化秉承儒家文化关于自身修养等方面的精髓，强调"立德、立功、立言"，表达的是修身、齐家、治国、平天下的完美人生追求，曾国藩就是这样的代表人物。

（三）承接中国建筑集团文化

中建五局的上级母公司是中国建筑股份有限公司，简称"中国建筑集团"，2009 年成功在上交所上市。中国建筑集团是隶属国务院国资委管理的大型中央企业之一，也是唯一不占用国家资源，没有地方保护、没有行业保护，处于完全竞争性领域的企业。中国建筑集团主要从事房屋建筑工程、国际工程承包、房地产开发与投资、基础设施建设与投资及设计勘察五大领域业务，拥有产品技术研发、勘察设计、工程承包、地产开发、设备制造、物业管理等完整的建筑产品产业链条。

2012 年，中国建筑集团的企业文化理念概括为"中建信条"，主要由以下几个方面组成：①企业使命——拓展幸福空间；②企业愿景——最具国际竞争力的建筑地产综合企业集团；③主体价值观——品质保障、价值创造；④企业精神——诚信、创新、超越、共赢。

中建企业文化，来源于中国建筑集团旗下各子企业的文化，是各子企业文化精髓的传承与交融，丰富与升华。风雨六十年，深耕三十载，在各子企业文化的基础上，中建企业文化犹如一台熔炉，淬火而炼，可以解析中国建筑集团丰富多样而又清晰一致的文化元素。

中国建筑集团逐渐形成了主导文化清晰鲜明，特色文化灵活有序的"文化星系"大系统格局。如果把中建企业文化看作一个"恒星系"，则中国建筑集团的母文化就是太阳，各工程局、设计院等子企业的文化则是九大行星。行星围绕太阳公转的同时也有自己的自转，行星有大有小，亮度不同，各有特点。没有太阳的主导，就不能称之为太阳系；没有行星的拱卫，也不能成为太阳系。这就需要强调太阳的主体性、主导性，又要尊重行星的相对独立性和自由度。太阳行星交相辉映，是为永恒。

通过将中建五局"信和"主流文化与中国建筑集团的企业文化精神进行对照，可以得知，中建五局的"信和"主流文化既体现了母公司中建企业文化的核心，又根据中建五局历史与现实的实际，在许多方面有所创新，有所发展，有所深化，具有自己的特色。中建五局"服务社会，福利员工"的企业宗旨就明白无误地体现了中国建筑集团"服务社会，造福人类，建设祖国，福利员工"的企业宗旨的核心内容。

中建五局的"信和"主流文化，也是中国建筑集团文化与中建五局具体实践相结合的产物，它在承接并全面贯彻母公司文化精神的基础上，又大大丰富了母公司文化，这是中建五局人对中国建筑集团文化的贡献。

三、"信和"文化的建设历程

中建五局的"信和"主流文化，既不是对世界著名企业文化的模仿，更不是专家学者以及所谓策划大师的"闭门造车"。它植根于中建五局50多年前奋战"大三线"的辉煌沃土，发轫于中建五局处于生存危机的非常时期，成长于中建五局励志图强的艰辛征程，并且伴随着中建五局的发展壮大而逐渐成熟。"信和"主流文化的形成，不是自发的、一蹴而就的，一直以来，中建五局紧紧抓住"总结提炼、宣贯倡导、领导表率、项目践行、虚实结合、全员参与"这六个环节，坚持不懈地探寻具有企业特色的企业文化建设之路。

自 1965 年企业创立之日起，中建五局"信和"主流文化经历了孕育期、萌芽期、成长期、成熟期四个阶段（图 9-2）。

（一）孕育期（1965 ~ 2002 年）

早期的近 40 年，是中建五局"信和"主流文化的孕育期。"信和"主流文化可追溯到企业组建初期的"大三线"建设时期，那时第一代五局人体现出的敬业奉献精神、艰苦奋斗精神构成了五局企业文化的底色，是中建五局"信和"主流文化的有机组成部分。后来，企业构成单位不断变化，文化也在不断磨合。

（二）萌芽期（2003 ~ 2005 年）

2003 年，根据企业先天不足、后天失调、长期积弱、危机凸显、企业内部突出存在"信心丢失、信用缺失、人和迷失"的局情，中建五局首次提出建设"信心、信用、人和"三项工程，同时倡导"创新、敬业、团队、节俭"的企业精神，并在全局范围内全方位推行绩效考核制度，使和谐、健康、向上的人际环境和公开、公平、公正的机制环境得以在全局上下逐步形成。

2004 年，中建五局继续推进三项工程建设，着力营造"公开、公平、公正"的制度环境和"和谐、健康、向上"的人际环境，并出台了中建五局加强企业文化建设的实施意见。

2005 年，中建五局在韶山首次召开企业文化研讨会，在总结三家优秀基层单位企业文化建设先进经验的基础上，明确中建五局主流文化的建设就是要积极推广以"团队文化、诚信文化、执行力文化、精品文化、学习文化、创新文化、快乐文化、节约文化"为内容的主流文化。这一阶段，为"信和"主流文化的萌芽破土培育了肥沃的土壤。

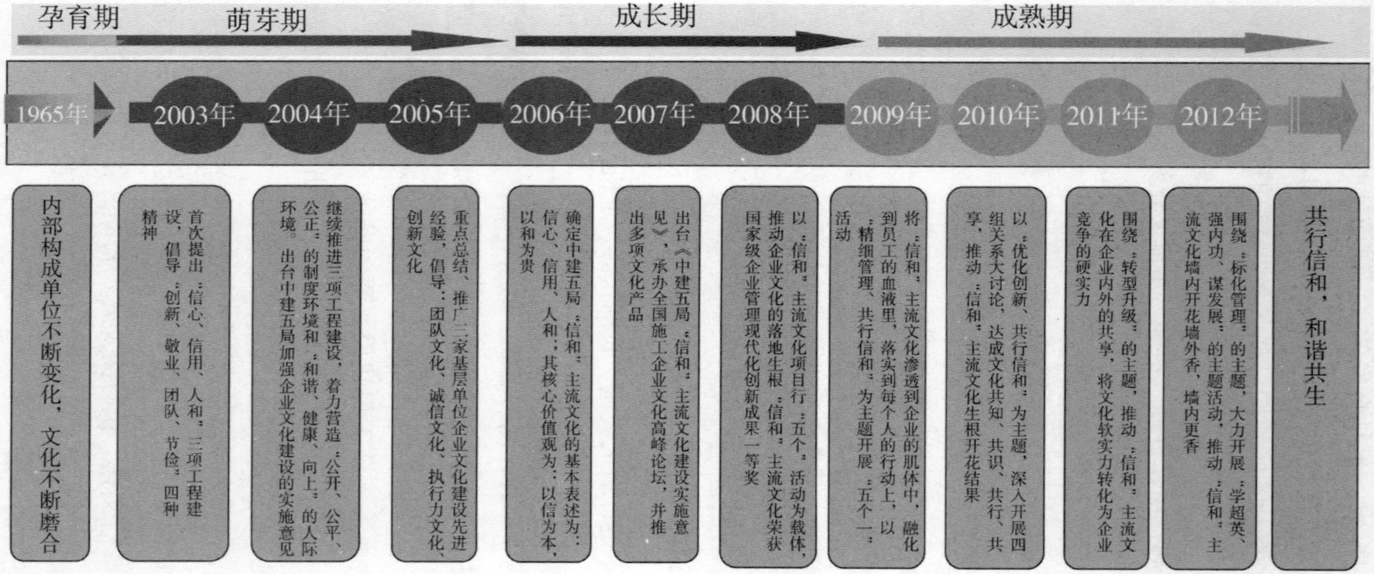

图 9-2 中建五局"信和"主流文化演进历程

（三）成长期（2006 ～ 2008 年）

这一阶段，时间虽短，却是中建五局"信和"主流文化的快速成长期。

2006 年 4 月，中建五局再次召开企业主流文化建设座谈会，会上明确将中建五局的主流文化概括为"信心、信用、人和"六字，确定"以信为本、以和为贵"的"信和"主流文化，并制定了宣传提纲，组织全局员工开展主流文化大讨论。同年 9 月，借中国建筑集团企业文化十周年峰会在中建五局设立分论坛之机，中建五局又召开了企业主流文化推进会，再次对"信和"主流文化进行提炼，使其内涵更加准确和清晰：信心是中建五局的立业之源；信用是中建五局的立业之本；人和是中建五局的立业之魂。

2007 年 5 月，出台《中建五局"信和"主流文化建设实施意见》，承办全国施工企业文化高峰论坛，并推出多项文化产品。为更好地推动"信和"主流文化的落地、生根，中建五局汇集"信和"主流文化的核心内容和相关解读，编写了《"信和"主流文化手册》，并开展了"信和"主流文化项目行"五个一"活动，即读一本好书（《信·和小故事集》）、送一本手册（《"信和"主流文化手册》）、布置一块文化展板、听一堂文化讲座、做一次文化共享。"信和"主流文化逐渐成长壮大，荣获了第十五届国家级企业管理现代化创新成果一等奖。

（四）成熟期（2009 年至今）

从 2009 年起，中建五局"信和"主流文化开始步入成熟期，"信和"主流文化逐渐渗透到企业的肌体中，融入员工的心底里，落实到每个人的行动上。全局开展以"精细管理、共行信和"为主题的"五个一"活动，即学习一本手册、规范一类行为、打造一批标准化工地、宣传一批项目履约的典型、补齐一块工作短板，各单位坚持以项目为载体，通过施工现场这个窗口展现文化、落实文化，突出了施工项目对"信和"文化的承载、落地，实现了文化建设与施工生产和管理实践的有机融合。

2010 年，以"优化创新、共行信和"为主题，深入开展四组关系大讨论，达成文化共知、共识、共行、共享。

2011 年，围绕"转型升级"的主题，推动"信和"主流文化在企业内外的共享，将文化软实力转化为企业竞争的硬实力。

2012 年围绕"标化管理"的主题，大力开展"学超英、强内功、谋发展"的主题活动。这一时期，"信和"主流文化开始在中建五局开花结果，走向成熟，共行"信和"，和谐共生。

四、企业文化建设的六个环节

中建五局的"信和"文化从孕育、萌芽到成长、成熟历经 50 多年历程，企业文化的建设过程主要抓了总结提炼、宣贯倡导、领导表率、项目践行、虚实结合、全员参与六个主要环节。

（一）总结提炼（图 9-3）

中建五局的企业文化可追溯到 1965 年企业组建初期的"大三线"建设时期，一代又一代五局人服从国家建设需要，风餐露宿，转战南北，体现出的敬业奉献精神、艰苦奋斗精神、团结创新精神，这就是中建五局"信和"主流文化的基础。2003 年，中建五局把企业精神总结概括为"创新、敬业、

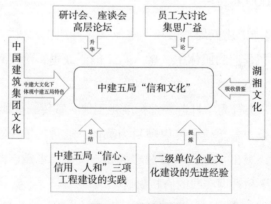

图 9-3　总结提炼

团队、节俭"四种精神，同时，根据企业内部突出存在"信心丢失、信用缺失、人和迷失"的现象，提出了建设"信心、信用、人和"三项工程，努力打造和谐、健康、向上的人际环境和公开、公平、公正的机制环境。

2006 年，在总结局属三公司、广东公司、广西公司等优秀基层单位企业文化建设先进经验的基础上，确定将中建五局的主流文化概括为"信心、信用、人和"六个字，明确信心是中建五局的立业之源，信用是中建五局的立业之本，人和是中建五局的立业之魂，并把"以信为本、以和为贵"作为企业的核心价值观。

（二）宣贯倡导

2007 年，出台《中建五局"信和"主流文化建设实施意见》，编写了《"信和"主流文化手册》，推出多项文化产品，推动"信和"主流文化的落地、生根。充分利用国企的思想政治和组织管理优势，发挥党团组织及宣传媒体的主渠道作用，旗帜鲜明地表达企业的文化主张。各级组织进一步拓宽思路、创新载体，以生动活泼、为群众喜闻乐见的活动形式，如组织文艺演出、演讲比赛、摄影作品展等，提高主流文化的传播效果。大力开展建精品工程、做优秀项目经理、创明星区域公司的" 建、做、创"活动。"信和"主流文化开始从自发走向自觉、从零散走向系统、从朦胧走向清晰。

（三）领导表率

领导干部是企业文化建设的领跑者、推动者，主要领导更是企业文化的思想者、布道者、践行者。企业文化理念不仅是用来说的，更重要的是用来做的。领导在企业文化建设工作中必须做到亲心、亲言、亲力。亲心，就是做到忠心立人、诚心待人、平心做人；亲言，就是要真言感人、"大话"服人、"巧言"悦人；亲力，就是以务实的作风带动人，以出色的业绩感召人，以廉洁的行为影响人，以切实的关怀温暖人。只有这样，企业文化才能形成、成长、成熟和发展。

（四）项目践行

项目是建筑施工企业的基本单元，是企业利润的重要来源，是展示企业形象的最佳窗口，更是践行"信和"主流文化的前沿阵地。中建五局汇集"信和"主流文化的核心内容和相关解读，巡回举办工程项目"信和文化节"活动，并连续五年开展了"信和"主流文化"五个一"活动，即：学习一本手册（《信和文化手册》）、规范一类行为（如项目"信和"文化展板，见图9-4）、打造一批标准化工地、宣传一批项目履约典型、补齐一块工作短板。根据企业实际，每年"五个一"活动的内容有所不同，目的是将"信和"文化建设与企业经营管理融为一体，形成企业文化建设常态化机制。

图9-4 项目"信和"文化展板

（五）虚实结合

企业文化的建设，要将理念与实践、无形与有形、务虚与务实有机地结合起来，才能取得良好的效果。实施棚户区改造等十大民心工程，认真做好和谐五局十件事，即：①优化经营结构，实现三个一流；②坚持福利员工，打造共同平台；③完成棚户改造，解决安居问题；④改造总部基地，提升生活品质；⑤兴建中建大厦，改善办公条件；⑥减少待岗人员，实现充分就业；⑦还清职工内债，解决历史拖欠；⑧落实帮困资金，关爱弱势群体；⑨组装社会要素，谋求合作共赢；⑩打造"信和"文化，永葆基业长青。累计归还内债4.8亿元，彻底解决了长期困扰企业的拖欠职工内债的历史遗留问题，中建五局积极推进下岗再就业工作，超过4000名职工实现了再就业。中建五局捐资兴建了韶山希望小学，汶川大地震发生后，中建五局积极参加抗震救灾，向灾区人民捐款捐物，积极履行社会责任，受到社会各界好评。

与业主、客户、分供方协同发展，建立和谐共赢的共享平台。中建五局每年为社会提供约 10 万个就业岗位，在农民工中实施"五同原则"（政治上同对待、工作上同要求、利益上同收获、素质上同提高、生活上同关心），被指定为"湖南省重点扶植外拓及劳务培训用工建筑企业"。2008 年 7 月，湖南省委领导到五局检查指导工作时，充分肯定五局"万名员工闯市场、十万民工奔小康""贡献民生、贡献社会、贡献国家"的经验，要求加大对中建五局扭亏脱困改革发展做法和经验进行集中宣传。

（六）全员参与

企业文化，只有被全局上下所有员工理解和实践，才能真正实现文化的"落地"，才能真正成为"主流"文化。中建五局为使广大员工积极参加到"信和"文化的建设与践行中，开展了一系列以"信和"冠名的主题文化活动。不断创新活动载体，以广大员工喜闻乐见、踊跃参加的多种形式，普及推广"信和"主流文化。例如：万元大奖征集"信和"文化展板、"信和"杯职工篮球赛、"信和"杯劳动竞赛、劳动模范"信和"奖章……

通过职工群众积极广泛而有深度的参与，中建五局将"信和"主流文化由"共知、共识"阶段向"共行、共享"的深化阶段推进，使"信和"文化渗透企业的肌体中，融入员工的心底，落实到每个人的行动上。

五、思想文化建设的"四次行动"

中建五局在"信和"文化体系建设实践过程中，根据企业发展不同阶段的生产需求，有针对性地开展了文化建设的"四次行动"，如图 9-5 所示。每三年开展一次思想文化建设的专题活动，每一次思想文化专题活动开展三年，每次思想文化建设的成果都作为下一步企业文化建设的重要内容被保留承继。

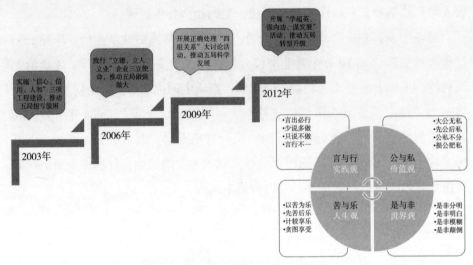

图 9-5　思想文化建设的"四次行动"

（一）实施"信心、信用、人和"工程建设

从 2003 年开始，开展"信心、信用、人和"三项工程建设，推动企业扭亏脱困。当时的中建五局，积弱多年，针对当时企业内部凸显的"信心丢失""信用缺失""人和迷失"的"三失"现象，中建五局在制定"用 3～5 年时间扭亏脱困进而做强做大"整体战略的同时，在内部以"信心、信用、人和"三项工程建设为先导，推行了竞争上岗、建立全面的绩效考核体系等管理举措，确立了"以信为本、以和为贵"的核心价值观。最终"信心、信用、人和"成为"信和"主流文化的核心内容，"信和"主流文化体系初步成形，形成了"公开、公平、公正"的制度环境和"和谐、健康、向上"的人际环境，助推企业扭亏脱困，实现了中建五局发展史上的历史性转折。

（二）践行"立德、立人、立业"企业使命

从 2006 年开始，践行"立德、立人、立业"企业三立使命，推动中建五局做强做大。在完成扭亏脱困的历史任务后，中建五局面临着发展再上台阶的新使命。当时，适逢"十一五"开篇，借导入卓越绩效模式的契机，中建五局重新梳理了企业的使命、宗旨和价值观，提出了"立德、立人、立业"的企业使命，进一步厘清了立德为魂、立人为本、立业为果的内涵关系，并在实践中更多地关注相关方利益，实施了农民工"五同"原则、构筑和谐中建五局"四年十件事"、推动低碳化转型等一系列管理举措，使企业从追求"利润最大化"转变到追求"价值最大化"，助推了企业做强做大，实现了中建五局持续发展的新跨越。

（三）进行正确处理"四组关系"大讨论

从 2009 年开始，中建五局广泛开展了正确处理"四组关系"大讨论活动，推动企业的科学发展。在历经多年艰苦卓绝的努力，创造了"浴火重生"的业界奇迹之际，从居安思危、推动企业可持续发展的角度出发，开始倡导在内部开展"公与私、是与非、苦与乐、言与行"四组关系大讨论活动。当时，企业已经完成了从最初的"有活干、吃上饭、不添乱"的扭亏脱困阶段，向"吃好饭、谋发展、作贡献"的创新发展阶段的转变，并正在向"弯道超车、持续发展"的差异化竞争阶段迈进。新的战略任务，要求中建五局找到新的文化先行切入点。"四组关系"大讨论，正是在这样的背景下被推向前台。

"四组关系"大讨论活动，着力宣传和打造一批正确处理"四组关系"的先进典型，引领全体员工树立正确的价值观、世界观、人生观和实践观。通过举办诸如征文、"青春在奉献中闪光"DV 讲演大赛等活动，诠释了感人的故事，引导广大青年正确处理"四组关系"，取得了很好的效果。

"四组关系"大讨论活动，实际上是一个思辨的过程，起到了"真理越辩越明"。"四组关系"中的每组关系里面，又分出高低不同的四种境界，分别对应着圣人、好人、俗人、小人四个做人的境界。一是"公与私"的关系，反映的是价值观的问题。分为大公无私、先公后私、公私不分、损公肥私等四种境界。要提倡大公无私、做到先公后私、批评公私不分、惩处损公肥私。二是"是与非"的关系，反映的是世界观的问题。分为是非分明、是非明白、是非模糊、是非颠倒等四种境界。要提倡是非分明、做到是非明白、批评是非模糊、惩处是非颠倒。三是"苦与乐"的关系，反映的是人生观的问题。

分为以苦为乐、先苦后乐、计较享乐、贪图享乐四种境界。要提倡以苦为乐、做到先苦后乐、批评计较享乐、惩处贪图享受。四是"言与行"的关系，反映的是实践观的问题，强调的是执行力。分为言出必行、少说多做、只说不干、言行不一四种境界。要提倡言出必行、做到少说多做、批评只说不做、惩处言行不一。

在正确处理好"四组关系"的基础上，明确要求各层级领导干部要按最高的境界严格要求自己，力求"大公无私、是非分明、以苦为乐、言出必行"，发挥表率作用。2011 年以来享誉全国的"大姐书记"陈超英，就是中建五局涌现出来的优秀代表。她生前就是这"四组关系"讨论的积极组织者，更是"四组关系""圣人"境界的坚定践行者。员工眼中的"大姐书记"陈超英在中建五局浴火重生的进程中，不是树木，而是森林。正是因为有一大批"陈超英式"的国企好干部、好员工，才成就了一个新五局，才创造了"中建五局现象"。

中建五局将"四组关系"的第一个层次与陈超英的职业美德进一步提炼升华为"超英精神"——忠诚不渝的信念、公而忘私的情操、是非分明的品格、言行一致的作风、以苦为乐的境界、关爱群众的美德。"四组关系"和"超英精神"是对中建五局"信和"文化的进一步深化和提升，处理好"四组关系"，发扬好"超英精神"就是践行了"信和"文化。

（四）开展"学习超英好榜样"活动

2012 年起，中建五局以文化建设推动企业发展取得一系列成效的基础上，继续开展"学习超英好榜样"文化建设活动，进一步推动了企业的转型升级。

2003 ~ 2010 年的 8 年中，坚持"一三五七基本工作思路"，把握住"五项重点"，遵循"树信心、定战略、用干部、抓落实、育文化"的"十五字路线图"，实现了从"老五局"到"新五局"的蜕变。在进入"十二五"规划实施阶段时，中建五局提出了"一五五九工作思路"，即:围绕"转变发展方式、谋求持续发展"这个中心，实施"差异化竞争、精细管理、科技创新、素质提升、文化升级"五大战略;坚持"房建求好、基建求强、地产求富、专业求精、区域求优"五项策略;加强"团队学习能力、总包管理能力、市场拓展能力、企业盈利能力、风险管控能力、融资投资能力、组织执行能力、品牌提升能力、党群保障能力"九种能力建设，力争再用 8 ～ 10 年的时间，遵循"转型升级"的路径，建设"全新五局"。

开展"学习超英好榜样"活动，正是在这样的背景下，以企业文化建设推动管理升级的重要行动。"忠诚不渝的信念、公而忘私的情操、是非分明的品格、言行一致的作风、以苦为乐的境界、关爱群众的美德"的"超英精神"是中建五局的宝贵精神财富，对弘扬社会主义核心价值观具有重要的积极意义。以发扬传承"超英精神"为重点，在全局开展"学习超英好榜样"活动（超英精神是什么，我比超英差什么，我向超英学什么，学习超英做什么），通过"用身边人教育身边人"，进一步净化内部氛围，提升队伍素质，推动企业在"十二五"期间的转型升级和科学发展。

纵观"信和"主流文化的发展历程，每一次的文化集中活动，都是对全体员工灵魂的一次荡涤和升华，是对企业主流文化的一次丰富和深化，从虚到实，由软到硬，软硬两手并举，最终引领企业持续健康发展。这样一种节奏，可以说是主观的精心策划与客观的发展规律的契合与共振，也是对企业发展成果的双重保障和放大。

第三节　"信和"文化的内涵

中建五局在多年的探索实践中，形成了独具特色的"信和"文化。所谓"信和"，即不仅指"信用""人和"，还包括"信心"。因此，"信和"文化由"信心、信用、人和"三个主要部分组成，三者缺一不可。其中"信心"是针对人的个体而言，"信用"是指人的相互关系，"人和"是指最终结果，"信和"文化的本质特征是"以人为本"。信和文化强调"主流"特点，所谓主流文化，是指在文化竞争中形成的，具有高度的融合力、强大的传播力和广泛的认同度的一种文化形式。

一、"信和"文化的理念结构

"信和"文化的主要理念有以下七条：

（1）核心价值观——以信为本，以和为贵，这是企业主流文化中最为核心的部分。

（2）企业精神——创新、敬业、团队、节俭。

（3）企业使命——立德、立人、立业。其中立德是根本，立人是基础，立业是结果。德为先，人为本，业为果。

（4）企业宗旨——服务社会，福利员工。

（5）企业愿景——社会尊敬、员工自豪。

（6）企业目标——三个一流，对应的是中建五局的三大主营业务，即把中建五局建设成为全国一流的房屋建筑施工总承包商，全国一流的基础设施专业营造商，全国一流的房地产品牌发展商。

（7）管理方针——规则无上，做守法企业；追求无限，创精品工程；地球无双，建绿色家园；生命无价，圆健康人生。

中建五局的企业文化由精神层、制度层、物质层三个层面构成（图9-6）。

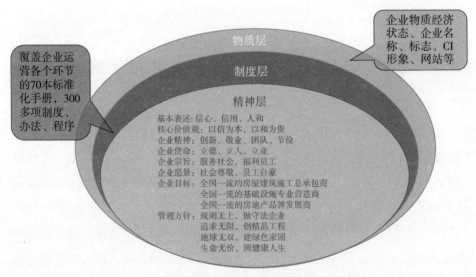

图9-6 中建五局"信和"主流文化的三重结构

"信和"主流文化的三重结构的关系：物质文化是基础，制度文化是保证，精神文化是核心。物质层作为中建五局"信和"文化的外在表现和载体，是制度层和精神层的物质基础；制度层则规范和影响物质层和精神层的建设，没有严格的规章制度，企业文化建设将是空谈；精神层是形成物质层和制度层的思想基础，也是中建五局"信和"文化的核心和灵魂。

1. 外化于形的物质层

这是中建五局文化的表层部分，是可视的、有形的器物文化，主要包括中建五局名称、标志、网站、企业物质经济状态等。

2. 固化于制的制度层

这是中建五局文化的中间层次，是规范性、强制性的行为文化，其主体是中建五局建立起来的覆盖企业运营各个环节的中建五局运营管控标准化系列丛书（40余册、500多万字，300多项制度、办法和工作流程）。

3. 内化于心的精神层

这是中建五局文化的内核部分，是无形的、意识形态的理念文化，主要包括："以信为本、以和为贵"的核心价值观，"创新、敬业、团队、节俭"的企业精神，"立德、立人、立业"的企业使命等内容。

二、"信和"文化的基本内涵

中建五局的"信和"文化由"信心、信用、人和"三部分构成，"信心"是讲个体的，"信用"是讲相互关系的，"人和"是讲最终结果的。这三者的内在逻辑关系为（图9-7）：以源自于个人内心的信念的力量，营造人与人之间诚信的氛围，从而达成企业、员工、社会和谐共生的目的。"信心"是中建五局的立业之源，"信用"是中建五局的立业之本，"人和"是中建五局的立业之魂。树信心、讲信用、求人和是中建五局"信和"文化的基本要求，"信和"文化必须始终贯穿着"以人为本"的主线。

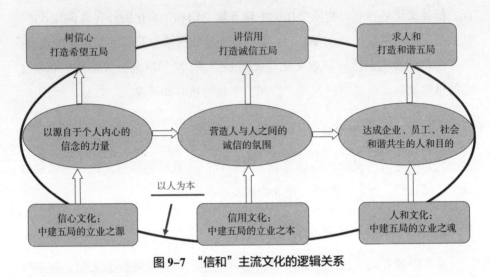

图 9-7 "信和"主流文化的逻辑关系

（一）"信心"文化为立业之源

信心是一种精神力量。托尔斯泰说过"决心即力量，信心即成功。"当信心源自于科学的信仰，又奠基于客观现实时，这种力量将所向披靡、无坚不摧。在我国，坚定中国特色社会主义道路自信、理论自信、制度自信，说到底是要坚定文化自信。

员工对企业的"信心"是文化自信的一种体现，是企业持久发展的内在力量。每个企业，特别是市场竞争激烈、工程项目和劳动力流动性大的工程建设企业，在发展的过程中不可能一帆风顺，关键是以什么心态、什么措施应对和解决问题。坚持以积极的思维、积极的心态工作，企业的发展就不会止步于一时的困境。相反，如果失去了信心，也就失去了求生的意识，失去了自救的能力，企业就会在困境中越陷越深，甚至走向衰亡。"信心"文化的内涵主要有三个方面。

1. 积极的思维

2002 年底，中建五局新一届领导班子上任时面对的首个难题，就是信心丢失。长期计划经济体制下形成的"等、靠、要"的思维惯性，在困难面前员工主要寄希望于上级和政府的援助，缺乏一种自救的主动性；对国企这面红旗能坚持多久，企业上下也都心存疑虑，表现在工作上就是得过且过，做一天和尚撞一天钟。

因此，新班子上任后做的第一件事就是重建信心。首先从解放思想、更新观念上打开突破口，积极拓展解困脱贫、做强做大的发展之路。启动改革，实施全员下岗、竞争上岗，并同步建立覆盖全局各层面的绩效考核制度，建立"金条＋老虎"的激励机制，倡导业绩导向，从机制层面激发信心。

2. 积极的心态

对一个企业的发展而言，信心就是旗帜，信心就是力量。只要旗帜不倒，信念犹在，企业就不会被困难轻易击倒，企业就总能找到走出困境的路。在困难企业，讲困难很容易，不讲困难则需要勇气。企业通过在内部寻找亮点，领导身先士卒，到井冈山重温"星星之火，可以燎原"的井冈山精神等各种措施，从精神层面上重建信心。不断强调"困难企业不讲困难"的理念，通过积极寻找工作中的亮点，坚定"中建五局能搞好"的信念。

3. 积极地工作

发展是第一要务，发展是解困的根本途径。企业一方面通过推进区域经营"四个转变"、实施资源重组整合等一系列改革举措，扭转生产经营的被动局面，以跨越式发展的实践成果，从物质层面支撑信心。另一方面，通过营造和谐、健康、向上的人际环境和"公开、公平、公正"的机制环境，领导以"牺牲享受、享受牺牲"的境界，带领员工披荆斩棘、攻坚破垒。调动员工积极性，做到一般员工"用力工作"，中层干部"用心工作"，高层领导"用命工作"。

中建五局依靠不断解放思想、培育"信心"文化，最终实现了蜕变新生的成功实践，为企业在困境中突围提供了一个实证样本。信心是企业的立业之源。开启了这一源头，企业就拥有了攻坚克难、勇往直前的巨大力量。

（二）"信用"文化为立业之本

为人处世讲信用，中西方都能找到深厚的文化渊源。孔子提出"民无信不立"，将"民信"作为一个国家的立国之本；孟子认为"诚者，天之道也；思诚者，人之道也"，将诚信作为人之为人最重要的品德。企业作为市场经济的主体，培育信用文化至关重要，这是企业适应外部监管的客观需要，是企业自身发展的必然要求，也是维护市场生态的理性选择。

任何企业如果背弃了信用，在思想观念上不能树立"顾客至上"的经营理念，满足于追求企业短期利益最大化，必将受到市场的惩罚。因此，企业应及时将更新经营理念、培育企业文化作为占领市场的金钥匙。

企业对社会的"守信"。企业对业主和社会，要追求诚实信用的经营方式，崇尚规则，守法经营，提供最优质的产品和服务，力争为客户和社会带来更多的价值。现代市场竞争，争夺的其实是顾客的满意度。谁拥有了顾客，谁就拥有了明天。

企业应从倡导履约意识开始，通过每一个项目全面履约，不为失约找理由，只为守信想办法，逐步赢得顾客的信任。并以合同外的超值服务，使顾客的满意度进一步上升为品牌忠诚。

企业与员工的"信用"。每一个满意的顾客身后，都站着一批满意的员工。企业的诚信表现为"福利员工"，员工的诚信表现为"忠诚企业"；企业只有真心"福利员工"，员工才会自觉"忠诚企业"；企业坚持"付出必当回报"，员工才会相信"奉献自有回报"。

只有对员工诚信关爱，才有可能赢得"员工用力工作、中层用心工作、高层用命工作"的自觉回报。每个员工自身工作质量的提升，又外化为企业对业主、企业对社会的诚信，从而形成一个良性互动的信用体系，为中建五局重新赢得市场、实现跨越发展奠定了坚实的基础。

另一方面，员工之间也遵循着"诚信"原则。表现为互相尊重，注意沟通，真诚相待，实事求是，言行一致。

（三）"人和"文化是立业之魂

孟子说："天时不如地利，地利不如人和。"对一个企业而言，人和，就是企业内部、企业与竞争者和关联方、企业与社会和环境之间保持一种共生共赢的良好生态，形成"天人合一、人人合一、个人合一"的和谐氛围，这是企业发展的重要基础。

企业以人为本，就是要营造"企业即人、企业为人、企业靠人"的人本氛围，增强员工在企业的成就感、成长感、归属感，就是要关注人的发展，让所有人能分享企业发展的成果，实现强企与富民的共赢目标。中建五局当年陷入困境，一个突出问题就是"人和"迷失，企业内部是非观念模糊，"你好我好大家好，干好干坏一个样"，员工躺在企业身上吃大锅饭，价值观扭曲错位。因此，中建五局建立"人和"文化的过程，实际上就是一个重塑价值观的过程。

企业内部的"人和"：

"人和"不是迷失自我的一味附和，而是"和而不同"的一种境界，是建立在统一价值观和公平正义基础之上的一种秩序。要使团队的统一与个性的张扬、企业的发展与员工的成长实现有机的结合。中建五局致力于在内部营造和谐、健康、向上的人际环境和公开、公平、公正的制度环境。

一方面，要使员工明白，在市场经济竞争环境下，企业不是福利机构，平均主义是最大的不公平，是对辛勤劳动员工的"剥削"。通过持续不断的宣传引导，纠正了人们头脑中模糊、错位的观念，使"按劳取酬""不劳动者不得食"等价值标准在企业内部得到了回归和张扬，为企业发展营造了健康环境。另一方面，通过建设学习型组织，倡导"无功就是过"的业绩观，提出"七成定律"的用人理念等措施，提高了人才素质，释放了人才潜能，为企业跨越发展提供了人才支撑。

企业外部的"人和"：

从宏观方面来讲，企业与社会及环境处于和谐共生的状态，才有利于自身的发展。企业应当遵守社会生态观念，兼顾自身发展和生态环境保护之间的关系，着眼于提高人类的生活质量、造福子孙后代，实现企业与社会、企业与环境的和谐共生。

从微观上分析，企业与上下游关联方之间，不仅是单纯的经济关系，而且要共享利益、共同发展。企业在整合上下游生产链条上做了积极的探索，变"恶性竞争"为"良性竞合"，变单纯的"商务关系"为"战略合作伙伴"，统筹相关方利益，通过共同做大"蛋糕"，成为利益共同体，实现共赢。

对于上游的顾客，中建五局以战略联盟的方式，锁定了20家核心业主和50家左右的重要业主，这些业主"回头客"提供的订单占到全局的80%以上。对下游作为企业重要施工力量的10万农民工供方，秉承"人本理念"，明确提出"政治上同对待、工作上同要求、利益上同收获、素质上同提高、生活上同关心"的"五同"原则，形成了"万名员工闯市场，十万民工奔小康"的和谐发展局面。

企业作为社会生态系统中的一个部分，作为价值链上的一环，只有确立了和谐共赢的价值取向，统筹考虑股东、员工、顾客、供方、社会等所有相关方的平衡利益，就能从"共赢"持续走向"久赢"，实现和谐发展。

三、"信和"文化的主要特点

企业文化作为精神形态的一种体现，其形成的内在规律上有其共性，但也受多种因素的影响。从企业文化的表现形态上看，不同的企业文化都有着差异性。"信和"文化特点有以下表现：

（一）着力提升员工的"幸福指数"

中建五局持续建设"信和"主流文化，是为了实现"社会尊敬、员工自豪"的企业愿景，说到底就是"以人为中心"，提升企业员工的幸福指数。

2002年前，企业"资不抵债，举步维艰"，"员工幸福"无从谈起。2002年12月，新一届领导班子上任后提出的第一阶段目标是"有活干，吃上饭，不添乱""穷则独善其身"；解决了"吃饭"的问题之后，提出下一阶段要"吃好饭，谋发展，作贡献"，也就是说，企业要提供更多优质产品，为国家增加更多税收，为社会作出更多贡献，"达则兼济天下"；后来，企业提出新的发展目标是"再次创业"，实现"社会尊敬，员工自豪"的愿景。要获得社会尊敬，就必须对社会作贡献，要让员工愿意在企业工作，并且觉得在自己的企业工作有自豪感，员工的劳动价值得到实现，经济、政治待遇不断提高。让所有员工都能分享企业发展的成果，进而使文化的软实力能转化为企业竞争的硬实力，促进企业的持续、健康、快速发展。实现强企与富民的共赢目标。因此，一个"社会尊敬，员工自豪"的企业就应该是"幸福指数"高的企业，企业员工有浓浓的归属感、成长感、成就感和幸福感。

（二）行业共性和企业个性的统一

企业文化是行业共性文化和企业个性文化的统一体。企业是商品的生产者和经营者，无论其所处何方，经营范围是否相同，都有着共同遵守的客观规律，这是其共同的一面。但是在同一行业内，每个企业又有其文化个性的一面，反映企业自身生产经营的不同特点，具有区别于其他企业的企业文化的独特性。"信和"文化在保持规范、严谨，以及企业精神等工程建设企业文化的共性同时，表现出"信用和谐、共生共赢"的独特性，使企业内部员工之间、上下级之间、团队之间、与合作方之间形成协调、和睦的关系，在"和谐共处"的企业文化环境中，员工自觉地把个人利益的诉求与企业利益、团队利益有机结合起来，实现建筑行业共性文化和企业个性文化的统一。

（三）企业文化的稳定性与发展性相一致

工程企业文化是稳定性与发展性的辩证统一。首先，企业文化的相对稳定是核心，其长期的共同思想、作风、价值观念、行为准则一经形成，就为企业全体职工所接受和认同，渗透在每个人的思想意识中。因此，"信和"文化自提出、形成以来，在企业领导层、管理层和生产一线层面都保持了一定的稳定性，成为企业主流文化存在、发展的基础，而不会因各种干扰而出现方向性变动。另一方面，封闭僵化的企业文化会阻碍企业的发展，因为事物总是发展、变化的，企业文化与企业的发展紧密相连，必将受客观环境的变化而变化。"信和"文化在十多年的发展过程中，总是随着国家经济社会快速发展，其主流文化的内容不断丰富、内涵不断加深，作用不断增强，企业文化在保持相对稳定的同时，能不断升华和发展。

（四）文化的精神性和物质性吻合

就工程建设企业文化所表现的企业的共同思想而言，企业文化是一种精神文化，其思想观念本身是无形的。但是无形的企业文化一定要通过企业有形的物质载体表现出来，如人、设备、设施、工程实体等。企业文化作用的发挥又必须以整个企业的精神文化为灵魂，工程企业的文化是精神与物质的统一体。

在工程建设企业，任何一项生产、经营、管理、后勤，甚至是文化活动，都会不同程度地反映出企业文化的精神层面与物质层面的特点。"信和"主流文化正是其文化的精神性和文化的物质性统一的产物。如运用"都江堰三角法则"，围绕目标因事制宜统筹规划，建立健全人力资源管理机制，促进员工队伍素质整体提升；又如围绕共同发展目标，公平公正激励员工的薪酬体系，为员工建立四大职业通道，设置三大晋升梯子与确立五大工资单元；再如鼓励青年人才成长而实施的"青苗工程"等等。中建五局建立的一套科学、完整的制度体系，在企业运行的实践活动中都取得了引人瞩目的成效，而在表面看不到的是企业文化的支撑，是"信和"文化主导着企业文化的精神性和文化的物质性高度吻合。

企业文化是一种精神文化，也是一种制度文化，还是一种物质文化。三者合一，形成了一种内涵深厚的、持久的柔性管理力量，构成了企业品牌的文化基础。

有人说，一个工程建设企业干得好，一年两年靠机会，三年五年靠制度，长期发展则要靠文化。企业文化建设过程是一个企业管理升级、成就企业品牌的过程，其实质是一个企业能量激活的过程。"信和"文化之所以成为中建五局品牌建设的重要抓手，是因为以源自于个人内心的信念力量，营造人与人之间诚信的氛围，实现了企业与员工和谐共生、同步发展。

第四节　企业文化与员工素质修养

人们通常所说的"修养"，是指培养自己高尚的品质和正确的处世态度或完善的行为规范，也是指在思想、理论、知识、艺术等方面达到一定高度，或逐渐养成的待人处世的正确态度。"修养"所成就的是一个人的综合素质。

中国自古以来就提倡人的修身养性，使身体健康，保持良好的心智、本性，通过"自审吾身"，使身心达到完美的境界。《诸葛亮博望烧屯》中有言："岂管尘世之事，只可修身养性。"也就是说，一个人不管所处的外部环境有多么复杂，有多大变化，都应该保持定力，提高自身的修养。

人作为"自然人"，其身体、个性、生长需求都是与生俱来的客观存在，具有客观性。而作为具有社会属性的"社会人"，是自然人在适应社会环境、参与社会生活、学习社会规范、履行社会角色、逐渐认识自我的过程中形成的，具有可塑性，社会人既有物质需求，也有精神需求。实现人的客观性与可塑性的统一，精神性和物质性的统一，就是"修养"的最高境界。

一、"信和"文化与修身养性

企业文化对员工的思想和行为有着无形的约束力，其在潜移默化中形成一种群体道德规范和行为准则。同时，企业文化是一种群体文化，影响到每个企业成员的认识、感觉、思想、伦理等心理过程，使企业共同价值观深入到每个职工头脑中。企业文化像一根纽带，把员工和企业的追求紧紧联系在一起，凝聚成一个统一体。企业文化从多方面的潜移默化，影响人们的思想和行为，使人们产生对企业目标、准则、观念的认同感。企业文化的激励作用，一是由于企业文化是一种以人为中心的管理，承认人的价值，注重对人的思想、行为的"软"约束，在达到共同目标的前提下，允许个性的存在；二是企业文化的激励作用不是消极被动地满足人们对自身价值的心理需求，而是通过共同价值观的形成，使其转化为职工实现自我的激励动力，自觉为企业的生存发展而工作。"信和"文化倡导的和谐共处、诚信坦诚及以苦为乐的苦乐观、先公后私的利益观都是中建五局员工的修身之道。

（一）"信"之道

"以信为本"是"信和"文化的核心价值观，其中蕴含着丰富的"信"之道义。中建五局企业文化中鲜明地提出"信用"两个字，并将信用作为企业的立业之本，正是对中华传统文化中重"信"守"义"精神的继承与发扬。

作为中国儒学的原创，对中华优秀传统文化有卓越贡献的孔子、孟子、荀子等先哲都把"信"作为做人、处世、为政必须遵守的基本准则。荀子更把是否有"信"作为区分"君子"与"小人"的重要道德标准。可见，讲信用具有深厚的文化渊源。孔子提出"民无信不立"，将"民信"作为一个国家的立国之本；孟子认为"诚者，天之道也；思诚者，人之道也"，将诚信作为人之为人最重要的品德。企业作为市场经济的主体，培育信用文化至关重要，这是企业适应外部监管的客观需要，是企业自身发展的必然要求，也是维护市场生态的理性选择。

1. 企业对社会的"守信"

企业对业主和社会，要追求诚实信用的经营方式，崇尚规则，守法经营，提供最优质的产品和服务，力争为客户和社会带来更多的价值。企业应从倡导履约意识开始，通过每一个项目全面履约，不为失约找理由，只为守信想办法，逐步赢得顾客的信任。并以合同外的超值服务，使顾客的满意度进一步上升为品牌忠诚。

2. 企业与员工的"信用"

每一个满意的顾客身后，都站着一批满意的员工。企业的诚信表现为"福利员工"，员工的诚信表现为"忠诚企业"。市场经济本身就是一种信用经济，如果破坏了信用关系，就会动摇市场经济的基础，导致经济和社会秩序的混乱。企业诚信守约是市场经济健康运行的前提和基础，也是诚信做人、为人处世的基本原则。孔子曰："人而无信，不知其可也。"人讲诚信，既体现一个人的品德与修养，也是遵守市场经济规则的基本要求。

3. 言出必行，言行一致

这是守"信"之道对人的要求，也是一个人事业的成功之道。"信和"文化倡导的信用原则，表现在个人身上，就是要言出必行，言行一致。对工程建设企业来说，对业主承诺的事情就不能敷衍、推诿，而是要想方设法实现。对上级承诺的事情不能应付了事，更不可弄虚作假，而要保证完成任务。对员工承诺的事情，就要想办法予以兑现。对个人来说，言必行，行必果，是体现个人素质与职业道德的一种优良作风，也是修身养性的一种标尺。

（二）"和"之道

儒家强调人际关系"以和为美"，提出的仁、义、礼、智、忠、孝、爱、悌、宽、恭、诚、信、笃、敬、节、恕等一系列伦理道德规范，其目的就在于实现人与人之间的普遍和谐，并把这种普遍的"人和"原则作为一种价值尺度规范每一个社会成员。

"和谐文化"不仅要求个体身心和谐、人际和谐、群体与社会和谐，更要求人与自然的和谐，体现为"天人合一"的整体哲学精神，强调"天人共存、人我共存"的辩证立场，以宽容、博大的人道主义精神张扬着丰富的天道与人间和谐融洽的观念。

"信和"文化倡导的和谐共处是一种立体式、全方位的和谐共处，包括工程项目与自然生态，施工现场与周边环境，企业利益与员工利益，上下级之间、员工之间，企业与社会组织、企业业主、项目单元与合作方等，这诸多关系的和谐，都是直接关系到企业生存、发展和壮大的重要因素，都需要企业人规范执行、协调处理。企业员工也正是在合理协调这些关系的过程中，秉承"人和"理念所倡导的"以和为贵""以和为美""和谐共处"，实现合作共赢。员工自己也在"和"之道的学习与实践中得到能力的锻炼与提升，在精神层面上得到升华。

（三）"乐"之道

"信和"文化倡导正确的人生观，包含着一个人的苦乐观、幸福观。

"苦与乐"的关系，有以苦为乐、先苦后乐、计较享乐、贪图享受四种境界，提倡的是以苦为乐、做到先苦后乐、批评计较享乐、惩处贪图享受。幸福观，实际上就是幸福感，是人的一种内心感受。幸福感首先来自对外部环境的感受，其次来自对外部环境比较后的感受。同样的环境，每个人的感受是不一样的，这取决于每个人的心智模式，有人有这种满足感，其幸福感就好一点，有的人感觉不太满足，其幸福感就差一点。一个人在生命安全得到基本满足以后，幸福感与金钱的多少关系不大，而与每个人对待金钱的态度关系极大。所以，古人讲要"知足为乐"。

幸福的真谛就在于奋斗，在于追求幸福、赢得幸福。只有奋斗，才能创造更多更好的物质财富和精神财富，才能不断增强成就感、尊严感、自豪感。以苦为乐、助人为乐的人，就是一个幸福的人，或者说是一个会幸福的人，或者说是一个有幸福能力的人。

如果将工作当作痛苦，那就会痛苦一生；如果将工作当作快乐，那就会快乐一生。这是一个心态的问题。以苦为乐，这是最高境界。《岳阳楼记》所写的"先天下之忧而忧，后天下之乐而乐"就是先苦后乐的最好诠释。

"信和"文化的价值理念，充分体现在"公与私""个人利益与企业利益"关系的问题上。"公与私"的关系，常常反映出人的人生观和价值观。企业和个人获取利益，须"取之有道"。大公无私、先公后私、公私不分、损公肥私是个人对待"公与私"问题上的四种境界。要提倡大公无私、做到先公后私、批评公私不分、惩处损公肥私。大公无私是要大力提倡的，先公后私是要做到的，公私不分是要受到批评的，损公肥私是要受到惩处的。另一方面，企业只有把员工的利益放在企业利益相同的的天平上，真心"福利员工"，员工才会自觉"忠诚企业"。

二、诚意正心，修养品德

大千世界瞬息万变，芸芸众生熙熙攘攘。如何在这变幻莫测的时代保持自己的本真是每一个人都应该认真思考的人生课题。中华文化绵延5000多年，养育了一代又一代的中华儿女，今天的人们仍然需要从浩瀚的中华传统文化的宝库中吸取营养，获取力量。

（一）格物致知，知行合一

"格物致知"出自孔子弟子曾参（前505～前434年）之作《礼记·大学》："致知在格物"。意思是要推究事物原理，从而获得知识。明代学者王守仁提出的"知行合一"既包括了理论和实践的统一，也包括思想认识和实际行动的关系，即"知中有行，行中有知；以知为行，知决定行。"

认识客观事物的本质，需要在实践的过程中观察分析天下万事万物，把握个别的、特殊的事物的本质和规律。只有经过长期的认识、思考，日积月累，融会贯通，才能达到对于事物之普遍本质和一般规律的认识，并将这种普遍性的认识转换为一种方法、智慧和能力，这就是"格物致知"。

老子的《道德经》开篇第一句话就是："道可道，非常道。名可名，非常名。无名，天地之始；有名，万物之母。故常无，欲以观其妙；常有，欲以观其徼。此两者，同出而异名，同谓之玄。玄之又玄，众妙之门。"

人们常说"格物致知"，就是要找出规律，并把它变成自己的知识和智慧。规律是什么？是"道"。什么是"道"？"道可道，非常道。"你道出来的"道"，就不是"道"了。这个"道"字怎么写的？拆开来看，一个"首"加一个"走"，就是"道"，也就是"面之所向，行之所达"，就是"道"。但是，你写出来的"道"，就不是"道"了。所以，"道可道，非常道"，"道"是"道"不出来、表述不出来的，一旦"道"出来，那就不是"道"了。包括"名可名，非常名"，也是同样的意思。所以，《道德经》被称之为"玄妙之学"。但是，虽然"格物致知"的规律是摸不着的，但又是客观存在的。

人类的历史有数百万年，相对于个人是很长很长的时间了，但相对于整个宇宙是很短的。宇宙中的太阳系，地球围绕太阳转，月亮围绕地球转，这都是规律性的体现。人要想改变宇宙的规律，是不可能的，必须认识这种规律，遵循这种规律。地球数十亿年运行形成的沟壑山水，不能总想着去改造它、打破它，一是做不到，二是如果平衡被打破了，人们将受到惩罚。因为地球还在运转，其处在一种动态平衡的过程中，不能人为地干扰它、破坏它，只能适应这个规律。人类要研究这种规律，掌握并遵循这种规律，而不是试图改变规律。恩格斯指出："我们不要过分陶醉于我们人类对自然界的胜利。对于每一次这样的胜利，自然界都对我们进行报复。每一次胜利，起初确实取得了我们预期的结果，但是往后和再往后却发生完全不同的、出乎预料的影响，常常把最初的结果又消除了。"因为把地球的平衡打破了，它就会寻找新的平衡，在寻找新的平衡的过程中，受伤害的就是人类。

微观世界的物质运动同样有规律性。世界是由原子、质子等很小的基本粒子组成的。粒子虽然小，但它在左右这个大的宇宙。人类相比它来讲，又是很大的，但人类想要改变它也不可能，人类用肉眼是看不见它的，只能遵循这个规律。不管是很大的事物如宇宙，或很小的事物如基因，人类都没法改变，只有在可认知、可操作的范围内，认识事物运动、演变规律，并遵循这种规律，运用这种规律，对规律性的认识，就是对"道"的认识。企业运行也有规律，如何认识事物发展的规律，并将其运用于实践，这是非常重要的。

"格物致知"这个层面，《道德经》里还有一句话可以阐述，就是："道常无，名朴。虽小，天下莫能臣。侯王若能守之，万物将自宾。天地相合，以降甘露，民莫之令而自均。"意思就是，"道"虽然很朴素，很小，但天下没有能让它臣服的，人们只能臣服于它。所以，一定要遵循"道"，遵循事物的规律，遵循适合企业发展的独特的"道"。

"道"这么玄妙，那一般人怎么来理解呢？作者认为可以用"上善若水。水善利万物而不争，处众人之所恶，故几于道，居善地，心善渊，与善仁，言善信，政善治，事善能，动善时。夫唯不争，故无尤"来解释。这句话的意思是说，世上最好的事物就是水，因为水"利万物而不争"，并且"处众人之所恶"，众人不愿意去的地方，它去，水总是往低处流的，水能破解万物，万物都离不开它。水的这个特性，几乎接近于"道"了。居住要有选择，胸怀要博大，待人处世要真诚友爱，说话要言而有信，理政要善于治理，做事要能干，行动要选择时机，总之要符合规律，顺天而行。通过"不争"，从而达到"无尤"的境界，就是做什么事都能够恰到好处，让人没有什么可埋怨指责的。

中国的儒家和道家，都是讲"道"的，这是讲做人最基本的原则。区别在于，道家注重理论性，儒家强调实践性。中华文化同出一源，格物应致知，知行须合一，是理论和实践的统一。在认识为人处世的规律与基本道理上，儒与道相通。

（二）诚意正心，光明磊落

什么是"诚意正心"？诚意，就是使自己的用心更真诚、更可信、更实在。正心，就是让自己的内心更正大、更光明。诚意正心，就是让自己的心灵，变成真正的光明体，发出信实、正大的光芒，去引导自己的生命，走向光明、正大的路程，点亮自己，照亮别人和周围的世界。"诚意正心"是人的生命中最核心的部分。否则，即使一个人有了知识，但如果意念不正确，就算有能力，也是"负能量"。人的"修身"，是修炼好自身的意念、气质和行为。孟子说，天下之本在国，国之本在家，家之本在身。修身是齐家、治国、平天下的根本。如何做到"诚意正心"呢？首先，要像《论语》所说："民无信不立。"民，可以是讲众人，也可以是讲个体。大到一个国家，一个民族，无信不立。小到一个家庭，一个个体，也是无信不立。要想"立"，就必须讲"信"，这是最根本的。不讲"信"，最后伤害的则是自己，就无法"立"起来。

《道德经》里还有一句话，也是讲"诚意正心"的："自见者不明，自是者不彰，自伐者无功，自矜者不长。"意思是，爱表现、爱张扬的人，不够明智，不够聪明；认为自己一贯正确的人，不能彰显，不能被别人认可；认为自己作了很大贡献的人，其实并没有功劳；自己不虚心，总喜欢骄傲自满的人，不能够长远。要"诚意正心"，就不要做"自见者，自是者，自伐者，自矜者"。

做没做到"诚意正心",怎么去反思呢?"君子有九思:视思明,听思聪,色思温,貌思恭,言思忠,事思敬,疑思问,忿思难,见得思义。"就是看的时候,要思考自己看清楚了没有,不要什么事情都没看明白,就作出决定;听的时候,听清楚了没有,同样需要思考;自己的神情表现,是不是做到温顺谦让了,还是不够恭敬,不够温顺,不够温和;自己的言行举止是不是对人恭敬,能否给人留下一个好的形象;自己是不是忠于国家,忠守誓言和诺言,尊敬长辈和上级;做事的时候,是不是敬业爱岗,是不是怀着一种崇敬的心情去做,是应付式"当差"还是诚心"做事";有疑问的时候,是不是认真分析寻求答案,有没有想当然;遇到不平,有没有发怒,有没有想到发怒可能带来的难处、坏处;得到了想要的东西,有没有想过是不是符合道义,符合法律,符合公理,等等。

(三)坚持修身,君子"十品"

"修身"包含着"君子"的十种品格,简称"君子十品"。纵观《论语》,可将其归纳为十个方面。

(1)君子第一品,孝悌仁爱。"孝悌也者,其为人之本欤!""孝"指对父母回报的爱;"悌"指兄弟姐妹的友爱。孔子认为"孝悌"是做人、做学问的根本。简言之,对父母孝顺,对兄弟友爱,这就是"仁"的根本。如果对父母都不尊重孝顺、对兄弟姐妹都不关爱的人,能做好"人"吗?企业是个大家庭,企业员工都是兄弟姐妹,都要相亲相爱。

(2)君子第二品,终身学习。子曰:"学而时习之,不亦说乎?有朋自远方来,不亦乐乎?人不知而不愠,不亦君子乎?""好书不厌百回读",要不断地练习,不断地学习。学到老,活到老;活到老,学到老。学完后是为了去用的,能用学到的知识指导实践,当然值得高兴。

(3)君子第三品,慎言善行。"君子欲讷于言而敏于行",说话要三思,行动要敏捷。《论语》中说:"君子耻其言而过其行。"对于言过其行、言其实,君子是感到耻辱的。言行之时,不要急于说大话,而应该少说多做,在做中学,在学中成长。

（4）君子第四品，重德轻利。"君子喻于义，小人喻于利""君子怀德，小人怀土；君子怀刑，小人怀惠""君子固穷，小人穷斯滥矣"。君子对"义"看得比较重，小人对"利"看得比较重；君子心中思考的是德行，小人考虑的是小利、私利；君子行动前参考道德法规，小人往往有侥幸的心理，总想干不义之事。君子即使在最困难的情况，也能做到坚守底线。

（5）君子第五品，真诚交友。"君子和而不同，小人同而不和""君子周而不比，小人比而不周"。君子态度和顺，但不会苟同别人。小人容易附和别人的意见，却并不能与别人和睦相处。小人总是同流合污的，君子则有原则性。子曰："益者三友，损者三友。友直，友谅，友多闻，益矣。友便辟，友善柔，友便佞，损矣。"意思就是说，坦诚交友，要心胸广阔，体谅别人。胸怀坦荡、见多识广的人，都是有益的朋友。曾子曰："君子以文会友，以友辅仁"，要与有知识、有品位、能够传递正能量的人做朋友。

（6）君子第六品，与人为善。"君子成人之美，不成人之恶。小人反是。"现实生活中，有人妒忌同事提级升职，无中生有写举报信。这是小人的阴损之招。君子要成全别人的美事、促成别人的好事。"君子坦荡荡，小人长戚戚。"君子心胸坦荡，小人心胸狭窄。

（7）君子第七品，敬畏之心。子曰："君子有三畏，畏天命，畏大人，畏圣人之言。小人不知天命而不畏也，狎大人，侮圣人之言。"是不是有所敬畏，这是君子和小人的区别。君子有三畏：对于天命和规律性要尊重，对于上级和长者要敬畏，对于圣人的教诲要听从。小人不知道敬畏，也不知道害怕。"狎大人"，就是对长者不敬重、不尊重。

（8）君子第八品，闻过则改。子贡曰："君子之过也，如日月之食焉。过也，人皆见之；更也，人皆仰之。"人都会有过错，君子的过错如同日食、月食。重在坦然面对，闻过则纠，知错就改，善莫大焉。

（9）君子第九品，知命知礼。人生观是对人生存的目的、价值和意义的看法。子曰："不知命，无以为君子也；不知礼，无以立也；不知言，无以知人也。"所谓"天命"，是指事物的规律。如果人不认清事物发展的规律，违背规律行事，就无以成为君子；不知礼节，就不足以在社会立足；不能了解言语背后的含义，就不能真正地懂得一个人。所以要"知命，知礼，知言"，要尊好崇善，明辨是非。

（10）君子第十品，仪态仪表。"有君子之道四焉：其行己也恭，其事上也敬，其养民也惠，其使民也义。"意思是有四个方面最能体现君子的风范：一是严肃认真地对待自己、恭敬自己、尊重自己；二是尊重上级、长辈，要敬业；三是对普通人、对下属要施以实惠；四是用人要讲义。"君子有三变：望之俨然，即之也温，听其言也厉。"这是描述君子应给人的印象与感觉：君子外观庄严，近距离感觉温和宽厚，讲话严谨不苟，却有指导性。

如果说一个人要修成"圣人"很遥远，但修成"君子"还是可以做得到的。

三、"大树哲学"与建好"人生大厦"

每个人，尤其是初入职场的年轻人，对自己的未来都有一个美好的梦想，都希望拥有一个有意义的职业人生。这是人类社会前进的动力，这是每个社会成员追求美好人生的动力。可是，当今社会是一个节奏飞快、变幻多端的社会，也是一个功利浮躁的社会，一个人如果不能很好地把握自己，就会像大海里的一叶扁舟，随时都有被风浪吞没的危险。对于一个初出校门，走向社会、走向职场的年轻人来说，如何把握机遇、迎接挑战，谋划好自己的职业人生，是一个重要的人生课题。

（一）人生如树——大树哲学

人的成长如同一棵树，能从弱小的幼苗长成参天大树，主要取决于五个条件：

（1）"时间"。绝对没有一棵大树是树苗种下去时就马上变成大树的，一定是岁月刻画着年轮，一圈一圈往外长。企业一定要给员工成长的时间，员工也要给自己时间，不要太着急。中建五局每年培训青年员工时都有一张表，即职业生涯设计表，想干什么、愿意干什么、目标是什么，都由员工自己来设计。年轻人要给自己时间，要克服急躁、盲目冒进的情绪。

（2）"不动"。没有一棵大树是不停地换地方生长而成的。参天大树不是能到处移植的，而是千百年来历经风霜，屹立不动。因为职场上的人每动一次，以前的时间成本就会消耗掉一部分，有的甚至会归零，成功的机会成本就会大大增加。而稳定在一个地方努力做事的时候，就是正能量的累加。很多年轻人来回跳槽，以前的努力都归零了，每次都从零起步，多年下来自然就落后了。

（3）"扎根"。要往下扎，越深越好，落实到基础上去。万丈高楼平地起！而现在的万丈高楼已经不是从平地起了，而是从地下开始起，甚至起点很深。一棵大树也是这样的，只有扎根沃土，培养庞大的根系，才能吸收更多的养分，才能抗住大风暴雨；树根越深越远，根深才能叶茂。在工程建设企业，一定要有项目经历，起码要明白工程怎么起来的，一砖一瓦是怎么垒起来的。所以不要初入职场就想当领导，即使当了领导，不熟悉基层一线，出现具体的问题解决不了，就得不到大家尊重，也当不了好领导。所以要扎下根来。年轻人一定要立足于本岗位，将职业之根扎得深深的，扎得越深，往后成为大树的机会就会越多。

（4）"向上长"。要使劲往上长，追求上进，不能停留，不成长，就会被淹没。要主动学习新知识，刻苦钻研业务，积极努力工作，不怨天尤人，努力向上生长，长得越高，发展空间就会越大，谁长得高、长得快，谁就会在丛林中赢得主动。

（5）"向阳光"。树要从阳光那里接受光合作用才能生长，没有一棵大树是向黑洞里生长的。所以作为年轻人，要阳光开朗，心态要平和，散发的能量要正。凡事不能往坏处想，心性要乐观豁达，注意改善自己的心智模式，保持阳光心态。这样就有可能成长为参天大树，成为企业栋梁、社会栋梁，成为一个有益于社会的人。

（二）"人生如戏"——演绎壮丽职业人生

俗话说，人生苦短，人生如戏。客观地讲，一个人从生到死，长也不过百年。在人的一生中，不同的年龄段有不同的使命、不同的生活方式，扮演不同的社会角色。纵观人的一生，如同一出苦乐悲欢的大戏，不同的角色、唱腔、台词都是不同的。人生就是大舞台，上台终有下台时，各领风骚数十年。这就是人生、就是社会，古往今来，概莫能外。就每个人来讲，如何演好自己的人生大戏，是一个终生课题。

有一段比较调侃的话："一十七八，披头散发；二十七八，稀里马哈；三十七八，等待提拔；四十七八，飞黄腾达；五十七八，等待回家；六十七八，养草养花；七十七八，哈哈哈哈；八十七八，等待升华。"看着是调侃的话，实际却是有道理的。二十七八，就是犯错的年龄，就是不断探索的年龄，能在这个阶段做成大事的人很少，特别是在建筑行业。当然，现在人聪明了，普遍会靠前一点。现在有些年轻人找工作，往往都想找钱多的、事少的、离家近的，但是这个世界上，从来没有任何一件工作是"钱多、事少、离家近"的！我跟许多年轻朋友交流时，曾谈到我本人的经历，但我不能算个成功者。从1976年开始当兵，转业后工作一直到1988年，都是从事机关文秘工作。正是这12年，使我学到了许多知识和方法。现在想起来，我在管理工作中运用的一些方法，是以前的这12年给了我许多教益。有个青年员工，在一次培训中跟我说，想15年干到局长这个位置，我说，那你得相当聪明才行啊，并且还要有相当好的运气。我是工作了26年才当上中建五局局长的，即使这样，当年在中建系统也是比较年轻的局长了。你一定要放到50年来思考你的人生，而不是3年5年来思考你的人生，你的人生才是长远的。我们提倡归零，大学上到研究生开始归零，重新开始计算。工作3、5年就是小学生，5~10年你才是中学生，10~20年你才是大学生，20~30年你才是研究生，退休后就成"博士后"了。职业生涯规划一定要放长远一点，如果时间短了，你会有一些薄弱的环节，以后你也没有时间和机会再返回去充实。因为你走到一定的领导岗位后，你的心就沉不下来了。一个是你自己没法战胜你自己，此外别人也很难接受你。你补不了这一课，到最后决策的时候就不行了。有人讲，"伟大是熬出来的"，一点一点地"熬"，用40年、50年的时间去"熬"，你才能"熬"成有成就的人，才能"熬"成一个"伟大"的人。

（三）人生如楼——建好人生大厦

如果把将人生建成高楼大厦作为人生的一种梦想，梦想的实现取决于五个方面：

（1）选好址。开山选址，勇于寻梦。首先，要认识自己。在"泛希腊圣地"德尔斐的智慧神庙上，镌刻着这句古老的的箴言。这也是古希腊哲学家苏格拉底向世人提出的哲学命题。认识自我并不比认识世界更容易，人的一生要做什么，能做什么，适合在哪个地方，一定要想清楚，认真地进行分析。这是寻梦的前提。

乐业方能敬业。对自己的工作，要培养兴趣，要有基本的喜欢。每个人都应该选好自己有兴趣的行业和岗位，一旦确定，就不能来回动，不能这山望着那山高，否则就会丧失很多的机遇。

要重视生命资产管理。生命资产，就是关系到生与死的资产，可以从"人""人群""人类"这三个层面来思考这个问题。作为个体的"人"，生命资产就是健康和思想。身体健康是最重要的。一个人的思想也是不可或缺的，如果思想、灵魂没有了，也就不成为"人"了。一定要管好这两个生命资产，剩下的薪酬等，都是身外之物。

（2）绘好图。提笔绘图，精于做梦。选好址了，还要绘好图。这是人们经常讲的"职业生涯设计"。一个人，对自己工作的这四五十年，要精心设计，最好就是尽快明确目标，将个人的梦想融入企业（组织）的梦想。

同时，作为青年人，要激发青春的正能量。青春是用来回忆的，多年以后再回忆这段经历，还是很有意思的。如果没有这种敢爱敢恨的经历，没有这种艰苦奋斗的曲折，人生就会很平淡，将来就会缺少回忆的资本。人生难得几回搏，青春不搏，更待何时！

（3）奠好基。筑基垒土，善于追梦。既要仰望天空，又要脚踏实地。要放下身段，扎根基层，一步一个脚印地成长。顺境的时候大家都会走，遇到挫折的时候就考验人了。一定要勇敢地面对挫折，不要放弃。容易走的路都是下坡路，成功都是逼出来的。年轻人，经历复杂一点不是坏事。苦难就是财富。一个人能不能成功，取决于对待挫折的态度，对待失败的态度，对待"不公平"的态度。能不能坚守，这是最重要的。坚持就是胜利，坚持就能成为赢者。

要将岗位作为最重要的课堂。岗位锻炼很重要。年轻人一定要立足岗位，建功立业。同时，一定要勤奋敬业。一个人的成功靠的是八小时之外的时间，而不是靠八小时之内的时间。所以，一定要管好自己的时间，这才是成功的关键。

（4）造好楼。架梁搁板，善于筑梦。要建立自己的核心优势，打造自己的"核武器"。当今社会是"弱国无外交"，失败者是不被人同情的，同情也是没用的。一分耕耘，一分收获。收获的不仅是业绩，更有自信。为什么有的人很自信？自信，来源于工作业绩。做业绩，首先是为自己，不是为单位，也不是为别人。

（5）验好收。竣工校验，智于圆梦。每个人在构筑人生大厦的过程中，一定要吸取教训，善于总结。要有归零的心态，将取得的每一个成绩，都当成发展的新起点，不断进步，不断提升，不能有船靠岸、车到站的懈怠情绪。特别是作为年轻人，一定要修炼自己的心智模式，始终保持阳光心态，追求阳光人生。

如果像建楼一样选好址、绘好图、奠好基、建好主体，最后再做好竣工验收工作，那么一个人的人生大厦，就一定是一幅很美丽的画卷，也就实现了自己的人生梦想。

后　记

对于一个企业管理者来说，人力资源管理是一个不容回避的战略命题。企业人力资源管理不是一劳永逸的事情，是贯穿企业全生命周期的永恒课题，人才兴，企业兴；人才去，则企业亡。许多志士仁人、管理大家在这方面进行了长期的实践和深入的研究，有着深刻而广博的论述。如今，这本《企业人力资源管理实论》正式成为人力资源管理这片汪洋里的沧海一粟，我颇感欣慰。

这本《企业人力资源管理实论》从实践中来，希望它再回到实践中去。本书从2019年9月初步成稿，到今天正式交稿，历时三年半时间，其中经过多次修改完善。再往长里说，这本"实论"反映了我担任企业主要负责人30余年在人力资源管理方面的做法、体会和感悟，现在终于可以呈现给大家了。希望得到大家的批评指正，以便在今后进一步改进和完善。

在这本"实论"成书的过程中，李浩鸣老师给予了我真诚的支持和帮助，彭剑峰老师不辞辛苦专门为本书作序，我的老领导孙文杰先生给了我宝贵的鼓励和指导，并亲自为本书写序，在此，我衷心地感谢他们。还有，我曾经工作过的中国建筑集团、中建五局、中建八局、中建八局一公司、中南控股集团、中国平安建投公司给了我工作的平台，使我有机会得到实践的锻炼和提高，这是本书成书的基础，许多领导和同事都给了我很多支持与帮助，也借此机会表示我真诚的谢意。此外，本书成书还得到了孙伟、鲁一玮等同志的帮助，一并表达谢忱。

鲁贵卿

二〇二三年三月